侵犯著作权犯罪

典型案例评析

侵犯著作权犯罪典型案例评析

主　编　张远煌
副主编　左坚卫　王志祥

北京大学出版社
PEKING UNIVERSITY PRESS

引　言

加强著作权保护，是培育中国文化创意产业、增强国家软实力的现实需要，也是建设创新型国家的重要基础所在。现阶段的著作权保护已取得了显著进展，但就其保护现状而言，尤其是就著作权的刑事保护而言还有待进一步完善和加强。这尤其反映在：目前著作权保护的观念还远未到位；在立法和执法层面，还存在将著作权的保护视为细枝末叶，而更加重视经济价值，更凸显技术和品牌保护的倾向。实质上，创新国家的实质首先是文化的创新，而不是技术或品牌的创新。因为，文化创新不仅在文化产业自身的发展中具有起点低和见效快的特点，而且对其他领域的创新具有观念引导和综合作用的效能，是激发和推动技术或品牌创新的基础和前提。可以说，如果著作权保护不到位，文化的传承和创新都难以实现，从而势必影响创新国家的建设进程。而在立法尚未进一步完善之前，充分发挥刑事司法保护著作权的能动作用，无疑是一种现实的选择。

为了全面了解我国现阶段侵犯著作权犯罪和著作权刑事保护的基本现状，我们在国家版权局、软件保护联盟的帮助以及编著者的多方努力下，在全国范围内收集了侵犯著作权犯罪案例近500例，从中精选出一批典型案例，组织北京师范大学法学院的多位专家和学者，以新的视角，采取个案单独评析或案件归类评析的方式加以剖析，从而形成本书。

作为国内第一本专门的侵犯著作权犯罪案例评析集，本书力图全面反映与处理侵犯著作权犯罪案件相关的司法与立法完善等问题，以期读者在了解我国著作权刑事司法保护现状的基础上，能进一步对如何应对侵犯著作权犯罪进行理性追问与思索。

具体而言，本案例评析集的如下特点，使其具有不同于其他案例分析著作的独特理论和实践价值：

1. 案件来源具有稀缺性和代表性

我们从调查中发现,虽然国家层面高度重视对著作权的保护,但司法实践中受各种因素的影响,对侵犯著作权的犯罪行为,实际予以刑事处罚的较少。在一些省份,自《中华人民共和国刑法》(以下简称《刑法》)第217条设立“侵犯著作权罪”以来,尽管不断发生侵犯著作权的犯罪,但却没有以该罪名判决一起案件。这也决定了收集这类案件的十分困难。

在案例的代表性方面,所收集的案例既涵盖了我国2012年以前所有引起媒体高度关注的重大案例,也包括了司法实践中的典型疑难案例或反映立法问题的代表性案例,以期能反映出我国刑法保护著作权的概貌和基本走向。这也是本案例评析集的典型价值所在。

2. 案例评析针对性强,突出了立法缺陷与执法不足的共性问题

与通常案例评析主要着眼于阐释法条含义,以帮助达成准确定罪和正确量刑的目的不同,本案例评析集突出了在研究和调查中发现的、我国在惩治侵犯著作权犯罪方面存在的共性问题,不仅对司法实务、理论研究具有较强的反思性和导向性,而且对于学习和掌握这方面的知识也具有启发性。

3. 在案例评析方法上,具有跨学科、多视角的特点

本案例评析集没有局限于刑事实体法视角,而是分别从刑法学、刑事诉讼法学和犯罪学等视角对典型案例加以多维度解析,以此为读者全方位地思考侵犯著作权犯罪问题提供参考和借鉴。

对案例编辑及评述中的不足之处,敬请读者批评指正。

张远煌

2014年5月于北京师范大学

目　　录

我国侵犯著作权犯罪的基本态势与主要特征

张远煌　杨彩霞

一、我国侵犯著作权犯罪的变化趋势

在我国,有关著作权的概念是一个典型的后发型概念。在改革开放后的十余年时间里,人们的观念已发生重大变化,但在1991年《中华人民共和国著作权法》(以下简称《著作权法》)颁布之前,社会上对"著作权"的认识依然是陌生的。至于侵犯著作权犯罪的概念,也只是1994年在《刑法》中设立了该罪名后,人们才有所认识。由此,我国侵犯著作权犯罪的变化趋势,大致只能以20世纪90年代初为起点,分为如下两个阶段:

(一)20世纪90年代初至21世纪初:侵犯著作权犯罪的萌生

改革开放初期,侵犯著作权现象并不引人注目,这类犯罪因"法无明文规定"亦未有先例。相反,那时的商标侵权案件却屡见不鲜。从1985年开始,全国检察机关每年都受理假冒商标案1 000余件,平均每年立案四五百件。[①] 究其原因,主要在于当时的社会中,尚缺乏诱发这类犯罪大量产生的社会条件。具体言之,20世纪90年代初至21世纪初期间,侵犯著作权犯罪并不突出,是基于如下三方面的原因:

其一,长期推行的计划经济体制不仅压抑了人们的权利观念,使人们的著作权保护意识普遍淡漠,而且当时的人们也尚未认识到著作

① 赵国玲主编:《知识产权犯罪调查与研究》,中国检察出版社2002年版,第116页。

权所蕴含的巨大财富和商机。在人们看来,侵犯著作权的行为往往只是使著作权人将来可能的财产利益受损,不像侵犯商标权的行为那样直接影响到商品的价值、信誉,与经济利益直接挂钩,因而基于侵犯著作权而获利的动机相对较弱。

其二,在由计划经济向市场经济转轨的初期,人们的精神生活还较为贫乏,对音像资料、软件、书籍等的需求并不旺盛。这方面市场的不发达,客观上也限制了侵犯著作权行为的发生概率。

其三,早期的法律对著作权保护的必要性尚缺乏应有的重视,既没有专门的著作权法,《刑法》中也没有有关侵犯著作权的罪名设置。对实践中发生的严重侵犯著作权的行为,则只能以"口袋罪"——投机倒把罪论处。从规范认定角度看,这种罪名认定方式,也难以使人们形成与保护著作权意识相呼应的侵犯著作权犯罪的概念。

1994 年 7 月 5 日,第八届全国人大常委会第八次会议通过的《关于惩治侵犯著作权的犯罪的决定》第一次在立法上正式设立侵犯著作权罪,侵犯著作权犯罪案件也由此开始进入人们的视野。当时,这方面比较典型的案件包括:

江苏卜兴华案。原江苏省苏州宝碟激光电子有限公司副总经理卜兴华,在 1994 年 9 月至 1995 年 11 月主持公司工作期间,伙同公司业务部副经理钟建生等人,为不法客户大量复制盗版激光唱盘和视盘共 313 万余片,违法经营额达人民币 1 206 万余元;复制有淫秽内容的激光视盘 11 种共 13 万余片,违法所得人民币 69 万余元。在此期间,卜兴华还收受贿赂人民币 1.5 万元,港币 4 900 元。江苏省高级人民法院以复制淫秽物品罪、侵犯著作权罪、受贿罪并罚,终审判处卜兴华有期徒刑 17 年,剥夺政治权利 5 年;以复制淫秽物品罪、侵犯著作权罪并罚,判处钟建生有期徒刑 11 年,剥夺政治权利 3 年。同时,苏州宝碟激光电子有限公司还被判处罚金 20 万元。

广东王滨雁案。原广东省音像出版社社长兼彩翎音像制作有限公司董事长、总经理王滨雁,伙同他人自 1993 年 10 月起为客户加工生产盗版的激光唱盘和视盘。1994 年全国人大常委会颁布《关于惩治侵犯著作权的犯罪的决定》后,王滨雁等人仍继续为客户非法加工生产盗版激光唱盘和视盘达 1 109 种 508 万余片,收取加工费人民币 2 642万余元,港币 143 万余元。法院以侵犯著作权罪判处王滨雁有期徒刑 4 年。①

山西刘润生案。1998 年 8 月 14 日,山西大同个体书商刘润生因盗印《现代汉语词典》等书籍,被河北省蔚县人民法院判处有期徒刑 5 年,罚款 15 万元,并被处以附带民事赔偿 18 000 元。②

此外,2000 年 6 月 14 日,上海市中级人民法院也对该院首例著作权刑事案作出一审判决,对私自复制并非法销售他人图书的两侵权人分别判处 2 年和 1 年 6 个月的有期徒刑,并处罚金,追缴非法所得。③

从总体上来看,这一阶段侵犯著作权犯罪在全部知识产权犯罪案件中所占的比例很低,侵犯知识产权犯罪案件仍然主要集中于侵犯商标权犯罪。统计表明,当时在已受理的知识产权犯罪案件中,侵犯商标类犯罪占到了 90% 以上。④

(二) 21 世纪初至今:侵犯著作权犯罪在知识产权犯罪呈现的多发态势中尤显突出

进入 21 世纪以后,知识产权犯罪整体上在我国呈现多发态势。虽然从绝对数量上看,目前我国知识产权犯罪整体上发案率很低,只占全部刑事案件的 1‰左右,但其正在以每年 30%—40% 的速率迅速增长。⑤

同时,就地域分布而言,我国的知识产权犯罪案件地区分布呈现明显的不均衡态势,主要集中在广东、北京、浙江、江苏、上海、山东等经济和科技发达地区。2005 年上述六省市受理的此类一审案件占全国此类案件的 65. 38% 。⑥ 但值得注意的是,随着我国对外开放步伐

---

① 参见《两起侵犯著作权案件审理有结果 两家盗版企业主管人员被追究刑事责任》,载《人民日报》1997 年 4 月 16 日。

② 参见《附带民事诉讼打击侵犯知识产权犯罪开先例》,载 1998 年 8 月 20 日《光明日报》。

③ 参见《2000 年中国知识产权保护状况》,载 http://www. sipo. gov. cn/sipo2008/zwgs/。

④ 以上数据来源于最高人民法院民三庭:《知识产权刑法保护有关问题的调研报告》,载 http://news. xinhuanet. com/legal/2004-12/22/content_2367057. htm。

⑤ 参见李治、刘楠楠、张跃:《当前我国知识产权犯罪的状况与治理》,载《云南行政学院学报》2007 年第 6 期。

⑥ 参见李治、刘楠楠、张跃:《当前我国知识产权犯罪的状况与治理》,载《云南行政学院学报》2007 年第 6 期。

的加快,各地区之间的经济、科技、文化差距会逐步缩小,目前主要发生在经济发达地区的知识产权犯罪活动将逐步向全国蔓延。在过去被认为偏远、落后的地区,如西北地区在西部开发中由于招商引资和本地经济的持续发展,也出现了不少知识产权犯罪案件。而我国的长三角、珠三角、京津唐三大经济发达区域由于案件基数大,案件增长速度依然最快。因此,知识产权犯罪将会在向全国辐射的同时,有向这些地区进一步集中的趋势。[①]

与上述知识产权犯罪总体形势相对应,侵犯著作权犯罪在最近几年尤为突出,法院系统受理的侵犯著作权犯罪案件几乎出现几何级增长态势。这一现象值得社会各界高度关注。

最高人民法院 2010 年 4 月 21 日发布的《中国法院知识产权司法保护状况(2009 年)》表明,人民法院受理的知识产权案件,20 世纪 90 年代中期以前以技术合同案件为主,20 世纪 90 年代中期以后至 2002 年期间专利案件最多,2002 年以来著作权案件上升到第一位。

在侵犯知识产权犯罪案件总体上不断攀升的同时,侵犯著作权犯罪案件所出现的急剧增加态势一直延续至今。对此,从近三年来最高人民法院发布的《中国法院知识产权司法保护状况》所披露的相关数据的对比中,也可以很清楚地看出。统计表明,2010 年全国法院新收一审知识产权刑事案件 3 992 件,同比上升 9.58%;审结的涉及知识产权侵权的一审刑事案件 3 942 件,同比上升 7.7%;审结案件中以侵犯著作权罪判决的案件共 85 件。2011 年,人民法院新收涉及知识产权刑事一审案件 5 707 件,同比上升 42.96%;审结 5 504 件,同比上升 39.62%;其中以侵犯著作权罪判决的案件达到 594 件,比上年增长了 7 倍多。2012 年,人民法院新收知识产权刑事一审案件 13 104 件,比上年增长 129.61%;审结的知识产权刑事一审案件 12 794 件,比上年增长 132.45%;其中以侵犯著作权罪判决的案件 3 018 件,又比上年增长了 5 倍多。

以上事实表明,侵犯著作权犯罪在现阶段已呈现日趋严重的态势。不仅如此,我国著作权保护的社会基础依然比较薄弱,著作权的

---

① 参见李治、刘楠楠、张跃:《当前我国知识产权犯罪的状况与治理》,载《云南行政学院学报》2007 年第 6 期。

保护机制亟待进一步完善。尤其是著作权保护的行政执法与刑事执法衔接不畅,再加上我国仍然处于社会主义初级阶段,人均收入较低,对盗版产品存在较强烈的市场需求,人们对实施侵犯著作权的行为尚难以产生应有的道德上的罪责感。这些都预示着我国侵犯著作权犯罪案件的数量和规模在今后较长时期内将会继续维持在一个较高的增长水平上。

二、侵犯著作权犯罪的主要特点

从司法实践和我们收集的案例看,与普通经济犯罪相比,现阶段侵犯著作权犯罪主要呈现如下特点:

(一) 涉案数额大,涉及领域广泛

作为经济犯罪的一种特殊类型,侵犯著作权犯罪一个突出的共性特征,就是涉案物品数额普遍较大、涉案价值也较高,犯罪人所获得的非法收益往往十分“丰厚”。例如,2007 年 7 月,根据公安部的统一部署,广东省公安厅分别在深圳、东莞两地同时成功端掉一个生产、仓储、包装及跨境销售盗版知名软件光盘的特大犯罪团伙,共抓获犯罪嫌疑人 18 人,捣毁生产、仓储、销售窝点 6 处,缴获制假母盘 22 个,盗版软件光盘 83 328 张,涉案盗版软件零售价估计高达 7.5 亿美元。[①]

同时,近年来著作权侵权犯罪涉及的领域也日益广泛,从文章、专著、译著、小说、诗歌、美术作品、摄影作品等文学、艺术品市场,到电影电视作品、音乐、戏剧市场,从图书出版市场到音像制品市场等,无所不包。可以说,经济、文化生活领域中凡是有可以被称之为“作品”的地方,就有侵犯著作权犯罪活动的出现。

(二) 侵犯知名作品,社会负面影响较大

以营利为目的的侵犯著作权的行为人往往将侵犯的目标锁定于那些具有较高社会知名度的作品上。实践中,侵犯著作权的对象主要集中于如下四类作品:一是各类畅销书;二是各类经典、流行的音像制品;三是知名画家的美术作品;四是由国际国内知名公司研发的通用

① 参见《零售估值 7.5 亿美元 最大跨国盗版软件案审查起诉》,载 2008 年 5 月 5 日《法制日报》。

计算机软件。上述作品的共同特点是社会知名度高、易于形成良好的销售市场,犯罪人为了获得高额利润,往往会不择手段地去肆意仿冒、盗版。

以各类经典、流行的音像制品为例,市场上以CD、DVD光盘为主要载体,以流行乐手的唱片、中外著名影视作品或热播的大制作电影、电视剧等为主要内容的盗版音像制品呈迅速增多之势。上述内容的音像制品成为盗版犯罪分子觊觎的重要目标,致使在侵犯著作权犯罪的对象上,音像制品占了多数(达39%)。同样,在通用计算机软件方面,软件的通用性越强,用户越普及,被盗版的现象就越严重。从市面上组装的PC机来看,普遍采用盗版的微软操作系统和Office软件进行安装已是不争的事实。为此,比尔·盖茨曾无奈地说:世界上有两个微软,其中一个是被盗走的。

正是由于侵犯对象的知名度高,一旦案发,社会各界都比较关注,新闻媒介也往往竞相报道,容易在社会上产生较大反响,甚至影响我国的国际形象,不利于相关产业的对外出口和国际交流,增加了中国知识产权领域的法律纠纷和争端。

(三)作案手段不断翻新,犯罪隐秘性强

为了使仿冒的作品能达到以假乱真的地步,行为人侵犯著作权的手法不仅多样,而且借助于现代科技手段不断翻新,以至于盗版产品与正版产品的辨别越来越困难。虽然著作权人面对盗版的猖獗,也采取加密或更先进的技术等措施来防止被盗版,但犯罪分子基于获取暴利的动机推动,总是能在较短的时间内找到破解的办法。例如,过去人们观看的都是普通DVD碟,现在出现了高清电影,其所需的蓝光盘和播放器因较高的价格难于普及,结果在深圳的一次突击搜查中,检查人员查封了800箱使用蓝光盘片破解后重新压制的盗版盘片。这些盘片并没有使用昂贵的蓝光光盘作为介质,盗版者对蓝光原版光盘进行了破解,并重新编码,尽管图像品质不如原版蓝光盘片优秀,但犯罪分子毕竟已经掌握了盗版的核心技术。

包括著作权在内的知识产权都具有“流而不失”的特点,即犯罪人对知识产权的侵犯并不造成知识产权载体的破坏,甚至不留任何痕迹。所以犯罪分子在侵犯著作权后,著作权人可能丝毫没有察觉,这

使得著作权犯罪案件还具有较高的隐秘性。不仅如此，不法盗版商制售非法制品活动的隐蔽性与欺骗性也越来越强，给治理活动带来了新的挑战。常见的盗版方式是把盗版窝点设在管理相对较松的城乡结合部、边远地区；或者冒充别人的厂名、厂址及产品认证标志；单个销售者为逃避执法者的检查，流动销售。随着盗版组织化程度的提高，犯罪分子的作案方法也变得更加隐蔽。例如，在2003年辽宁省破获的一起特大光盘案中，"金声音像店"作为在沈阳乃至全省进行批发销售盗版卡通VCD的源头，其盗版光盘存放在地处不同位置的5个仓库内，不经过缜密侦查很难发现，通过一般的检查只能在店内收缴到少量的盗版光盘。同时，盗版分子盗用版号后自己制版在境外加工，与境外非法制作商单线联系，这使光盘运输的手段也不易被发现。①

由侵犯著作权案件这一特点所决定，该类犯罪的黑数较大，实践中被查获的案件只占实际发生的较小比例。

（四）连续作案频繁，数罪俱发普遍

尽管我国已经加强了对侵犯著作权行为的打击力度，但是犯罪分子在巨额利润的诱惑下仍然屡屡以身试法。特别是由于实践中经常以行政处罚代替刑事司法，以致犯罪分子感受不到惩罚的严厉性，所以一再连续犯案。为此，2007年4月4日最高人民法院、最高人民检察院通过的《关于办理侵犯知识产权刑事案件具体应用法律若干问题的解释（二）》规定，因侵犯知识产权被刑事处罚或者行政处罚后，再次侵犯知识产权构成犯罪的，一般不适用缓刑。

此外，由于著作权犯罪手段复杂，环节较多，导致司法实践中数罪俱发的情况普遍。同一犯罪主体往往集多种侵犯著作权犯罪行为于一身，甚或同时触犯其他的经济犯罪或非经济犯罪罪名。如非法复制发行他人作品营利的行为人，往往也销售自己或者他人的侵权复制品；而这些出版物中可能又有淫秽作品，这样又构成了制作、复制、出版、贩卖、传播淫秽物品牟利罪；如果案件跨越了国境，又可能存在走私行为，等等。

---

① 参见《中国文化市场发展报告》，载 http://www.ccm.gov.cn/ccmdprp/show.php?m=1&k=8&ID=383。

（五）作案主体多元化，有组织犯罪趋势明显

从查处的侵犯著作权案件来看，作案主体十分广泛，既有农民、工人、个体工商户，也有高科技从业人员和公务人员等。不仅如此，在巨大利益的驱使下，一些单位也参与其中。一些合法企业由于经营不善导致严重亏损，缺乏市场竞争力，于是以合法身份作为掩护，大肆进行非法出版和发行活动，甚至与侵犯著作权和销售侵权复制品的行为人事前通谋，向其出售、出租或者以其他形式转让该出版单位的名称、书号、版号。

组织化、集团化趋势明显，是侵犯著作权犯罪主体的另一重要特征。实践中，以各种团伙的方式作案，是侵犯著作权犯罪的基本方式。这一方面是因为这类犯罪活动本身越来越复杂，往往需要经过多个步骤和环节，仅仅依靠个人单薄的力量很难赚到高额利润；另一方面，在保护著作权方面日益强化的行政执法和司法干预，也迫使犯罪分子不得不纠集起来，相互配合、互相利用、结伙作案甚至集团作案，以严密的组织和技术分工，形成产供销“一条龙”来对抗查缉活动。

（六）发案地区分布不均，涉外因素增多

从侵犯著作权犯罪案件的地域性特征来看，呈现出明显分布不均的特征。经济发达地区的案件发生数量占据了所有地区的大多数。城市是著作权犯罪案件的集中高发区。究其原因，除了符合城市是社会中犯罪的高发区这一普遍规律外，对侵犯著作权犯罪的实施而言，城市还具有如下便利条件：一方面，城市是现代化的生产中心和信息中心，还集中了大量的技术工人，相对于农村地区而言更容易获得实施侵犯著作权犯罪所需的物质与人员条件；另一方面，城市又是社会消费的中心，侵权产品的最广大市场也在城市，只有在城市中进行侵犯著作权犯罪，才能在最短时间内获得犯罪收益，并减少被发现和追究的概率。

随着我国对外开放的进一步扩大，侵犯著作权犯罪案件的涉外因素也逐渐增多。这主要表现为侵犯著作权的行为人的跨国性与行为的跨国性增强两个方面。

总之，随着知识经济时代著作权价值的日益凸显，不法分子实施侵权著作权犯罪活动将会保持强劲的势头。只有正视著作权犯罪的

特点和规律,审视我们的对策思路,不断改进治理的方式和方法,才有可能有效遏制侵犯著作权犯罪的发生。

三、高科技条件下侵犯著作权犯罪的新趋势

高科技的发展就像一柄双刃剑,在带给人类种种目不暇接的好处、有力推动历史前行的同时,也在悄悄割噬着人类文明之舟。同样,科学技术的发展,在不断催生新的智力成果的同时,也为侵犯这些成果提供了新的契机和手段。

从历史角度看,技术的进步与著作权制度的发展之间有着密不可分的联系。每一次科学技术的重大飞跃,都给著作权制度带来了划时代的影响。在印刷时代,使用作品的著作权主要涉及复制权、发行权以及表演权。当信息传播技术进入模拟信息时代,著作权作品的使用方式也大为增多,逐步产生了录音权、广播权、制片权、摄制权、放映权、改编权、翻译权、编辑权、出租权、出借权、展览权、发行收回权、公共借阅权等邻接权,在著作权中形成了复制权、演绎权、传播权三大板块。当信息传播技术进入数字技术时代,著作权制度中相应出现了信息网络传播权、网络原创作品著作权、数据库保护权、技术措施权等新生事物。① 与之相对应,著作的表现形式不断出新,著作权人的财产权权项出现倍增,对著作权的保护也提出许多新的挑战。

特别是随着数字技术的迅猛发展,互联网遍及全球,网络的无国界性加上以数字形式存在于数字化存储媒介上的网络信息复制和访问的无限性和便捷性,使得在这一环境下的著作权保护面临着严峻挑战。传统刑事法律及相关理论在惩治日新月异的著作权犯罪时,显得捉襟见肘。要准确把握高科技环境下著作权法律保护尤其是刑事保护的范围和强度,妥善处理保护著作权与保障信息传播的关系,必须高度关注高科技条件下侵犯著作权犯罪的新趋势。

(一) 犯罪对象方面的新变化

依照法律规定,著作权犯罪的对象主要涉及文字作品、音乐、电影、电视、录像作品、计算机软件及其他作品等。上述作品的一个基本

---

① 参见蒋廷瑶:《数字化环境下中国著作权的刑法保护》,中国政法大学 2007 年博士学位论文,第 19 页。

特性是，都以一定的介质为载体，如文字作品一般是纸质的，音像制品则刻录在磁带上。而在数字化技术下，许多作品的载体形式发生了重大变化。因为利用数字化技术能够把文字、图形等信息输入计算机系统并转化成二进制数字编码，进而对它们进行存储、编辑，并在需要时把这些数字化的信息再还原成文字、图形等信息，这样，原先的文字、美术、摄影作品等都可以成为数字化作品，不再需要以纸张或磁带作为载体，一张小小的光盘就能容下十分丰富的信息。随着作品表现形式的变化，盗版这些作品的方式也悄然发生了变化，即从过去盗版印刷书籍等转向盗版光盘。从近年侵犯著作权犯罪的对象种类上看，盗版光盘的上升趋势最为明显。

而网络的普及对光盘的盗版客观上又产生了推波助澜的作用。随着网络传输率的提高，网络上信息的传输、下载变得十分流畅，数字化作品直接以无形数据流的方式在产品提供者和用户的计算机上流通，导致以往热卖的盗版光盘、软件等也可在网上随意下载。如果说原来是盗版碟打败正版碟，而现在则是网络打败盗版碟。显然，这种变化正是由于侵犯著作权犯罪对象的无形化趋势所造成的。

不仅如此，侵犯著作权的对象还有扩大的趋势。传统的受著作权法保护的作品在网络环境下仍受到保护自不待言，但网络环境下一些新的作品种类，如网页亦成为侵犯的对象。1999 年 9 月，被称为中国"网页侵权纠纷第一案"的瑞得（集团）公司诉宜宾市翠屏区东方信息服务有限公司侵犯网页著作权纠纷案，首开具有独创性的网页属于作品，并应受著作权法保护的先河。此外，还有著作权技术措施的保护问题。作为网络环境下保护著作权人利益的一个重要的事前预防手段，著作权技术措施是版权人主动采取的、能对版权人权利进行有效保护，防止侵犯其合法权利的设备、产品或方法。常用的技术措施主要有：要求登记、电子水印、设置密码、数字签名、电子版权保护系统、软件加密以及控制进入受保护作品的其他措施。[①] 实践中已经出现了破坏著作权网络访问控制措施，但并不涉及复制发行著作权作品本身的行为。

---

① 参见朱庆玉、孙益武：《网页作品的著作权保护》，载《华东交通大学学报》2005 年第 3 期。

例如犯罪嫌疑人陈某、董某使用他人非法开发的针对“热血传奇”游戏的恶性脱机外挂“冰点管家”程序，修改“热血传奇”客户端程序，绕过正常的游戏客服端与服务器端之间的通讯协议，使游戏商计算机系统中的客户认证功能丧失。陈某、董某通过出卖游戏点卡等方式让玩家通过“冰点管家”进入“热血传奇”从而牟取暴利。虽然该案最后被司法机关定为非法经营罪，但如此认定是否妥当，无论从法律效益还是社会效益上都值得考虑。[①]

事实上，为著作权的技术保护措施提供有效的法律保护已经成为世界各国的共识，《世界知识产权组织版权条约》（WCT）和《世界知识产权组织表演和录音制品条约》（WPPT）对破解有助于著作权有效行使的技术性措施早就进行了禁止，并禁止篡改电子权利管理信息。我国2006年制定、2013年修订的《信息网络传播权保护条例》也明确规定：任何组织或者个人不得故意避开或者破坏技术措施，不得故意制造、进口或者向公众提供主要用于避开或者破坏技术措施的装置或者部件，不得故意为他人避开或者破坏技术措施提供技术服务。这些规定无疑是将为保护权利人信息网络传播权采取的技术措施也纳入了著作权的保护范畴。

（二）犯罪手段方面的新变化

利用数字化技术及因特网是高科技条件下著作权犯罪最主要的手段。资料表明，当前全国法院涉及网络的著作权案件已经占到了全部著作权案件的40%以上。[②] 在高科技条件下，不仅侵犯著作权的行为更容易实施，而且也使得查处网络著作权犯罪案件更加困难。

首先，在数字化的背景下，作品的复制发行等行为变得极为便捷，轻击鼠标键盘瞬间即可完成。即便就音乐、电影或软件的复制而言，根据其大小，在计算机网络技术环境下，也只是分秒的差别，且成本几乎为零。这种轻松快捷的新型犯罪手段给传统刑法认定危害行为带来了困惑。因为，利用互联网实施的敲击键盘、按动鼠标的“身体动

---

① 参见袁剑湘、廖梅：《数字化时代著作权保护的两个问题》，载2010年6月7日《检察日报》。

② 参见《全国著作权纠纷案四成“涉网”》，载2010年2月4日《法制日报》。

静”,并没有传统意义上的轻重缓急之分以及程度强弱、数量多少之别,以致不易区分和把握。① 同时,易复制性也在很大程度上使未经许可的复制发行行为泛滥。例如,因网络盗版被判有罪的第一案——云霄阁案中,云霄阁网站通过网站加载的专门软件,从起点中文网、幻剑书盟等文学网站自动搜索、批量采集作品,先后刊载文学作品近9 000部,至案发时,尚有在线作品5 334部,一度成为中文网站访问量排名第二的网站。②这种大规模的侵犯著作权行为之所以得逞,原因就在于侵犯网络作品权手段的便捷性。

其次,网络技术的发展带来了作品传播方式的变革,同时也使得一些著作权犯罪行为被新技术构筑的迷雾所遮蔽。例如,当前数字化出版成为传统出版业转型的方向,多元化数字图书出版平台的构建、手机出版的兴起都是这一变化的标志。而其中所涉及的侵犯著作权问题尚属新生领域,关注的人还不多,甚至还被误解为是公益性行为。如谷歌公司于2004年开始寻求与图书馆和出版商合作,大量扫描图书,欲打造“世界上最大的数字图书馆”,使用户可以在线浏览图书或获取相关信息。据统计,5年之内,至少有570位中国作家的17 922种作品,在作者毫不知情的情况下被谷歌图书馆收录。这个数字还在不断扩大。谷歌还声称他们的行为是合法合理的,并不存在侵权问题。③ 与此同时,权利人还没有适应作品传播方式革新所带来的变化,往往对自己被侵权的事实毫不知情,这直接导致了数码环境下侵犯著作权行为的黑数较大。此外,一些隐匿性软件的使用,更增强了侵犯著作权的隐秘性。例如现在流行的P2P(Point to Point,或称点对点)技术,这是一种用户之间共享文件的技术。利用这种技术,用户可以不登录专门网络服务器,而直接与不特定用户进行通讯、信息交流和文件共享传输,即使其中某一个P2P用户的计算机被关闭,用户还可以从其他在线的P2P用户那里搜索和下载文件,这样每一个用户既是

---

① 参见阴建锋、张勇:《挑战与应对:网络知识产权犯罪对传统刑法的影响》,载《法学杂志》2009年第7期。

② 参见《福建:云霄阁网侵犯著作权案告破 两责任人被捕》,载 http://www.chinacourt.org/html/article/200709/05/263142.shtml。

③ 参见杨亮庆:《谷歌否认侵犯中国作家著作权》,载2009年10月31日《中国青年报》。

客户端,同时也是提供资源与服务的独立服务器。网络上广为人知的BT(Bit Torrent)下载和EMULE(电驴)下载都是基于这种技术。由此成千上万的网民都可能成为作品的传播者,即可能在自己复制下载侵权文件的同时,也向他人传播了该文件而成为侵权者。对于这种情况,著作权人很难甄别出究竟哪些人侵犯了自己的著作权,即使把个人用户推向被告席,取证和诉讼的难度也相当高,且责任主体的众多会使得打击这类行为难上加难。

再次,侵权复制品的销售向网上蔓延。随着网络交易平台应用的普及化,加之网上销售侵权盗版出版物不受时间、地域等条件限制,侵权复制品的销售手段逐步由实体店面转向无形网络。从目前查处的网上经营盗版案件来看,此类犯罪活动具有来势猛、速度快、人员杂、交易方式便捷、购买者地域广泛等特点,应引起高度注意。一旦销售行为利用网络平台,其直接后果则是多方面的:一是犯罪的隐蔽性变强,因为交易者的身份、交易的内容等都不易核实;二是交易量变大,因为购买者不受地域限制;三是影响面更广,因为案件在不经意间就跨越了国界,在管辖问题上会引发争议,在案件查处方面还需要国家间的通力合作。

(三) 行为方式方面的新变化

侵犯著作权犯罪在行为方式方面的变化,首先集中表现在各种新的侵权形式的出现。

从网络侵犯著作权行为的具体表现形式上看,与传统的复制、发行行为有了较大区别,因为网络侵权不会导致作品有形载体在物理上的转移,而是未经授权的作品数字化与在网络上的传播。可以说,网络的发展在很大意义上增加了原有侵犯著作权行为的内涵。

网络侵犯著作权的新的行为形式,大致可以分为四种类型:

一是非法上载行为。即未经著作权人许可而将版权作品或者盗版作品上载到网络,供公众在线欣赏或下载的行为,如扬州电信宽带曾因未经授权提供郑秀文《WONDERWOMAN》等歌曲下载遭华纳唱片起诉。除了网站、网络服务商有非法上载行为之外,用户个人的非法上载情况也日益严重。如香港一名14岁的中学生在本地一个网上讨论区申请个人网志,然后利用网志所提供的储存空间,上载多达 3 800 首歌曲，让其他网民免费下载。这种上载，实质是将文件从自己的计算机中拷贝至远程主机上，因而是一种复制。但由于它又将文件的复制品放在公开的、无国界的网络上，使公众可以在其个人选定的时间和地点获得作品，所以它也是一种信息网络传播的行为。从我国《著作权法》肯定信息网络传播权来看，作后一种理解应当更为贴切。这也是网络技术条件下的一种特有行为形式。由于无论是复制权还是信息网络传播权都是法律赋予著作权人的权利，一旦这种上载行为没有获得授权，就可能侵犯著作权人的权利。

二是非法下载行为。是指未经许可将网络上的作品如视频、音乐、电子书、计算机软件等移植到本地计算机的行为。例如，未经原著作权人同意，随意从网上下载图片和铃声等用于手机短信服务业。实践中更有甚者，将网上作品擅自下载并通过传统形式的媒体予以发行。如国内“新媒体”告“老媒体”的第一件案例中，中国社会科学出版社出版了一套“网络人生系列丛书”，在未经授权的情况下，从“榕树下”网站收入了宁财神等网络知名作家的 7 篇文章。[①] 一般来讲，这种下载实属对网络作品的复制与再发行，只要不属于法定许可和合理使用的范围，且未经许可，就构成对著作权的侵犯。当然对于未获授权的下载，通常行为人只需要承担民事责任，但是也不排除如为谋取经济利益而故意非法下载，情节严重需要追究刑事责任的情况。国外也有不少国家承认这种犯罪行为，如美国对于为私人收益或商业利益，或涉及下载零售价值超过 1 000 美元的材料的故意侵权行为，规定了刑事责任。法国、德国、日本等采取严格保护措施，非法下载亦可招致刑事责任。[②]

三是非法转载行为。即未经许可将网络上某处的作品复制到另一处。如将博文非法转帖、将电子书非法搬家，甚至网站、网页之间的互相抄袭，也可归于此类。业内人士曾统计过，IT 类网站中，知名的

---

① 参见郭丽君：《“新媒体”“老媒体”又起争端 网站状告出版社侵权》，载 2000 年 7 月 31 日《光明日报》。

② 参见赵秉志、汤显明：《数码环境下香港著作权刑法保护的立法完善探讨》，载《刑法论丛》2009 年第 1 卷，法律出版社 2009 年版，第 405—406 页。

Chinabyte、Enet、赛迪网、天极网几家之间，雷同的东西特别多，尤其是一些技术类文章、专家评论，甚至其中有的网站就是靠抄袭起家的。[①]

四是盗版链接行为。链接与转载有所不同。转载只是复制行为在网络上的异化表现，完全可依据信息网络传播权、复制权来调整。而链接则分为两种情况：一种为浅层链接，即对第三方网站首页或其他网页的地址链接。用户点击链接之后，即会脱离设链网站，进入被链接的网页，此时用户浏览器中显示的网络地址为被链的网页地址。这种情况下不会构成对被链接对象的复制，本身也不是信息网络传播，所提供链接服务类似于提供信道。另一种则是深度链接。用户点击链接后，即可以在不脱离设链网站的情况下，从第三方网站下载或在线打开文件，此时用户浏览器显示的网络地址仍然为设链网站的地址。各大网站的搜索引擎其实就是基于这种深度链接技术，不再限于仅起到帮用户得到网站链接地址的中介作用，而是略过被链网站的主页直指其内容信息。目前有大量的未经授权的音乐、视频文件等存在于各种网站、服务器，但这类文件绝大多数无法轻易被公众获取。搜索引擎无疑提供了巨大便利。通过它们，这些音乐文件得以传播，但同时对权利人的利益造成很大侵害。应当说，搜索引擎在这一过程中起到了帮助侵权或间接侵权的作用，但是广大的网民却乐于享受这一便利，搜索引擎的拥有者也认为这只是为了提供精细化、准确化的搜索结果。如果说只是罗列站点，用户要寻找到自己需要的内容，就必须进到这个站点的首页，然后一页一页往下找，这将是互联网技术的倒退。技术的提升使人们对这一链接行为是否构成侵权或犯罪存有很大争议。科技与法律的博弈在此得到了生动的体现。

（四）犯罪目的方面的新变化

高科技条件下，行为人侵犯著作权的目的也有别于以往，呈现出多元化的趋势。众所周知，我国现行《刑法》对于侵犯著作权罪、销售侵权复制品罪等犯罪，除主观上要求出于故意外，还要求行为人具有营利的目的。如果行为人主观方面不具有营利目的，则罪刑法定原则决定了该行为不能构成相应之罪。但从现实情况来看，国内外许多人

---

① 参见《网站抄袭 自断“钱”程》，载 http://www.people.com.cn/GB/channel745/20000822/197249.html。

实施网络侵犯著作权行为的目的并非为了赚钱,而是受竞争意识、声望和销售盗版商品等娱乐价值的驱动。①

例如,DrinkorDie组织每年都在互联网上发布成千上万的免费电影、游戏、音乐和软件程序,其目的只有一个——维持自己的"声誉"。② 我国亦已出现了一些不以营利为目的但却侵犯著作权的情况。例如,《哈利波特7》英文版全球首发后,国内一些精通英文的"哈迷"们在若干网站上自发成立翻译团队,迅速提供了"民间译本"。翻译小组的发起人表示"我们只是为了给'哈迷'们解渴,并无半点商业目的,更不会把译稿拿去出版挣钱"。③ 他们的这种行为未经著作权人的授权,既非仅为个人欣赏,亦非科研之用,加之在网络上公之于众,远远超出了合理使用的范围,所以实际上已侵犯了著作权。显然,对这类行为如强调行为人主观上须有营利的目的,无疑会给惩治这类行为造成障碍。事实上,有些行为人虽非出于营利目的,但其非法传播行为所带来的危害却同样严重。正因如此,《TRIPS协定》已将故意但不一定出于商业利益或个人经济利益为目的的严重侵权行为纳入刑事犯罪的规制范畴,我国《著作权法》也未附加以营利为目的这一条件的限制,相比之下《刑法》的规定明显滞后。可见,高科技条件已对传统刑法所确立的著作权相关犯罪之目的犯的立法模式提出了新的挑战。

除了目的呈现多元化趋势之外,侵犯著作权罪传统的营利目的在网络背景下还发生了异化,给司法认定带来了困惑。通常来讲,如果直接在网上复制、发行侵犯著作权的作品进行牟利,其营利目的的认定没有疑义。但在网络上的侵犯著作权案件中,行为人往往避开从侵权作品中直接营利,而是采取一些新的作案手法。其具体表现是:其一,许可他人免费使用自己侵犯别人著作权的作品,以此来提高网站

---

① 参见沈仁干主编:《数字技术与著作权:观念、规范与实例》,法律出版社2004年版,第111页。

② 参见蒋廷瑶:《数字化环境下中国著作权的刑法保护》,中国政法大学2007年博士学位论文,第25页。

③ 姜庶伟:《网译〈哈7〉不为挣钱也可能侵犯著作权》,载2007年8月2日《北京日报》。类似的案件在法国也有发生,一名16岁的高中生将自己翻译的《哈利·波特》系列小说终结篇发表在互联网上,警方以侵犯知识产权的罪名将他逮捕。

知名度，吸引更多网民。表面看来其目的只是为了提高点击率，因为网民在使用这些作品时是免费的，网站并未直接向网民收取任何费用。但是点击率高了，网站的广告业务就会源源不断，而网站也正是从广告费中间接获得了利润。其二，在有偿提供下载合法著作权作品服务时，附赠侵权复制品。这种情况下，复制方、发行方在附赠侵权复制品时，只是为了吸引受赠人购买合法著作权作品服务而获得收益，并没有直接收取与附赠物品相对等的成本及利润等费用，似乎也不存在"营利的目的"。其三，免费提供合法软件或侵权软件的下载，再通过捆绑第三方插件的方式牟利。比如轰动全国的珊瑚虫 QQ 案中，陈某独立开发出了珊瑚虫程序增强包，而该增强包需依附于腾讯 QQ 而存在，所以陈某就将珊瑚虫程序增强包和腾讯 QQ 软件打包成为珊瑚虫 QQ 软件，并在自己的网站上提供下载。由于该增强包能实现多种功能优化，表现出色，用户纷纷选择珊瑚虫软件，广告商也找上门，陈某便在增强包中捆绑了广告插件，并收取广告费 117 万元。表面看来，陈某基于珊瑚虫增强包的下载而获得间接收入来营利。所以网友对此案形成了一边倒的意见，认为珊瑚虫软件在民事上侵犯著作权是毫无疑问的，但行为人不具备营利目的，因而不构成侵犯著作权罪。

由以上种种表现可见，网络著作权犯罪的营利目的不再浮于表面，赤裸裸地直接从侵权作品中获利的方式已经为高科技犯罪人所抛弃，取而代之的是一种间接的营利。从最终结果来看，行为人的目的仍是营利，但是中间有多种行为假象在迷惑着人们。

综上所述，技术的飞跃发展使侵犯著作权犯罪出现了一系列新特点，也给著作权保护提出了新的挑战。如何正确处理这些新型案件，不仅关乎著作权人的权利保护，也在很大程度上影响互联网及相关高科技产业的发展。

侵犯著作权犯罪案件的结构与处罚特征

——基于典型案例的分析

王志祥

本书典型案例评析中所涉及的案例，实际涉及的罪名包括《刑法》第 217 条的侵犯著作权罪、第 218 条的销售侵权复制品罪和第 225 条的非法经营罪。为更好地反映出三种犯罪的特征，在统计口径上分别按照五种犯罪类型，即侵犯计算机软件著作权、侵犯图书著作权、侵犯音像制品著作权、销售侵权复制品和销售非法出版物进行统计。

一、作案方式与犯罪类型的关系

表 1 为综合统计表，表中列明了在五种犯罪中单独犯罪、团伙犯罪和单位犯罪各自的数量和所占比例，涉及案例数量共 74 例。

表 1　作案形式与犯罪类型(单位:例)

犯罪类型 作案形式	侵犯计算机软件著作权	侵犯图书著作权	侵犯音像制品著作权	销售侵权复制品	销售非法出版物	案件数量合计	占总数百分比(%)
单独犯罪	7	8	27	0	5	47	63.51
团伙犯罪	14	3	3	1	3	24	32.43
单位犯罪	1	0	1	1	0	3	4.06
合计	22	11	31	2	8	74	100.00
占总数百分比(%)	29.73	14.87	41.89	2.70	10.81	100.00	

表 2 犯罪人数与犯罪类型(单位:人)

犯罪类型 作案形式	侵犯计算机软件著作权	侵犯图书著作权	侵犯音像制品著作权	销售侵权复制品	销售非法出版物	犯罪人数合计	占总数百分比(%)
单独犯罪	7	8	27	0	5	47	20.44
团伙犯罪	47	9	110	4	6	176	76.52
单位犯罪	4	0	2	1	0	7	3.04
合计	58	17	139	5	11	230	100.00
占总数百分比(%)	25.22	7.39	60.44	2.17	4.78	100.00	

综合表 1 和表 2 可以看出,在侵犯著作权犯罪案例中,共同犯罪的比例较高,总体案件数达到了 1/3 以上,尤其是在侵犯计算机软件著作权案件中,团伙作案是单独作案案件数的两倍;就平均涉案人数而言,则以侵犯音像制品著作权犯罪的涉案人数最多,在总共 31 起这类案件中,涉案人数达 139 人,平均每起案件的涉案人数 4.4 人;就犯罪类型而言,侵犯计算机软件和侵犯音像制品著作权犯罪合计为 53 例,占 74 起典型案例的 72%。

同时,就刑法罪名的适用看,实践中有相当部分侵犯著作权的犯罪案件,基于定罪便利等方面原因的考虑,是以扰乱市场秩序类罪中的“口袋罪”——非法经营罪定罪处罚的。在表 1 的统计中也印证了这种情况。在 74 起典型侵犯著作权案件中,有 8 起即 11% 左右是按照非法经营罪(销售非法出版物)处理的。

二、男女犯罪比例与犯罪类型的关系

表 3 犯罪人性别比例

性别 犯罪类型	男		女		总计人数
	人数	占总数百分比(%)	人数	占总数百分比(%)	
侵犯计算机软件著作权	58	100	0	0	58
侵犯图书著作权	14	82.35	3	17.65	17
侵犯音像制品著作权	13	46.43	15	53.57	28

（续表）

犯罪类型＼性别	男 人数	男 占总数百分比（%）	女 人数	女 占总数百分比（%）	总计人数
销售侵权复制品	5	100	0	0	5
销售非法出版物	8	72.73	3	27.27	11
合计	98	82.35	21	17.65	119
占总人数百分比（%）	82.35	＼	17.65	＼	＼

表3所显示的男女犯罪比例与犯罪类型的关系，反映了犯罪的一般规律，即在社会人口的构成上，虽然男女比例大致处于平衡状态，但就社会中的犯罪人群而言，男性犯罪人的比例要明显高于女性犯罪人。从国际上和我国犯罪实践看，女性犯罪人一般占全部犯罪人群的比例在15%至25%之间，而表3中的女性犯罪人占17%左右，大致处于正常区间。

在侵犯音像制品著作权犯罪案件中，女性犯罪人（15人）多于男性犯罪人（13人）的现象，是因为案件材料中只有28名犯罪人可以确定性别，其余犯罪人的性别信息缺失而出现的统计现象，不足以说明在此类案件中男女比例有异常情形。

三、犯罪类型与刑期的关系

表4　全部犯罪类型与刑期（单位：月）

犯罪类型＼刑期	最长刑期	最短刑期	平均刑期
侵犯计算机软件著作权	78（6年6个月）	0**	27.26
侵犯图书著作权	114（12年）	0	47.94
侵犯音像制品著作权	72（6年）	0	17.85
销售侵权复制品*	＼	＼	＼
销售非法出版物	14（1年2个月）	3	6.57

* 在销售侵权复制品案件中，有关刑期的信息缺失，故未列入表中。表5同。

** 最短刑期中为0，指的是免除刑事处罚的情形。表5、表6同。

表 5 单独犯罪与刑期(单位:月)

犯罪类型 \ 有期徒刑	最长刑期	最短刑期	平均刑期
侵犯计算机软件著作权	36(3 年)	0	19.75
侵犯图书著作权	132(11 年)	6	63.13
侵犯音像制品著作权	60(5 年)	6	15
销售侵权复制品			
销售非法出版物	12(1 年)	3	6.57
所有犯罪类型	132(11 年)	6	

表 6 团伙犯罪与刑期(单位:月)

犯罪类型 \ 有期徒刑	最长刑期	最短刑期
侵犯计算机软件著作权	78(6 年 6 个月)	0
侵犯图书著作权	144(12 年)	1
侵犯音像制品著作权	72(6 年)	12
销售侵权复制品	30(2 年 6 个月)	12
销售非法出版物	14(1 年 2 个月)	6

综合表 4、表 5 和表 6 的统计信息可以看出,在侵犯著作权的 5 种具体犯罪中,侵犯图书著作权犯罪的处罚最重,不仅囊括了单独犯罪和团伙犯罪中的最长刑期,而且平均刑期也最长,接近 4 年(47.94 个月)。根据《刑法》第 217 条的规定,接近 4 年有期徒刑的宣告刑,意味着这类案件基本上都具有违法所得数额巨大或其他特别严重的情节。与之相对应的,则是以非法经营罪(销售非法出版物)处理的案件,平均刑期则最短,仅为半年左右(6.57 个月)。

四、单独与团伙犯罪的缓刑适用情况

表 7 单独犯罪的缓刑适用

犯罪类型 \ 缓刑	案件数量	适用缓刑数量	适用缓刑百分比(%)
侵犯计算机软件著作权	9	2	22.22
侵犯图书著作权	9	0	0
侵犯音像制品著作权	27	5	18.52
销售侵权复制品*			
销售非法出版物	7	0	0

* 在销售侵权复制品案件中,有关刑期的信息缺失,故未列入表中。

表 8 团伙犯罪的缓刑适用

犯罪类型	案件数量	被告人适用缓刑案件数量	适用缓刑百分比(%)
侵犯计算机软件著作权	22	9	40.91
侵犯图书著作权	12	0	0
侵犯音像制品著作权	30	6	20
销售侵权复制品	2	0	0
销售非法出版物	8	1	12.5

表 7 和表 8 表明,在团伙犯罪案件中,虽然其最长刑期和最短刑期都比单独犯罪要长,但缓刑的适用率却高于单独犯罪。以侵犯计算机软件著作权和侵犯音像制品著作权为例,两类案件中的单独犯罪的缓刑适用率分别为 22.22% 和 18.52%,而团伙犯罪的缓刑适用率为 40.91% 和 20%。缓刑适用率的这种差别,反映了团伙犯罪中因有主犯和从犯之别,尽管团伙犯罪的社会危害性更大,但在实际承担刑事责任方面,对主犯和从犯的处罚则体现了法律和政策层面的两级化倾向。

五、各类案件的缓刑适用比例

表 9 侵犯计算机软件著作权犯罪的缓刑适用

作案形式	案件总数	适用缓刑案件数量	适用缓刑百分比(%)
单独犯罪	9	2	22.22
团伙犯罪	13	7	53.85
单位犯罪	0	0	0

表 10 侵犯图书著作权犯罪的缓刑适用

作案形式	案件总数	适用缓刑案件数量	适用缓刑百分比(%)
单独犯罪	9	0	0
团伙犯罪	3	0	0
单位犯罪	0	0	0

表 11 侵犯音像制品著作权犯罪的缓刑适用

作案形式	案件总数	适用缓刑案件数量	适用缓刑百分比(%)
单独犯罪	27	5	18.52
团伙犯罪	3	1	33.33
单位犯罪	0	0	0

表 12　销售非法出版物犯罪中的缓刑适用

作案形式	案件总数	适用缓刑案件数量	适用缓刑百分比(%)
单独犯罪	7	1	14.29
团伙犯罪	1	0	0
单位犯罪	0	0	0

在表 9 至表 12 中,侵犯计算机软件著作权犯罪案件的缓刑适用比例最高,单独犯罪的缓刑适用率超过了 1/3,团伙犯罪的缓刑适用率则超过了 50%;其次是侵犯音像制品著作权犯罪,单独犯罪和团伙犯罪的缓刑适用率分别是 18.52% 和 33.33%。

值得注意的是,在 12 起侵犯图书著作权犯罪中,无论是单独犯罪还是团伙犯罪均无适用缓刑的情形。这与这类犯罪案件的平均刑期最长相互印证。这也从一个侧面反映出司法实践中,这类案件一般具有案值大和情节严重的特点。

六、不同案件与适用罚金刑的关系

表 13　犯罪类型与适用罚金刑的关系

犯罪类型	案例总数	适用罚金案件数量	占总数百分比(%)
侵犯计算机软件著作权	22	19	86.36
侵犯图书著作权	12	11	91.67
侵犯音像制品著作权*	30	29	96.67
销售侵权复制品	2	1	50
销售非法出版物	8	8	100
合计	74	68	91.89

表 14　单独犯罪罚金刑的适用情况

犯罪类型	案例总数	适用罚金案例数量	占总数百分比(%)	最高金额(万元)	最低金额(万元)
侵犯计算机软件著作权	9	7	77.78	100	0.3
侵犯图书著作权	9	8	88.89	9	0.1
侵犯音像制品著作权	27	26	96.30	150	0.1
销售侵权复制品*					
销售非法出版物	7	7	100	1	0.1
合计	52	48	92.31		

* 销售侵权复制品案例因数据缺失,故未列明。

表 15 团伙犯罪中罚金刑的适用情况

犯罪类型	案例总数	适用罚金案例数量	占总数百分比(%)	最高金额(万元)	最低金额(万元)
侵犯计算机软件著作权	13	12	92.31	100	0.3
侵犯图书著作权	3	3	100	9	2
侵犯音像制品著作权	3	3	100	400	2
销售侵权复制品	1	1	100	50	1
销售非法出版物	1	1	100	8	4
合计	21	20	95.24		

根据《刑法》第 217 条、第 218 条和第 225 条的规定,构成侵犯著作权罪、销售侵权复制品罪和非法经营罪的,应并处或单处罚金。但从表 13 中适用罪名与罚金刑的关系看,除了以非法经营罪定罪处罚的销售非法出版物案件外,其余犯罪案件的罚金适用率并没有达到 100%。出现这一统计现象,是因为犯罪人明显无实际执行能力而未判处罚金刑,还是因其他原因所致,还有待进一步观察。

就单独犯罪和团伙犯罪案件的罚金刑适用看,未并处罚金刑的情形主要出现在单独犯罪中,而在团伙犯罪案件中基本都适用了罚金刑。这似乎印证了上述因"犯罪人明显无实际执行能力而未判处罚金刑"的推断。

此外,就罚金数额而言,由于团伙犯罪案件的涉案金额和犯罪总收益往往更高,因而其最高罚金数额和最低罚金数额总体上要高于单独犯罪。

七、从轻处罚中涉及的主要情节

在从轻处罚的依据方面,从表 16 的统计情况看,判决书中出现频率最高的是犯罪后的认罪态度,其次是初犯或从犯,再次是主动退赃。这表明在适用刑罚轻重方面,主要依据的是酌定量刑情节。这也在一定程度上说明,正确理解和把握反映犯罪人主观恶性和人身危险性的各种酌定情节,对于切实贯彻罪责刑相适应原则和实现刑罚的公正性至关重要。

此外,不同地区对类似案件在处理上的差异性,在收集的案例中也有体现。如同类案件且判处近似刑期的犯罪,北京、上海、广东等省市的涉案金额明显高于其他城市。这反映出犯罪的社会危害的实质是客观危害与主观评价相结合的产物。在经济社会发展水平不同的地区,同等的客观危害因主观评价上的不同,自然会出现轻重不同的处罚特征。

表 16 从轻处罚所依据的主要情节

出现频率(例数)	情节
45	认罪态度好(包括当庭认罪、有悔罪表现、如实供述犯罪事实)
22	初犯或从犯
17	主动退赃(包括亲属配合积极退赃)
16	自首
4	立功
	外国人 未满 18 岁 先期履行财产刑 无犯罪前科

侵犯著作权罪中“以营利为目的”要件的司法认定

——共软网络科技有限公司等侵犯计算机软件著作权案

王志祥

一、基本案情

2006 年 12 月至 2008 年 8 月期间，四川网联互动广告有限公司(以下简称网联广告公司，另案处理)和被告单位成都共软网络科技有限公司(以下简称共软公司)在被告人孙显忠的指使下，经被告人张天平与被告人洪磊、梁焯勇合作，在未经微软公司许可的情况下，复制微软 Windows XP 计算机软件后制作多款“西红柿花园”版软件，并以修改浏览器主页、默认搜索页面、捆绑其他公司软件等形式，在“西红柿花园”版软件中分别加载百度时代网络技术(北京)有限公司、北京阿里巴巴信息技术有限公司、北京搜狗科技发展有限公司、网际快车信息技术有限公司等多家单位的商业插件，通过互联网在“西红柿花园”网站、“热度”网站发布供公众下载。其中，洪磊负责制作的“西红柿花园”WINXP SP3 V. 3300、WINXP SP2 V3. 3、WINXP SP3 V1. 0、WINXP SP2 V3. 5、WINXP SP2 V3. 4、WINXP SP3 V1. 21、WINXP SP3 V1. 1、WINXP SP2 安装版和免激活版累计被下载 71 583 次；梁焯勇负责制作的“西红柿花园”WINXP SP2 V6. 2、LEI NLITE XPSP3 V1. 0 美化版累计被下载 8 018 次；郑国槟(另案处理)负责制作的“西红柿花园”GHOST XP SP3 V1. 0、GHOST XP SP3 V1. 1、GHOSTXP SP3 V1. 2 版累计被下载 117 308 次。共软公司从百度时代网络技术(北京)有限公司、北京阿里巴巴信息技术有限公司、北京搜狗科技发展有限公司和网际快车信息技术有限公司处获取广告推广费共计人民币2924287.09元。

江苏省苏州市虎丘区人民检察院以被告单位共软公司及被告人孙显忠、张天平、洪磊、梁焯勇犯侵犯著作权罪，向江苏省苏州市虎丘区人民法院提起公诉。被告单位共软公司及其辩护人辩称：被告单位并未触犯法律，被告人孙显忠的个人行为不能代表公司行为。被告人孙显忠及其辩护人辩称：起诉书指控的犯罪事实有误，被告人孙显忠不具有非法复制、发行微软 Windows XP 软件的主观故意，也没有指使被告人洪磊侵犯他人著作权，建议法院按照疑罪从无的原则依法处理。被告人张天平对起诉书指控的犯罪事实无异议。被告人张天平的辩护人认为：张天平按照公司要求将广告投放在“西红柿花园”网站上，是基于自己的工作职责而为，没有亲自参与微软 Windows XP 软件的复制发行，主观恶性较小；且张天平具有自首情节，建议法院依法对张天平予以减轻处罚。被告人洪磊对起诉书指控的犯罪事实无异议。被告人洪磊的辩护人认为：起诉书关于违法所得数额巨大、情节严重的认定没有事实依据。被告人梁焯勇对起诉书指控的犯罪事实无异议。被告人梁焯勇的辩护人认为：梁焯勇在本案中不起主要作用，系从犯，应当从轻或减轻处罚；起诉书指控的广告费收入并不等同于违法犯罪所得，其中包括部分合法收入。

二、裁判结论

苏州市虎丘区人民法院经审理认为，本案事实清楚，证据确实充分。被告单位共软公司及被告人孙显忠、张天平、洪磊、梁焯勇以营利为目的，未经著作权人许可复制发行其计算机软件，违法所得数额巨大，情节特别严重，均已构成侵犯著作权罪。孙显忠作为被告单位直接负责的主管人员，张天平作为被告单位的直接责任人员，应当依法承担刑事责任。在共同犯罪中，被告单位及孙显忠、张天平、洪磊均起主要作用，均系主犯，应按照其参与的全部犯罪处罚。梁焯勇受洪磊指使复制、发行他人计算机软件，在共同犯罪中起辅助作用，系从犯，应减轻处罚。张天平犯罪后自动投案，如实供述自己的罪行，构成自首，依法可减轻处罚。据此，依据《刑法》第 217 条第 1 款第(一)项，第

220 条,第 25 条第 1 款、第 4 款,第 64 条,第 27 条第 1 款、第 2 款,第 67 条第 1 款及最高人民法院、最高人民检察院《关于办理侵犯知识产权刑事案件具体应用法律若干问题的解释》第 5 条第 1 款、最高人民法院、最高人民检察院《关于办理侵犯知识产权刑事案件具体应用法律若干问题的解释(二)》第 1 条之规定,判决如下:

(1) 被告单位成都共软网络科技有限公司犯侵犯著作权罪,判处罚金人民币 8 772 861.27 元,上缴国库;

(2) 被告人孙显忠犯侵犯著作权罪,判处有期徒刑 3 年 6 个月,并处罚金人民币 100 万元,上缴国库;

(3) 被告人张天平犯侵犯著作权罪,判处有期徒刑 2 年,并处罚金人民币 10 万元,上缴国库;

(4) 被告人洪磊犯侵犯著作权罪,判处有期徒刑 3 年 6 个月,并处罚金人民币 100 万元,上缴国库;

(5) 被告人梁焯勇犯侵犯著作权罪,判处有期徒刑 2 年,并处罚金人民币 10 万元,上缴国库;

(6) 被告单位成都共软网络科技有限公司的违法所得计人民币 2 924 287.09元,予以没收,上缴国库。

一审宣判后,被告单位共软公司及被告人孙显忠、张天平、洪磊、梁焯勇均未提出上诉,公诉机关未提起抗诉,一审判决已经发生法律效力。

三、案例评析

从以上犯罪事实来看,本案被告人在未经微软公司许可的情况下,复制微软 Windows XP 计算机软件并加以发行的行为,无疑已经侵犯了微软公司的著作权,因此本案客观方面的行为属性并不难认定。本案被告人是否构成侵犯著作权罪,关键在于其主观上是否具备“以营利为目的”。应该说,传统著作权犯罪中“以营利为目的”的认定并不十分困难,但就发生在互联网中的侵犯著作权罪而言,由于其发生的空间(虚拟空间)以及行为表现方式的特殊性,从而使得对行为人营利目的的认定往往变得比较复杂。当下,如何合理认定网络中侵犯著作权罪的“以营利为目的”,显然迫在眉睫。以下结合本案案情对这一问题进行述析:

(一) 侵犯著作权罪中的"以营利为目的"要件及其一般认定方式

"营利",即谋取利润之意。"以营利为目的"就是行为人希望通过实施一定的行为来谋取利润的心理态度。相应的,侵犯著作权罪中的"以营利为目的",就是指行为人希望通过实施侵犯他人著作权的行为来谋取利润的心理态度。"以营利为目的"是侵犯著作权罪主观方面的构成要件,行为人即便实施了侵犯他人著作权的客观行为,但只要主观上不具备"以营利为目的",就不构成侵犯著作权罪。而刑法之所以将"以营利为目的"规定为某些犯罪的犯罪构成要件,是因为营利目的在某些情况下能说明行为的社会危害性;如果没有营利目的,行为的社会危害性就达不到犯罪的程度。[1] 另外,"以营利为目的"这一要件也存在多种表现形式,如根据行为人是为自己谋取利润还是为他人谋取利润,"以营利为目的"可以表现为"自利目的"与"他利目的";根据行为人意在从非法行为中直接获取利润还是从与非法行为相关的其他行为中获取利润,"以营利为目的"可以表现为"直接营利目的"与"间接营利目的",等等。

"以营利为目的",从根本上讲是行为人的一种主观心理态度。然而,行为人犯罪的主观心理态度,不是停留在其大脑中的纯主观思维活动,它必然要支配行为人客观的犯罪活动,这样就必定会通过行为人的犯罪及与犯罪有关的犯罪行为前、犯罪行为时以及犯罪实施后的一系列外在客观活动表现出来。[2] 因此,在司法实践中,我们通常需要考察行为人的客观外在活动来认定其主观上是否存在营利目的。具体来讲,对侵犯他人著作权的行为人在主观上是否"以营利为目的",一般应通过考察以下几个方面来进行综合认定。

首先,考察侵权行为发生的背景。行为人犯罪目的产生必然是基于某种需求,而不可能凭空产生。这种需求与外界的其他事物,即行为背景也必然存在千丝万缕的联系。因此,判断侵权行为人是否"以营利为目的",必须首先查明其侵权行为的发生背景,进而再从其行为

---

① 参见张明楷:《论刑法中的"以营利为目的"》,载《检察理论研究》1995 年第 4 期。

② 参见高铭暄、马克昌主编:《刑法学(上编)》,中国法制出版社 1999 年版,第 200—201 页。

背景中分析判断是否具有营利目的。例如,行为人在债务缠身的情况下实施侵犯他人著作权的行为,与在百无聊赖的情况下实施同样的行为相比,显然前者具有营利目的的可能性要更大;行为人在商业经营活动中实施的侵犯他人著作权的行为,与在日常生活中实施的侵权行为相比,前者具有营利目的的可能性显然也要更大。

其次,要考察侵权行为发生的次数、规模,侵权复制品的数量与去向等。行为人如果多次实施侵犯他人著作权的行为,说明必然存在一个相对固定的动因在对其进行支配,而这个动因往往就是营利目的;而如果行为人一次或多次实施较大规模的侵权行为,则说明其目的已不可能是自己使用或自我欣赏,而很可能是出于营利的目的;如果行为人制造的侵权复制品数量较少且主要是留在家中自己使用,则行为人基本不可能是出于营利的目的;相应的,如果侵权复制品的数量较多且基本都流入社会,则行为人出于营利目的的可能性就相应增大。

最后,要考察侵权行为人的实际获利情况。虽然侵犯著作权罪的营利目的只是要求行为人主观上具有这种目的,而不要求行为人实际上获取了利润。但是,如果行为人实际获利的数量较大,则往往能够直接说明行为人主观上具有营利的目的。

(二)网络背景下"以营利为目的"的特殊表现形式及其认定

随着网络技术的不断发展和计算机的广泛普及,利用计算机和网络侵犯著作权的案件也日益增多,由此严重损害了著作权人的合法权益和社会经济的正常秩序。而在网络背景下,由于复制与发行手段的特殊性,导致行为人的营利目的也往往以比较特殊的形式表现出来。因此,与传统的侵犯著作权犯罪相比,"以营利为目的"在网络空间中的认定也显得更为复杂。

笔者认为,在网络背景下通过侵犯著作权进行营利的行为在总体上可分为两类,一类表现为直接的营利方式,另一类表现为间接的营利方式。在前一类情况下,对行为人营利目的的认定相对较为简便;而在后一类情况下则显得比较复杂,需要进行深入的分析论证。

1. 直接的营利方式

所谓直接的营利方式,是指行为人从侵犯他人著作权的行为中直接获取利润的方式。在网络环境下,这一方式又可表现为以下两种情况。

其一,仅仅将互联网作为信息发布和交易的媒介,而实际的交易是在网下完成的。例如,行为人通过在论坛、门户网站、BBS 留言板上发布有关产品和交易的信息,或利用在淘宝网等电子商务网上“开店”的方式,以实现在现实中销售自己的侵权复制品的目的。

其二,未经著作权人同意,通过有偿方式向个人或者大众提供他人作品的浏览、下载、传输等服务。如把受著作权保护的他人的文学作品、录音录像制品等放在自己的网站里,让网民有偿下载,从而谋取暴利。这两种方式在根本上只是利用了网络这一工具,与侵犯著作权罪的传统行为方式并无显著的差别,因此对其营利目的的认定相对较为容易。

2. 间接的营利方式

所谓间接的营利方式,是指行为人并不是从其侵犯他人著作权的单一行为中直接获取利润,其行为还需要与其他行为相结合才能最终获取利润。在网络环境下,主要表现为以下几种情况。

其一,在有偿提供下载合法著作权作品服务时,附赠侵权复制品。就这种情况而言,从形式上看,行为人收取的只是合法的著作权使用费,对侵权复制品行为人并没有收取费用,因此似乎不能认定行为人侵犯著作权的行为具有营利目的。实际情况则不然。笔者以为,这种情况同样应属于“以营利为目的”。因为,从合同的本质看,附赠式有奖销售是单一的买卖合同,附赠行为是单一买卖合同之一部分。对此,双方主体的意思表示是完全一致的。[①] 而商家之所以采取附赠式的销售方式,并不是对附赠商品放弃了营利,实质上只是一种营销手段而已。商家一般都会将赠品的成本分摊进主商品的成本之中,对此消费者其实也是明白的。因此,消费者对赠品的取得同样是要付出代价的,实质上是有偿取得。所以,在此情况下,行为人对附赠的侵权复制品本身所具有的营利目的是难以被否认的。

其二,为提高网站的知名度、吸引更多网民、提高点击率等目的,而许可他人免费使用自己置于网上的侵权产品。就这一情况而言,从

---

① 参见方益权:《购物赠品的若干法律责任》,载《政治与法律》2005 年第 5 期。

形式上看,网站未向他人收取任何费用,似乎也不具备“以营利为目的”。但是,从实质上看,网站未经著作权人许可,将他人作品置于自己的网站中供人免费浏览、下载使用,其直接目的虽然是为了提高网站的知名度、吸引更多网民或提高点击率等,但最终目的却仍然是为了营利。具体来讲,其要么希望以这种方式来吸引广告业务,从而收取更高的广告费用;要么希望以这种方式来吸引投资或试图以高价出卖网站,等等。其实,这就如同各消费场所采取各种方式来招揽顾客一样,其招揽顾客本身并不是目的,借此提高营业收入才是其真正的目的。

其三,在侵权软件中加载其他单位的商业插件,并将之公布于网上供公众免费下载,从而收取其他单位的广告推广费。本案基本上就属于这一情况。这一情况与以上附赠式销售的情况类似,只不过在此行为人意欲谋取的并不是侵权产品的收益,而是侵权产品所附带的广告收益,且这一收益的来源也不是消费者,而是加载商业插件的单位。

其四,在自行设计的附属于某软件的增强包软件中加入广告插件,将其与某软件打包供下载,并收取广告费用。如 2008 年深圳的珊瑚虫 QQ 案件即属于此类情况。对这种情况是否属于以营利为目的侵犯他人的著作权,还存在较大争议。笔者以为,在这种情况下,行为人对自行设计的软件增强包拥有著作权是无疑的。如果行为人在自己的软件增强包内加入广告插件,并将其单独供公众下载,进而收取广告费,则并不涉及侵犯著作权的问题。但是,由于此类增强包软件只能依附于原软件而使用,所以行为人往往会将此类增强软件与原软件打包供下载。在此情况下,行为人在增强包软件中加入广告插件,甚至以该插件替换原软件中的插件并进而收取广告费的行为,则就可能属于“以营利为目的”侵犯他人著作权的行为,从而涉嫌侵犯著作权罪。正如珊瑚虫 QQ 案一样,被告人将腾讯 QQ 软件和自己设计的增强包打包供下载,并以另行收费的广告等各类插件来替换腾讯公司原软件内的各类插件,本身就已经具有了“以营利为目的”,因此涉嫌侵犯著作权罪。①

---

① 参见于志刚:《侵犯著作权罪中“以营利为目的”的网络异化——以珊瑚虫 QQ 案为视角》,载《昆明理工大学学报》(社会科学版)2008 年第 7 期。

最高人民法院、最高人民检察院、公安部 2011 年发布的《关于办理侵犯知识产权刑事案件适用法律若干问题的意见》第 10 条第(二)项明确规定,“通过信息网络传播他人作品,或者利用他人上传的侵权作品,在网站或者网页上提供刊登收费广告服务,直接或者间接收取费用的”,“可以认定为‘以营利为目的’”。

通过以上对网络背景下“以营利为目的”的特殊表现形式及其认定的探讨,我们应当对侵犯著作权罪这一要件的司法认定问题形成更加清醒的认识。对刑法所规定的“以营利为目的”,应当作广义的理解。当事人的营利目的,是宏观上的、整体上的营利目的,并不能以某一个别“行为段”不存在营利性而认定整体行为不存在营利目的。只要其整体行为在宏观上属于以营利为目的,均应当视为“以营利为目的”。①

(三)本案中“以营利为目的”的具体认定

根据以上论述并结合本案的具体案情看,本案被告单位及各被告人在主观上是具备“以营利为目的”的。首先,本案行为人是在商业经营活动中实施的侵犯他人著作权的行为,且侵权规模较大,侵权产品也大量流入社会,侵权人的实际获利数额巨大。因此即便从上文所述的认定“以营利为目的”的一般方式来看,也已不难认定行为人具有营利目的。其次,本案行为人虽然并未从侵权软件的下载中直接获利,但其通过修改浏览器主页、默认搜索页面、捆绑需推广的客户商业软件等手段,在侵权软件中分别加载多家单位的商业插件,并以此获得巨额的广告收入。因此,从网络背景下“以营利为目的”的特殊表现形式来看,本案中的营利方式是一种间接的营利方式。在这一方式下,对行为人营利目的的把握应着眼于行为的整体,而不能以某一个别“行为段”不存在营利性而认定整体行为不存在营利目的。最后,最高人民法院、最高人民检察院《关于办理侵犯知识产权刑事案件具体应用法律若干问题的解释》第 11 条第 1 款明确规定:“以刊登收费广告等方式直接或者间接收取费用的情形,属于刑法第二百一十七条规定的‘以营利为目的’。”而本案正符合这一规定。由此,认定本案被告

① 参见于志刚:《侵犯著作权罪中“以营利为目的”的网络异化——以珊瑚虫 QQ 案为视角》,载《昆明理工大学学报》(社会科学版)2008 年第 7 期。

单位共软公司，被告人孙显忠、张天平、洪磊和梁焯勇具有营利目的是具有充分的理论依据与法律依据的。上述被告单位和被告人以营利为目的，未经著作权人许可复制发行其计算机软件，违法所得数额巨大，情节特别严重，明显已构成了侵犯著作权罪。因此，本案司法机关的判决是正确的。

四、结论

对侵犯著作权罪中"以营利为目的"要件的司法认定，应从整体上予以把握，而不能以某一个别"行为段"不存在营利性而认定整体行为不存在营利目的。只要整体行为在宏观上具有营利的目的，就应当认定为"以营利为目的"。

篡改开放式许可协议是否属于“未经著作权人许可”

——徐楚风等侵犯计算机软件著作权案

敦　宁

一、基本案情

2006年7月,被告人徐楚风、姜海宇得知英特儿营养乳品有限公司需购买“Windows XP”等7种微软公司的软件。经预谋后,二被告人向上海同威数码科技有限公司购买了微软公司价值人民币78 591元的“Windows XP”软件67套,并据此取得了微软公司的开放式许可协议。后在著作权人微软公司不知情的情况下,二被告人擅自在该份开放式许可协议上添加了微软“Office 2003 Win32 ChnSimp OLP NL”等6种软件。随后通过上海爱芬电子科技有限公司、上海道宁信息科技有限公司转手销售给英特儿营养乳品有限公司,共非法获利人民币294 409元。其中被告人徐楚风分得人民币150 000元,被告人姜海宇分得人民币144 409元。2007年12月3日,被告人姜海宇被公安机关抓获;同年12月5日,被告人徐楚风到公安机关投案自首。同年12月10日,被告人徐楚风、姜海宇向公安机关退缴了上述全部违法所得。上海市浦东新区人民检察院以被告人徐楚风、姜海宇犯侵犯著作权罪,于2008年5月29日向同级人民法院提起公诉。被告人徐楚风及其辩护人李大泓、被告人姜海宇及其辩护人马一星到庭参加诉讼。

二、判决结果

上海市浦东新区人民法院经审理认为,被告人徐楚风、姜海宇以营利为目的，未经著作权人许可，复制发行其计算机软件，违法所得数额巨大，其行为均已构成侵犯著作权罪。公诉机关指控的罪名成立，应予支持。被告人徐楚风具有自首情节，依法减轻处罚。其辩护人提出要求对其减轻处罚的意见，予以采纳。被告人徐楚风、姜海宇均自愿认罪，交代态度较好，案发后均积极退出违法所得，酌情从轻处罚。被告人姜海宇的辩护人提出要求对姜海宇从轻处罚的意见，予以采纳。本案审理过程中，被告人徐楚风、姜海宇主动与微软公司及英特儿营养乳品有限公司就其行为后果的妥善处理达成“三方协议”，对本案的社会危害性起到一定的弥补作用，量刑时酌情予以考虑。为严肃国家法制，规范市场经济秩序，保护知识产权不受侵犯，根据被告人的犯罪情节、社会危害性、认罪悔罪态度等，依照《中华人民共和国刑法》第 217 条第 1 项、第 25 条、第 67 条第 1 款、第 72 条、第 73 条、第 53 条、第 64 条及最高人民法院、最高人民检察院《关于办理侵犯知识产权刑事案件具体应用法律若干问题的解释》第 5 条第 2 款、第 14 条第 1 款、最高人民法院、最高人民检察院《关于办理侵犯知识产权刑事案件具体应用法律若干问题的解释(二)》第 4 条之规定，判决如下：

(1) 被告人徐楚风犯侵犯著作权罪，判处有期徒刑 2 年 6 个月，缓刑 2 年 6 个月，罚金人民币 15 万元(于判决生效后 1 个月内缴纳)；

(2) 被告人姜海宇犯侵犯著作权罪，判处有期徒刑 3 年，缓刑 3 年，罚金人民币 144 500 元(于判决生效后 1 个月内缴纳)；

(3) 违法所得人民币 294 409 元退赔微软公司。

三、案例评析

从侵犯著作权罪犯罪构成的角度讲，本案被告人徐楚风、姜海宇主观上的营利目的是明显的，但在客观行为方面却存在一定的特殊性。本案被告人并没有采取未经著作权人允许，直接复制、发行其计算机软件的方式来实施侵权行为，而是通过篡改其与著作权人签订的开放式许可协议，间接授予他人复制、发行著作权人某些计算机软件的权利，并由他人对这些计算机软件进行实际复制和发行。由此，本案的核心问题就在于，被告人篡改其与著作权人签订的开放式协议的行为，是否属于“未经著作权人许可”？如果属于，则被告人无疑就会构成侵犯著作权罪；而如果这一改动是在被告人的权限范围之内，就不属于"未经著作权人许可",从而被告人也就不会构成侵犯著作权罪。解决这一问题的关键在于对计算机软件开放式许可协议的性质,以及侵犯著作权罪中"未经著作权人许可"要件的内容进行准确把握。以下具体说明。

(一)计算机软件开放式许可协议的性质

计算机软件是一种特殊的作品,作者根据《著作权法》的规定对该作品享有独占权,如果他人需要使用,就必须获得权利人的许可。计算机软件许可协议就是当事人之间就计算机软件的使用而达成的协议。其中,有权许可他人使用的一方当事人称之为许可人,获得授权而使用的一方当事人称之为被许可人。计算机软件许可协议作为一种特殊的合同类型,是基于软件产品自身的特点而产生的。软件产品与普通商品相比有一个明显的不同,那就是程序作为软件产品的核心,是复杂脑力劳动的结果。所以在软件产品商业化运作中,一个典型的特点就是软件是许可而不是简单的商品买卖,更不意味着权利的卖绝。[①] 因此,计算机软件许可协议与一般的商品买卖合同相比,具有如下特殊性:第一,一般商品买卖合同的标的是有形货物,而软件许可协议的标的表面上是载有计算机程序的磁盘(或其他载体),但实际上则是无形的商品——软件的使用权;第二,在一般商品买卖合同中,买方对买来的货物可以享有完全的所有权,即买方对货物享有占有、使用、收益和处分的权利,但是在软件许可协议中,被许可方并不能取得软件的所有权,而只是取得了对软件的使用权,并且这种使用权在使用的范围和方式上都是有限制的。[②] 事实上,在一定意义上我们可以认为,这种限制正是软件协议的基本特征。

在实际生活中,通常情况下用户要使用某种计算机软件,需要向软件著作权人购买正版光盘。一般来说,购买一套正版软件,只意味着获得了一套软件的使用许可,即仅有权将该软件安装在一台电脑上运行。如要在其他电脑上使用该软件,应当另行购买或另行取得软件著作权人的许可。但当面对同时需要在多台电脑上安装某一软件的

---

① 参见杨林村:《开发源码软件及许可证法律问题和对策研究》,知识产权出版社2004年版,第31页。

② 参见胡永威:《软件许可协议和软件"盗版"》,载《开封大学学报》2006年第4期。

用户时,有些软件著作权人出于方便交易的考虑,往往会通过发放开放式许可协议的方式进行授权。所谓计算机软件的开放式许可协议一般是指,计算机软件著作权人向用户发放的,允许其安装并使用超过其提供的安装载体数的许可文件。[①] 这种协议形式主要适用于企业大量应用软件的情况,它可以帮助企业节省更多的经费,减少因为采购大量的全包装产品所带来的工作负累,而且在购买达到一定的数量后,还可以获得更好的价格。因此,对于一个一次性需要安装大量软件的单位而言,与著作权人签订这种开放式许可协议往往更为合适。在具体的协议履行上,著作权人一般会向用户提供一套或几套安装介质及序列号,并许可其可在不超过协议所规定数量的计算机上进行批量安装。本案中,被告人徐楚风与姜海宇正是通过与微软公司签订开放式许可协议的方式取得了67套正版软件的安装权。

因此,计算机软件开放式许可协议只不过是计算机软件许可协议的一种特殊形式而已,而计算机软件许可协议在类别上又属于著作权许可使用合同的一种,在根本上属于民事合同的范畴。所以,计算机软件开放式协议的签订和履行,不仅要遵守相应的著作权方面的法律法规,还应当符合有关民事合同订立和履行的基本法律原则,如当事人意思自治原则、严格依照合同内容履行义务原则等。否则,要么会导致合同无效,要么就要承担相应的违约或侵权民事责任,情节严重的还必须要承担相应的刑事责任。

(二)侵犯著作权罪中"未经著作权人许可"要件的内容

《刑法》第217条规定:"以营利为目的,有下列侵犯著作权情形之一,违法所得数额较大或者有其他严重情节的,处三年以下有期徒刑或者拘役,并处或者单处罚金;违法所得数额巨大或者有其他特别严重情节的,处三年以上七年以下有期徒刑,并处罚金:(一)未经著作权人许可,复制发行其文字作品、音乐、电影、电视、录像作品、计算机软件及其他作品的;(二)出版他人享有专有出版权的图书的;(三)未经录音录像制作者许可,复制发行其制作的录音录像的;(四)制作、出售假冒他人署名的美术作品的。"该条第(二)(四)项

① 参见徐飞、冯祥:《篡改软件许可协议的定性》,载《人民司法》2009年第14期。

虽然未明确规定“未经著作权人许可”,但就其内容来都看,“未经著作权人许可”自是当然之意。因此,“未经著作权人许可”是构成侵犯著作权罪的前提条件。那么,何谓“未经著作权人许可”呢?从字面意思看来,“未经著作权人许可”即是指没有得到著作权人的同意或允许。在实践中,由于著作权人往往会与要求使用自己作品的人订立著作权许可使用合同,并在合同中对许可使用的对象、方式、范围、期间等进行明确授权。因此,此种情况下的“未经著作权人许可”,也往往体现为被许可人通过篡改许可使用合同而使用他人的作品或违反约定而使用他人的作品。为保证对这一条款的合理理解和正确认定,最高人民法院和最高人民检察院在 2004 年 12 月 22 日起施行的《关于办理侵犯知识产权刑事案件具体应用法律若干问题的解释》中,对“未经著作权人许可”作了专门的解释:“刑法第二百一十七条规定的‘未经著作权人许可’,是指没有得到著作权人授权或者伪造、涂改著作权人授权许可文件或者超出授权许可范围的情形。”

笔者认为,虽然存在较为明确的司法解释,但在对“未经著作权人许可”这一要件内容的把握上仍然要注意以下几点:首先,“未经著作权人许可”并不包括《著作权法》规定的合理使用他人作品的情况。根据我国 2010 年 2 月 26 日修订的《著作权法》第 22 条的规定,在“为个人学习、研究或者欣赏,使用他人已经发表的作品”“为介绍、评论某一作品或者说明某一问题,在作品中适当引用他人已经发表的作品等”12 种情况下使用他人的作品,可以不经著作权人许可,不向其支付报酬。这一规定是出于公益需要而对著作权人著作权的合理限制,因而在刑事法层面对“未经著作权人许可”进行解释时,同样应将其排除在外。其次,“未经著作权人许可”包括行为人根本未向著作权人征求许可,以及著作权人拒绝行为人的请求两类情形。第三,“未经著作权人许可”包括行为人超出许可范围或许可期限使用他人作品的情况。如著作权人只许可行为人使用其 A 作品,但行为人却同时使用了其 B 作品;以及行为人在许可使用协议期满后继续使用著作权人作品的情况。第四,“未经著作权人许可”包括行为人在事前没有得到著作权人的许可,而在事后得到许可的情况。我国 2010 年 2 月 26 日修订的《著作权法》第 24 条第 1 款明确规定:“使用他人作品应当同著作权人订立许可使用合同,本法规定可以不经许可的除外。”此条意即在行为人未与著作权人达成任何使用合同的情况下,行为人是不能擅自使用他人作品的;先擅自使用,而后再与著作权人达成协议的情况同样是违法的。从刑法层面而言,在侵犯著作权罪已经成立或既遂的情况下,再取得著作权人的许可,对先前行为的犯罪性则无任何影响。

(三)本案中篡改开放式许可协议的行为应属于“未经著作权人许可”

在本案中,被告人徐楚风、姜海宇篡改其与微软公司签订的开放式许可协议的行为,应属于“未经著作权人许可”。首先,被告人徐楚风、姜海宇通过篡改开放式许可协议,使自己对微软公司计算机软件的使用行为超出了微软公司的授权范围,且对超出的部分根本未向著作权人微软公司征求许可。本案被告人通过购买微软公司的“Windows XP”软件,取得了微软公司的开放式许可协议。但该协议只授权用户安装 67 套微软软件。这就意味着,超过 67 套的“Windows XP”安装,以及对微软其他软件的安装都是超出微软公司授权范围的使用行为。这种使用行为要取得合法性,还必须另外取得微软公司的授权。然而,被告人为了牟取非法利益,在根本未向著作权人微软公司征求许可的情况下,擅自在原始许可协议的空白处添加了未经授权的 6 种软件,并将其售予其他公司使用,其行为已明显符合“未经著作权人许可”要件。其次,被告人徐楚风、姜海宇通过篡改开放式许可协议擅自使用微软公司其他 6 种软件的行为,其根本目的是为了牟取非法利益,因此并不符合我国《著作权法》第 22 条规定的任何一种合理使用行为。另外,我国《计算机软件保护条例》规定:“为了学习和研究软件内含的设计思想和原理,通过安装、显示、传输或者存储软件等方式使用软件的,可以不经软件著作权人许可,不向其支付报酬。”本案被告人的行为显然也并不符合本条规定。最后,被告人徐楚风、姜海宇篡改开放式许可协议的行为,符合了最高人民法院、最高人民检察院《关于办理侵犯知识产权刑事案件具体应用法律若干问题的解释》中规定的“伪造、涂改著作权人授权许可文件”的情形,应当认定为“未经著作权人许可”。计算机软件开放式许可协议虽有其一定的特别之处,但实质上仍然属于著作权人授权许可文件的范围,故应当适用此条规定。

综上，被告人徐楚风、姜海宇以营利为目的，未经著作权人许可，复制发行其计算机软件，违法所得数额巨大，均应构成侵犯著作权罪。因此，本案司法机关的判决是正确的。

四、分析结论

篡改开放式许可协议的行为，属于最高人民法院、最高人民检察院在《关于办理侵犯知识产权刑事案件具体应用法律若干问题的解释》中规定的“伪造、涂改著作权人授权许可文件”的情形，应当认定为“未经著作权人许可”。

侵犯著作权罪中"复制发行"行为的认定

——李圣勇等侵犯计算机软件著作权案、赵某侵犯计算机软件著作权案、黄杨侵犯计算机软件著作权案

袁宏山

一、基本案情

案例 1

被告人:李圣勇,原中电科长江数据股份有限公司(以下简称长江公司)技术总监、软件部经理。

被告人:邱超,原长江公司软件部销售经理。

被告人李圣勇、邱超在长江公司任职期间,于 2007 年 3 月,由被告人李圣勇邀约被告人邱超及许春来(长江公司软件部副经理,另案处理)等人参股,共同设立了武汉鼎力协同科技有限公司(以下简称鼎力公司),主要经营业务为销售办公自动化系统软件。鼎力公司由被告人李圣勇的岳母蔡明安挂名法定代表人,实际由被告人李圣勇负责。被告人邱超在鼎力公司负责销售工作。被告人李圣勇未经著作权人许可,指使许春来复制长江公司的正格办公自动化软件后,于 2007 年 3 月至 12 月期间,伙同被告人邱超以鼎力公司的名义向武汉市人民防空办公室等 7 家企事业单位、机关团体销售其复制的侵权软件,合同总价款共计人民币 1 120 800 元,其中被告人邱超参与接洽、签订的合同的部分软件总价款为人民币 847 800 元。经司法鉴定,从以

上7家单位电脑中提取的办公自动化系统软件与长江公司提供正格办公自动化系统软件经比对，两者源程序文件核心部分一致。

公诉机关认为，被告人李圣勇、邱超以营利为目的，未经著作权人许可，复制其计算机软件，违法所得数额巨大，犯罪事实清楚，证据确实充分，均应当以侵犯著作权罪追究其刑事责任。

案例2

被告人赵某在担任飞乐公司信息技术中心技术开发部部长期间，经与被告人谯某事先预谋，于2002年1月至6月间，分别两次由谯某通过原北京某公司上海办事处李某等，私自复制了由北京某公司代理销售的以色列RADVISION公司H.323软件的核心部分RTP/RTCP软件和其他部分后，以赵某实际控制的益龙公司的名义销售给飞乐公司，非法所得共计人民币63.6万元。被告人赵某、谯某各分得人民币31.8万元，被告人谯某分给李某人民币4.25万元。此外，被告人赵某在担任飞乐公司信息技术中心技术开发部部长期间，利用职务便利，于2002年1月至6月间，先后将本公司H.263编码硬件和软件业务外包给益龙公司，并签订了两份技术开发合同，金额共计人民币28万元。被告人赵某在委托他人开发并支付了5万元相关费用后，将飞乐公司支付给益龙公司的软件开发款人民币23万元占为己有。案发后，被告人谯某有自首情节，公安机关追缴了大部分赃款。

检察机关以被告人赵某犯侵犯著作权罪和职务侵占罪、被告人谯某犯侵犯著作权罪提起公诉。

案例3

被告人黄杨于2006年4月1日进入深圳市思创科达技术有限公司工作，担任成都办事处销售经理一职，工作职责包括与成都代理商成都成嘉科技开发有限公司合作，并通过代理商出售公司软件模块。2008年，被告人黄杨与重庆市欧科建联科技有限公司达成了销售思创CoinStor备份管理软件的合作意向。被告人黄杨即预谋通过复制公司软件模块及激活序列号，并向公司少报售出模块、向客户多卖复制模块的方式牟取个人利益。后深圳市思创科达技术有限公司向成都成嘉科技开发有限公司出售思创CoinStor备份管理软件CB-

SC0701V50S001 COINSTOR BACKUP WINDOWS/NETWARE CLIENT 客户端许可2个、CBSC0701V50S001 COINSTOR BACKUP AGENT FOR ORACLE, LINUX/ WINDOWS 备份客户端许可2个。被告人黄杨伙同李海东(另案处理)未经深圳市思创科达技术有限公司的许可,非法复制其掌握的客户端许可及备份客户端许可序列号,向重庆市欧科建联科技有限公司出售思创 CoinStor 备份管理软件 CBSC0701V50S001 COINSTOR BACKUP WINDOWS/NETWARE CLIENT 客户端许可15个、CBSC0701V50S001 COINSTOR BACKUP AGENT FOR ORACLE, LINUX/ WINDOWS 备份客户端许可12个,从中获利人民币42 275元。经中华人民共和国国家版权局登记,思创 CoinStor 备份管理软件的著作权人为深圳市思创科达技术有限公司。2009年9月15日,被告人黄杨主动到公安机关投案自首。

公诉机关认为,被告人黄杨以营利为目的,未经著作权人许可,复制发行其计算机软件,违法所得数额较大,其行为触犯了《中华人民共和国刑法》第217条,犯罪事实清楚,证据确实充分,应以侵犯著作权罪追究其刑事责任。鉴于被告人黄杨有自首情节,根据《中华人民共和国刑法》第67条第1款的规定,可以从轻或者减轻处罚。

二、判决结果

案例1

湖北省武汉市江岸区人民法院经审理后认为,被告人李圣勇、邱超以营利为目的,未经著作权人许可,复制其计算机软件,非法经营数额在25万元以上,属于最高人民法院、最高人民检察院《关于办理侵犯知识产权刑事案件具体应用法律若干问题的解释》第5条第2款第(一)项规定的"其他特别严重情节",其行为均已构成侵犯著作权罪。公诉机关指控被告人李圣勇、邱超犯有侵犯著作权罪的事实清楚,证据确实、充分,指控罪名成立,据此,判决:

(1) 被告人李圣勇犯侵犯著作权罪,判处有期徒刑3年,缓刑3年,并处罚金人民币600 000元;

(2) 被告人邱超犯侵犯著作权罪,判处有期徒刑2年,缓刑2年,并处罚金人民币420 000元。

一审宣判后,两被告人均未提出上诉。

案例2

一审法院经审理认为:被告人赵某、谯某以营利为目的,未经著作权人许可,复制销售计算机软件,违法所得数额巨大,其行为均已构成侵犯著作权罪,应依法予以惩处;被告人赵某作为公司工作人员,利用职务之便,将本单位资金非法占为己有,数额巨大,其行为已构成职务侵占罪,应予数罪并罚。检察机关指控两被告人的犯罪事实清楚,证据确凿充分,定性正确。被告人谯某有自首情节,到案后交代态度较好,并退出了全部非法所得,可从轻处罚,并可适用缓刑。判决被告人赵某犯职务侵占罪,判处有期徒刑5年;犯侵犯著作权罪,判处有期徒刑3年,并处罚金人民币1万元;决定执行有期徒刑6年6个月,并处罚金人民币1万元。被告人谯某犯侵犯著作权罪,判处有期徒刑3年,缓刑3年,并处罚金人民币1万元。被告人赵某、谯某的非法所得予以没收;被告人赵某退缴的赃款发还被害单位。

一审宣判后,被告人赵某提出上诉,认为:其是纽康公司职工而非飞乐公司职工,没有非法占有本单位财物;控方指控的侵犯著作权一节系其自首。

二审法院经审理后认为原判认定罪名正确、程序合法。据此,二审法院依照《中华人民共和国刑事诉讼法》第189条第(一)项之规定,作出裁定:驳回上诉,维持原判。

案例3

法院认为,被告人黄杨以营利为目的,未经著作权人许可,复制发行其计算机软件,违法所得数额较大,其行为已构成侵犯著作权罪。公诉机关指控的犯罪事实清楚,证据确实、充分,指控罪名成立。鉴于被告人黄杨有自首情节,依法予以从轻处罚。

依照《中华人民共和国刑法》第67条第1款、第217条之规定,判决如下:被告人黄杨犯侵犯著作权罪,判处有期徒刑6个月,并处罚金人民币10000元。

三、案例评析

(一)与本案相关的法理问题:侵犯著作权罪中“复制发行”的认定

上述三个案例中,被告人均实施了未经许可,将著作权人的计算机软件进行复制,并销售给他人的行为,非法获利数额较大甚至巨大。但是有的被告人是将他人的计算机软件予以部分修改后销售给他人,如案例1中的被告人辩称,在履行与武汉市城管局签订的软件开发合同时,他们对长江公司的软件进行了修改,销售修改后的软件不属于侵权行为。有的被告人是将他人计算机软件的核心部分予以复制并销售给他人,如案例2中的被告人私自复制了由北京某公司代理销售的以色列RADVISION公司H.323软件的核心部分RTP/RTCP软件和其他部分后,以赵某实际控制的益龙公司的名义销售给飞乐公司,非法所得共计人民币63.6万元。案例3中的被告人则是非法复制其掌握的客户端许可及备份客户端许可序列号,向重庆市欧科建联科技有限公司出售思创CoinStor备份管理软件从中获利人民币42 275元。以上被告人在实施侵犯著作权犯罪行为的过程中,其客观的“复制发行”行为不完全相同,理论和实践中对“复制发行”含义的理解也有一定的分歧,因而有必要对“复制发行”行为的具体内涵进行阐释。

1. 复制的含义

(1) 关于复制方式的理解

对于“复制”所包含的方式,我国刑法学界大多结合著作权法律法规的相关规定加以界定。如有的论著根据1991年《中华人民共和国著作权法实施条例》第5条的规定,将复制的方式直接界定为:复制,是指以印刷、复印、临摹、拓印、录音、录像、翻拍等方式将作品制作一份或多份的行为。[①]

2010年立法机关对《著作权法》进行了第二次修正。第二次修正沿用了2001年第一次修正的规定,在1991年《中华人民共和国著作权法实施条例》第5条规定的基础上,将复制权的含义界定为:“复制

---

① 参见王作富主编:《刑法分则实务研究》(上),中国方正出版社2001年版,第737页。

权,即以印刷、复印、拓印、录音、录像、翻录、翻拍等方式将作品制作一份或者多份的权利。"这一界定,将"临摹"的方式予以删除,从而引起理论上关于复制方式界定的不同。如有论者依据修正后的《著作权法》将"复制"的方式界定为:"以印刷、复印、拓印、录音、录像、翻录、翻拍等方式将作品制作一份或者多份的行为。"[①]也有的著作仍将"临摹"作为"复制"的方式之一,认为:"所谓复制,是指以印刷、临摹、拓印、录音、录像、翻拍等方式将作品制作一份或多份的行为。"[②]但是没有将"复印"包含在内。对复制方式界定的不同是否意味着论者对复制方式理解的不同呢?笔者认为,对此问题,不能作机械的理解。因为从《著作权法》第 10 条第 1 款第(五)项的规定来看,立法者对复制行为方式是采取列举加概括的方式进行规定的,"印刷、复印、拓印、录音、录像、翻录、翻拍"是对较为常见的复制方式的列举,"等方式"是对其他复制方式的概括。也就是说,除了这些明确列举的方式以外,还包括通过网络复制他人作品或者复制他人计算机软件的方式等其他的复制方式。论者没有将"临摹"等方式予以明确列出,并非将这类行为方式排除在复制的方式之外。因而,复制的方式应当包括能够将作品制作一份或多份的各种方式,并不限于《著作权法》第 10 条第 1 款第(五)项明确列举的 7 种方式。

(2)对于"复制作品"判断标准的理解

所谓"复制",顾名思义就是把某种事物通过一定的方式再现出来。[③] 那么如何判断什么是复制作品,即复制品和原来的作品是否必须完全一样?对此问题的理解事关侵犯著作权罪的认定,因而应予以认真分析。笔者认为,对此问题应当结合作品的具体情况进行判断。以计算机软件为例,根据《计算机软件保护条例》的规定,计算机软件是指计算机程序及其有关文档。其中,计算机程序是指为了得到某种结果而可以由计算机等具有信息处理能力的装置执行的代码化指令序列,或者可以被自动转换成代码化指令序列的符号化指令序列或者

---

① 吴保宏:《侵犯著作权的若干探讨》,载《政治与法律》2006 年第 2 期。

② 赵秉志:《刑法新教程》,中国人民大学出版社 2009 年版,第 502 页。

③ 参见高铭暄、王俊平:《侵犯著作权罪认定若干问题研究》,载《中国刑事案杂志》2007 年第 3 期。

符号化语句序列。同一计算机程序的源程序和目标程序为同一作品；文档是指用来描述程序的内容、组成、设计、功能规格、开发情况、测试结果及使用方法的文字资料和图表等，如程序设计说明书、流程图、用户手册等。由此可见，计算机软件具有文字作品和运行工具的双重属性。鉴于计算机软件的上述特点，国际上通常运用“实质性相似”作为判断计算机软件著作权侵权的准则。“实质性相似”指被控侵权的软件在表达方式上与著作权人的软件存在实质性的相似，主要分为两类情形：一是文字部分相似，以软件程序代码中引用的百分比为依据来判断；二是非文字部分相似，主要靠定性分析，量化分析比较困难。总的来说，所谓实质性相似应是指软件整体上的相似包括软件程序的组织结构、处理流程、所用数据结构所产生的输出方式、所要求的输入形式等方面的相似，并不单纯以引用的文字百分比来判断。[①]

因而，通过某种方式将原来的作品一模一样地再现出来固然属于复制，但是，如果新作品和原来的作品具有实质的相似性，也应被认定为复制。

2. 发行的含义

根据 2010 年 2 月 26 修订的《著作权法》，发行是指以出售或者赠与方式向公众提供作品的原件或者复制件的行为。对此，需要明确以下几个问题：

（1）发行的对象包括原件和复制件

一般认为，发行的对象只应是作品的复制品。然而，行为人完全可能在著作权人尚未发行自己的作品时，未经著作权人许可，发行著作权人的作品。这种行为，与发行非法制作的复制品相比，更直接地侵犯了著作权人的发行权。因此，发行的对象应当包括作品的原件。如果发行的是作品的复制品，则应是行为人自己非法制作的复制品。如果发行的是他人非法制作的复制品，则有可能构成销售侵权复制品罪。

（2）“发行”的方式包括信息网络传播行为

我国 2010 年修正的《著作权法》第 10 条将“信息网络传播权”规定为一种独立的权利，这意味着根据该法的规定，“发行”与“网络传

---

① 参见郑惠元：《计算机软件著作权侵权认定问题研究》，载《天津市政法管理干部学院学报》2008 年第 1 期。

播”是两个互不包容的独立行为。据此,我国《刑法》第 217 条规定的“复制发行”也应当理解为仅限于通过传统方式复制发行实物作品。但是,随着信息技术的进步,复制和发行都发生了重大变化,即行为人可以通过信息网络复制或发行非实物的作品,如在网络环境中复制或发行权利人的软件、声像作品等。而且,单纯就语词的含义而言,“发行”作品其实也是在传播作品,这两种行为的结果均为使受众获得作品的复制件,可见,“发行”可以包容“网络传播”。因而应对发行的含义作扩大解释,将通过信息网络传播他人作品的行为也纳入发行的方式范围,以利更好地惩治侵犯著作权犯罪。2004 年最高人民法院、最高人民检察院颁行的《关于办理侵犯知识产权刑事案件具体应用法律若干问题的解释》也采取了这一做法。根据该司法解释的精神,通过信息网络向公众传播他人文字作品、音乐、电影、电视、录像作品、计算机软件及其他作品的行为,应当视为《刑法》第 217 条规定的发行。最高人民法院、最高人民检察院、公安部 2011 年发布的《关于办理侵犯知识产权刑事案件适用法律若干问题的意见》第 12 条再次明确规定:“‘发行’,包括总发行、批发、零售、通过信息网络传播以及出租、展销等活动。”

3. 复制与发行之间的关系

关于如何理解复制和发行的关系的问题,理论界和实务界有不同看法。有学者认为:“复制与发行必须同时具备才能构成侵犯著作权罪的既遂。如果只有复制行为而无发行行为或只有发行行为而无复制行为均不构本罪之既遂。”①还有学者指出:“复制行为与发行行为是紧密联系在一起的。发行行为是复制的后继行为。复制行为与发行行为必须同时具备才符合本罪复制发行他人作品这一类型的行为典型特征。”②单纯从我国现行《刑法》第 217 条规定的字面含义来看,由于《刑法》条文并未将“复制”与“发行”用标点符号隔开,上述学者的观点从固守《刑法》条文用语含义的意义上看还是有一定道理的。但是笔者认为,上述学者的观点并不符合立法原意。我国 2010 年修正的《著作权法》第 48 条中的规定明确将“复制”与“发行”用顿号隔开,表明“复制”与“发行”系并列关系,从语义上,复制、发行其实包含了三种情况:复制、发行、复

① 聂洪勇:《知识产权的刑法保护》,中国方正出版社 2000 年版,第 122 页。

② 姜伟主编:《知识产权刑事保护研究》,法律出版社 2004 年版,第 239—242 页。

制并发行。从实践中来看,未经著作权人许可,复制其作品或者发行其作品都是具有社会危害性的行为,也会侵害其著作权,如发行他人还未发表的作品即是对他人发表权的侵害。要求既复制又发行著作权人的作品,情节严重的才构成犯罪,既不合情理,又不利于著作权的保护。在这一问题上,2007 年最高人民法院、最高人民检察院颁行的《关于办理侵犯知识产权刑事案件具体应用法律若干问题的解释(二)》采取了这一立场,规定:"刑法第二百一十七条侵犯著作权罪中的'复制发行',包括复制、发行或者既复制又发行的行为。"

(二)案件评析

这三个案例中,公诉机关指控被告人未经著作权人许可,非法复制其计算机软件,违法所得数额较大或巨大,依法构成侵犯著作权罪。其中案例 1 中的被告人辩称其与武汉市城管局签订的软件开发合同只是对原有软件的优化和升级,不是侵权行为。经查,鉴定部门将武汉市城管局电脑中提取的办公自动化软件与长江公司的正格办公自动化软件比对后所作出的鉴定结论为:"送检软件的程序部分模块和资源文件与长江公司提供的自身开发的特有模块和资源文件一致,原程序中的源代码绝大部分相同,原程序文件绝大部分一致。"由此可见,被告人李圣勇、邱超所谓对原软件的优化、升级,实际上是由原软件少量改动而成。与原程序中的源代码绝大部分相同,与原程序文件绝大部分一致,其复制的计算机软件与著作权人的计算机软件具有实质相似性。因而,可以确认该行为是对正版办公自动化系统软件的复制。被告人复制著作权人的计算机软件并出售属于刑法所规定的发行行为,因而完全符合侵犯著作权罪的客观要件。

四、分析结论

侵犯著作权罪的客观要件中的"复制发行"包括复制、发行和复制发行三种情况。其中复制他人的作品只要和原作品具有实质相似性即符合复制的要求;发行行为包括各种向受众传播作品原件或复制件的行为,通过信息网络向公众传播他人文字作品、音乐、电影、电视、录像作品、计算机软件及其他作品的行为,应当视为《刑法》第 217 条规定的发行。

复制他人书籍发放给学员用于教学是否构成侵犯著作权罪

——湖南大学财税远程教育中心等侵犯图书著作权案

左坚卫

一、基本案情

（一）一审法院认定的案件事实

1. 侵犯著作权罪

2001年4月15日和9月5日，湖南大学现代教育技术中心（以下简称技术中心）与财税远程教育中心（以下简称财税教育中心，隶属技术中心管理）签订管理合同书和补充协议书。技术中心要求财税教育中心"在国家税务总局教育中心、湖南大学指导下相对独立地开展教育教学工作，按企业化管理模式运作"。2001年3月6日，国家税务总局教育中心与湖南大学签订《关于合作开展税务系统远程学历教育协议书》。根据协议约定，2001年3月22日，经国家税务总局教育中心委托湖南省国家税务局推荐，湖南税务高等专科学校党委副书记、副校长谭慧渊被湖南大学聘任为财税教育中心主任。

财税教育中心在办学过程中，向学员收取资源费，发放教材、光盘等教学资料给学员。办学之初，财税教育中心从湖南大学信息技术有限公司购买了254.010571万元的教材和教学光盘，发放给学员使用。

2001年4月，被告人谭慧渊口头聘用被告人蒋菊香到财税教育中心资源办兼职。2001年9、10月间，财税教育中心开学在即，需要教材。被告人谭慧渊认为，根据与技术中心签订的管理合同，财税教育中心可以使用湖南大学的教材,遂要求资源办翻印教材。时任资源办负责人的符霞生将财税教育中心副主任毛杏飞从湖南大学取回的《邓小平理论概论》《INTERNET 基础》等样书交给蒋菊香,要其翻印。蒋菊香经请示谭慧渊同意后,找到被告人吴远柏,要其帮助联系印刷厂家翻印。吴远柏找到长沙市育华印刷厂业务厂长文献铭,文通过国防科技大学炮兵学院印刷厂厂长朱炳江在该厂制作了样书的印刷胶片后,在育华印刷厂印刷了《邓小平理论概论》3 万册(定价 11.50 元,非法经营额 34.5 万元,发放给教学点和学员 2.9946 万册,经鉴定获利 17.413599 万元)、《大学英语预备级 1》3 万册、《现代远程教育基础》3 万册、《INTERNET 基础》1 万册(定价 19 元,非法经营额 19 万元,经鉴定获利 11.0825 万元)。财税教育中心翻印教材,没有向印刷厂提供准印证,也没有征得著作权人许可和出版社同意。

被告人蒋菊香在进行资源建设过程中,谭慧渊曾承诺每门课程给其 1 万元到 1.5 万元的奖励。2002 年 4 月,谭慧渊感觉到蒋菊香对没有获得奖励有意见,打电话给病休在家的蒋菊香,要求其开发票到财税教育中心财务报销 30 万元作为奖励。被告人蒋菊香从长沙市青山印刷厂虚开 30 万元印刷费发票。同年 5 月,经谭慧渊签字同意后,在财税教育中心报账。

2. 伪造事业单位印章罪

2001 年 8、9 月份,财税教育中心在福建、浙江等地招录远程教育学员时,与湖南大学网络学院(亦从事远程教育)在招收生源问题上发生冲突,财税教育中心到湖南大学网络学院加盖录取通知书印章时,遭到拒绝。财税教育中心副主任毛杏飞遂提出伪造印章,得到被告人谭慧渊的同意。被告人谭慧渊通过符霞生介绍找到长沙市井湾子红星打印服务社老板张春华,提供了一份盖有“湖南大学网络教育学院招生专用章”的录取通知书样本,要其制作一个同样的印章锌片。张春华安排人员仿照印章字迹制成墨稿后,联系到长沙市文华印刷厂工人帅永忠,帅再将墨稿交给长沙市西长街春光印刷厂制作成印章锌片。锌片伪造后,张春华将锌片交给被告人谭慧渊。谭慧渊在办公室安排人员将印章锌片模型用胶水粘在一块方形木头上,制成了“湖南大学网络教育学院招生专用章”的印章,加盖在录取通知书上,而后将录取通知书发放给学员。

（二）二审法院认定的案件事实

1. 财税教育中心的基本情况

2001 年 3 月 6 日，国家税务总局教育中心与湖南大学签订《关于合作开展税务系统远程学历教育协议书》。2001 年 4 月 15 日和 9 月 5 日，技术中心与财税教育中心签订了《管理合同书》和《补充协议书》。该约定超越了国家税务总局教育中心与湖南大学签订的《关于合作开展税务系统远程学历教育协议书》约定的 4 个专业 8 个层次的范围。湖南大学现代教育技术中心还批复财税教育中心，"在国家税务总局教育中心、湖南大学指导下相对独立地开展教育教学工作，按企业化管理模式运作"。

自 2001 年 3 月至 2002 年 9 月间，财税教育中心超越国家税务总局教育中心与湖南大学签订的《关于合作开展税务系统远程学历教育协议书》中关于招收生源、开设专业等方面的规定，在全国税务系统内和税务系统外设立教学服务机构近 400 个，招收 9 个专业 26 个层次的学员 78 044 人。由于招生规模过大，教学管理、教学服务跟不上，部分学员意见大，引起了教育部的重视。2002 年 9 月起，国家税务总局和湖南大学对财税教育中心进行规范、整顿，2003 年 3 月决定撤销财税教育中心。

2. 侵犯著作权的事实

二审法院认定的上诉人侵犯著作权犯罪的事实与一审法院基本一致。

3. 伪造事业单位印章的事实

二审法院认定的上诉人伪造事业单位印章的事实与一审法院基本一致。

二、裁判结论

长沙市中级人民法院判决：

（1）被告单位湖南大学财税远程教育中心犯侵犯著作权罪，判处罚金 400 万元。

（2）被告人谭慧渊犯侵犯著作权罪，判处有期徒刑 1 年，并处罚金 5 万元；犯伪造事业单位印章罪，判处有期徒刑 1 年 6 个月；决定执行有期徒刑1年10个月,并处罚金5万元。

(3)被告人蒋菊香犯侵犯著作权罪,判处有期徒刑1年,宣告缓刑2年,并处罚金5万元。

(4)被告人吴远柏无罪。

(5)追缴被告单位湖南大学财税远程教育中心违法所得256.29324万元,追缴被告人蒋菊香违法所得30万元。

宣判后,被告单位湖南大学财税远程教育中心,被告人谭慧渊、蒋菊香均不服,分别向湖南省高级人民法院提出上诉。

湖南省高级人民法院判决:

(1)撤销长沙市中级人民法院(2004)长中刑二初字第9号刑事判决。

(2)宣告被告单位湖南大学财税远程教育中心,被告人谭慧渊、蒋菊香、吴远柏无罪。

三、案例评析

对于本案,一、二审法院作出了性质完全相反的认定,一审法院认定被告单位及被告人的行为构成侵犯著作权罪、伪造事业单位印章罪,二审法院则认定被告单位及被告人无罪。因此,对被告单位及被告人的行为性质值得认真探讨。

(一)一审法院的判决理由及评析

本案一审法院的判决理由是:被告单位湖南大学财税远程教育中心为节约成本、谋取利益,未经著作权人许可和享有专有出版权的出版社同意,非法复制发行《邓小平理论概论》和《INTERNET 基础》,获取违法所得28万余元,其行为构成侵犯著作权罪。被告人谭慧渊作为财税教育中心负责人,被告人蒋菊香作为直接责任人员应当承担刑事责任。被告人谭慧渊伪造湖南大学网络学院印章,其行为构成伪造事业单位印章罪。被告人谭慧渊犯侵犯著作权罪和伪造事业单位印章罪,应数罪并罚。

该判决理由存在以下问题未能澄清:一是财税教育中心非法复制《邓小平理论概论》以及《INTERNET 基础》等教材发给学生用于教学的行为是否属于以营利为目的?根据《刑法》第217条的规定,构成侵犯著作权罪,行为人主观上必须具有营利的目的。财税教育中心复制有关教材发给学员用于教学,并收取一定的费用,有可能是以方便教学为目的,也可能是以营利为目的,必须加以查明。一审判决没有对这一问题予以充分关注和证明,有些想当然地认为财税教育中心复制有关教材就是以营利为目的,这就给其判决的合法性埋下了隐患。二是对本案应当以违法所得数额还是非法经营数额为根据来判断涉案行为是否达到犯罪程度?本案中各被告人的行为涉及两个数额,一个是非法经营数额,一个是违法所得数额。从有关司法解释来看,既可以按违法所得数额来定罪,也可以按非法经营数额来定罪,究竟应当按哪个数额来定罪,必须明确,否则容易引起争议。一审判决未能对该问题作出明确回答,也给判决的合理性及合法性留下隐患。三是财税教育中心的违法所得数额和非法经营数额是多少?要对财税教育中心及其责任人员正确定罪量刑,必须查明其违法所得数额或者非法经营数额,一审法院在这方面没有组织充分的证据来证明,这也给判决的合理性及合法性增添了障碍。四是伪造"湖南大学网络教育学院招生专用章"的行为究竟是个人行为还是单位行为?应如何处理?被告人谭慧渊及其二审辩护人提出:本案是套印而不是伪造湖南大学网络教育学院招生专用章,而且,此行为属于单位行为,即便属于伪造,对于这种单位伪造事业单位印章的行为,由于刑法没有规定为犯罪,对其直接责任人员不能以犯罪论处而追究刑事责任,故谭慧渊的行为不构成伪造事业单位印章罪。一审判决对辩护人提出的上述辩护理由,没有作出回应,使得判决的说理性明显不足。

(二)二审法院的判决理由及评析

本案二审法院认为上诉人无罪的理由主要有以下诸条:一是财税教育中心违法所得不能确定。财税教育中心非法复制《邓小平理论概论》一书,因本案案发而未实际获利,没有违法所得;财税教育中心非法复制《INTERNET 基础》一书,虽实际获利,但由于复制成本费无法查清,折扣率无法确定,不能准确确定其违法所得。一审认定财税教育中心非法复制上述两本书,非法获利 28 万余元的证据不足。二是财税教育中心非法经营数额未达到构成犯罪的标准。根据最高人民法院《关于审理非法出版物刑事案件具体应用法律若干问题的解释》

的规定，由于本案中财税教育中心侵犯著作权的违法所得无法准确认定，应当以非法经营额来判断是否构罪。本案中财税教育中心非法复制上述两本书的非法经营额为 53.5 万元，亦没有达到犯罪标准 100 万元，故财税教育中心非法复制上述两本书的侵权行为，不构成侵犯著作权罪，从而不能追究该单位主管人员谭慧渊、直接责任人蒋菊香的刑事责任，上诉人谭慧渊、蒋菊香亦不构成侵犯著作权罪。三是上诉人谭慧渊伪造印章属于单位行为，情节显著轻微，不构成犯罪。上诉人谭慧渊为财税教育中心的利益，以单位名义伪造湖南大学网络教育学院招生专用章的行为，因谭慧渊主观上不具有危害社会的非法目的和动机，客观上也没有造成危害社会的严重后果，情节显著轻微，其行为不构成犯罪。

本案二审法院的判决理由也存在以下值得商榷之处：一是对上诉人是否具有营利目的这一问题含糊其辞。二审判决只是认定财税教育中心是为节约成本，而未经著作权人许可和享有专有出版权的出版社同意，非法复制发行《邓小平理论概论》《INTERNET 基础》两本书，没有明确该行为是否是以牟利为目的，态度如此不鲜明的判决有损司法的权威性。二是适用司法解释存在问题。本案二审判决作出于 2005 年 10 月 11 日，此时，可以适用于审理侵犯著作权犯罪的司法解释已经有两个，一个是 1998 年 12 月 23 日起施行的最高人民法院《关于审理非法出版物刑事案件具体应用法律若干问题的解释》，一个是 2004 年 12 月 22 日起施行的最高人民法院、最高人民检察院《关于办理侵犯知识产权刑事案件具体应用法律若干问题的解释》。二审判决适用的是前一个司法解释，但对于为什么适用前一个而不适用后一个司法解释，二审判决没有作出解释。而后一个司法解释最后一条明确规定："以前发布的有关侵犯知识产权犯罪的司法解释，与本解释相抵触的，自本解释施行后不再适用。"因此，二审判决在法律适用上是否适当不无疑问。三是上诉人谭慧渊伪造"湖南大学网络教育学院招生专用章"的行为究竟是因为属于单位行为而不构成犯罪，还是因为情节显著轻微不构成犯罪，不够明确。二审判决认定上诉人谭慧渊伪造印章的行为不构成犯罪的理由是该行为"属于单位行为，情节显著轻微"。其进一步阐明的理由是，上诉人谭慧渊为财税教育中心的利益，以单位名义伪造湖南大学网络教育学院招生专用章的行为，因谭慧渊主观上不具有危害社会的非法目的和动机,客观上也没有造成危害社会的严重后果,情节显著轻微,其行为不构成犯罪。依此理由,似乎是因为该行为情节显著轻微,所以不构成犯罪,但在定性上又称是单位行为。且上诉人谭慧渊似乎是因为属于单位行为并且行为人主观上不具备危害社会的故意而不构成犯罪,理由和结论互不关联,有欠妥当。

(三)本案定性之分析

1. 关于财税教育中心是否具有营利的目的

本案被告单位财税教育中心以及被告人谭慧渊、蒋菊香均辩称,财税教育中心翻印《邓小平理论概论》《INTERNET 基础》两书,是为了教学之用,主观上不具有营利目的。财税教育中心作为一个从事远程学历教育的教育机构,从法律上讲不允许其营利,从本案事实上讲,它也没有去营利。二审判决也认为,财税教育中心是为节约成本,而未经著作权人许可和享有专有出版权的出版社同意,非法复制发行《邓小平理论概论》《INTERNET 基础》。言下之意似乎也是主观上不具有营利目的。那么,教育单位复制教材后发给本单位招收的学员这一特定对象,是否可能是以营利为目的呢?本案中的被告人又是否是以营利为目的而复制这两本教材呢?我们认为答案是肯定的。

首先,未经著作权人许可,复制他人拥有著作权的教材后发给本单位学员用于教学,并不影响复制者营利目的的存在。

判断复制发行他人著作者是否具有营利的目的,不是看其将侵权复制品销售给谁,用途为何,而是看其是否存在销售牟利行为。如果有证据证明教学单位复制他人拥有著作权的教材销售给学员,并从中谋取经济利益,同样应当认定为《刑法》第 217 条规定的以营利为目的,未经著作权人许可,复制发行其文字作品且情节严重,应当以侵犯著作权罪论处的情形。因此,本案中,被告单位财税教育中心复制有关教材发放给学生的行为是否构成侵犯著作权罪,不是看其复制的教材作何用途,而是看有关销售行为是否谋取了利益,谋取了多大的利益。如果其复制发行有关教材的行为没有谋取利益或者谋取了很少的利益,基本上属于成本价,则说明其复制发行有关教材确实只是为了教学之用,主观上不具有营利目的;如果其销售价明显高于成本价,在扣除各种支出成本后仍具有较大盈利，则应当认定行为人主观上具有营利目的。

本案中，财税教育中心复制《邓小平理论概论》及《INTERNET 基础》并销售给学员，其主观上是否具有营利目的呢？一审判决认定，财税教育中心翻印《邓小平理论概论》3 万册，定价 11.50 元，非法经营额 34.5 万元，发放给教学点和学员 2.9946 万册，经鉴定获利 17.413599 万元；翻印《INTERNET 基础》1 万册，定价 19 元，非法经营额 19 万元，经鉴定获利 11.0825 万元。如果上述事实有充分的证据能够证明，则应当认定财税教育中心是以营利为目的。问题是，二审判决却认为，财税教育中心非法复制《邓小平理论概论》一书，因本案案发而未实际获利，没有违法所得；财税教育中心非法复制《INTERNET 基础》一书，虽实际获利，但由于复制成本费无法查清，折扣率无法确定，不能准确确定其违法所得。一审认定财税教育中心非法复制上述两本书，非法获利 28 万余元的证据不足。究竟如何认定较为合理呢？

我们认为，在侵权复制品已经发行出去，违法所得尚未实际取得时，可以通过计算其将要获得的非法利益来认定行为人主观上是否具有营利目的。具体而言，如果销售收入扣除复制发行成本以后，存在较大剩余，则应当认定行为人是以营利为目的。值得注意的是，一审判决是直接以财税教育中心翻印的教材定价数额乘以翻印的教材数量所得的数额，减去复制发行成本后所得余额作为违法所得的，这有欠妥当。原因在于，现在的书籍销售大多都存在一个折扣率，实际销售收入或者非法经营额往往要低于码洋。一审判决认定的销售收入没有将折扣部分扣除，导致认定的违法所得要大大高于实际获利额。而二审判决虽然指出了一审判决的不妥之处，却以复制成本费无法查清，折扣率无法确定，不能准确确定违法所得来回避有关问题，这同样是不负责任的。由此导致最终未能查明本案被告人主观上是否具有非法营利目的。这是本案一、二审判决都存在的不足之处。

其次，法律上不允许财税教育中心以营利为目的，并不影响其事实上可能以营利为目的。虽然按照有关法律法规的规定，像财税教育中心这样的教育事业单位确实不允许以营利为目的展开业务活动，但并不能排除有的教育单位违反法律法规或者部门规章的规定，非法从事营利活动。复制教材供教学之用同样可以具有营利的目的。行为人完全可以将复制的教材卖给学员,既解决教材问题,又从中谋取利益。因此,被告人的辩护人以法律上不允许教育机构营利为理由,否认财税教育中心主观上存在营利目的,这是不能成立的。

最后,从已经查明的案件事实来看,本案中的被告人主观上具有营利目的。本案中,被告单位复制发行的教材数量巨大,总计达到4万册,总码洋达到53.5万元之多,即使按照远低于市场的折扣价比如5折来算,其非法经营额也达到了近27万元,而其复制发行4万册教材的总成本则要远远低于这一数字。因此,财税教育中心明显能够从其复制发行有关教材的行为中获取利益。由此足以推断,财税教育中心是以营利为目的,复制发行有关教材的。

2. 本案是以违法所得数额还是以非法经营数额作为定罪量刑的标准

根据《刑法》第217条的规定,构成侵犯著作权罪,需要"违法所得数额较大"或者"有其他严重情节"。按照有关司法解释的规定,其他严重情节包括非法经营额较大。由此产生了一个问题:是以违法所得数额还是以非法经营数额来判断行为是否达到入罪标准?一审法院是以违法所得数额来判断,二审法院是以非法经营额来判断,得出的结论完全相反。《刑法》第217条规定的是"违法所得数额较大"或者"有其他严重情节",这说明只要具备其中一个条件,就已经达到成立侵犯著作权罪在量上的要求。因此,对这一问题,应当分三种情况来处理。第一种情况是,违法所得数额较大,但非法经营额尚未达到入罪标准。在这种情况下,应当按违法所得数额来对行为人定罪量刑。第二种情况是,违法所得没有达到起刑点,但非法经营额已经达到入罪标准。在这种情况下,应当按照非法经营数额来定罪量刑。第三种情况是,违法所得和非法经营数额都达到了起刑点。此时,应当以情节更严重的那部分内容作为定罪量刑的标准。例如,如果非法所得属于数额较大的范围,而非法经营额达到了情节特别严重的程度,就应当以非法经营额为标准来定罪处罚。本案中,由于违法所得难以查明,而非法经营额能够查明,因此,应当以非法经营额作为定罪标准。

3. 本案的法律适用问题

本案中被告人的行为发生于2001年,一审判决作出于2004年7月28日,二审判决作出于2005年10月11日。在行为发生前的1998

年 12 月 23 日,最高人民法院发布的《关于审理非法出版物刑事案件具体应用法律若干问题的解释》即已施行。在一审判决作出后,二审判决作出前的 2004 年 12 月 8 日,最高人民法院、最高人民检察院发布了《关于办理侵犯知识产权刑事案件具体应用法律若干问题的解释》,并于 2004 年 12 月 22 日起施行。由此产生了一个问题,在二审判决中应当根据哪个司法解释来审理本案?这对于本案判决结果具有重大影响。如前所述,本案中被告人的违法所得数额难以查明,只能根据其非法经营额来判断其是否构成犯罪。司法机关查明被告单位财税教育中心的非法经营额为 53.5 万元。如果根据前一个司法解释,单位侵犯著作权非法经营数额须在 100 万元以上的,才构成犯罪,那么,被告单位财税教育中心的非法经营额尚未达到起刑点,因而不构成犯罪。如果根据后一个司法解释,单位侵犯著作权,非法经营数额只需要 15 万元即构成犯罪,那么,被告单位财税教育中心的非法经营额已经远远超过起刑点,应以犯罪论处。

对于司法解释如何适用,已经有相关的司法解释作出了规定。由最高人民法院、最高人民检察院发布,自 2001 年 12 月 17 日起施行的《关于适用刑事司法解释时间效力问题的规定》规定:对于新的司法解释实施前发生的行为,行为时已有相关司法解释,依照行为时的司法解释办理,但适用新的司法解释对犯罪嫌疑人、被告人有利的,适用新的司法解释;对于在司法解释施行前已办结的案件,按照当时的法律和司法解释,认定事实和适用法律没有错误的,不再变动。按照该司法解释的规定,对司法解释的效力,采取的是从旧兼从轻的原则。具体就本案而言,行为时的司法解释是 1998 年 12 月 23 日最高人民法院发布的《关于审理非法出版物刑事案件具体应用法律若干问题的解释》,虽然在二审法院审理本案期间又有新的司法解释出现,但由于新的司法解释对侵犯著作权罪的处罚力度要大于旧的司法解释,亦即行为时的司法解释对侵犯著作权罪的起刑点要高于行为后的司法解释,因此,应当适用的是行为时的司法解释。本案二审法院根据旧的司法解释,认定被告单位财税教育中心非法经营额未达到成立犯罪的标准,其行为不构成犯罪,在适用法律上是正确的。

4. 单位伪造事业单位印章行为的处理

对本案中的伪造事业单位印章的行为是个人行为还是单位行为,

值得探讨。按照2001年1月21日《全国法院审理金融犯罪案件工作座谈会纪要》的规定,以单位名义实施犯罪,违法所得归单位所有的,是单位犯罪。对照这一规定,本案中财税教育中心伪造湖南大学网络教育学院招生专用章的行为是否属于单位行为,不无疑问。主要问题是有关行为是否是以单位名义实施?从司法机关认定的案件事实来看,该行为是由单位集体决定的,但并非以单位名义实施。该行为的起因是2001年8、9月份,财税教育中心在福建、浙江等地招录远程教育学员时,与湖南大学网络学院(亦从事远程教育)在招收生源问题上发生冲突,财税教育中心到湖南大学网络学院加盖录取通知书印章时,遭到拒绝。财税教育中心副主任毛杏飞遂提出伪造印章,得到被告人谭慧渊的同意。显然,伪造印章的行为是由财税教育中心主要领导集体讨论决定的。然而,在集体决定以后,该伪造印章的行为却不是以单位名义实施的,而是由被告人谭慧渊个人通过符霞生介绍找到长沙市井湾子红星打印服务社老板张春华,提供了一份盖有"湖南大学网络教育学院招生专用章"的录取通知书样本,要其制作一个同样的印章锌片。张春华安排人员仿照印章字迹制成墨稿后,联系到长沙市文华印刷厂工人帅永忠,帅再将墨稿交给长沙市西长街春光印刷厂制作成印章锌片。锌片伪造后,张春华将锌片交给被告人谭慧渊。谭慧渊在办公室安排人员将印章锌片模型用胶水粘在一块方形木头上,制成了"湖南大学网络教育学院招生专用章"的印章,加盖在录取通知书上,而后将录取通知书发放给学员。严格地说,"单位集体讨论决定后实施"与"以单位的名义实施"是不同的,不能将前者等同于后者。因此,本案中伪造事业单位印章的行为由于不符合"以单位的名义实施"这一要件而不能认定为单位行为。我们注意到,本案二审法院没有采纳辩护人关于本案中的伪造印章行为属于单位行为的辩护意见,没有将该行为认定为单位行为,而是认定为财税教育中心主任谭慧渊个人为了财税教育中心的利益伪造了"湖南大学网络教育学院招生专用章",进而认为谭慧渊伪造印章是为了单位的利益,没有造成危害社会的严重后果,情节显著轻微,其行为不构成犯罪。我们认为,无论判决结果是否适当,二审法院没有将有关行为认定为单位行为是正确的。

由此延伸出的问题是,倘若本案中的伪造印章的行为属于单位行为,又不符合《刑法》第13条但书规定的出罪条件,应当如何处理?这涉及单位实施刑法没有明文规定单位犯罪的危害行为应当如何处理的问题。对这一问题,理论界存在对立观点,司法实务中也存在不同做法。

否定说认为,《刑法》第30条的另一层意思是,法律没有规定为单位犯罪的,任何人都不应当负刑事责任。此时的任何人包括单位和单位中的自然人。如有的论者指出:“单位犯罪以双罚制为主,个人的刑事责任是以单位构成犯罪并且追究刑事责任为前提,单位不构成犯罪,不承担刑事责任,当然不存在单位中的主管人员和直接责任人员作为个人承担刑事责任的问题。”①有的学者认为,单位犯罪是由单位作为犯罪主体所实施的《刑法》分则有明文规定的危害社会的行为,对单位中直接负责的主管人员和其他直接责任人员判处刑罚体现的是对单位整体所应负刑事责任的一种分担,而不是意味着该类人员也是单位犯罪的主体。这说明在单位实施某一行为的场合,要追究有关直接责任人员的刑事责任,须以单位所实施的行为已构成犯罪为前提。因此,在单位的行为不构成犯罪的情况下,追究直接责任人员的刑事责任,会导致犯罪与刑事责任的必然联系出现割裂,造成在没有犯罪的情况下却存在刑事责任的不合理现象。②

肯定说则认为,应以自然人犯罪的条款追究直接责任人员的刑事责任。如有的论者认为,法律规定单位犯罪是为了在追究个人刑事责任的基础上,再进一步追究单位的刑事责任。不能反过来认为,法律没有规定单位犯罪的,就不能对单位中的个人定罪处罚。从实际情况来看,许多《刑法》分则条文没有规定单位犯罪,不对直接负责的主管人员和直接责任人员定罪处罚,具有不合理性和现实危害。对单位中的责任人员按个人犯罪处理,既符合罪刑法定原则,也与单位犯罪的本质特征相一致。③ 有的论者认为,单位成员承担刑事责任的唯一依据是其作为自然人的行为构成了犯罪,与刑法是否规定处罚单位没有

---

① 张军、姜伟、郎胜、陈兴良:《刑法纵横谈》,法律出版社2003年版,第306页。

② 参见王志祥:《论挪用公款罪主体的几个问题》,载《法商研究》2004年第2期。

③ 参见王幼璋、刘延和:《法律没有规定单位犯罪的个人刑事责任问题》,载游伟主编:《华东刑事司法评论》(第2卷),法律出版社2002年版,第188页。

关系。因此，当单位实施非单位犯罪时，只要单位成员实施的行为能够评价为自然人犯罪，就必须将其作为自然人追究刑事责任。[①] 还有论者认为，自然人犯罪与单位犯罪之间的关系是一种特殊的法条竞合关系。在刑法规定单位犯罪的情况下，单位犯罪应当视为自然人犯罪的特殊表现形式，适用特殊法优于一般法的规则，以所犯之罪对其定罪，只是依据的量刑条款是规定单位犯罪的专门条款；在刑法没有规定单位犯罪的情况下，即单位实施犯罪主体仅限于自然人犯罪的行为的情况下，则应当视为刑法没有设置单位犯罪的量刑特殊法的规定，直接适用一般法，对单位内部的主管人员和其他直接责任人员按所触犯的自然人犯罪进行定罪量刑。[②]

我国最高司法机关对上述问题的处理意见也不一致。例如，对于单位实施的普通诈骗行为或者没有规定单位犯罪的特殊诈骗行为，该如何处理，就存在不同看法。最高人民法院1996年《关于审理诈骗犯罪案件具体应用法律的若干问题的解释》第1条规定，单位直接负责的主管人员和其他直接责任人员以单位名义实施诈骗行为，诈骗所得归单位所有，构成犯罪的，依照诈骗罪追究上述人员的刑事责任。然而，最高人民法院在2001年1月21日的《全国法院审理金融犯罪案件工作座谈会纪要》中却提出，“单位不构成贷款诈骗罪。对于单位实施的贷款诈骗行为，不能以贷款诈骗罪定罪处罚，也不能以贷款诈骗罪追究直接负责的主管人员和其他直接责任人员的刑事责任”。2002年6月，最高人民法院在重庆市召开全国法院审理经济犯罪案件工作座谈会，就单位决定将公款给个人使用的行为认定问题进行了讨论。会后的《全国法院审理经济犯罪案件工作座谈会纪要》也明确规定，根据《刑法》的规定，单位不构成挪用公款罪，经单位领导集体研究决定挪用公款归个人使用，或者单位负责人为了单位的利益，决定将公款给个人使用的，实际上属于单位行为，不应以挪用公款罪追究单位负责人的刑事责任。但是构成其他犯罪的，仍应追究有关责任人员的刑事责任。1996年1月23日，最高人民检察院针对内蒙古自治区和江

---

① 参见董玉庭：《论单位实施非单位犯罪问题》，载《环球法律评论》2006年第6期。

② 参见于志刚：《单位犯罪与自然人犯罪——法条竞合理论的一种解释》，载《政法论坛》2008年第6期。

苏省人民检察院的请示作出批复:“单位组织实施盗窃,获取财产归单位所有,数额巨大,情节恶劣的,应对其直接负责的主管人员和其他直接责任人员按盗窃罪依法批捕、起诉。”由于该批复是在《刑法》修订前作出的,在《刑法》修订后是否能将之适用于单位盗窃案件的处理,尚有疑问。为此,2002 年 8 月 9 日最高人民检察院公布并于 2002 年 8 月 13 日施行的《关于单位有关人员组织实施盗窃行为如何适用法律问题的批复》又规定:“近来,一些省人民检察院就单位有关人员为谋取单位利益组织实施盗窃行为如何适用法律问题向我院请示。根据刑法有关规定,现批复如下:单位有关人员为谋取单位利益组织实施盗窃行为,情节严重的,应当依照刑法第二百六十四条的规定以盗窃罪追究直接责任人员的刑事责任。”

笔者认为,在刑法没有将某种单位危害行为规定为犯罪的情况下,既不能追究单位的刑事责任,也不能追究单位直接负责的主管人员和直接责任人员的刑事责任。单位犯罪属于一种法定的犯罪类型,具有不可分解性,不是由某种个人犯罪类型所能够随意替代的。从罪刑法定原则的要求出发,当某一行为从性质上看属于单位行为时,判断该行为是否构成犯罪的唯一标准应当是刑法的规定,即只有在刑法将该种单位危害行为规定为犯罪的情况下,才能对有关单位及个人定罪和追究刑事责任。如果将单位行为按个人行为来定罪处罚,就是将一种法律没有规定为犯罪的定型行为强行按另一种法律规定为犯罪的定型行为论处,从而有违罪刑法定原则的要求。正如有学者指出:“对于行为的判断,必须首先考虑其行为符合何种定型,这也是构成要件符合性判断的题中之义。”[①]从逻辑的角度看,对某一行为的刑事司法判断程序显然是先定性后考虑制裁,而不是先决定制裁后考虑定性。单位行为作为区别于个人行为的特殊行为类型,在确定是否应当予以刑事制裁之前,首先应当判断它是否与单位犯罪这种特定犯罪类型相符合。如果不符合单位犯罪这种行为定型,刑法适用的可能性就已经被排除。从这一角度看,否定论者的结论是正确的:在单位行为不构成犯罪的情况下,追究直接责任人员的刑事责任,会导致犯罪与

---

① 周光权:《法条竞合的特别关系研究——兼与张明楷教授商榷》,载《中国法学》2010 年第 3 期。

刑事责任的必然联系出现割裂,造成在没有犯罪的情况下却承担刑事责任的不合理现象。

四、结论

1. 未经著作权人许可,复制他人拥有著作权的教材后发给本单位学员用于教学,并不影响复制者营利目的的存在;法律上不允许财税教育中心以营利为目的,并不影响其事实上可能以营利为目的。从已经查明的案件事实来看,本案中的被告单位财税教育中心主观上具有营利目的。

2. 在侵犯著作权违法所得数额较大,但非法经营额尚未达到入罪标准的情况下,应当按违法所得数额来对行为人定罪量刑;在违法所得没有达到起刑点,但非法经营额已经达到入罪标准的情况下,应当按照非法经营数额来定罪量刑;在违法所得和非法经营数额都达到了起刑点的情况下,应当以情节更严重的那部分内容作为定罪量刑的主要标准。

3. 本案中,行为时有效的司法解释是 1998 年 12 月 23 日最高人民法院发布的《关于审理非法出版物刑事案件具体应用法律若干问题的解释》。虽然在二审法院审理本案期间又有新的司法解释出现,但由于行为时的司法解释规定的侵犯著作权罪的非法经营数额起刑点要高于行为后颁布的司法解释,因此,应当适用的是行为时的司法解释。

4. 本案中伪造湖南大学网络学院招生专用章的行为不符合单位行为的特征,应当认定为个人行为,但根据具体情节,可以认为情节显著轻微,不以犯罪论处。从法理上分析,在刑法没有将某种单位危害行为规定为犯罪的情况下,既不能追究单位的刑事责任,也不能追究单位直接负责的主管人员和其他直接责任人员的刑事责任。

附:

湖南省高级人民法院
刑事判决书

(2004)湘高法刑二终字第 141 号

原公诉机关:湖南省长沙市人民检察院。

上诉人(原审被告单位):湖南大学财税远程教育中心,住所地:湖南税务高等专科学校校内。

诉讼代表人:章兢,湖南大学副校长,湖南大学财税远程教育中心过渡时期领导小组成员。

辩护人:易骆之,湖南芸生律师事务所律师。

诉讼代表人:王发旺,湖南税务高等专科学校校长,湖南大学财税远程教育中心过渡时期领导小组成员。

辩护人:何小王,湖南竞茂律师事务所律师。

上诉人(原审被告人):谭慧渊,男,1955年5月1日出生于湖南省澧县,汉族,大学文化,原系湖南税务高等专科学校党委副书记、副校长,2001年3月至案发兼任湖南大学财税远程教育中心主任,住湖南税务高等专科学校家属宿舍3栋406号。因本案于2002年10月9日被湖南省公安厅直属公安局刑事拘留,同年11月18日被逮捕,2003年11月14日由长沙市人民检察院决定取保候审,同月21日该院决定逮捕。2004年8月15日由长沙市中级人民法院决定取保候审。

辩护人:周志成,湖南通程律师集团事务所律师。

辩护人:樊长春,北京市德恒律师事务所律师。

上诉人(原审被告人):蒋菊香,女,1963年9月6日出生于湖南省澄县,汉族,大学文化,系湖南税务高等专科学校教师,2001年4月到湖南大学财税远程教育中心兼职,任资源办主任,住湖南税务高等专科学校宿舍3栋2门1楼。因本案于2002年10月9日被湖南省公安厅直属公安局刑事拘留,同年11月18日被逮捕,2003年11月14日被长沙市人民检察院决定取保候审,同月21日被该院决定逮捕。2004年5月12日由长沙市中级人民法院决定取保候审。

辩护人:杨章保,北京市德恒律师事务所律师。

原审被告人:吴远柏,男,1952年3月28日出生于湖南省澧县,汉族,小学文化,长沙市思源摄影器材商行经理,住长沙市天心区井湾子景芳苑4栋208室。因本案于2003年3月31日被湖南省公安厅直属公安局决定取保候审。

长沙市中级人民法院审理长沙市人民检察院指控原审被告单位湖南大学财税远程教育中心犯侵犯著作权罪,原审被告人谭慧渊犯侵犯著作权罪、伪造事业单位印章罪，原审被告人蒋菊香、吴远柏犯侵犯著作权罪一案，于2004年7月28日作出(2004)长中刑二初字第9号刑事判决。原审被告单位湖南大学财税远程教育中心，原审被告人谭慧渊、蒋菊香均不服，分别提出上诉。本院依法组成合议庭，于2005年5月31日在长沙市开福区人民法院审判庭公开开庭审理了本案。湖南省人民检察院指派检察员祝雄鹰、代理检察员梁驭骁、张青春出庭履行职务。上诉人(原审被告单位)湖南大学财税远程教育中心诉讼代表人章兢及辩护人易骆之、诉讼代表人王发旺及辩护人何小王，上诉人(原审被告人)谭慧渊及辩护人周志成、樊长春，上诉人(原审被告人)蒋菊香及辩护人杨章保，原审被告人吴远柏到庭参加了诉讼。现已审理终结。

原审判决认定：

1. 侵犯著作权罪。从2000年下半年起，国家税务总局为配合税务系统机构改革，提高税务系统公务员学历，与湖南大学协商开展税务系统远程学历教育。2001年1月2日，湖南大学发文成立湖南大学财税远程教育中心(以下简称财税中心)，隶属于湖南大学现代教育技术中心(又称湖南大学多媒体信息教育学院，后更名为湖南大学网络学院)管理。2001年4月15日和9月5日，湖南大学现代教育技术中心与财税中心签订管理合同书和补充协议书。湖南大学现代教育技术中心要求财税中心“在国家税务总局教育中心、湖南大学指导下相对独立地开展教育教学工作，按企业化管理模式运作”。2001年3月6日，国家税务总局教育中心与湖南大学签订《关于合作开展税务系统远程学历教育协议书》。根据协议约定，2001年3月22日，经国家税务总局教育中心委托湖南省国家税务局推荐，湖南税务高等专科学校党委副书记、副校长谭慧渊被湖南大学聘任为财税中心主任。

财税中心在办学过程中，向学员收取资源费，发放教材、光盘等教学资料给学员。办学之初，财税中心从湖南大学信息技术有限公司购买了254.010571万元的教材和教学光盘，发放给学员使用。

2001年4月，被告人谭慧渊口头聘用被告人蒋菊香到财税中心资源办兼职。2001年9、10月间，财税中心开学在即，需要教材。被告人谭慧渊认为，根据与湖南大学现代教育技术中心签订的管理合同，财税中心可以使用湖南大学的教材，遂要求资源办翻印教材。时任资源办负责人的符霞生将财税中心副主任毛杏飞从湖南大学取回的《邓小平理论概论》《INTERNET 基础》等样书交给蒋菊香，要其翻印。蒋菊香经请示谭慧渊同意后，找到被告人吴远柏，要其帮助联系印刷厂家翻印。吴远柏找到长沙市育华印刷厂业务厂长文献铭，文通过国防科技大学炮兵学院印刷厂厂长朱炳江在该厂制作了样书的印刷胶片后，在育华印刷厂印刷了《邓小平理论概论》3 万册、《大学英语预备级 1》3 万册、《现代远程教育基础》3 万册、《INTERNET 基础》1 万册。财税中心翻印教材，没有向印刷厂提供准印证，也没有征得著作权人许可和出版社同意。

《邓小平理论概论》是中共湖南省委高等学校工作委员会、湖南省教育厅组编，吴鸣主编的高等学校通用教材，湖南大学出版社享有专有出版权。该课程系财税中心学员必修课程，财税中心翻印 3 万册，定价 11.50 元，非法经营额 34.5 万元，发放给教学点和学员 2.9946 万册，经鉴定获利 17.413599 万元。

《INTERNET 基础》是湖南大学教师王子荣、胡峰松编写的现代远程教育教材，北方交通大学出版社享有专有出版权。该课程为财税中心学员的必修课，财税中心翻印 1 万册，定价 19 元，非法经营额 19 万元，经鉴定获利 11.0825 万元。

被告人蒋菊香在进行资源建设过程中，谭慧渊曾承诺每门课程给其 1 万元到 1.5 万元的奖励。2002 年 4 月，谭慧渊感觉到蒋菊香对没有获得奖励有意见，打电话给病休在家的蒋菊香，要求其开发票到财税中心财务报销 30 万元作为奖励。被告人蒋菊香从长沙市青山印刷厂虚开 30 万元印刷费发票，同年 5 月，经谭慧渊签字同意后，在财税中心报账。

2. 伪造事业单位印章罪。2001 年 8、9 月份，财税中心在福建、浙江等地招录远程教育学员时，与湖南大学网络学院（亦从事远程教育）在招收生源问题上发生冲突，财税中心到湖南大学网络学院加盖录取通知书印章时，遭到拒绝。财税中心副主任毛杏飞遂提出伪造印章，得到被告人谭慧渊的同意。被告人谭慧渊通过符霞生介绍找到长沙市井湾子红星打印服务社老板张春华，提供了一份盖有“湖南大学网络教育学院招生专用章”的录取通知书样本，要其制作一个同样的印章锌片。张春华安排人员仿照印章字迹制成墨稿后，联系到长沙市文华印刷厂工人帅永忠,帅再将墨稿交给长沙市西长街春光印刷厂制作成印章锌片。锌片伪造后,张春华将锌片交给被告人谭慧渊。谭慧渊在办公室安排人员将印章锌片模型用胶水粘在一块方形木头上,制成了"湖南大学网络教育学院招生专用章"的印章,加盖在录取通知书上,而后将录取通知书发放给学员。

上述事实,有被告人供述、证人证言、书证、物证证实,足以认定。

长沙市中级人民法院认为,被告单位湖南大学财税远程教育中心为节约成本、谋取利益,未经著作权人许可和享有专有出版权的出版社同意,非法复制发行《邓小平理论概论》和《INTERNET 基础》,获取违法所得28万余元,其行为构成侵犯著作权罪。被告人谭慧渊作为财税中心负责人、被告人蒋菊香作为直接责任人员应当承担刑事责任。被告人谭慧渊伪造湖南大学网络学院印章,其行为构成伪造事业单位印章罪。被告人谭慧渊犯侵犯著作权罪和伪造事业单位印章罪,应数罪并罚。根据被告人蒋菊香犯侵犯著作权罪的犯罪情节,对其适用缓刑确实不致再危害社会,可以宣告缓刑。被告单位财税中心复制光盘、翻印《大学英语预备级1》和《现代远程教育基础》两书虽不能认定为犯罪,但系违法行为,所得利润应予追缴。被告人蒋菊香所得30万元亦系违法所得,亦应追缴。据此,作出判决:

1. 被告单位湖南大学财税远程教育中心犯侵犯著作权罪,判处罚金400万元。

2. 被告人谭慧渊犯侵犯著作权罪,判处有期徒刑1年,并处罚金5万元;犯伪造事业单位印章罪,判处有期徒刑1年6个月;决定执行有期徒刑1年10个月,并处罚金5万元。

3. 被告人蒋菊香犯侵犯著作权罪,判处有期徒刑1年,宣告缓刑2年,并处罚金5万元。

4. 被告人吴远柏无罪。

5. 追缴被告单位湖南大学财税远程教育中心违法所得256.29324万元,追缴被告人蒋菊香违法所得30万元。

宣判后,被告单位湖南大学财税远程教育中心,被告人谭慧渊、蒋菊香均不服,分别向本院提出上诉。被告单位湖南大学财税远程教育中心上诉提出:

1. 一审对上诉人判处罚金400万元,达到了其所认定的犯罪所得额14倍多，量刑畸重；

2. 上诉人所复制的书籍，用于发放给学员作为学习资料，与一般的商业营利活动不同，量刑时应作为重要的情节因素予以考虑；

3. 上诉人收取的经费来源于学生，收费很低，并用于财税教育，量刑时应予考虑。

被告单位湖南大学财税远程教育中心辩护人何小王辩护提出：

1. 本案不应以“所得数额”作为认定是否达到刑事责任起点的标准，而应按照非法经营额的标准，按此标准被告单位湖南大学财税远程教育中心不构成犯罪；

2. 即使采用“合理估算收入，扣除直接成本”的方式估算“所得数额”，两本书的“所得数额”也未达到20万元的刑事责任标准，其行为亦不构成犯罪。

被告人谭慧渊上诉及其辩护人辩护提出以下意见：

1. 本案是套印而不是伪造湖南大学网络教育学院招生专用章，此行为属于单位行为，套印的招生专用章，属于教学文件，依照与湖南大学的合同，财税中心可以拷贝、使用湖南大学的教学文件，对于这种单位伪造事业单位印章的行为，由于刑法没有规定为犯罪，对其直接责任人员不能以犯罪论处而追究刑事责任，故谭慧渊的行为不构成伪造事业单位印章罪。

2. 财税中心翻印两书的行为不构成侵犯著作权罪，属于一般的违法行为，从而不能追究谭慧渊的刑事责任。首先，从主观上来看，被告单位湖南大学财税远程教育中心不具有营利目的。财税中心作为一个从事远程学历教育的教育机构，从法律上讲不允许其营利，从本案事实上讲，它也没有去营利。其次，从客观行为上来看财税中心复制教材后，是发给特定对象学员，而不是向公众发行，与侵犯著作权的客观条件不相吻合。最后，从行为的情节来看，本案所获取的利益实际上没有达到侵犯著作权所要求必须达到的法定的构罪标准。

被告人蒋菊香上诉及其辩护人辩护提出：

1. 财税中心翻印两书的行为，主观上没有营利的目的，客观上没有营利的事实，数额上也没有达到犯罪的标准，财税中心的行为不构成侵犯著作权罪；

2. 其本人不是直接责任人，不应追究刑事责任；

3. 财税中心发给其的30万元奖金应为合法所得，不是非法所得。

经审理查明：

（一）湖南大学财税远程教育中心的基本情况

从2000年下半年起，国家税务总局为配合税务系统机构改革，提高税务系统公务员学历，与湖南大学协商开展税务系统远程学历教育。2001年1月2日，湖南大学发文成立湖南大学财税远程教育中心（以下简称财税中心），隶属于湖南大学现代教育技术中心（又称湖南大学多媒体信息教育学院，2002年后更名为湖南大学网络学院）管理。2001年1月19日，湖南大学向湖南省教育厅申请办理财税中心的备案手续。财税中心在湖南省质量技术监督局取得组织机构代码证，机构类型为“其他机构”。

2001年3月6日，国家税务总局教育中心与湖南大学签订《关于合作开展税务系统远程学历教育协议书》，双方就所开设的专业、教学形式、生源组织、教学管理、学历及学位证书发放、课程设置、教学计划及教材选用、教学课件开发、学费标准、负责人的产生及聘任等问题进行了约定。2001年3月22日，经国家税务总局教育中心委托湖南省国税局推荐，湖南税务高等专科学校党委副书记、副校长谭慧渊被湖南大学聘任为财税中心主任。2001年4月15日和9月5日，湖南大学现代教育技术中心与财税中心签订了《管理合同书》和《补充协议书》约定了办学层次及专业、教学管理、教学资源的使用及建设、收费、收入的分配、奖励等方面事项。该约定超越了国家税务总局教育中心与湖南大学签订的《关于合作开展税务系统远程学历教育协议书》约定的4个专业8个层次的范围。湖南大学现代教育技术中心还批复财税中心，“在国家税务总局教育中心、湖南大学指导下相对独立地开展教育教学工作，按企业化管理模式运作”。

自2001年3月至2002年9月间，财税中心超越国家税务总局教育中心与湖南大学签订的《关于合作开展税务系统远程学历教育协议书》中关于招收生源、开设专业等方面的规定，在全国税务系统内和税务系统外设立教学服务机构近400个，招收9个专业26个层次的学员78 044人。由于招生规模过大，教学管理、教学服务跟不上，部分学员意见大，引起了教育部的重视。2002年9月起，国家税务总局和湖南大学对财税中心进行规范、整顿，2003年3月决定撤销财税中心。

证明上述事实的证据有：

1. 国家税务总局教育中心与湖南大学签订的《关于合作开展税务系统远程学历教育协议书》《全国税务系统远程学历教育领导小组成立及第一次会议纪要》《国家税务总局教育中心与湖南大学联合开展现代远程学历教育实施办法》等书证，证明国家税务总局教育中心与湖南大学联合办学的有关情况。

2. 湖南大学湖大行字[2001]1号文件、湖大人字[2001]6号文件证明，湖南大学决定成立湖南大学财税远程教育中心，该中心隶属于湖南大学现代教育技术中心管理，聘任谭慧渊为湖南大学财税远程教育中心主任，聘任李震声(湖南大学现代教育技术中心办公室主任)为该中心副主任。

3. 湖南大学向湖南省教育厅申请办理财税中心备案手续的文件、湖南省质量技术监督局颁发的财税中心组织机构代码证等书证，证明财税中心成立、备案的过程；财税中心的机构类型为“其他机构”。

4. 湖南大学现代教育技术中心与财税中心签订的《关于湖南大学财税远程教育中心管理合同书》《补充协议书》及湖南大学现代教育技术中心关于财税中心管理体制问题的批复证明，双方就办学层次及专业、教学管理、教学资源的使用及建设，收费、收入分配、奖励等方面事项进行了约定。

5. 财税中心招生人数统计表证明，财税中心共招收9个专业26个层次的学员78 044人。

6. 国家税务总局教育中心《关于国家税务总局与湖南大学合作税务系统远程学历教育有关情况的报告》、教育部办公厅《关于同意湖南大学财税远程教育中心过渡时期领导班子人员名单的批复》和《湖南大学财税远程教育中心撤销工作有关事宜会谈纪要》等书证，证明财税中心被撤销的过程。

(二) 侵犯著作权的事实和证据

财税中心在办学过程中，按照与湖南大学现代教育技术中心签订的《关于湖南大学财税远程教育中心管理合同书》《补充协议书》，负责向学员收取教育资源费，发放教科书和光盘给学员。办学之初，财税中心向湖南大学现代教育技术中心教学资源指定供应单位湖南大学信息技术有限公司共计支付250.542万元购买了部分的教材和教学光盘发放给学员使用。

2001年4月，上诉人蒋菊香被上诉人谭慧渊口头聘请到财税中心资源办兼职。2001年9、10月间，财税中心开学在即，急需教材，谭慧渊认为根据与湖南大学现代教育技术中心签订的管理合同书，财税中心可以使用湖南大学的教材，遂要求资源办翻印教材。时任资源办负责人的符霞生将从湖南大学现代教育技术中心取回的《邓小平理论概论》《大学英语预备级1》《INTERNET基础》3本样书及《现代远程教育基础》的印刷胶片交给蒋菊森要其翻印。蒋菊香经请示谭慧渊同意后，在没有征得著作权人许可和专有出版权人同意，也没有向印刷厂提供印刷证明的情况下，找到被告人吴远柏，要其帮助联系印刷厂家翻印。吴远柏找到长沙市芙蓉区育华学校校办工厂业务厂长文献铭，文通过国防科技大学炮兵学院印刷厂厂长朱炳江在该厂制作了样书的印刷胶片，并拿制作好的印刷胶片在育华学校校办工厂印刷了《邓小平理论概论》3万册、《大学英语预备级1》3万册、《现代远程教育基础》3万册、《INTERNET基础》1万册。书印好后，文将书送到长沙市长桥劳教所戒毒大队装订，装订后，将书运到财税中心租用的湖南行政学院仓库。事后，财税中心付给长沙市芙蓉区育华学校校办工厂印刷费48.1793万元。

其中《邓小平理论概论》是中共湖南省委高等学校工作委员会、湖南省教育厅组编，吴鸣主编的高等学校通用教材，由湖南大学出版社出版。该课程系财税中心学员必修课程。财税中心共翻印该书3万册，该书定价11.50元，发放给学员29 187册，免费配发给各教学点759册，库存54册，非法经营额为3×11.50=34.5(万元)。

《INTERNET基础》是由北方交通大学出版社出版的现代远程教材，由王子荣(湖南大学现代教育技术中心网络部主任)主编，胡峰松(湖南大学现代教育技术中心教务部主任)副主编，杨贯中(湖南大学现代教育技术中心负责人)主审。该课程为财税中心学员的必修课。财税中心共翻印该书1万册，该书定价为19元，其中发放给学员9 249册，免费配发给各教学点751册，非法经营额为19×1=19(万元)。

蒋菊香在进行资源建设过程中，谭慧渊曾承诺每门课程给其1万元到1.5万元的奖励。2002年4月，谭慧渊感觉到蒋菊香对没有获得奖励有意见，打电话给病休在家的蒋菊香，要求其开发票到财税中心财务报销30万元作为奖励。蒋菊香从长沙市青山印刷厂虚开30万元印刷费发票，同年5月，经谭慧渊签字同意后，在财税中心报账。

证明上述事实的证据有：

1. 财税中心提供的《关于湖南大学财税远程教育中心管理合同书》《补充协议书》等书证证明，财税中心负责向学员收取每学年600元资源费，用于发放教科书和光盘给学员。

2. 财税中心出具的蒋菊香的身份证明材料、财税中心各部门主要负责人名册等证据证明，蒋菊香于2001年4月被聘到财税中心负责资源建设。

3. 叶光辉的证言以及湖南大学信息技术有限公司发放给财税中心教材、教学光盘明细表、收款凭证证明：湖南大学信息技术有限公司受湖南大学网络学院委托，全面代理网络学院教材、教学光盘的发放，财税中心从湖南大学信息技术有限公司购买了24种教材5.5841万册，应付款104.158571万元，购买了25种教学光盘29.9704万张，5元/张，应付款149.852万元，总计财税中心应付款254.010571万元，实际付款250.542万元，尚欠款3.468571万元.

4. 谭慧渊供述，毛杏飞从湖南大学多媒体信息教育学院拿来一纸箱的教材及光盘，依照其与杨贯中所签的《管理合同书》中的约定，财税中心可以使用湖南大学的教学资源，便要蒋菊香翻印了教材。

5. 蒋菊香供述，2001年9、10月份，符霞生交给她《邓小平理论概论》《大学英语预备级1》和《INTERNET基础》3本书，要其联系印刷厂翻印。她问谭慧渊能否这么做，谭讲财税中心与湖大有约定，湖大的资源可以用，她便要吴远柏联系印刷厂翻印。后毛杏飞又交给她《现代远程教育基础》一书的印刷胶片，她也要吴远柏联系印刷厂翻印。印刷完毕后，根据吴远柏拿来的收款收据共支付长沙市芙蓉区育华学校校办工厂48.1793万元的印刷费。翻印过程中没有办理4本书的出版、印刷手续。

6. 吴远柏供述，2001年9月，蒋菊香交给他《邓小平理论概论》《大学英语预备级1》《现代远程教育基础》《INTERNET基础》4本书的样书和印刷胶片，要他联系印刷厂翻印，他找到长沙市育华印刷厂厂长文献铭，又通过文联系到国防科技大学炮兵学院印刷厂厂长朱炳江，将4本书共翻印了10万册。他没有向印刷厂提供印刷手续.书印完后，共支付育华印刷厂48.1793万元印刷费，自己从中得了些回扣。

7. 文献铭的证言证明，其通过吴远柏承接到了财税中心的印刷业务，吴远柏给其《邓小平理论概论》《大学英语预备级1》《INTERNET基础》3本书的样书，他请炮兵学院印刷厂制作了印刷胶片后进行翻印，吴远柏还给了他《现代远程教育基础》的印刷胶片要其翻印，他一共印了10万册，印刷后交给长桥劳教所装订，再运到行政学院仓库。财税中心没有提供过印刷手续。2001年12月—2002年4月，财税中心共支付印刷费48.1793万元，自己从中赚了一些差价，给了吴远柏一些回扣。

8. 国防科技大学炮兵学院印刷厂厂长朱炳江的情况说明以及印刷厂职工朱卫清的证明材料证明，2001年10月，吴远柏与文献铭找到朱炳江，承诺以后在业务上关照，请求帮忙出片。朱炳江安排陈卫清对《邓小平理论概论》《大学英语预备级1》《INTERNET基础》3本书扫描出片，没有收取费用。扫描完后，朱炳江将胶片交给了文献铭。

9. 长桥劳教所戒毒大队出具的情况说明及财物报表证明，该所为育华印刷厂装订《邓小平理论概论》3万册、《大学英语预备级1》3万册、《现代远程教育基础》3万册、《INTERNET基础》1万册，装订后送到了行政学院仓库，收取装订费1.8190万元。

10. 财税中心入库单以及支付凭证、银行转账支票及支票存根证明，财税中心入库《邓小平理论概论》《大学英语预备级1》《现代远程教育基础》《INTERNET基础》4本书共10万册，支付印刷费48.1793万元。

11. 公安机关出具的说明及财税中心关于组织开学工作有关事宜的通知、免费发放各教学点明细表、关于免费配发教学点资源的说明证明，《邓小平理论概论》库存54册，免费配发各教学点759册，《INTERNET基础》免费配发各教学点751册。

12. 公安机关扣押了财税中心翻印的《邓小平理论概论》《大学英语预备级1》《现代远程教育基础》《INTERNET基础》4本书，上述4本书经湖南省新闻出版局鉴定，均系非法出版物。

13. 吴鸣的证言证明，《邓小平理论概论》是由省教委组织编写的，他是主编。省教委与湖南大学出版社签订了出版合同，他本人没有委托任何单位、个人出版、印刷该书。

14. 湖南省教委高教处与湖南大学出版社1999年12月2日签订的图书出版合同以及湖南大学出版社出具的证明材料证明，湖南大学出版社对《邓小平理论概论》享有5年的专有出版权，湖南大学出版社没有授予他人出版。

15. 王子荣的证言证明，他是《INTERNET基础》一书的主编，系该书的著作权人，除允许北方交通大学出版社出版、发行、印刷外，没有委托其他单位、个人出版、发行、印刷。

16. 北方交通大学出版社的证明材料证明，《INTERNET基础》一书的出版权归该出版社独家所有，没有授权任何单位或个人复制该书的全部或部分内容。

17. 毛杏飞的证言证明，财税中心开始从湖南大学购买过一部分教材、光盘，后来就自己开发，由资源办负责。湖南大学现代教育技术中心教育部主任胡峰松给过其一整套的教材、光盘，其中包括《邓小平理论概论》《INTERNET基础》等书。

18. 湖南省金雷司法鉴定所的湘金雷鉴技字〔2003〕1第0301号司法鉴定技术报告书，证实财税中心第一学年所有专业课程书籍的平均售价为716.61元。

19. 谭慧渊供述，2001年财税中心聘请蒋菊香负责资源开发时，他承诺根据质量标准，每门课奖励1万元到1.5万元。2002年，他要蒋菊香先弄点发票来，先报销几十万元，以后再结算。后来，蒋菊香拿来30万元的印刷费发票，他签字同意在财税中心报账。

20. 蒋菊香供述，谭慧渊向她承诺，将财税中心的教学资源建设好后奖励她100万元。2002年5月，谭慧渊要她拿30万元的发票来报销，她找到青山印刷厂的湛利娟帮忙开了30万元的发票。谭慧渊签字后，她报了账，30万元转账到青山印刷厂账上，她借给湛利娟2万元，其余28万元转到了长沙市思源摄影器材公司账户。

21. 吴远柏供述，蒋菊香从青山印刷厂多开了30万元的发票，蒋菊香称是谭慧渊给的奖金，要她开发票来报账，后转了28万元到思源摄影器材公司账上。

22. 青山印刷厂的4张共30万元的印刷费发票、财税中心付款30万元到青山印刷厂的转账支票存根、青山印刷厂收到30万元款项以及转款28万元到长沙市思源摄影器材公司的对账单等书证证明，蒋菊香从青山印刷厂虚开4张共30万元的印刷费发票，通过青山印刷厂从财税中心支取30万元。

（三）伪造事业单位印章的事实和证据

湖南大学现代教育技术中心（后更名为湖南大学网络教育学院）与财税中心签订的《管理合同书》和《补充协议书》中约定财税中心可以在税务系统外招生，并批准财税中心在税务系统外设立了37个教学点。2001年8、9月份，财税中心在福建、浙江等地招录一批远程教育学员，经过考试合格，符合录取条件，财税中心需以湖南大学网络教育学院名义发放录取通知书。湖南大学网络教育学院认为财税中心点外设点属违规招生，故不同意在财税中心的录取通知书上加盖招生专用章。财税中心副主任毛杏飞遂提出伪造印章来发放录取通知书，谭慧渊表示同意。随后谭慧渊找到长沙市井湾子红星打印服务社老板张春华，提供了一张盖有"湖南大学网络教育学院招生专用章"的录取通知书样本，要张制作一个同样的印章锌片。张春华安排人员仿照印章字迹制成墨稿后，联系到长沙市文华印刷厂工人帅永忠，帅将墨稿交给长沙市西长街春光印刷厂制作成印章锌片。锌片制成后，张春华将制好的锌片交给谭慧渊。谭慧渊在办公室安排人员将印章锌片模型用胶水粘在一块方形木头上，制成了"湖南大学网络教育学院招生专用章"的印章，加盖在空白的录取通知书上，而后将录取通知书发放给学员。

证明上述事实的证据有：

1. 祝炳奎、阳国军的证言以及湖南大学网络教育学院报案材料证明，2002年3月，网络学院负责人到湖北省校外学习中心点调研时发现了盖有伪造的"湖南大学网络教育学院招生专用章"的假录取通知书。后来经追问谭慧渊、毛杏飞，2人承认是私刻了"湖南大学网络教育学院招生专用章"的印章。

2. 李震声的证言证明，湖南大学网络教育学院不发福建学员的录取通知书，是因为财税中心违规招生、点外设点。

3. 张春华的证言证明，2001年7、8月份，符霞生要他到财税中心将他介绍给谭慧渊，谭慧渊给他一份盖有"湖南大学网络教育学院招生专用章"的录取通知书，要他帮忙做一枚印章，其安排员工文玲用电脑做了个墨稿，然后联系了长沙市文华印刷厂的一姓帅的师傅，几天后,姓帅的师傅将印章锌片交给了他。

4. 帅永忠的证言证明,张春华给他一张有"湖南大学网络教育学院招生专用章"字样的墨稿,他交给西长街春光印刷厂,春光印刷厂做成印章锌片后,他交给了张春华。

5. 邵国军的证言证明,春光印刷厂将帅永忠送来的墨稿制作成印章锌片的情况。

6. 公安机关提取财税中心发出的录取通知书,经鉴定,录取通知书上"湖南大学网络教育学院招生专用章"印文不是真印章盖印形成的。

7. 黄建跃的证言证明,财税中心在招生时与湖南大学没有协商好,湖南大学没有发录取通知书。2002 年 4 月,谭慧渊要其起草一份处分决定,称毛杏飞、章甫新套印了湖南大学网络教育学院招生专用章,谭慧渊在中层骨干会上宣读了处分决定。

8. 财税中心湖财远教字〔2002〕10 号《关于给予章甫新、毛杏飞处分的决定》证明,财税中心对章甫新、毛杏飞套印了湖南大学网络教育学院招生专用章的行为进行了处分。

9. 毛杏飞的证言证明,2001 年 7 月和 9 月,湖南大学组织了入学考试,但不给财税中心招收的部分学生发录取通知书,他向谭慧渊提议私刻一枚湖南大学网络教育学院招生专用章,印章刻出来后,加盖在录取通知书上,发给福建的几百名学生。2002 年 3、4 月份,湖南大学知道此事后,财税中心对他和章甫新进行了处分,但他本人没有刻印章。

10. 章甫新的证言证明,他不知道私刻湖南大学网络教育学院招生专用章的事情,不理解财税中心为什么处分他。

11. 谭慧渊对在湖南大学网络教育学院不肯在财税中心招收的学员录取通知单上加盖印章的情况下,安排他人仿制"湖南大学网络教育学院招生专用章",加盖在录取通知书上,并将录取通知书发出去的事实供认不讳。

本院认为,上诉人湖南大学财税远程教育中心为节约成本,未经著作权人许可和享有专有出版权的出版社同意,非法复制发行《邓小平理论概论》《INTERNET 基础》两本书,系侵犯著作权的行为。财税中心非法复制《邓小平理论概论》一书,因本案案发而未实际获利,没有违法所得;财税中心非法复制《INTERNET 基础》一书,虽实际获利,但由于复制成本费无法查清，折扣率无法确定，不能准确确定其违法所得。一审认定财税中心非法复制上述两本书，非法获利28万余元的证据不足。根据最高人民法院《关于审理非法出版物刑事案件具体应用法律若干问题的解释》的规定，由于本案中财税中心侵犯著作权的违法所得无法准确认定，则应当以非法经营额来判断是否构罪，本案中财税中心非法复制上述两本书的非法经营额为53.5万元，亦没有达到犯罪标准100万元，故财税中心非法复制上述两本书的侵权行为，不构成侵犯著作权罪，从而不能追究该单位主管人员谭慧渊、直接责任人蒋菊香的刑事责任，上诉人谭慧渊、蒋菊香亦不构成侵犯著作权罪。上诉人谭慧渊为财税中心的利益，以单位名义伪造湖南大学网络教育学院招生专用章的行为，因谭慧渊主观上不具有危害社会的非法目的和动机，客观上也没有造成危害社会的严重后果，情节显著轻微，其行为不构成犯罪。故上诉单位湖南大学财税远程教育中心及其辩护人，上诉人谭慧渊及其辩护人、上诉人蒋菊香及其辩护人均在上诉和辩护中提出"财税中心虽有为节约成本，未经著作权人许可和享有专有出版权的出版社同意，翻印、复制《邓小平理论概论》《INTERNET基础》两本书的侵权行为，没有营利目的，违法所得、非法经营额均未达到构罪标准，其行为不构成犯罪"的理由部分成立，本院予以采纳。谭慧渊上诉及其辩护人辩护提出"本案是套用不是伪造湖南大学网络教育学院招生专用章，此行为属于单位行为，套印的招生专用章，属于教学文件，依照与湖南大学的合同，财税中心可以拷贝、使用湖南大学的教学文件，对于这种单位行为，由于刑法没有规定为犯罪，对其直接责任人员不能以犯罪论而追究刑事责任，故谭慧渊的行为不构成伪造事业单位印章罪"的理由。经查，湖南大学网络教育学院招生专用章是湖南大学网络教育学院对外招生的专用章，是其对外进行活动和承担法律后果的符号和标记，不是标徽性印章，应认定为事业单位印章，不属于教学资源文件，财税中心无权拷贝使用该印章，更无权伪造该印章。财税中心主任谭慧渊为了财税中心的利益伪造了"湖南大学网络教育学院招生专用章"加盖在录取通知书上，并将录取通知书发给学员。谭慧渊伪造印章是为了单位的利益，主观上不具有危害社会的非法目的和动机，客观上也没有造成危害社会的严重后果，情节显著轻微，其行为不构成犯罪。谭慧渊及其辩护人提出的上述理由，部分成立，可部分采纳。蒋菊香上诉及辩护人提出“财税中心发给其的30万元奖金应为合法所得，不是非法所得”的理由，经查，蒋菊香所得的30万元，是基于蒋菊香非法复制光盘、非法翻印书籍的侵权行为，其行为虽不构成犯罪，但系非法所得，其上述理由不能成立，本院不予采纳。原审判决认定的主要事实清楚，证据确实、充分，审判程序合法，但适用法律不当。依照《中华人民共和国刑法》第三条，第十三条，最高人民法院《关于审理非法出版物刑事案件具体应用法律若干问题的解释》第二条第（二）项及《中华人民共和国刑事诉讼法》第一百六十二条第（二）项、第一百八十九条第（二）项之规定，判决如下：

1. 撤销长沙市中级人民法院（2004）长中刑二初字第9号刑事判决。

2. 宣告被告单位湖南大学财税远程教育中心，被告人谭慧渊、蒋菊香、吴远柏无罪。

本判决为终审判决。

审判长　邹小江
代理审判员　毛晓辉
代理审判员　梁淑芳
代理审判员　邓　平
代理审判员　毛宜全
二〇〇五年十月十一日
代理书记员　黄　燕
代理书记员　周　建

以抄袭、剽窃形式侵犯著作权行为的定性

——王燕卿被控侵犯图书著作权案

黄晓亮

一、基本案情

王燕卿于1997年8月间为玉林市东亚实用技术研究院和玉林市中联科技开发公司的办班需要，先后剽窃、抄袭了卢世明于1996年4月编著的近20万字的《生料酿酒工艺及其操作方法》一书中第二章第三节“生料酿酒在市场竞争中的优势”和卢世明1996年1月5日发表在《华夏酒报》的论文《生料酿酒的特点及其工艺操作》。抄袭后，王燕卿以“生料酿酒在市场竞争中的优势”为前言，以“生料酿酒的特点及其工艺操作”为主要内容编著了农村发家致富教材之《生料酿酒技术》一书，并印刷500本。之后王燕卿在《华夏酒报》《广西科技报》《广西日报》等报刊上刊登招揽学员广告，注明转让资料费每份240元，将教材《生料酿酒技术》作为“生料酿酒技术”资料的一部分转让给学员。案发后，王燕卿将其尚未转让给学员的教材《生料酿酒技术》472本缴获归档。

二、判决结果

广西壮族自治区玉林市玉州区人民法院根据上述事实和证据认为：王燕卿没有经过著作权人许可，私自剽窃、抄袭他人的文字作品，编著成教材谋取私利，属侵犯著作权的违法行为，但其不是侵犯著作权罪中的复制、发行未经著作权人许可的文字作品的犯罪行为，故卢

世明控诉王燕卿犯侵犯著作权罪的罪名不成立。王燕卿的行为属侵犯著作权的违法行为,应立即停止侵害并公开赔礼道歉;卢世明要求判令王燕卿赔偿经济损失21万元,但其没有向法院提供证据证实其因王燕卿的行为而造成的经济损失,对其赔偿诉讼请求依法应驳回。王燕卿及其辩护人辩称其行为不构成侵犯著作权罪和驳回卢世明诉讼请求的理由成立,予以采纳,其他辩解与查明事实不符,不予采纳。随后,该法院作出如下判决:(1) 王燕卿无罪;(2) 王燕卿立即停止侵害,并在《华夏酒报》上公开登报赔礼道歉,以消除影响,登报内容交由法院审定,所需费用由王燕卿负担;(3) 驳回卢世明要求王燕卿赔偿经济损失21万元的诉讼请求。

自诉人卢世明提出了上诉,但广西壮族自治区玉林市中级人民法院经过审理后维持原判。

三、案例评析

在上述案件中,如何认定抄袭、剽窃而谋取私利的行为与复制、发行之侵犯著作权的行为之间的区别,决定了被告人王燕卿的行为是否构成犯罪,而这离不开对《刑法》第217条第(一)项所规定之行为方式的准确理解。

(一) 侵犯著作权的对象与犯罪的成立

根据《刑法》第217条的规定,侵犯著作权的对象有如下几个特点:

1. 不同侵权行为所侵犯的犯罪对象并不相同

第(一)项在列举了主要的几种形式后用了"及其他作品"的表述。至于"其他作品"有哪些,《刑法》及有关司法解释都没有予以明确,对此只能根据《著作权法》的规定来确定。《著作权法》规定了多种作品形式。只要根据《著作权法》的规定产生著作权的作品,都可以成为第(一)项所规定的犯罪行为的对象。如果作品不受《著作权法》的保护,则不能成为犯罪对象。第(二)项、第(三)项规定的犯罪对象是作为邻接权载体的作品,但仅限于体现专有出版权的图书、体现录音录像制作发行权的录音录像。有论者认为,此处的图书是根据联合国有关规定,页码在49页以上的书籍。笔者认为,这种看法是不准确的。尽管图书的具体内容可不限定，其形式也有多种表现，但限定于书籍却是不合理的。很多报章杂志页码虽然很少，但除了新闻内容外，很多内容也是他人创造的作品，如很多报纸副版、文艺版、晚报、汇编性的报纸皆是如此，著作权人或者汇编人依法享有著作权，因而可以成为本罪的犯罪对象。第(四)项规定的犯罪对象是美术作品，排除了假冒署名的其他作品。

2. 犯罪对象是依法产生著作权的各种作品

侵犯著作权罪的犯罪对象必须是依法受到《著作权法》保护、具备著作权的著作(作品)，至于著作的创新性等特征程度如何，不影响其成为犯罪对象。而成为邻接权载体的作品本身就是受《著作权法》保护的作品。著作权利归属不明的作品可否成为侵犯著作权罪的犯罪对象？笔者认为，著作权归属不明或者存在争议，并不否定著作依法受《著作权法》的保护；只要为《著作权法》所保护，产生著作权，就有可能为他人所侵犯，从而成为本罪的犯罪对象。根据我国缔结或参加并已经生效的著作权方面的国际条约，外国人或者无国籍人的著作在我国也受《著作权法》的保护。因而，从原则上讲，作品作者的国籍不影响其著作成为侵犯著作权罪的犯罪对象。另外，著作权人是个人还是单位，或者是国家、国家机构，也同样不影响犯罪的成立。

3. 犯罪对象被侵犯的形式不影响犯罪的成立

侵权行为是侵犯著作的全部还是部分，不影响犯罪的成立，但是必须是对著作内容的侵犯。著作的外在载体是否发生变化，即是传统印刷品还是电子存储，同样也不影响犯罪的成立。对著作内容的侵犯，既可能是采用原来的表述形式，又可能改变了原来的表述形式，以新的方式演绎，如将小说改编为剧本，将电影、电视用文字记录下来等。但是，以新的方式演绎作品，并予以复制发行的，因为直接侵犯了著作权，符合《刑法》第 217 条第(一)项的规定。对著作内容的侵犯，通常来说是对正文的非法使用。单纯使用他人著作的标题的，若内容发生彻底变化，与原来完全不同的，则不能视为侵犯著作权。

(二) 侵犯文字作品著作权行为的犯罪认定

根据《刑法》第 217 条的规定，侵犯文字作品著作权行为构成犯罪，要求行为人未经著作权人许可，复制发行其文字作品，违法所得数额较大或者有其他严重的情节。在侵犯著作权罪中,侵犯文字作品的著作权而构成犯罪,需要行为人未经著作权人许可,实施了复制、发行行为。

1. 未经著作权人许可的理解与认定

复制发行与抄袭、剽窃他人作品的情况接近,行为人都"未经著作权人许可"。对此,可以从如下几个方面来把握:

(1) 行为人根本未向著作权利人征求许可或者授权的意见,或者著作权利人拒绝行为人的许可请求

根据《著作权法》第23条的规定,没有法律的特别规定,使用他人的作品的,应当与著作权人订立合同或者取得许可。行为人没有与著作权利人订立合同,没有当面或通过电话、传真、电子邮件等方式征得权利人的许可或者同意,就属于"未经许可"。即便是行为人向著作权利人提出了许可的请求,如果被拒绝的,同样也是"未经许可"。

(2) 行为人超出许可的范围

行为人本应在权利人许可的范围内使用作品。行为人采用许可范围之外的方式使用作品的,或者行使许可范围之外的其他权利,或者在许可的地域之外其他国家或地区使用该作品的,都属于侵犯著作权的行为。

(3) 行为人所得到的许可已经超过原来约定的期限

行为人在合同约定的许可使用期间届满后没有续订,仍使用著作权人的作品的,也属于侵犯著作权的情形。如前所述,在《刑法》第217条第(二)、(四)项规定的行为方式中,行为人是不可能得到权利人的许可或者同意的,因而行为势必表现为直接侵犯他人的著作权。因此,上述四种行为方式的共同特征表现为:行为人没有得到权利人的许可或者授权。

2. 复制与发行的关系

与抄袭、剽窃不同的是,在侵犯文字作品著作权而构成犯罪的情况下,行为人往往是未经著作权人许可而复制他人文字作品,同时予以发行,获取经济利益。也就是说,在这样的情况下,复制行为与发行行为紧密联系。"复制发行"指的是侵犯著作权的行为人复制他人作品,或者既复制又发行他人作品的情形。没有主观犯意联络而单纯发行其他行为人复制的侵权作品,不能认定为侵犯著作权罪。需要注意

的是,既然最高人民法院、最高人民检察院2007年发布的《关于办理侵犯知识产权刑事案件具体应用法律若干问题的解释(二)》明确规定了"刑法第二百一十七条侵犯著作权罪中的'复制发行',包括复制、发行或者既复制又发行的行为",在司法实务中处理这类案件时,还是应当以司法解释为准,仅有发行他人作品的行为,也可以按侵犯著作权罪论处。

3. 关于犯罪数额的认定

在侵犯文字作品著作权的情况下,根据《刑法》第217条的规定,民事侵权行为与刑事犯罪的区别在于如下两点:

(1) 行为人主观上是否具有营利的目的

以营利的目的使用他人受《著作权法》保护的作品,严重侵犯了著作权人和与著作权有关的权利人的著作财产权。行为人不是为了营利而复制发行他人的著作或作品,如果属于《著作权法》规定的合理使用,则不成立刑事犯罪,也不成立民事侵权。如果不属于《著作权法》规定的合理使用,行为人对未得到著作权人许可存在过失,即便经营所得数额或者经营数额较大,或有其他严重情节,该行为也仅仅是民事侵权,不构成犯罪。

(2) 侵权行为是否具有违法所得数额较大等严重情节

侵犯著作权罪表现为市场主体未经许可利用他人著作权,谋取经济收益的情形,侵犯的客体是他人依法享有的著作权和邻接权。而著作权和邻接权在市场经济中可带来经济收益,因而侵权行为往往给侵权人带来金钱或者财物的收益,从而严重损害著作权人和邻接权人的合法权益。金钱或财物收益的大小,著作权人和邻接权人的损失大小,反映出侵犯著作权犯罪行为对社会主义市场经济中平等竞争秩序的破坏状况,也成为决定侵犯著作权行为是否成立犯罪的标准。侵犯著作权的行为如果没有给行为人带来数额较大的违法所得,或者没有因产生其他不良影响而具备"其他严重情节",就不构成犯罪。

四、分析结论

抄袭、剽窃他人享有著作权的文字作品,编著教材,谋取私利,是否构成侵犯著作权罪,关键在于把握如下三个方面:一是看行为人实施的侵犯他人著作权的行为是否属于《刑法》第217条所规定的行为。

《著作权法》规定的侵犯著作权的行为表现更为多样,而《刑法》只规定了四种行为形式。只有行为人实施《刑法》所列举的侵犯著作权的行为时,才有可能构成本罪。二是看行为人主观上是否具有营利的目的。有此目的的,可能构成犯罪,反之,则不能按犯罪处理。三是看违法所得数额是否较大或者是否具有其他严重情节。违法所得数额较大,或者虽然违法所得数额没有达到较大的标准,但具有其他严重情节的,构成犯罪,反之,则属于一般违法行为。

附:

广西壮族自治区玉林市玉州区人民法院刑事判决书

(1998)玉区法刑自初字第1号

自诉人兼附带民事诉讼原告人(上诉人):卢世明。

委托代理人:周剑挥、童彬,上林县律师事务所律师。

被告人:王燕卿。

辩护人:周国辉,广西桂南律师事务所律师。

自诉人兼附带民事诉讼原告人卢世明控诉,王燕卿于1997年间大量剽窃、抄袭其已发表和未发表的作品及其资料来"编著"农村发家致富教材之《生料酿酒技术》一书作为培训班的面授教材,收取每个学员360元的所谓面授费和240元的所谓函授资料费。如王燕卿"编著"的《生料酿酒技术》教材中的前言部分,一字不漏地抄袭了原告编著的《生料酿酒工艺及其操作方法》一书中的第二章第三节;《生料酿酒技术》教材中的主文部分,则是全篇抄袭了其公开发表在1996年1月5日《华夏酒报》上的论文《生料酿酒的特点及其工艺操作》。王燕卿未经著作权人许可擅自剽窃、抄袭他人的作品非法获利一百多万元的行为已触犯《中华人民共和国刑法》第二百一十七条的规定,构成侵犯著作权罪。同时自诉人兼附带民事诉讼原告人还请求法院依照《中华人民共和国民法通则》和《中华人民共和国著作权法》的有关规定判令王燕卿赔偿其经济损失21万元,没收非法所得并处罚金,立即停止侵害,并在报上公开向其赔礼道歉。

王燕卿辩称：一是其编著的《生料酿酒技术》系受广西玉林市东亚实用技术研究院和玉林市中联科技开发公司指派的职务行为，非本案被告人；二是其没有抄袭、剽窃卢世明作品的行为。辩护人辩称：王燕卿编著的《生料酿酒技术》总共印刷500本，是一种职务行为，教材不是王燕卿所用，而是单位所用，现库存472本，对犯罪主体应慎重；教材中的前言部分一千多字虽是自卢世明编著的近20万字的《生料酿酒工艺及其操作方法》一书中抄袭而来，但情节显著轻微，王燕卿的行为不构成犯罪，卢世明称王燕卿抄袭其论文无事实依据。卢世明要求赔偿损失21万元没有证据，请求法院驳回卢世明的诉讼请求。

经公开审理查明：王燕卿于1997年8月间为玉林市东亚实用技术研究院和玉林市中联科技开发公司的办班需要，先后剽窃、抄袭了卢世明于1996年4月编著的近20万字的《生料酿酒工艺及其操作方法》一书中第二章第三节“生料酿酒在市场竞争中的优势”和卢世明1996年1月5日发表在《华夏酒报》的论文《生料酿酒的特点及其工艺操作》。抄袭后王燕卿以“生料酿酒在市场竞争中的优势”为前言，以“生料酿酒的特点及其工艺操作”为主要内容编著了农村发家致富教材之《生料酿酒技术》一书，并印刷500本。之后王燕卿在《华夏酒报》《广西科技报》《广西日报》等报刊上刊登招揽学员广告，注明转让资料费每份240元，将教材作为“生料酿酒技术”资料的一部分转让给学员。案发后，王燕卿将其尚未转让给学员的教材《生料酿酒技术》472本缴获归档。

上述事实有下列证据证明：

（1）卢世明提供的其于1996年4月编著的《生料酿酒工艺及其操作方法》一书，证实该书中第二章第三节“生料酿酒在市场竞争中的优势”的内容与王燕卿1997年8月间编著的《生料酿酒技术》一书的前言部分雷同。

（2）卢世明提供的其于1996年1月5日发表在《华夏酒报》上的论文《生料酿酒的特点及其工艺操作》，证实该论文内容与王燕卿1997年8月间编著的《生料酿酒技术》一书的主要内容雷同。

（3）卢世明提供的由王燕卿于1997年5月18日出具的代销卢世明《生料酿酒工艺及其操作方法》一书的收条，证实王燕卿1997年5月18日从卢世明手中接过50本《生料酿酒工艺及其操作》代卢世明销售。

(4) 卢世明提供的其从王燕卿招收的学员手中提取的王燕卿1997年8月间编著的《生料酿酒技术》一书。证实该书的前言及主要内容确系抄自其上述两作品。

(5) 王燕卿提供的472本《生料酿酒技术》,证实王燕卿确是抄袭了卢世明的文字作品并印刷成书。

(6) 王燕卿提供的玉林市金钟印刷服务部出具的证明,证实王燕卿1997年8月在该部印刷《生料酿酒技术》500本。

(7) 卢世明提供的王燕卿在《华夏酒报》《广西日报》等报纸杂志上刊登的"转让生料酿酒技术"的广告,证实王燕卿将《生料酿酒技术》一书作为服务资料的一部分以每份240元的价格转让。汇款账户为王燕卿个人所开账户。

(8) 卢世明提供的编制局和工商局材料,证实玉林市东亚实用技术研究院和玉林市中联科技开发公司均为王燕卿个人所开办或管理。

上述证据经庭审质证属实,一审法院予以确认。

卢世明提供的王燕卿所招揽的学员编号[覃志峥学员编号5340(1997年10月2日)、罗学涛学员编号5350(1997年10月6日)、严杏水学员编号5383(1997年10月23日)、王新庆学员编号5417(1997年11月12日)]等,用以证实王燕卿招揽学员五千多人(按每人函授资料费240元计)非法获利一百六十多万元的事实缺乏客观性,不予认定;同时卢世明提供的玉林市邮电局出具的证明,用以证实1997年3月至12月王燕卿收到汇款118笔共27 728元是转让《生料酿酒技术》所得款,同样缺乏客观性、真实性、亦不予认定。

综上所述,本院认为:王燕卿没有经过著作权人的许可,私自剽窃、抄袭他人的文字作品,编著成教材谋取私利,属侵犯著作权的违法行为,但其不是侵犯著作权中的复制、发行未经著作权人许可的文字作品的犯罪行为,故卢世明控诉王燕卿犯侵犯著作权罪的罪名不成立。王燕卿的行为属侵犯著作权的违法行为,应立即停止侵害并公开赔礼道歉;卢世明要求判令王燕卿赔偿经济损失21万元,但其没有向法院提供证据证实其因王燕卿的行为而造成经济损失,对其赔偿诉讼请求依法应予驳回。王燕卿及其辩护人辩称其行为不构成侵犯著作权罪和驳回卢世明诉讼请求的理由成立,予以采纳,其他辩解与查明事实不符,不予采纳。依照《中华人民共和国刑法》第三条和《中华人民共和国民法通则》第一百一十八条、第七十二条及《中华人民共和国著作权法》第四十六条之规定,作出如下判决:

(1) 王燕卿无罪;

(2) 王燕卿立即停止侵害,并在《华夏酒报》上公开登报赔礼道歉,以消除影响;登报内容交由法院审定,所需费用由王燕卿负担;

(3) 驳回卢世明要求王燕卿赔偿经济损失21万元的诉讼请求。

如不服本判决,可在接到判决书的第二日起十日内,通过本院或者直接向玉林市中级人民法院提出上诉。书面上诉的,应提交上诉状正本一份,副本两份。

审判长:蒋荣全
审判员:刘小远
代理审判员:韦宗昆
1998年12月9日

如何认定第三方软件(外挂)侵犯著作权行为的性质

——陈寿福侵犯计算机软件著作权案

袁 彬

一、基本案情

2005年底至2007年1月,陈寿福从腾讯科技(深圳)有限公司(以下简称腾讯公司)的网站下载了不同版本的腾讯QQ系列软件后,未经腾讯公司许可,在腾讯QQ软件中加入珊瑚虫插件,并重新制作成安装包,命名为"珊瑚虫QQ"后放到"珊瑚虫工作室"网站上(www.coralqq.com和www.soff.net)供用户下载。为牟取非法利益,陈寿福在提供下载的珊瑚虫QQ软件中加入了安装北京智通无限科技有限公司(以下简称智通公司)、265网络技术(北京)有限公司(以下简称265北京公司)、Google(中国)信息技术有限公司(以下简称Google中国公司)的商业插件。为此,智通公司于2005年11月至2007年1月期间向陈寿福支付广告费共计人民币105万元(每月7万元,共计15个月),265北京公司于2006年4月将三台服务器免费提供给陈寿福使用,并于2007年2月2日向陈寿福支付广告费人民币122822元。陈寿福从上述两公司合计收取广告费人民币1172822元。

2007年8月16日,深圳市公安局南山分局侦查人员在北京市朝阳区域清街融域家园4号楼2单元1202房将陈寿福抓获,并当场扣押了内有陈寿福制作的珊瑚虫QQ系列软件的笔记本电脑1台(型号:IBM,S/N:L3-M0502 06/05)以及招商银行金葵花卡(卡号:4100620100533989)和招商银行一卡通(卡号:001013179537)各1张。

同日,深圳市公安局南山分局从265北京公司调取了陈寿福使用的3台服务器的硬盘。

广东安证计算机司法鉴定所接受深圳市公安局南山分局的委托,于2007年4月23日至2007年5月14日从珊瑚虫工作室的网站(www. coralqq. com、www. soff. net)下载了名为IPQQ06454. exe、IPQQ2007. exe、IPTM2006. exe的3个珊瑚虫QQ安装文件,并从腾讯公司官方网站下载了名为qq2006standard. exe, qq2007beta1. exe, tm2006spring. exe3个腾讯QQ安装文件,并出具了粤安计司鉴〔2007〕第014号《鉴定检验报告书》;于2007年9月11日对公安机关送检的265北京公司提供给陈寿福使用的3台服务器的硬盘以及陈寿福的IBM笔记本电脑中与珊瑚虫QQ软件相关的文件进行了提取,从网站http://www. qqwangguo. com下载了两个不同版本的腾讯QQ安装程序,分别为qq2007beta2kb1. exe和qq2007beta4. exe,并出具了粤安计司鉴〔2007〕第055号《鉴定检验报告书》。

中国版权保护中心版权鉴定委员会(下简称版权鉴定委员会)接受深圳市公安局南山分局的委托,对腾讯QQ软件和珊瑚虫QQ软件的同异性进行鉴定,并出具了中版鉴字〔2007〕(005)号《关于腾讯科技(深圳)有限公司腾讯QQ软件与珊瑚虫工作室珊瑚虫QQ软件鉴定报告》[下简称中版鉴字〔2007〕(005)号《鉴定报告》]和中版鉴字〔2007〕(023)号《关于腾讯科技(深圳)有限公司腾讯QQ软件与珊瑚虫工作室珊瑚虫QQ软件鉴定报告》[下简称中版鉴字〔2007〕(023)号《鉴定报告》]。

2006年12月20日,北京市海淀区人民法院就腾讯公司诉陈寿福著作权侵权一案作出判决,判令陈寿福停止在"珊瑚虫工作室"网站上使用腾讯公司的腾讯QQ软件,在"珊瑚虫工作室"网站上刊登声明向腾讯公司公开致歉,并赔偿腾讯公司经济损失人民币10万元。

二、判决结果

2008年3月14日,深圳市南山区人民法院作出(2008)深南法知刑初字第1号刑事判决,判决陈寿福犯侵犯著作权罪,判处有期徒刑3年,并处罚金人民币1 200 000元。陈寿福对此不服,向深圳市中级人民法院提出了上诉。2008年6月18日,广东省深圳市中级人民法院作出(2008)深中法刑二终字第415号刑事裁定,裁定驳回上诉,维持原判。

三、案例评析

本案涉及第三方插件侵犯著作权行为的定性问题。在计算机领域,一般而论,从技术术语上讲,“插件是一个具有独立功能的二进制文件,主要用来扩充父程序的功能,可以自由调入和退出,插件存在与否,都不会影响父程序的运行”。[①] 在功能上,插件“本身不能独立运行,但它能输出函数或类,通过其他能独立运行的程序(宿主程序)可以调用它内部的功能”。这种“动态链接库有两种调用方式:① 静态调用方式:由编译系统完成对 DLL 的加载和应用程序结束时 DLL 卸载的编码。② 动态调用方式:由编程者用 API 函数加载和卸载 DLL 调用 DLL,使用较复杂,但能更有效地使用内存,是编制大型应用程序的重要方式”。[②] 简而言之,插件是一种植入宿主程序(或曰父程序)的软件组件。它能扩充宿主程序的功能,并依存于宿主程序;脱离宿主程序,插件便不能独立运行。在开发主体上,插件既可以是宿主程序方为了增强其程序的功能而自行开发,也可以是使用宿主程序者为便于自己更好地使用宿主程序而开发,还可以是宿主程序方和使用宿主程序方之外的第三方为增强宿主程序功能而开发以供其他人使用。其中由第三方开发的插件,也称第三方插件。容易发生法律纠纷的,通常是第三方插件。

(一)第三方插件的法律性质

如前所述,作为插件的一种,第三方插件能扩充宿主程序的功能。但是,第三方插件对宿主程序功能的扩充,又有一些不同的情形:一是第三方插件在扩充宿主程序某方面功能时,可能损害宿主程序的其他功能,如在珊瑚虫 QQ 刑事案中表现为删除了原腾讯 QQ 的广告、搜索功能;二是第三方插件所扩充的功能,可能包括一些与宿主程序无关的附属功能,如珊瑚虫在增加腾讯 QQ 的显示好友 IP 功能的同时,还增加了自己的广告功能。这些不同的情形,增加了认定第三方插件法

---

① 陈和平:《插件技术在测量软件中的应用》,载《计量与测试技术》2005年第9期。

② 于珊珊:《软件插件技术及其应用研究》,载《电脑学习》2007年第4期。

律性质的困难。不过,总体而言,我们可以从民事和刑事两个方面认定第三方插件的法律性质。

1. 第三方插件是否能对宿主程序构成侵权

这个问题相对而言比较好解决。其中,认定的关键点在于第三方插件是否影响了宿主程序原功能的发挥。如果第三方插件在扩充宿主程序功能的同时,并没有损害宿主程序原来所具有的所有功能,则第三方插件肯定不能构成对宿主程序的侵权。否则,如果第三方插件的使用使得宿主程序原有功能受到了损害,则可构成侵权。

"珊瑚虫工作室"的"腾讯 QQ 珊瑚虫增强包"虽然增加了腾讯 QQ 的功能,但同时它对腾讯 QQ 原来所具有的广告、搜索功能进行删除。因此,从民事的角度,"珊瑚虫工作室"的"腾讯 QQ 珊瑚虫增强包"对腾讯 QQ 构成民事侵权,这是毫无疑问的。也正基于此,2006 年 12 月 20 日,北京市海淀区人民法院判处陈寿福停止对腾讯科技(深圳)有限公司腾讯 QQ 著作权的侵权,向腾讯公司赔礼道歉、赔偿经济损失 10 万元。笔者认为,从民事的角度,这一判决是合理的。

2. 第三方插件是否能构成侵犯著作权犯罪

第三方插件是否能构成侵犯著作权犯罪,实际上也就是其能否构成我国《刑法》第 217 条规定的侵犯著作权罪。而要认定它是否构成侵犯著作权罪,则要看其是否属于以营利为目的,未经著作权人许可,复制发行其计算机软件,违法所得数额较大或者有其他严重情节。

最高人民法院、最高人民检察院 2004 年 11 月 11 日通过的《关于办理侵犯知识产权刑事案件具体应用法律若干问题的解释》第 11 条第 1 款规定:"以刊登收费广告等方式直接或者间接收取费用的情形,属于刑法第二百一十七条规定的'以营利为目的'。"由于第三方插件开发商往往会在其插件中增加广告,因此第三方插件开发商的营利目的,在有些情况下是存在的,并且有些时候会因此获得较大数额的利益。这样,问题的核心就落在了第三方插件的开发、提供是否属于"复制发行"。对此,笔者认为,答案是否定的。

一方面,第三方插件通过对宿主程序文件的增加或删除,只是部分修改了宿主程序,在客观上是一种修改行为,而非复制发行。

根据最高人民法院 1998 年 12 月 17 日公布的《关于审理非法出版物刑事案件具体应用法律若干问题的解释》第 3 条的规定,"复制发行”,是指行为人以营利为目的,未经著作权人许可而实施的复制、发行或者既复制又发行其文字作品、音乐、电影、电视、录像作品、计算机软件及其他作品的行为。根据2010年《著作权法》第10条第1款第(五)、(六)项的规定,“复制”是“以印刷、复印、拓印、录音、录像、翻录、翻拍等方式将作品制作一份或者多份”的行为;“发行”是“以出售或者赠与方式向公众提供作品的原件或者复制件”的行为。

因此,对于第三方插件而言,即便是在第三方插件对宿主程序构成侵权的情况下,第三方插件对宿主程序的侵权行为也只表现为对宿主程序文件的增加或删除,属于一种修改行为,不符合《著作权法》中对“复制”“发行”的规定,自然也不符合侵犯著作权罪的客观要求。

另一方面,第三方插件涉及的客体是著作的修改权与保护作品完整权,属于一种精神权利,而复制发行侵害的出版权与复制权是一种经济权利,两者不能画等号。

从我国《刑法》第217条的规定看,就我国《刑法》对著作权的保护而言,主要保护的是著作权人的经济权利,即出版权与复制权。对于著作权人的精神权利,如署名权、发表权、修改权与保护作品完整权等,并未纳入《刑法》第217条的保护范围。[①] 从归属上看,在发生侵权的情况下,第三方插件侵害的也只是软件著作权人的修改权与保护作品完整权,这不同于复制发行所侵害的出版权与复制权,它没有侵害著作权人的经济权利,不会产生直接的经济利益。因此,我们不能因为修改权与出版权及复制权都属于著作权的范围,就简单地将两者画等号。

据此,在现有的刑法框架下,第三方插件不能构成侵权著作权犯罪,我们也不能因第三方插件在某些时候侵害了宿主程序方的合法权益,就追究第三方插件开发、发行方的刑事责任。

(二)珊瑚虫QQ刑事案的法律问题

既然第三方插件不能构成侵犯著作权罪,而“珊瑚虫工作室”的

① 我国有学者将著作权(版权)分为精神权利和经济权利,其中精神权利主要包括发表权、署名权、修改权与保护作品完整权;经济权利主要包括出版权及复制权、演绎权、直接传播权与其他间接传播权等。参见郑成思:《知识产权法》,法律出版社2003年版,第312—344页。

"珊瑚虫增强包"又属于第三方插件,那么珊瑚虫 QQ 刑事案是否自然就应当以无罪处理呢?笔者认为,问题远不止于此。

从起诉书中我们可以看到,"珊瑚虫工作室"提供给网友下载的不仅有"珊瑚虫增强包"这种第三方插件,还有将"珊瑚虫增强包"与"腾讯 QQ"打包在一起的"腾讯 QQ 珊瑚虫版"。正是在后一种情况下,中国版权保护中心版权鉴定委员会将"珊瑚虫工作室"的 IPQQ2007. exe 等软件鉴定为是在对腾讯公司 qq2007betal. exe 等软件加以修改而来。

在将"珊瑚虫增强包"与"腾讯 QQ"打包在一起的情况下,"腾讯 QQ 珊瑚虫版"中包含了"腾讯 QQ"。这种"打包"行为是不是一种"复制"?"打包"后提供给网友下载是否属于"发行"?同时,由于陈寿福在"珊瑚虫增强包"中增加了广告功能,这样就使得其主观上具有营利的目的。那么,陈寿福"珊瑚虫工作室"的这种"打包"并提供下载的行为,是否构成侵犯著作权罪呢?笔者认为,从目前的情形看,要认定"珊瑚虫工作室"构成侵犯著作权罪,还存在一定的困难。

1. "珊瑚虫工作室"将"腾讯 QQ"予以"打包"并提供下载的行为,可视为属于经过腾讯公司许可的行为

腾讯公司对"腾讯 QQ"在网络上是提供免费下载的。也正基于此,很多网站都建立了"腾讯 QQ"的下载链接或者直接提供"腾讯 QQ"的下载。对这些行为,腾讯公司是默许的。既然下载是免费的,那么"珊瑚虫工作室"获得"腾讯 QQ"的行为就是合法的,并且"珊瑚虫工作室"可以通过"无数"次下载的方式获得"无数"个"腾讯 QQ"软件。既然"珊瑚虫工作室"可以合法地拥有"无数"个"腾讯 QQ"软件,那么"珊瑚虫工作室"将其合法拥有的"无数"个"腾讯 QQ"软件以提供下载的方式提供给网友的行为也是合法的,至于提供给网友的方式是和其他软件在一起"打包"还是单独提供给网友下载,均不应该影响其行为的性质。因此,从这个角度看,腾讯公司所提供的"腾讯 QQ"免费下载,实际上相当于"授权""珊瑚虫工作室"将"腾讯 QQ"与其他软件"打包"并提供给网友下载。"珊瑚虫工作室"将"腾讯 QQ"予以"打包"并提供下载的行为,可视为属于经过腾讯公司许可的行为。

2. 根据版权穷竭制度,"珊瑚虫工作室"将"腾讯 QQ"打包并提供下载的行为是一种合法行为

版权穷竭制度是知识产权方面平衡著作权保护和公众对作品的

合理使用的重要制度。所谓版权穷竭制度，又称发行权一次用尽，是指经过版权人许可而投放市场的一批享有版权的作品的原件或复制品，版权人无权再控制他们的进一步转销、分销等活动，即版权人的发行权“行使一次后的用尽”。[①] 将他人作品的复制品作为商品大量购入，然后以零售、批发等方式出售的，即便没有经过原著作权人的许可，也并不是对发行权的侵犯，因而不属于侵权行为。虽然版权穷竭制度在网络时代面临一些挑战，但是我们要看到，腾讯公司提供“腾讯QQ”的行为是无偿的，因此，版权穷竭制度在此并不会受到影响。腾讯公司将“腾讯 QQ”发行后，它就无权再控制“腾讯 QQ”的进一步转销、分销。这样，“珊瑚虫工作室”将其通过合法途径获得的“腾讯QQ”打包并提供下载的行为，根据版权穷竭制度，便是一种合法行为，不构成对腾讯公司的侵权，更不构成侵犯著作权罪中的“复制发行”行为。

3.“珊瑚虫工作室”主观上是通过“珊瑚虫增强包”这一第三方插件的发行营利，其复制发行“腾讯 QQ”的行为不具有营利目的

“珊瑚虫工作室”的营利途径是“珊瑚虫增强包”的广告，而非复制发行“腾讯 QQ”，并且网友在决定是否使用“珊瑚虫增强包”时具有可选择性。这种“珊瑚虫增强包”与“腾讯 QQ”的可分割性，使得“珊瑚虫工作室”通过“珊瑚虫增强包”广告营利的模式具有相对独立性。虽然“珊瑚虫增强包”要依靠“腾讯 QQ”这个平台，没有这个平台就无法实现其营利目的，但是就像任何一个软件都要依赖于微软的操作系统一样，我们既不能把腾讯公司的营利模式与微软的操作系统捆绑在一起，也不能将“珊瑚虫工作室”的营利模式简单地与“腾讯 QQ”捆绑在一起。“珊瑚虫工作室”主观上是想通过“珊瑚虫增强包”的发行营利，而非通过复制发行“腾讯 QQ”营利。这就决定了“珊瑚虫工作室”的复制发行“腾讯 QQ”的行为不具有营利的目的。

四、分析结论

虽然在珊瑚虫 QQ 刑事案中，陈寿福将“腾讯 QQ”和“珊瑚虫增强

---

① 温晓红：《对数字化条件下版权穷竭制度的再探讨》，载《河北大学学报》（哲学社会科学版）2005 年第 6 期。

包"打包并提供下载的行为是一种复制发行"腾讯 QQ"的行为,但是由于腾讯公司系免费对外提供"腾讯 QQ"软件,并且"珊瑚虫工作室"的营利是通过"珊瑚虫增强包"这一插件来实现的,因此,"珊瑚虫工作室"的行为并不符合《刑法》第 217 条的规定,法院的判决值得商榷。

附:

广东省深圳市中级人民法院
刑事裁定书

(2008)深中法刑二终字第 415 号

原公诉机关:广东省深圳市南山区人民检察院。

上诉人(原审被告人):陈寿福。因本案于 2007 年 8 月 16 日被深圳市公安局南山分局抓获,同日被刑事拘留,同年 8 月 24 日被逮捕,现羁押于深圳市南山区看守所。

辩护人:张永华,北京市德恒律师事务所深圳分所律师。

辩护人:王冲,北京市德恒律师事务所深圳分所律师。

深圳市南山区人民法院审理深圳市南山区人民检察院指控原审被告人陈寿福犯侵犯著作权罪一案,于 2008 年 3 月 14 日作出(2008)深南法知刑初字第 1 号刑事判决。原审被告人陈寿福不服,提出上诉。本院依法组成合议庭,经过阅卷,认为本案事实清楚,决定不开庭审理。现已审理终结。

原判认定:2005 年底至 2007 年 1 月,被告人陈寿福从腾讯科技(深圳)有限公司(以下简称腾讯公司)的网站下载了不同版本的腾讯 QQ 系列软件后,未经腾讯公司许可,在腾讯 QQ 软件中加入珊瑚虫插件,并重新制作成安装包,命名为"珊瑚虫 QQ"后放到"珊瑚虫工作室"网站上(www. coralqq. com、www. soff. net)供用户下载。为牟取非法利益,被告人陈寿福在提供下载的珊瑚虫 QQ 软件中加入了安装北京智通无限科技有限公司(以下简称智通公司)、265 网络技术(北京)有限公司(以下简称 265 北京公司)、Google(中国)信息技术有限公司(以下简称 Google 中国公司)的商业插件,为此,智通公司于 2005 年 11 月至 2007 年 1 月期间,向被告人陈寿福支付广告费共计人民币 105

万元(每月7万元,共计15个月),265北京公司于2006年4月将三台服务器免费提供给被告人陈寿福使用,并于2007年2月2日向被告人陈寿福支付广告费人民币122 822元。被告人陈寿福从上述两公司合计收取广告费人民币1 172 822元。

2007年8月16日,深圳市公安局南山分局侦查人员在北京市朝阳区域清街融域家园4号楼2单元1202房将被告人陈寿福抓获,并当场扣押了内有被告人陈寿福制作的珊瑚虫QQ系列软件的笔记本电脑1台(型号:IBM,S/N:L3-M0502 06/05)以及招商银行金葵花卡(卡号:4100620100533989)和招商银行一卡通(卡号:001013179537)各一张。同日,深圳市公安局南山分局从265北京公司调取了被告人陈寿福使用的三台服务器的硬盘。

广东安证计算机司法鉴定所接受深圳市公安局南山分局的委托,于2007年4月23日至2007年5月14日从珊瑚虫工作室的网站(www.coralqq.com和www.soff.net)下载了名为IPQQ06454.exe、IPQQ2007.exe、IPTM2006.exe的3个珊瑚虫QQ安装文件,并从腾讯公司官方网站下载了名为qq2006standard.exe、qq2007beta1.exe、tm2006spring.exe3个腾讯QQ安装文件,并出具了粤安计司鉴〔2007〕第014号《鉴定检验报告书》;于2007年9月11日对公安机关送检的265北京公司提供给被告人陈寿福使用的3台服务器的硬盘以及被告人陈寿福的IBM笔记本电脑中与珊瑚虫QQ软件相关的文件进行了提取,从网站http://www.qqwangguo.com下载了两个不同版本的腾讯QQ安装程序,分别为qq2007beta2kb1.exe和qq2007beta4.exe,并出具了粤安计司鉴〔2007〕第055号《鉴定检验报告书》。

中国版权保护中心版权鉴定委员会(以下简称版权鉴定委员会)接受深圳市公安局南山分局的委托,对腾讯QQ软件和珊瑚虫QQ软件的同异性进行鉴定,并出具了中版鉴字〔2007〕(005)号《关于腾讯科技(深圳)有限公司腾讯QQ软件与珊瑚虫工作室珊瑚虫QQ软件鉴定报告》[以下简称中版鉴字〔2007〕(005)号《鉴定报告》]和中版鉴字〔2007〕(023)号《关于腾讯科技(深圳)有限公司腾讯QQ软件与珊瑚虫工作室珊瑚虫QQ软件鉴定报告》[以下简称中版鉴字〔2007〕(023)号《鉴定报告》]。

2006年12月20日,北京市海淀区人民法院就腾讯公司诉被告人陈寿福著作权侵权一案作出判决,判令被告人陈寿福停止在"珊瑚虫工作室"网站上使用腾讯公司的腾讯 QQ 软件,在"珊瑚虫工作室"网站上刊登声明向腾讯公司公开致歉,并赔偿腾讯公司经济损失人民币 10 万元。

原判采信的证据有:

(1) 被害单位代表齐守明的陈述,证明被告人陈寿福未经腾讯公司许可修改了腾讯 QQ 系列软件并在"珊瑚虫工作室"网站上提供下载;被告人陈寿福曾因著作权侵权被北京市海淀区人民法院判决赔偿腾讯公司经济损失人民币 10 万元。

(2) 书证。① (2006)海民初字第 25301 号《民事判决书》,证明被告人陈寿福曾因侵犯腾讯公司著作权被北京市海淀区人民法院判决赔偿腾讯公司经济损失人民币 10 万元;② 腾讯公司《企业法人营业执照》,证明腾讯公司具有主体资格;③《常住人口基本信息》,证明被告人陈寿福的身份资料;④ 抓获经过,证明深圳市公安局南山分局于 2007 年 8 月 16 日在北京市朝阳区域清街融域家园 4 号楼 2 单元 1202 房将被告人陈寿福抓获;⑤ 搜查笔录,证明深圳市公安局南山分局的侦查人员从被告人陈寿福的住处搜出 IBM 笔记本电脑 1 台以及招商银行金葵花卡和招商银行一卡通各 1 张;⑥ 招商银行账户记录清单,证明智通公司向被告人陈寿福支付广告费 15 笔,每笔人民币 7 万元,共计人民币 105 万元;⑦ 招商银行账户记录清单,证明 265 北京公司向被告人陈寿福支付了广告费人民币 122 822 元。

(3) 物证。① 深圳市公安局南山分局扣押物品、文件清单,证明深圳市公安局南山分局扣押被告人陈寿福的 IBM 笔记本电脑、招商银行金葵花卡和招商银行一卡通;② 深圳市公安局南山分局调取证据清单,证明深圳市公安局南山分局从天津龙驰神州网络科技有限公司调取了被告人陈寿福托管的两台网络服务器;③ 深圳市公安局南山分局调取证据清单,证明深圳市公安局南山分局调取了 265 北京公司提供给被告人陈寿福使用的三台服务器硬盘;④ 深圳市公安局南山分局调取证据清单,证明深圳市公安局南山分局调取了智通公司支付被告人陈寿福广告费的付款凭证 13 份。

(4) 证人证言。① 证人李伟、李莹的证言,证明被告人陈寿福为智通公司的产品做推广,智通公司向被告人陈寿福支付 15 笔广告费,每笔广告费为人民币 7 万元,智通公司共计支付广告费人民币 105 万元;② 证人蔡文胜、张志强的证言,证明被告人陈寿福为265北京公司的网站做推广,265北京公司将3台服务器免费提供给被告人陈寿福使用,并向被告人陈寿福支付广告费人民币122 822元;③ 证人耿倩的证言,证明被告人陈寿福利用珊瑚虫QQ软件为Google中国公司推广Google工具条;④ 证人孙峰的证言,证明被告人陈寿福委托天津龙驰神州网络科技有限公司装配了两台网络服务器,并委托该公司进行管理和维护;⑤ 证人李凌的证言,证明珊瑚虫工作室网站(www.coralqq.com)属被告人陈寿福所有,被告人陈寿福在腾讯QQ系列软件的基础上制作了珊瑚虫QQ系列软件,并放到珊瑚虫工作室网站(www.coralqq.com)上供用户下载。

(5) 鉴定结论。① 粤安计司鉴〔2007〕第014号《鉴定检验报告书》,证明广东安证计算机司法鉴定所分别从腾讯公司的网站和珊瑚虫工作室网站下载了腾讯QQ软件安装程序(qq2006standard.exe、qq2007beta1.exe、tm2006spring.exe)和珊瑚虫QQ软件安装程序(IPQQ06454.exe、IPQQ2007.exe、IPTM2006.exe)各3个。② 粤安计司鉴〔2007〕第055号《鉴定检验报告书》,证明广东安证计算机司法鉴定所从265北京公司提供给被告人陈寿福使用的一台服务器的硬盘中提取出一个名为IPQQ0750a.exe的珊瑚虫QQ安装文件,从IBM笔记本电脑中提取出一个名为IPQQ2007.exe的珊瑚虫QQ安装文件,并从网站http://www.qqwangguo.com下载了两个不同版本的腾讯QQ安装程序(qq2007beta2kb1.exe、qq2007beta4.exe)。③ 中版鉴字〔2007〕(005)号《鉴定报告》有如下鉴定结论:1) 腾讯QQ2007Beta1软件(qq2007beta1.exe)与珊瑚虫QQ2007软件(IPQQ2007.exe)存在1174个相同名称的文件,相同率占腾讯QQ2007Beta1软件的98%,执行程序文件有134个名称、大小、内容完全相同。二者署名均为腾讯公司,两者版本号相同。2) 腾讯QQ2006正式版软件(qq2006standard.exe)与珊瑚虫QQ2006软件(IPQQ06454.exe)存在1131个相同文件,相同率占腾讯QQ2006正式版软件的95%,执行程序文件有123个名称、大小、内容完全相同。二者署名均为腾讯公司,两者版本号不同。3) 腾讯TM2006新春版软件(tm2006spring.exe)与珊瑚虫TM2006软件(IPTM2006.exe)存在583个相同文件,相同率占腾讯TM2006新春版软件(tm2006spring.exe)的100%,执行程序文件有101个名称、大小、内容完全相同。二者署名均为腾讯公司,两者版本号不同。综上所述,可以认定珊瑚虫工作室的QQ软件是在腾讯QQ软件上加以修改而来。④ 中版鉴字〔2007〕(023)号《鉴定报告》有如下鉴定结论:1) 腾讯QQ2007Beta2软件(qq2007beta2kb1.exe)与珊瑚虫QQ2007软件(IPQQ0750a.exe)存在1 374个相同文件,相同率占腾讯QQ2007Beta2软件的97.86%,执行程序文件有137个名称、大小、内容完全相同。二者署名均为腾讯公司,两者版本号相同。2) 腾讯QQ2007Beta4(qq2007beta4.exe)与珊瑚虫QQ2007软件(IPQQ2007.exe)存在1 394个相同文件,相同率占软件腾讯QQ2007Beta4的96.67%,执行程序文件有137个名称、大小、内容完全相同。二者署名均为腾讯公司,两者版本号相同。综上所述,可以认定珊瑚虫工作室的QQ软件是在腾讯QQ软件上加以修改而来。

(6) 被告人陈寿福的供述,证明被告人陈寿福从互联网上下载了腾讯QQ系列软件,进行修改去除了腾讯公司的广告和SoSo搜索条并增加了显示IP的功能后命名为珊瑚虫QQ,放到珊瑚虫工作室(www.coralqq.com)网站上供用户下载,证明www.coralqq.com和www.soff.net都是被告人陈寿福的网站,证明被告人陈寿福在珊瑚虫QQ系列软件中加入智通公司、265北京公司以及Google中国公司的商业插件为上述三公司的产品进行推广,智通公司以及265北京公司向被告人陈寿福支付广告费。

原判认为,被告人陈寿福以营利为目的,未经腾讯公司许可,制作的珊瑚虫QQ软件包含有腾讯QQ软件95%以上的文件,且与腾讯QQ软件的实质功能相同;同时,被告人陈寿福将珊瑚虫QQ软件放置于互联网上供他人下载,其行为已构成对腾讯QQ软件的复制发行,并据此获利人民币1 172 822元,违法所得数额巨大,其行为已构成侵犯著作权罪。综合考虑本案的事实、情节及被告人陈寿福当庭的认罪态度,依照《中华人民共和国刑法》第二百一十七条、第六十四条,最高人民法院、最高人民检察院《关于办理侵犯知识产权刑事案件具体应用法律若干问题的解释》第五条第二款,第十一条第一、三款,最高人民法院、最高人民检察院《关于办理侵犯知识产权刑事案件具体应用法律若干问题的解释(二)》第四条之规定,原审法院作出如下判决:

1. 被告人陈寿福犯侵犯著作权罪,判处有期徒刑三年,并处罚金人民币1 200 000 元。

2. 对被告人陈寿福违法所得总计人民币 1 172 822元予以追缴。

上诉人陈寿福及其辩护人提出：上诉人陈寿福的行为不构成犯罪，请求二审法院依法撤销原审判决。事实及理由如下：

（一）原审判决所依据的事实严重不清：

1. 原审判决所谓“上诉人未经著作权人许可，复制发行著作权人的计算机软件”的事实认定与事实情况不符。具体理由如下。在本案一审庭审中，上诉人的辩护律师提供了系列证据证明如下事实：

（1）2005 年 10 月 27 日 15 时，“QQ2005 正式版新品发布会”在北京举行，上诉人受腾讯公司之邀，参加了该产品发布会并获得了礼物（见上诉人在法庭的陈述、本案证人证言及腾讯公司送给陈寿福的 QQ 公仔纪念品等物证）；

（2）在召开“QQ2005 正式版新品发布会”之前，腾讯公司给上诉人送请柬的员工曾经要求上诉人给腾讯公司写一份有关腾讯 QQ 的功能建议书，同时希望上诉人就腾讯公司应当为腾讯 QQ 软件提供什么样的接口、以方便于为第三方软件（包括珊瑚虫 QQ 软件）的开发提供便利提出建议（见上诉人在法庭的陈述及本案证人证言）；

（3）腾讯公司曾经在自己的官方网站首要位置提供珊瑚虫 QQ 软件的下载并获取广告收益（见北京市第二公证处所作的公证书及国家信息中心电子数据司法鉴定中心所作的技术鉴定咨询意见书）。

上述证据证实：对于上诉人开发珊瑚虫 QQ 系列软件并提供下载的行为，腾讯 QQ 软件的权利人腾讯公司不仅是知情的，而且是许可的，甚至是加以引导的。

2. 原审判决所谓“上诉人所获得的 1 172 822 元的广告收入是复制发行腾讯 QQ 软件所获得的收入”的认定与实际情况不相符，也没有证据支持。理由如下。上诉人所获得的收入并不是复制发行腾讯 QQ 软件而得到的收入，而是来源于提供珊瑚虫插件（腾讯 QQ 珊瑚虫增强包）的下载而获得的间接收入（广告收入）。原因有二：首先，相对于腾讯 QQ 而言，珊瑚虫插件提供了许多新功能和替代功能并因此获得了广大用户的高度认同和喜爱，这正是珊瑚虫插件的真正价值所在，也是珊瑚虫插件的商业价值转化为广告收入的最根本原因；其次，包括腾讯公司官方网站在内的许许多多网站都能免费获得腾讯QQ系列软件的下载,如果没有珊瑚虫插件所体现出来的独特功能及其所隐含的商业价值,用户没有理由到非腾讯公司的官方网站下载腾讯公司的QQ软件,广告商也没有理由与上诉人进行广告方面的合作。

(二)原审判决适用法律错误:即使上诉人所获得的1 172 822元的广告收入来源于腾讯QQ软件的下载(实际情况并非如此),该广告收入也并非《中华人民共和国刑法》第二百一十七条所规定的“违法所得”。因为,纵观刑法及所有相关的司法解释,没有任何规定认为间接收入(包括广告收入)是“违法所得”。相反,最高人民法院、最高人民检察院《关于办理侵犯知识产权刑事案件具体应用法律若干问题的解释》第十二条第一款明确规定了非法经营数额的认定标准(“本解释所称‘非法经营数额’,是指行为人在实施侵犯知识产权行为过程中,制造、储存、运输、销售侵权产品的价值。已销售的侵权产品的价值,按照实际销售的价格计算。制造、储存、运输和未销售的侵权产品的价值,按照标价或者已经查清的侵权产品的实际销售平均价格计算。侵权产品没有标价或者无法查清其实际销售价格的,按照被侵权产品的市场中间价格计算。”)。上述规定表明,在认定“违法所得”时,是按照被侵权产品的直接收入计算并确定“违法所得”的。在法律没有明确规定间接收入(广告收入)为非法所得的情况下,将广告收入定性为非法所得,实质上是原审法院在适用法律时做了扩大解释。

辩护人还向法庭提交一份经北京方正公证处公证的证人李莹的书面证言,其称跟珊瑚虫的合作开始于2005年底,截止于2006年12月,最后一笔尾数于2007年1月支付。合作时市面上有很多款跟珊瑚虫类似的插件,公司做过调查和比较,发现珊瑚虫从用户体验,以及提供的各方面功能上,都是用户口碑反馈最好的,受到广大用户的好评和喜爱……比较看重的也正是珊瑚虫本身这种良好的用户基础和很好的用户口碑,所以公司最终选择了与珊瑚虫的合作。

经审理查明,原判认定被告人陈寿福未经腾讯公司许可,制作的珊瑚虫QQ软件包含有腾讯QQ软件95%以上的文件,且与腾讯QQ软件的实质功能相同;同时,被告人陈寿福将珊瑚虫QQ软件放置于互联网上供他人下载,并据此获利人民币1 172 822元的犯罪事实清楚，原判采信的证据已当庭出示、宣读并质证等法定程序查证属实，证据确实充分，经本院审理亦未变化，本院依法均予确认。

关于辩护人提交的证人李莹书面证言，本院认为，其所谓的"珊瑚虫本身这种良好的用户基础和很好的用户口碑""最终选择了与珊瑚虫的合作"的说法，不能否定上诉人陈寿福侵权行为的性质，与本案犯罪事实没有关联性，本院不予采纳。

控辩双方针对本案事实和法律适用形成如下争议焦点，本院予以裁断如下：

1. 关于上诉人陈寿福是否经著作权人许可复制发行著作权人的计算机软件的问题

本院认为，上诉人陈寿福及其辩护人所提"上诉人开发珊瑚虫QQ系列软件并提供下载的行为，腾讯公司不仅是知情的，而且是许可的，甚至是加以引导"的上诉意见不能成立，理由如下：

首先，《中华人民共和国著作权法》第二十四条第一款规定"使用他人作品应当同著作权人订立许可使用合同"，《计算机软件保护条例》第十八条第一款规定"许可他人行使软件著作权的，应当订立许可使用合同"，显然，对于著作权人、被许可使用人而言，我国法律法规明确规定，无论是许可他人使用著作权，还是取得他人著作权的使用权，均强制要求订立许可使用合同。而本案中，没有任何证据能够证实二者之间有此行为或类似行为，上诉人陈寿福也没有提供任何相关证据。

其次，腾讯公司QQ软件的用户协议中"软件"的授权范围明确载明："2.1 用户可以在单一一台计算机上安装、使用、显示、运行本'软件'。2.2 保留权利：未授明的其他一切权利仍归腾讯所有，用户使用其他权利时须另外取得腾讯的书面同意。"本案中，上诉人陈寿福在其珊瑚虫QQ软件包中复制腾讯公司的QQ软件并修改、删除部分程序，改变其部分原有功能，又为获取经济利益捆绑多款其他商业插件程序，后上传至互联网上供他人下载。显然，上述侵权行为完全违背了腾讯公司的用户协议，何来腾讯公司有许可的意思。

第三，本案现有证据显示，腾讯公司对于上诉人陈寿福修改复制发行其QQ软件的侵权行为一直在采取法律行动：从2002年11

月向其所在学校发出的要求其停止修改复制发行行为的书面专函、同年12月向深圳市公安局网监处举报以及其后上诉人所做的不再实施上述行为的保证书,到腾讯公司于2006年8月在北京市海淀区人民法院提起的要求判令上诉人陈寿福立即停止侵犯其著作权的民事诉讼以及该法院作出的(2006)海民初字第25301号《民事判决书》,直至2007年4月腾讯公司向深圳市公安局举报其侵犯著作权犯罪被立案侦查。上述过程充分说明,被害单位对上诉人陈寿福的侵权行为的否定立场是明确的,完全不存在允许、甚至引导的主观意图及客观行为。

最后,上诉人陈寿福在侦查阶段的供述也清楚表明其违法侵权的主观故意,而且所谓腾讯公司"知情"说法也完全不包含授权的内容,所谓受邀参与产品发布会、征求有关QQ功能建议书等证据也完全不能引申出腾讯公司有授权许可其修改复制发行QQ软件的意思,认为腾讯公司对上诉人的行为所对应的结果不违反其意志的认识显属主观臆断,既不客观,更违常理。

2. 关于上诉人陈寿福收取智通公司和265北京公司的款项的性质问题

上诉人陈寿福及辩护人认为其收取的款项属于提供珊瑚虫插件(腾讯QQ珊瑚虫增强包)的下载而获得的间接收入(广告收入),且没有任何规定认为间接收入(包括广告收入)是"违法所得"。

本院认为,上述意见不能成立,上诉人陈寿福从智通公司、265北京公司获取的款项完全符合刑法关于"违法所得"的规定,理由如下:

首先,腾讯公司在互联网上提供免费下载QQ即时通讯软件是附条件的,即用户在免费下载使用其软件时需要接受其软件附带的其他事项,如广告等信息,这也是其获取利益的方式所在或途径之一。腾讯公司作为社会主义市场经济体制下的市场经营活动主体,通过向用户提供软件产品并获取盈利是其当然的权利,也是应当受到法律保护的权利,其研制开发的软件产品的著作权也应当获得法律保护。

其次,《中华人民共和国著作权法》第十条第一款明确规定,著作权的内容包括修改权、保护作品完整权、复制权、发行权等,《计算机软件保护条例》更具体规定"修改权,即对软件进行增补、删节,或者改变指令、语句顺序的权利""复制权,即将软件制作一份或者多份的权利""发行权,即以出售或者赠与方式向公众提供软件的原件或者复制件的权利"等有关软件著作权的内容。如前所述,上诉人陈寿福免费下载腾讯QQ软件,又未经腾讯公司许可,违反腾讯公司的用户协议,擅自删除腾讯QQ软件的广告、搜索功能,并擅自在QQ软件上捆绑显示好友IP地址功能以及智通公司、265北京公司、Google中国公司的商业插件,并打包放置在其注册的"珊瑚虫工作室"网站以及其他链接网站供用户下载,包括了擅自修改、非法复制发行他人享有著作权的软件等多种侵权行为,其行为具有侵犯他人著作权的违法性当不容置疑。并且,上诉人陈寿福为达到获取经济利益的目的,即以营利为目的,实施的上述多种侵犯他人著作权的行为构成了一个侵权行为复合体,其要达到营利的目的需要擅自修改、捆绑软件,而捆绑商业插件要获得广告效应并获得更多的链接又必须依附于其非法复制发行行为。前者是次要侵权行为,后者是主要侵权行为,共同服务于其营利目的。上诉人陈寿福及其辩护人的辩护意见刻意割裂其侵权行为的内在联系,孤立地强调所谓"珊瑚虫插件所体现出来的独特功能及其所隐含的商业价值",意图证明其获取商业利益的合法性,显然与本案事实不符,既完全不能否定其侵权行为的性质和整体性,也根本不能割裂其所获利益与其侵权行为的内在联系。

第三,鉴于侵犯知识产权犯罪案件(包括侵犯商标、专利、商业秘密、著作权等)的复杂性,刑法对该类案件规定了多种情节以判断认定其社会危害性的大小,如非法经营数额、销售金额、侵权复制品数量、违法所得数额、损失数额等。根据《中华人民共和国刑法》第二百一十七条之规定,侵犯著作权罪的主客观构成要件包括以营利为目的,未经著作权人许可,复制发行其计算机软件等作品,违法所得数额较大或者有其他严重情节。显然,对上诉人陈寿福侵犯他人著作权的行为是否具有刑事违法性以及应受刑罚处罚性的判断,是根据其实施的侵犯著作权行为所获经济利益的大小或其是否具有其他严重情节而作。而最高人民法院、最高人民检察院《关于办理侵犯知识产权刑事案件具体应用法律若干问题的解释》第五条则明确规定实施《中华人民共和国刑法》第二百一十七条所列侵犯著作权行为的违法所得数额、非法经营数额、复制品数量等均是评价其行为社会危害性大小的情节。所谓违法所得,即实施违法行为的获利。本案中,上诉人陈寿福正是通过实施在QQ软件上捆绑第三方商业插件这种软件端插件广告的形式并上传至互联网供人下载的违法行为,将265北京公司的IE浏览器设置为首页,将KK图铃通在个人首页产生快捷方式、点击入口,将Google的IE浏览器生成为搜索工具条等,达到为商品经营者或服务提供者直接或间接推介其商品或服务的广告服务目的,而且因其更有链接功能而实现进一步的商业价值,较传统广告形式具有更多的商业利益,上诉人陈寿福也正是通过上述互联网上的多种广告形式而获利。并且,《关于办理侵犯知识产权刑事案件具体应用法律若干问题的解释》第十一条第一款也从认定"以营利为目的"的角度,从另一个侧面确认了"刊登收费广告等方式直接或者间接收取费用"正是实施侵权行为获利的形式之一。

此外,关于上诉人陈寿福及其辩护人认为的广告收入来源于腾讯QQ软件还是珊瑚虫插件的问题,本院认为,其既忽视互联网用户首先是对腾讯QQ软件有需求的基本常识,肆意颠倒腾讯QQ软件与珊瑚虫插件的主从关系,更无视上诉人陈寿福擅自修改他人软件并非法复制发行等侵权行为的基本前提,因此,该上诉意见没有事实和法律依据,本院不予采纳。至于上诉人陈寿福及其辩护人还认为其广告收入非属《中华人民共和国刑法》第二百一十七条规定的"违法所得"的问题,而且认为应以"非法经营数额",即"制造、储存、运输、销售侵权产品的价值"来确定其"违法所得"。本院认为,如前所述,其显然是对《中华人民共和国刑法》第二百一十七条、《关于办理侵犯知识产权刑事案件具体应用法律若干问题的解释》第五条、第十一条第一款等法律及司法解释的曲解或片面理解,在此不予赘述。

综上,本案中,原判认定上诉人陈寿福获取智通公司和265北京公司广告费的违法所得数额巨大并无不当。

本院认为,上诉人陈寿福以营利为目的,未经腾讯公司许可,擅自修改腾讯QQ软件制作珊瑚虫QQ软件,其包含有腾讯QQ软件95%以上的文件,且与腾讯QQ软件的实质功能相同;同时,上诉人陈寿福还将珊瑚虫QQ软件上传于其在互联网上登记的网站"珊瑚虫工作室”供他人下载，其行为已构成对腾讯 QQ 软件的复制发行，并据此获利人民币 1 172 822 元，违法所得数额巨大，其行为已构成侵犯著作权罪，依法应予惩处。对上诉人陈寿福及辩护人提出的无罪辩护意见，因无事实及法律依据，本院不予采纳。原审判决认定事实清楚，证据确实、充分，定罪准确，适用法律正确，量刑适当，审判程序合法，应予维持。依照《中华人民共和国刑事诉讼法》第一百八十九条第（一）项之规定，裁定如下：

驳回上诉，维持原判。

本裁定为终审裁定。

审判长　王育平

审判员　蔡升琴

审判员　许瑞韩

二〇〇八年六月十八日

书记员　杨华兴

侵犯著作权犯罪的犯罪新手段:利用网络销售非法音像制品

——黄杨胜、王娜销售非法音像制品案

刘为军

一、基本案情

2007 年 6 月,北京市公安局接到北京市版权局发来的函件称,根据美国电影协会的投诉和国家版权局联合调查组的初步调查,有人通过网站向海外大量销售侵权盗版音像制品,已涉嫌犯罪。北京警方随后进行了长达一年的调查,于 2008 年底在通州对犯罪嫌疑人黄杨胜、王娜采取了强制措施,移送通州区人民检察院审查起诉。2009 年 8 月 19 日,北京市通州区人民检察院向通州区人民法院提起公诉,指控被告人黄杨胜、王娜犯非法经营罪。经审理查明:被告人黄杨胜、王娜无音像制品经营许可证,在个人开办的 www. china-dvd-cd. com 和 www. china-dropshipper. com 等网站向境外销售光盘,其中绝大多数属于侵权复制品。2006 年、2008 年,销售光盘价值 56 827. 37 美元(折合人民币 44 万余元),后被查获(作案工具和违法所得已扣押)。

二、判决结果

一审法院认为,被告人黄杨胜、王娜违反国家规定,无音像制品经营许可证,非法从事音像制品销售业务,扰乱市场秩序,情节严重,二被告人之行为已构成非法经营罪,依法判决如下:

1. 被告人黄杨胜犯非法经营罪,判处有期徒刑 1 年 2 个月,罚金人民币 8 万元;

2. 被告人王娜犯非法经营罪，判处有期徒刑6个月，缓刑1年，罚金人民币4万元；

3. 没收犯罪工具和违法所得。

三、案例评析

随着网络技术的发展，电子商务异军突起，发展迅猛，给人类的生产和生活带来了深远的影响。电子商务具有信息传送快捷、交易成本低廉等特点，因而也深受人们青睐。据统计，仅淘宝网2008年的交易额就已经突破千亿大关，是“沃尔玛”2007年在中国销售总额的五倍。电子商务已经成为当今世界非常重要的一种商品、信息交流渠道。同样，犯罪者也不可能无视这一便利的作案信道。

销售非法音像制品是一种常见的犯罪类型。在网络条件下，这种犯罪呈现出新的趋势，即犯罪嫌疑人越来越多地利用网络作为媒介，完成原本需要在现实生活中才能完成的销售行为。在本案中，被告人黄杨胜等人正是利用了网络的优势，自建网站，通过网络联系买家，在线完成原本需要在现实中当面才能完成的交易。

网售非法音像制品的背后，是网络购物的蓬勃兴起。轻点鼠标，打开网页，按键下单，只要有一台电脑，连接互联网，几分钟内就可以完成购物，几天后就能通过快递公司拿到手。网购这种互联网衍生出来的全新业态，正成为越来越多的人在实体购物之外的全新尝试。

通过网络进行非法经营活动，销售非法音像制品，对于犯罪人来说，至少有以下几点优势：

一是行政主管部门和侦查机关难发现。就传统的销售非法音像制品案件而言，犯罪人往往需要有商铺店面等营业场所，需要亲自或雇佣他人在营业场所从事经营活动。尤其是，在传统销售模式下，如果是正规的经营场所，往往还有工商登记、税务登记等资料。经营者的合法业务范围是确定的。这样，对于经营者是否超越经营范围从事非法活动，执法者就很容易察觉。有的犯罪人虽然没有固定经营场所，而是在街头流动销售，但此类销售方式也很容易被工商行政管理部门、城管部门和侦查机关等在日常巡查中发现。但是，就利用网络销售非法音像制品而言，由于销售者和购买者的交易流程均在网上完成，且交易只有销售者和购买者双方知悉，而双方均无告发犯罪之动力，因而，传统上通过市场巡查发现犯罪的方式不太可能奏效。

利用网络销售侵权制品包括双方签订网络合同(卖方提供产品说明,卖方下单,买方确认后卖方使用信用卡或网银付款或者选择货到后付款,买方发货)和网下物流两大环节。本案中,客户在网站上看到光盘的购买信息后,可直接在网站上下订单。接到订单通知后,被告人会让专业人员对订单进行审核,评估业务风险性,即查客户信用卡的信用度,确认不会被骗,他才会跟这个客户做生意。这是网上合同与传统合同和当面交易模式的区别之一。除了销售合意在网上完成外,非法音像制品的物流方式也发生了变化,这也给发现这类犯罪增加了不小难度。传统的销售行为多为当面交易,因此,行政主管部门和侦查机关大多寄希望于抓获现行。以网络为媒介进行交易后,非法音像制品往往要经由各种物流,由销售者手中转至购买者处。目前常见的物流方式有:邮政寄送,航空、铁路托运,快递公司和销售者直接送达。其中,由于快递公司提供上门取件、直接送达对方的服务,而且快递公司对邮品的检查相对比较简单,快递费用相对便宜,而且送达周期较短,所以这种物流方式将成为销售非法音像制品的主要方式。我国物流业正蓬勃发展,而对物流环节的监控相对较弱,这也使得执法者发现犯罪的几率变小。

如果购买者与销售者同处一个地区,销售者也可能会在网上达成合意后,选择自己送货。例如实践中有人利用 QQ 大批量销售真假香烟,由于不方便邮寄或快递,而由销售者自己亲自开车送货。物流方式的改变,使得销售者和购买者得以摒弃传统的当面交易模式,从而使得其违法行为的知情者范围缩小(主要局限在销售者和购买者双方),执法机关更加难以发现。

二是犯罪成本降低。除了发现难,从而降低犯罪成本外,这种以网络为中介的犯罪模式本身也能够降低犯罪人的经营成本,从而使得犯罪的准入门槛降低,客观上为更多潜在犯罪人提供了犯罪的机会。从本案中可以看出,被告人自建网站,所付出的成本远低于开办实体店。而且,被告人还可以利用网络平台,不预先购买商品,而是在与购买者达成交易后,通过网络平台或直接与生产商联系,由生产商向购买者发货,由此减少了购买货品所需要的资金,其经营成本仅为网站维护费用和人工成本,经营成本被压缩到最低。在实践中,有些犯罪人还直接利用既有的电子商务平台,如淘宝网、易趣网、拍拍网等,在网上开设店铺销售侵权制品,这样就节约了自建网站的费用。对于购买者而言,网络销售模式也方便了其购买侵权制品,降低了其购买成本。网络的便利,使其大门不迈就可以使用网银支付各类费用,足不出户即可获取商品。双方均可降低交易成本,使得这种犯罪模式迅猛发展。不但非法销售侵权制品,甚至贩卖毒品、非法集资等犯罪都能在网络上发现其踪迹。可以说,虽然没有改变传统的犯罪定性,但是网络作为一种犯罪手段已经在许多犯罪中打下了深深的烙印。

三是侦查机关取证难。对于网络非法经营活动,特别是销售侵权制品的活动,侦查机关虽然可以像侦查传统犯罪一样,以获取实物证据为主来证实犯罪,但是,从实践来看,这种侦查模式存在一些缺陷,主要的障碍在于实物证据提取难。通过网络销售侵权制品,其销售网络可能遍布全国甚至销往国外。证明非法经营的主要证据包括证明销售商品非法的侵权制品、证明销售金额的各种单据、证明犯罪嫌疑人销售行为的各种人证等,其中,就如何证明已售商品为侵权制品而言,需要提取实物进行核实。但是,面对遍布全国甚至国外的销售渠道,侦查机关查找已售实物证据的难度较大,即使找到购买者,其取证成本也非常高。在这种情况下,以实物证据为主的取证模式将遭遇侦查成本瓶颈。事实上,这将迫使侦查人员更多地转向寻求犯罪嫌疑人的供述,来获得其具体销售商品的内容及销售数量、销售金额等信息,但由于无法提取已经销售实物,难以进行相互验证,一旦犯罪嫌疑人翻供,则许多可疑销售行为均无法认定。有时找到已售物品,购买者如果不予配合,或者即使配合,往往也只能通过书面陈述来作证,其证明力大打折扣。因此,网络非法经营活动的取证主要依靠计算机、服务器等存储的数据,即被告人自建的网站上的宣传内容、计算机和服务器内存储的有关销售的记录。但是网络环境下,证据在存储、处理的过程中必须用特定的二进制编码表示,一切文件和信息都以电子数据的形式存储于磁性介质中,与传统的以有形方式表现的证据相比,具有较强的非直观性,这不利于直接获取证据。本案中,控方提交了北京市公安局经济犯罪侦查处关于请网络安全监察处协助开展工作的函、网页复印件、网站内容介绍材料和产品清单材料证明来 www. china-dvd-cd. com 和 www. hsshopping. com 等网站进行光盘销售介绍和宣传的情况。不过,在有的案件中,非法网站设立人、非法消息发布人、网站服务器往往分别在不同的地点,具有很强的隐蔽性,网上公布的办公地点和姓名也不真实。另外,为了规避监管,有的犯罪嫌疑人往往不常在一个固定的地址上网,而是租住民宅或到酒店,用手提电脑上网发布或删除消息。有些被告人选择境外服务器,在案发后销毁自己计算机内的数据,特别是在目前有关电子取证方面的立法极不完善的情形下,这些作案方式都给侦查机关的取证增加了不少困难。

就利用网络销售侵权制品而言,网络仅仅是一种媒介和工具,在事实清楚的情形下,法律的定性难度不大,而查明犯罪事实本身才是应对这类犯罪的难点。在网络技术日渐发达的社会背景下,执法机关只有完善相关立法,创新执法方式,才能有效应对这类犯罪。我们认为,有以下几项工作应当引起关注:

首先,执法机关应当从基础工作和侦查措施入手,创新执法方式。由于网络的特殊性,执法机关不能囿于传统执法方式,而应将执法范围覆盖到网络上来。由于网络本身容纳海量信息,执法机关应当有意识地强化网络基础工作。当前,公安机关侦查信息化工作迅猛推进,在经济犯罪侦查方面也已建立了全国经济犯罪案件信息管理系统。但是,由于知识产权犯罪案件多由行政执法部门移送,因此,公安机关较少关注这类犯罪案件的日常情报收集。我们认为,公安机关有必要与行政执法部门联手共建此类案件的信息库,不断提高对此类案件的"网络巡逻"力度,把基础工作做扎实,尽可能多地发现此类犯罪。基于网络本身的优势,执法机关也可以创新接报案方式,允许通过网络报案;创新网络执法技术,把网络监察部门纳入这类犯罪的执法体系,强化公安机关内部经济犯罪侦查部门与网络监察部门的侦查协作;在具体执法手段上,当侦查机关发现有人利用网络非法销售侵权制品后,除常规侦查手段外,应当允许采用"网络侦查陷阱"手段进行取证。所谓网络侦查陷阱,就是利用网络进行诱惑侦查,对已知或未知犯罪嫌疑人进行定位和追踪,利用合法的科技手段增强抓捕或取证的便利性和迅捷性。[①]

其次,执法机关应当扩大取证视野,从网络犯罪的各个对应环节收集各类电子证据。前已述及这类犯罪模式的基本内容,"犯罪必留

① 参见刘品新主编:《电子取证的法律规制》,中国法制出版社2010年版,第253页。

痕迹”,这一针对传统犯罪手段提出的侦查学判断,对于网络犯罪手段同样适用。遗憾的是,目前我国关于电子证据取证的法律制度不太完善,对于计算机搜查、计算机现场勘验、电子证据鉴定和网络公证等的基本程序和取证规则鲜有规定,对此,只能依赖实践的摸索和立法的完善加以解决。需要说明的是,虽然传统上重实物证据的思路面临诸多现实困难,但这不意味着侦查机关仅仅搜集电子证据即可,对于获取销售者的供述、购买者的陈述以及对所销售侵权制品进行鉴定等传统工作仍应深入开展。只有基于网络和计算机应用而出现的电子证据和基于商品交易而形成的实物证据及言词证据的相互配合,才能起到最好的证明效果。

最后,执法机关应大力发展针对网络犯罪的网络监控和网络过滤技术,提高实时发现和预防该类犯罪的能力。网络虽然给作案人提供了便利,但是也给执法者的实时监控和犯罪预防提供了便利。前述网络搜查等手段虽也有监控之性质,但通常所说的网络监控是指通过拦截、复制、记录等方式对网络活动中的数据、信息进行取证、监察的活动。网络过滤则是运用技术方法控制对网络中特定内容进行访问的方法,主要包括技术性封锁、域名劫持、强制性关闭、督促性自我审查等。① 网络过滤的作用主要在于预防该类犯罪。

公安机关的网络监控和网络过滤组合要由网络监察部门负责。不过,基于侦查权的分工,侵犯知识产权犯罪的侦查部门很难让网络监察部门来进行实时的网络监控和过滤,往往只能就个案寻求后者的协作。相关违法犯罪的行政执法机关和刑事执法机关可以有意识地与那些提供电子商务交易平台的网络运营商合作,赋予运营商相应审查交易合法性的义务,从而建立打击该类犯罪的长效机制。当然,就运营商是否能够审查客户交易记录等而言,亦存在一定的法律障碍。对此,需要进一步研究。②

除了执法机关的介入外,知识产权所有人也可以加强与网络运营

① 参见刘品新主编:《电子取证的法律规制》,中国法制出版社 2010 年版,第 174—175 页。

② 不过,从近期个案判例来看,运营商的审查责任似乎已经得到部分确立。相关个案,参见“大学生利用 QQ 网络相约自杀,腾讯被诉并被判承担 10% 赔偿责任”一案。载 http://www.yangtse.com/news/sh/201012/t20101204_776044.htm,2010 年 12 月 1 日访问。

商的合作,强化网络环境下的知识产权保护。[1]

四、分析结论

就利用网络,销售侵权音像制品而言,犯罪手段的改变并不影响犯罪的定性,但是新的犯罪手段给这类犯罪的查处和预防带来了新的挑战。为此,需要执法机关在充分认识到新的犯罪模式的危害性和特点的基础上,采取有针对性的措施,创新执法方式,强化网络基础工作,扩大取证视野,提高电子证据取证水平。

需要注意的是,本案发生于2007年,在此之前的2005年,最高人民法院、最高人民检察院已经发布了《关于办理侵犯著作权刑事案件中涉及录音录像制品有关问题的批复》,规定未经录音录像制作者许可,通过信息网络传播其制作的录音录像制品的行为,应当视为《刑法》第217条第(三)项规定的"复制发行",因此,对本案的正确定性应当是侵犯著作权罪,而不是非法经营罪。最高人民法院、最高人民检察院、公安部2011年发布的《关于办理侵犯知识产权刑事案件适用法律若干问题的意见》再次肯定了这种定性,该《意见》第13条规定,"以营利为目的,未经著作权人许可,通过信息网络向公众传播他人文字作品、音乐、电影、电视、美术、摄影、录像作品、录音录像制品、计算机软件及其他作品,具有下列情形之一的,属于刑法第二百一十七条规定的'其他严重情节'"。因此,今后对此类行为应当以侵犯著作权罪定罪处罚。

附:

北京市通州区人民法院
刑事判决书

(2009)通刑初字第718号

公诉机关:北京市通州区人民检察院。

被告人:黄杨胜,男,35岁(1974年4月4日出生),汉族。出生

---

① 例如,淘宝网就已经根据客户要求,设立了淘宝网知识产权投诉流程。参见邹韧:《"京版十五社反盗版联盟"与淘宝网共寻治理侵权盗版出版物网络销售行为良方》,载《中国新闻出版报》2010年11月4日,第4版。

地:河北省张家口市宣化县,高中文化,北京华圣商朋国际电子商务有限公司法定代表人,住北京市通州区永顺南里在水一方2号楼7单元1102室(户籍所在地:河北省张家口市宣化县东望山乡西望山村)。因涉嫌犯非法经营罪于2008年12月22日被刑事拘留,2009年1月24日被逮捕。现羁押于北京市通州区看守所。

辩护人:周雷,北京市重光律师事务所律师。

被告人:王娜,女,29岁(1980年7月14日出生),汉族。出生地:陕西省宝鸡市,大专文化,北京华圣商朋国际电子商务有限公司股东,住北京市通州区永顺南里在水一方2号楼7单元1102室(户籍所在地:陕西省宝鸡市渭滨区广元路3号13号楼1单元5楼1号)。因涉嫌犯非法经营罪于2008年12月22日被刑事拘留,于同日经北京市公安局公共交通安全保卫分局决定取保候审,2009年8月21日经本院决定被重新取保候审。

北京市通州区人民检察院以京通检刑诉(2009)第610号起诉书指控被告人黄杨胜、王娜犯非法经营罪,于2009年8月19日向本院提起公诉。本院于同年8月21日立案,依法组成合议庭,公开开庭审理了本案。北京市通州区人民检察院指派代理检察员王姝出庭支持公诉,被告人黄杨胜、王娜及辩护人周雷到庭参加诉讼。现已审理终结。

北京市通州区人民检察院指控:被告人黄杨胜、王娜无音像制品许可证,在个人开办的 www. china-dvd-cd. com 和 www. china-drop-shipper. com 等网站向境外销售光盘;2006年、2008年,销售光盘经营额达56 827.37余美元(折合人民币44万余元)。

公诉机关提供了证人证言、被告人供述、鉴定结论和书证等证据,认为被告人黄杨胜、王娜违反国家规定,销售音像制品,扰乱市场秩序,情节严重,触犯了《中华人民共和国刑法》第二百二十五条第(四)项、第二十五条第一款之规定,构成非法经营罪,同时认定被告人黄杨胜系主犯,被告人王娜系从犯,提请本院依法惩处。

被告人黄杨胜、王娜对公诉机关指控的犯罪事实无异议。

被告人黄杨胜之辩护人周雷的辩护意见为:被告人黄杨胜无犯罪前科,由于其采取的是由供货商直接向客户发货的网上销售模式,不应由其对盗版负责,其行为的社会危害性小,故请求法院对其从轻处罚并适用缓刑,并向法庭提交了中电华通服务器托管合同。

经审理查明:被告人黄杨胜、王娜无音像制品许可证,在个人开办的 www.china-dvd-cd.com 和 www.china-dropshipper.com 等网站向境外销售光盘;2006 年、2008 年,销售光盘价值 56 827.37 美元(折合人民币 46 万余元),后被查获(作案工具和违法所得已扣押)。

上述事实,有下列证据证实:

1. 证人王志辉、黄务强、安惠敏的证言分别证明:黄杨胜、王娜向境外销售光盘和所开设公司的经营范围的情况。

2. 被告人黄杨胜、王娜的供述证明:二人利用网站向境外销售光盘的情况。

3.《企业法人营业执照》、北京市公安局经济犯罪侦查处关于请北京市文化局协助开展工作的函、北京市文化局关于某网站及其经营人音像制品经营资格有关情况的复函证明:被告人黄杨胜、王娜无经营音像制品的资格。

4. 北京市公安局经济犯罪侦查处关于请网络安全监察处协助开展工作的函、网页复印件、网站内容介绍材料和产品清单材料证明:www.china-dvd-cd.com 和 www.hsshopping.com 等网站进行光盘销售介绍和宣传的情况。

5. 中电华通服务器托管合同证明:涉案网站服务器托管的情况。

6. 中国人民共和国公安部公物证鉴字(2008)6301 号、(2008)6307 号、(2009)490 号物证检验报告证明:公安机关从扣押的电脑、硬盘、服务器中提取的与销售光盘有关的数据文件的情况。

7. PayPay 发送的与 DVD 有关的邮件和统计表证明:被告人黄杨胜 2006 年销售光盘收款 35 933 美元,2008 年销售光盘收款 7 679.8 美元和 14 214.57 美元。

8. 北京市版权局京权鉴字(2008)第 75 号著作权鉴定书证明:www.china-dvd-cd.com 网站出售的 20 套 153 张光盘除《达芬奇密码》1 套 2 张外均属侵权复制品。

9. 北京市版权局京权鉴字(2009)第 14 号著作权鉴定书证明:www.china-dvd-cd.com 网站出售的 18 套 111 张光盘均属侵权复制品。

10. 公安机关出具的扣押物品清单证明:公安机关在黄杨胜、王娜处扣押笔记本电脑 2 台、电脑(金和田)主机 1 台、移动硬盘 1 块、HP 服务器 1 台、多普达手机 1 部、小灵通 1 部,别克轿车 1 辆、房屋所有权证1本、护照2本、机动车驾驶证1本、行驶证1本、招商银行一卡通3张、中国邮政储蓄银行神州贵宾金卡1张。

11. 北京市公安局查询存款通知书(回执)、冻结存款通知书(回执)证明:公安机关冻结黄杨胜在中国邮政储蓄银行北京通州区支行、招商银行北京建国路支行银行存款的情况。

12. 美国电影协会北京代表处投诉书证明:美国电影协会向北京市版权局投诉 www. china-dvd-cd. com(又名 www. China-dropshipper. com,www. hsshopping. com) 向国外顾客贩卖了大量侵犯知识产权的产品的情况。

13. 北京市版权局移送 www. hsshopping. com 网站涉嫌侵犯著作权犯罪证据的函证明:北京市版权局请求公安机关对 www. hsshopping. com 网站以及黄杨胜等人进行查处的情况。

14. 公安机关出具的到案经过证明:本案被告人被公安机关抓获的情况。

15. 公安机关出具的户籍证明信、常住人口基本信息查询单证明:被告人黄杨胜、王娜的出生日期、民族、住址等自然情况。

上述证据经当庭质证,本院予以确认。

本院认为,被告人黄杨胜、王娜违反国家规定,无音像制品经营许可证,非法从事音像制品销售业务,扰乱市场秩序,情节严重,二被告人之行为已构成非法经营罪,依法应予惩处。公诉机关指控的罪名成立。被告人黄杨胜在共同犯罪中起主要作用,系主犯,依法应当按照其所参与的全部犯罪处罚,被告人王娜起次要作用,系从犯,依法应当从轻处罚。对于被告人黄杨胜之辩护人周雷提出的"被告人黄杨胜由于其采取的是由供货商直接向客户发货的网上销售模式,不应由其对盗版负责,其行为的社会危害性小,请求法院对其适用缓刑"的辩护意见,经查,被告人黄杨胜、王娜在未取得音像制品经营许可证的情况下向境外销售音像制品,并向客户宣称所售音像制品有中国政府授权,但未对音像制品是否为盗版进行查验,严重扰乱了市场秩序,被告人黄杨胜尚不具备适用缓刑的条件,故上述意见本院不予采纳;其他辩护意见经查属实且于法有据,本院予以采纳。鉴于被告人王娜无犯罪前科,在共同犯罪中属于从犯,本院依法对其从轻处罚并适用缓刑。综上,本院根据被告人黄杨胜、王娜犯罪的事实、性质、情节及对于社会的危害程度等,对被告人黄杨胜依照《中华人民共和国刑法》第二百二十五条第(四)项,第二十五条第一款,第二十六条第一款、第四款、第五十二条,第五十三条,第六十四条,对被告人王娜依照《中华人民共和国刑法》第二百二十五条第(四)项,第二十五条第一款,第二十七条,第五十二条,第五十三条,第七十二条,第七十三条第二款、第三款,第六十四条之规定,判决如下:

1. 被告人黄杨胜犯非法经营罪,判处有期徒刑一年两个月,罚金人民币八万元(刑期从判决执行之日起计算。判决执行以前先行羁押的,羁押一日折抵刑期一日,即自2008年12月22日起至2010年2月21日止;从冻结的中国邮政储蓄银行北京通州区支行6221881000035697168账号内的存款中提取人民币八万元折抵罚金)。

2. 被告人王娜犯非法经营罪,判处有期徒刑六个月,缓刑一年,罚金人民币四万元(缓刑考验期限,从判决确定之日起计算;从冻结的中国邮政储蓄银行北京通州区支行6221881000035697168账号内的存款中提取人民币四万元折抵罚金)。

3. 供犯罪所用的笔记本电脑两台、电脑(金和田)主机一台、移动硬盘一块、HP服务器一台,予以没收;扣押在案的多普达手机一部、小灵通一部,别克轿车一辆、房屋所有权证一本、护照二本、机动车驾驶证一本、行驶证一本、招商银行一卡通三张,退回公诉机关处理。

4. 从冻结的中国邮政储蓄银行北京通州区支行6221881000035697168账号内的存款中提取违法所得人民币四万元,予以没收。

如不服本判决,可在接到判决书的第二日起十日内,通过本院或者直接向北京市第二中级人民法院提出上诉。书面上诉的,应当提交上诉状正本一份,副本一份。

审判长　李中华

人民陪审员　张振环

人民陪审员　马素英

二〇〇九年十月二十三日

书记员　侯　婷

侵犯数字化权利的行为能否定性为侵犯著作权罪

——王一辉等侵犯计算机软件著作权案、李征峰侵犯计算机软件著作权案

何恒攀

一、基本案情

案例 1

被告人王一辉原系盛大公司游戏项目管理中心运维部副经理，主要负责对服务器、游戏软件进行维护和游戏环境内容的更新等。2004年8月底，被告人王一辉与被告人金珂通过网上聊天，预谋利用王一辉在盛大公司工作，有条件接触“热血传奇”游戏软件数据库的便利，复制游戏武器装备予以销售。2004年9月起，被告人王一辉、金珂开始实施上述行为。由金珂首先在“热血传奇”游戏中建立人物角色，然后将游戏角色的相关信息通过聊天记录发送给王一辉，王一辉在盛大公司内利用公司的电脑进入游戏系统，同时打开“热血传奇”服务器6000端口，通过增加、修改数据库 Mir. DB 文件中的数据，在金珂创建的游戏人物身上增加或修改游戏“武器”及“装备”。然后由金珂将游戏人物身上的“武器”及“装备”通过 www. 5173. com 网站或私下交易出售给游戏玩家。2005年2月，王一辉又趁回金华老家探亲的机会将此事告诉被告人汤明，汤明表示愿意一起加入，并采用与王一辉同样的方法，非法复制并销售游戏“武器”及“装备”。一段时间后，由于王一辉认为上述操作方法比较麻烦，就让金珂、汤明从网上下载了“热血

传奇”私服游戏服务器端，并生成一个伪造的数据包，王一辉负责打开“热血传奇”游戏服务器6000端口，同时将服务器的IP地址告诉金珂、汤明，由金珂、汤明将每次修改后的数据包发送到服务器，王一辉在收到数据包后，提取数据信息再传送到数据库中，在游戏人物的身上增加或修改游戏“武器”及“装备”。三被告人约定金珂、汤明在出售游戏“武器”及“装备”得款后，分给被告人王一辉60%的获利，由金珂、汤明将款项汇入王一辉以其本人及“张存”的名义在中国工商银行上海市分行设立的账户内。至2005年7月，三被告人非法获利共计人民币202万余元，其中王一辉非法获利122万余元，金珂获利42万余元，汤明获利38万余元。金珂得款后挥霍20万余元，汤明以非法获利32万余元购买了房屋一套。案发后公安机关冻结了金珂在工商银行浙师大支行中的银行存款208 454.25元，查封了汤明用赃款购买的上述房屋。

2006年3月9日，上海市公安局浦东分局委托上海公信扬知识产权司法鉴定所对被告人发送的软件数据包进行鉴定。司法鉴定所于2006年3月13日委托上海市软件评测中心进行测试。测试结论表明：通过手动修改数据库文件和软件修改数据库文件这两种方式都可导致玩家在游戏中的级别、“武器”“装备”等属性值完全发生变化。2006年7月21日，该司法鉴定所又根据上海市公安局浦东分局的委托，出具了补充说明，内容为：网络游戏软件分为客户端和服务器端两部分，在服务器端软件中包含有游戏数据库文件和玩家数据库文件，前者包括物品“武器”及“装备”、魔法技能、动物怪物三个数据库，后者用于存储与玩家有关的“武器装备”、级别的信息，这两个数据库都是由游戏作者设计的。本案中的软件修改者修改了某一玩家数据库中的数据，并没有修改游戏软件作者设计并编写的软件，也不会引起该游戏软件中其他部分的改变，但是可以对玩家运行该游戏软件的结果产生重大变化，改变或增加玩家的“武器装备”级别。

另查明，2001年6月29日盛大公司与韩国Actoz软件有限责任公司签订软件许可协议，协议约定Actoz公司授予盛大公司独家且排他许可使用、促销、分发、市场营销、改编或修改“热血传奇”软件，并将该软件转换为中文版本的权利。2003年8月18日，韩国Actoz软件有限责任公司和WeMade娱乐有限公司取得我国国家版权局就“热血传奇”游戏软件颁发的计算机软件著作权登记证书。2003 年 8 月 19 日双方又签订修正协议,约定软件许可的条款可以延长到 2005 年 9 月 28 日,当且仅当协议双方对“热血传奇”不存在争议时,上述特许期限期满日应延长到 2006 年 9 月 28 日。

案例 2

被告人李征峰,男,1977 年 12 月 4 日出生,大专文化,原系上海麦格特尔科技有限公司员工,户籍所在地是安徽省宿州市泗县泗城镇顺和路 2—7 号,现住址本市密云路 454 弄 5 号 403 室。因涉嫌盗窃罪于 2007 年 10 月 24 日被上海市公安局长宁分局刑事拘留。同年 11 月 28 日因涉嫌侵犯著作权罪被上海市长宁区人民检察院批准逮捕,由上海市公安局长宁分局执行。

2004 年间,上海腾武数码科技有限公司与北京科海电子出版社签订了合作出版“墨香”游戏软件的合作出版合同。随后,上海腾武数码科技有限公司与该游戏软件所有权人韩国 Esofnet 公司签订了在中国大陆范围内的独家软件许可协议。北京科海电子出版社通过申报获得了国家新闻出版总署和国家版权局关于著作权的引进以及登记的批复。随后,该游戏在中国大陆市场正式运营。

2007 年间,被告人李征峰利用在上海腾武数码科技有限公司负责该公司独家代理的“墨香”网络游戏运行和维护的工作机会,将维护该游戏的计算机软件复制安装至自己的电脑中。随后,被告人李征峰利用该游戏软件擅自生产该游戏道具(该游戏用的“百宝箱”“装备”等虚拟游戏用品),并伙同其女友李豫林(另案处理)一起,利用李豫林在淘宝网上注册的用户(Linda99 小钰)和支付宝相对应的工商银行账号,将其出售给在“墨香”网络游戏中进行游戏的玩家使用,非法获利人民币 4 万余元。

二、判决结果

案例 1

上海市浦东新区人民法院经审理认为,被告人王一辉利用其在盛大公司担任游戏项目运维部副经理的便利,与被告人金珂、汤明共同合谋通过非法手段获取游戏“武器装备”并销售，数额巨大，其行为已触犯《刑法》第 271 条之规定，构成职务侵占罪。三被告人系共同犯罪，被告人王一辉在共同犯罪中起主要作用，是主犯。鉴于被告人王一辉认罪态度较好，且其家属能积极帮助退赃，故对被告人王一辉从轻处罚。被告人金珂、汤明在共同犯罪中起次要作用，系从犯，认罪态度较好，并作了退赃的努力，故根据《刑法》第 27 条的规定，对被告人金珂、汤明减轻处罚。据此，依照《刑法》第 271 条，第 25 条，第 26 条，第 27 条，第 64 条，第 72 条，第 73 条第 2 款、第 3 款之规定，判决如下：

1. 被告人王一辉犯职务侵占罪，判处有期徒刑 5 年。

2. 被告人金珂犯职务侵占罪，判处有期徒刑 3 年，缓刑 4 年。

3. 被告人汤明犯职务侵占罪，判处有期徒刑 2 年 6 个月，缓刑 3 年。

4. 被告人王一辉退赃款人民币 120 万元，包括现金 420 198 元和银行存款 779 802 元，被告人汤明退赃款人民币 5 万元，发还被害单位上海盛大网络发展有限公司；被告人汤明用赃款购买的坐落于浙江省金华市柳湖小区 27 幢 4 号 401 室的房屋变价发还被害单位上海盛大网络发展有限公司。尚未退缴的赃款，待追缴后发还被害单位上海盛大网络发展有限公司。

一审宣判后，被告人王一辉、金珂、汤明不服，提出上诉。上海市第一中级人民法院经二审审理后认为，原审判决认定事实清楚，证据确实、充分，定性正确，量刑适当，审判程序合法，依法裁定：驳回上诉，维持原判。

案例 2

上海市长宁区人民法院经审理认为，被告人李征峰以营利为目的，未经著作权人许可，复制其计算机软件及复制、销售游戏道具作品，其行为已构成侵犯著作权罪，依法应予惩处。检察机关的指控，事实清楚，定性正确。被告人李征峰到案后交代态度较好，自愿认罪，且在亲友协助下退出违法所得人民币 4 万元，可酌情从轻处罚。为维护国家的著作权管理制度，保护著作权人合法权益，依照《刑法》第 217 条、第 53 条、第 64 条之规定，判决被告人李征峰犯侵犯著作权罪，判处有期徒刑9个月,并处罚金人民币5 000元。违法所得人民币4万元发还上海腾武数码科技有限公司,责令被告人退赔其余违法所得,发还上海腾武数码科技有限公司。

三、案例评析

在上述两个案例中,行为人侵害的对象都是网络游戏中的虚拟财产即游戏装备,而且其所实施的行为也基本相同,但是不同法院却作出了完全不同的判决结果。可见,在实践中,对于行为人通过篡改网络游戏的数据而获得游戏"装备"等虚拟财产并加以销售的行为如何定性,存在较大争议。

(一)"武器装备"等数据资料是否属于计算机软件

我国对计算机软件知识产权的保护采取的是将其作为著作权保护客体的模式,网络游戏的客户端等自然属于计算机软件,但这并不意味着与之相关的所有对象都是计算机软件的组成部分。如果网络游戏中的某种对象根本就不能算作计算机软件,自然也就不受著作权法的保护。在案例1中,王一辉、金珂及其辩护人都辩称,游戏中的虚拟"武器"及"装备"等数据资料不能认定为软件。按照《计算机软件保护条例》第2条的规定,计算机软件,是指计算机程序及其有关文档。可见,在网络游戏中除计算机程序和文档之外的对象都不属于计算机软件的组成部分,也不享有著作权。《计算机软件保护条例》第3条规定,计算机程序,是指为了得到某种结果而可以由计算机等具有信息处理能力的装置执行的代码化指令序列,或者可以被自动转换成代码化指令序列的符号化指令序列或者符号化语句序列。文档,是指用来描述程序的内容、组成、设计、功能规格、开发情况、测试结果及使用方法的文字资料和图表等,如程序设计说明书、流程图、用户手册等。"武器装备"等数据资料当然不属于"文档",但对其是否属于计算机程序,目前存在一定争议。有的学者认为,对我国《计算机软件保护条例》第3条定义的计算机程序的范围不应作狭义的理解,而应作广义的理解。就网游程序而言,程序附带的各种数据(包括以静态方式存贮于硬盘上的数据与根据指令在内存中动态存贮的数据和动态生成的网络数据包)也应视为计算机程序的组成部分。[①] 另一部分学者则认为，游戏装备的数据并非计算机软件。[②]

笔者赞同后一种观点，即网络游戏中的数据资料并非计算机程序，也就不是计算机软件的组成部分，所谓的应对计算机程序"作广义的理解"在《著作权法》上是没有根据的。首先，计算机程序的本质是代码的组合或者序列，而数据是在这些代码运行之后产生的，也即二者是过程与结果的关系，数据和程序本身显然不是同一种事物。如果认为数据也是计算机程序，势必也会带来逻辑上的问题。因为数据中包含了大量的动态数据，也即这些数据是随时都会发生变化的。如果认为数据也属于计算机程序的组成部分，也就意味着相应的计算机软件这个"作品"是可变和不确定的，法律保护一个始终处于不确定状态的"作品"是难以想象的。最后，数据的生成与其说是软件开发者或者软件著作权人的智力成果，不如说是游戏操作者的"劳动成果"。对于网络游戏而言，只有开发者开发的程序，而没有操作者也即"玩家"的参与，大量的动态数据不可能自动产生，甚至"玩家"的操作在其中所起的作用还要更大。如果认为数据也是"作品"，而该"作品"却主要不是著作权人创作的，这显然是说不通的。虽然在现实中有的数据库享有著作权，数据库（包括电子数据库）可以作为汇编作品受到保护[③]，但此时其享有著作权也并不是来源于这些数据本身，而是因为对其内容的选择或者编排体现了汇编人的独创性。所以，案例 1 中被告人及其辩护人的该部分主张是有道理的，法院也认可了这一点，认为案例 1 中三被告人实施的行为是修改游戏软件数据库中的数据的行为，而修改数据后产生的"武器"及"装备"是软件运行后产生的结果，并不是软件本身。根据《计算机软件保护条例》第 6 条的规定，对软件著作权的保护不延及开发软件所用的处理过程、操作方法等，故本案涉及的游戏中的"武器"及"装备"不属于计算机软件著作权的保护范围。

---

① 参见寿步、陈跃华主编：《网络游戏法律政策研究》，上海交通大学出版社 2005 年版，第 67 页。

② 参见徐彦冰：《网络游戏中虚拟物刑法保护的困境——以现有案例为视角》，载《电子知识产权》2007 年第 6 期。

③ 参见薛虹：《知识产权与电子商务》，法律出版社 2003 年版，第 247 页。

（二）修改“武器装备”等数据资料是否构成侵犯著作权罪

事实上，在解决了“武器装备”等数据资料是否属于计算机软件的问题之后，修改“武器装备”等数据资料是否构成侵犯著作权罪的问题也就相应得到解决了。如果一个对象连作品都算不上，自然也就不受《著作权法》的保护，行为人修改数据也就不是对著作权的侵犯，更不可能构成侵犯著作权罪。除了对象这一根本性的理由之外，对此问题还可以从行为的角度去判定。

我国《刑法》和《著作权法》所界定的侵犯著作权行为的范围并不一致。《刑法》中规定的侵犯著作权罪仅仅包含了侵权行为的四种情形，而《著作权法》对侵权行为的规定却要广泛得多。当被侵权的对象是计算机软件时，构成犯罪的行为仅限于未经著作权人许可，对其计算机软件进行的“复制发行”行为。即便退一步认为“武器装备”等数据资料属于计算机软件，行为人也必须有相应的复制发行行为才可以构成侵犯著作权罪。案例 1 和案例 2 中，被告人并没有实施复制软件本身的行为，也没有实施发行或者销售软件的行为。虽然其实施了发行行为，但发行的对象是“武器装备”。而且对于网络游戏而言，真正有商业价值的一般也并不是客户端等游戏软件本身，而是“武器装备”、点卡之类能够提升“玩家”等级的虚拟财产。“玩家”一般都可以从网络上免费下载客户端软件，行为人一般也就不会从事免费软件的复制发行这种无法获得利益的行为。此外，在案例 1 中，被告人金珂的辩护人认为，金珂实施的行为是修改游戏玩家的数据库，与复制、发行有着本质的区别，被告人没有复制软件，也没有向公众提供软件的复制件。刑法对于侵犯著作权所规定的打击范围并不包括修改行为，根据法无明文规定不为罪的原则，被告人的行为不构成侵犯著作权罪。该辩护主张认为被告人没有实施复制发行行为是正确的，但把其实施的对数据库的修改行为和对软件的复制发行行为并列起来却是错误的，因为被告人虽然修改了数据库，但是并没有对计算机软件本身进行增补、删节，或者改变指令、语句顺序，所以自然也就未侵犯著作权人的修改权。被告人的行为并不构成对著作权的侵犯，更不可能构成侵犯著作权罪。因此，案例 2 中法院判处被告人犯侵犯著作权罪，是不妥当的。

（三）被告人的行为应当如何定性

案例1中，法院认为三被告人的行为构成职务侵占罪。其理由是被告人王一辉在盛大公司任游戏项目运维部副经理，其有条件对游戏软件中的数据进行修改，其拥有的数据修改权是因其职责而直接赋予的，因此王一辉的行为符合职务侵占罪中“利用职务上的便利”这一构成要件。网络游戏中的“武器”及“装备”是计算机软件运行后生成的结果，是一种虚拟财产，其在虚拟环境中的作用决定了其可以被人占有、使用等，但游戏“玩家”要取得虚拟财产除了花费时间外，还必须付出一定的费用，如购买游戏点卡的费用、上网费等。同时该虚拟财产通过现实中的交易能转化为货币，因此虚拟财产既有价值，又有使用价值，具有现实财产的属性。盛大公司通过许可取得了“热血传奇”游戏在一定时间内的独家运营权，在此期间，盛大公司对游戏“武器”及“装备”享有所有权和处分权，因此被告人非法侵占的游戏“武器”及“装备”属于盛大公司所有。最高人民法院《关于审理贪污、职务侵占案件如何认定共同犯罪几个问题的解释》第2条规定：“行为人与公司、企业或者其他单位的人员勾结，利用公司、企业或者其他单位人员的职务便利，共同将该单位财物非法占为己有，数额较大的，以职务侵占罪共犯论处。”被告人金珂、汤明虽然不是盛大公司的工作人员，但其与被告人王一辉共同勾结，侵占公司财产，根据上述规定，三被告人属共同犯罪。

职务侵占罪的成立要求行为人“将本单位财物非法占为已有”。从法院的判决理由来看，其认为被告人通过修改数据库得到的“武器”“装备”属于公司的财物，这条理由对“财物”的界定范围十分合理，也即认为“财物”包括虚拟财产的观点是可取的。但与此同时，认定案例1中的“武器”“装备”等虚拟财物属于公司所有却值得商榷。公司或单位所有的财物应当是已在单位控制之中的财物与应归单位收入的财物，后者如单位在银行存款应得的利息。按照《中华人民共和国民法通则》（以下简称《民法通则》）第72条第1款的规定，财产所有权的取得，不得违反法律规定。也即行为人不能取得通过非法手段获取的财物所有权。对于被告人来讲，由于其获得的“武器”“装备”是非法的，所以自然不能获得所有权。而对于运营商来讲，由于这些“武器”“装备”毕竟不同于其游戏正常运行下产生的那些“武器”“装备”，运营商本身就不认可这些虚拟财物，其也就不应当对这些其不认可的财物享有所有权。就案例1而言，在现实中，盛大公司本身也是不进行“武器”“装备”买卖的，并且在公开场合也不鼓励玩家的这种行为。由于被告人的行为所侵犯的不是单位的财产所有权，所以，被告人的行为也不应当构成职务侵占罪。

除了职务侵占罪之外，对于两个案例中被告人的行为，也存在应以非法经营罪定罪处罚的主张。从法条本身的语意来看，把私下出卖“武器”“装备”的行为解释为《刑法》第225条第(四)项规定的“其他严重扰乱市场秩序的非法经营行为”并没有超出法条本身所能涵盖的范围，而且我国相关的司法解释规定了发行非法电子出版物的行为可以构成非法经营罪，“武器”“装备”等虚拟财产或者说电子财产从性质上类似于电子出版物，所以如果按照非法经营罪对被告人定罪处罚似乎是一种可行的方案。但是，笔者认为这种看似“保险”的做法同样不妥当，因为“扰乱市场秩序罪”本身是破坏社会主义市场经济秩序罪的一个“筐”。而非法经营罪，作为“筐”中之“筐”，它实际上是所有破坏市场秩序的兜底型罪名，因而导致诸多的犯罪行为在触犯其他特定罪名的同时，都触犯了非法经营罪这样一个“筐”型罪名。也就是说，非法经营罪作为“筐”中之“筐”，起到的应当是不得已时才选用的兜底性作用。[①] 相关部门之所以会出台大量关于该罪名的司法解释，其目的也是为了对该罪名的适用作出适当限制。因此，把当前的规定中没有涉及的对象也列入非法经营罪的处罚范围同样是不妥当的。

笔者认为，两个案例中被告人的行为在当前的情况下应当认定为无罪。鉴于我国当前并没有针对虚拟财产制定专门的法律，学界和实务界对于虚拟财产的法律属性等问题仍然存在较大争议，刑法保护手段的介入应当是有限度的。上文提到的有学者所主张的对计算机程序“应作广义的理解”虽然在著作权法中于法无据，但作为一种思路，其主张的立足点可以理解为对计算机软件运行的数据也应有所保护，

---

① 参见于志刚、陈强：《关于网络游戏中“外挂”行为的刑法思考》，载《山东警察学院学报》2009年第1期。

或者说是给予《著作权法》之外的其他法律的保护。对于侵犯数字化权利的行为,首先从行政法等法律层面去加以制裁是有必要的,我国应当出台相应的法律以打击该类行为。

四、分析结论

侵犯数字化权利(虚拟财产及游戏装备)的行为不宜认定为构成侵犯著作权罪。

侵犯著作权罪的客体包括著作权和相关邻接权

——沈久春侵犯图书著作权案

袁宏山

一、基本案情

被告人:沈久春,1997年5月因贩卖淫秽光盘被劳动教养2年6个月,因本案于2005年11月25日被逮捕。

2004年12月,上海世纪出版集团与《他改变了中国:江泽民传》一书的作者(美)罗伯特·劳伦斯·库恩达成协议,作者授予上海世纪出版集团在讲中文地区,以中文简体形式独家翻译、印刷、出版、销售该书。授权期限为协议签订之日起7年。2005年1月该书出版发行。

2005年3月,被告人沈久春委托蔡东强在首钢总公司印刷厂印刷了《他改变了中国:江泽民传》一书的封面和插页各5000份,后又委托刘化文在河北省廊坊市大城县的京华万圣印务有限公司印刷该书内页5000份,并装订成册。被告人沈久春将5000册盗版书籍以每册人民币7元至8元不等的价格在各地进行销售,所得销售金额3.5万余元。被告人沈久春于2005年10月22日被公安机关查获。

公诉机关北京市石景山区人民检察院指控称:2005年3月间,被告人沈久春以营利为目的,在未取得著作权人授权的情况下,以正版图书为样本,非法委托蔡东强在本市石景山区北京首钢印刷厂盗版印刷由上海世纪出版集团出版发行的中文简体字版本《他改变了中国:江泽民传》一书的封面和插页各5000份,非法委托刘化文在河北省廊坊市大城县的京华万圣印务有限公司盗版印刷该书内页5000份,并装订成册。后被告人沈久春将全部5 000册盗版书籍在各地予以销售。公诉机关认为,被告人沈久春的行为已触犯《刑法》第217条之规定,构成侵犯著作权罪,提请法院依法惩处。

被告人及其辩护人认为,沈久春盗印5 000册图书证据不足,沈久春系初犯且能如实交代案情,认罪态度好,确有悔罪表现,请求法院从轻处理。

石景山区人民法院根据上述事实和证据认为:图书出版者对著作权人交付出版的作品,在合同约定期间享有专有出版权,并受法律保护。被告人沈久春以营利为目的,非法印刷他人享有专有出版权的图书5 000册并予以销售,其行为已经构成侵犯著作权罪,根据最高人民法院、最高人民检察院《关于办理侵犯知识产权刑事案件具体应用法律若干问题的解释》第5条的规定,属于有其他特别严重情节,应予惩处。北京市石景山区人民检察院指控被告人沈久春侵犯著作权的事实清楚,证据充分,指控罪名成立。

二、判决结果

石景山区人民法院依照《刑法》第217第(二)项、第52条、第53条、第64条的规定,作出如下判决:

1. 被告人沈久春犯侵犯著作权罪,判处有期徒刑3年,并处罚金人民币7万元。

2. 被告人沈久春违法所得人民币3.5万元应继续追缴,追缴后上缴国库。

3. 犯罪使用的书籍《他改变了中国:江泽民传》一本、账本一个、记录本一个予以没收。

一审判决后,被告人没有上诉。

三、案例评析

(一)本案引发的法理问题

本案被告人沈久春未取得《他改变了中国:江泽民传》一书的作者(美)罗伯特·劳伦斯·库恩的许可,也未经对《他改变了中国:江泽民传》一书享有专有出版权的上海世纪出版集团的许可,非法委托他人印刷盗版书籍并以每册人民币 7 元至 8 元不等的价格在各地进行销售，所得销售金额 3.5 万余元，达到数额较大的标准，依法构成侵犯著作权罪。本案中，被告人侵犯的并非《他改变了中国：江泽民传》一书的作者（美）罗伯特・劳伦斯・库恩享有的著作权，而是出版者上海世纪出版集团享有的对《他改变了中国：江泽民传》一书的专有出版权。也即，侵犯著作权罪的犯罪客体既包括著作权，也包括与著作相关的邻接权。

（二）评析意见

侵犯著作权罪的犯罪客体是他人的著作权和与著作权相关的权益。所谓著作权，指公民依法对文学、艺术和科学作品所享有的各种权利的总称。

2010 年修正后的《著作权法》第 10 条规定：著作权包括下列人身权和财产权：

1. 发表权，即决定作品是否公之于众的权利；

2. 署名权，即表明作者身份，在作品上署名的权利；

3. 修改权，即修改或者授权他人修改作品的权利；

4. 保护作品完整权，即保护作品不受歪曲、篡改的权利；

5. 复制权，即以印刷、复印、拓印、录音、录像、翻录、翻拍等方式将作品制作一份或者多份的权利；

6. 发行权，即以出售或者赠与方式向公众提供作品的原件或者复制件的权利；

7. 出租权，即有偿许可他人临时使用电影作品和以类似摄制电影的方法创作的作品、计算机软件的权利，计算机软件不是出租的主要标的的除外；

8. 展览权，即公开陈列美术作品、摄影作品的原件或者复制件的权利；

9. 表演权，即公开表演作品，以及用各种手段公开播送作品的表演的权利；

10. 放映权，即通过放映机、幻灯机等技术设备公开再现美术、摄影、电影和以类似摄制电影的方法创作的作品等的权利；

11. 广播权，即以无线方式公开广播或者传播作品，以有线传播或者转播的方式向公众传播广播的作品，以及通过扩音器或者其他传送符号、声音、图像的类似工具向公众传播广播的作品的权利；

12. 信息网络传播权，即以有线或者无线方式向公众提供作品，使公众可以在其个人选定的时间和地点获得作品的权利；

13. 摄制权，即以摄制电影或者以类似摄制电影的方法将作品固定在载体上的权利；

14. 改编权，即改变作品，创作出具有独创性的新作品的权利；

15. 翻译权，即将作品从一种语言文字转换成另一种语言文字的权利；

16. 汇编权，即将作品或者作品的片段通过选择或者编排，汇集成新作品的权利；

17. 应当由著作权人享有的其他权利。

其中，上述1—4项所规定的发表权、署名权、修改权、保护作品完整权属于著作人身权，这四种权利只有著作权人本人享有，不可以转让。而上述5—17项规定的权利属于著作财产权，著作权人可以许可他人行使并依照约定或者《著作权法》的有关规定获得报酬，著作权人也可以全部或者部分转让上述5—17项规定的权利，并依照约定或者《著作权法》的有关规定获得报酬。

所谓与著作权有关的权益，是指传播作品的人对他赋予作品的传播形式所享有的权利，也即著作邻接权。

与著作权有关的权益，是指出版者对其出版的图书和报刊享有的权利，表演者对其表演享有的权利，录音录像制作者对其制作的录音录像制品享有的权利，广播电台、电视台对其制作的广播、电视节目享有的权利。也就是说，我国《著作权法》所保护的邻接权的范围包括出版者、表演者、电台、电视台和录音录像者的权利。具体包括以下权利：

1. 出版者权

所谓出版者权，是指图书、报纸、杂志的出版者对其出版的图书、报纸、杂志的版式、装帧设计，享有的专有使用权。具体而言，出版者对著作权人交付出版的作品，按照合同约定享有的专有出版权受法律保护，他人不得出版该作品。出版者有权许可或者禁止他人使用其出版的图书、期刊的版式设计。需要说明的是，出版者享有的许可或者禁止他人使用其出版的图书、期刊的版式设计的权利的保护期为10年,截止于使用该版式设计的图书、期刊首次出版后第10年的12月31日。行为人超过法律规定的保护期使用出版者出版的图书、期刊的版式设计的,不构成侵权。

2. 表演者权

表演者权是指《著作权法》(2010年修正)第38条第1款规定的以下权利:

(1) 表明表演者身份;

(2) 保护表演形象不受歪曲;

(3) 许可他人从现场直播和公开传送其现场表演,并获得报酬;

(4) 许可他人录音录像,并获得报酬;

(5) 许可他人复制、发行录有其表演的录音录像制品,并获得报酬;

(6) 许可他人通过信息网络向公众传播其表演,并获得报酬。

其中,第(1)项和第(2)项规定的权利的保护期不受限制;第(3)项至第(6)项规定的权利的保护期为50年,截止于该表演发生后第50年的12月31日。超过法定保护期限的,不构成侵权。

3. 录音录像制作者的权利

按照智力创造性程度高低的不同,可将录音录像分为录音录像作品与录音录像制品两种。其中,智力创造性程度较高的属于录音录像作品,是著作人享有著作权的作品,可以是其直接摄制的作品,也可以是为传播自己的作品而制作的录音录像产品,其享有的是该作品的著作权。智力创造性程度相对较低的属于录音录像制品,是录音录像作者传播他人作品而制作的,其享有的是该录音、录像的邻接权。录音录像制作者使用他人作品制作录像制品,应当取得著作权人的许可并支付报酬;有表演者表演的,还应取得表演者的许可并支付报酬。录像制品所载的作品的著作权归著作权人享有,录像制品制作者对作品不享有著作权。录像制品制作者对其制作的录像制品享有邻接权。在人身权方面,录像制作者有权在其制作的录像制品上署名;在财产权方面,录像制作者对其制作的录像制品享有许可他人以复制、发行、出租、通过信息网络向公众传播并获得报酬的权利。被许可人复制、发行、通过信息网络向公众传播录音录像制品,还应当取得著作权人、表演者许可,并支付报酬。录像制品制作者的这种邻接权的保护期间为50年,截止于录像制品制作完成后的第50年的12月31日。录像制品录制后超过50年,该权利不再受保护。

4. 广播电台、电视台播放权

广播电视播放权,是指广播电视部门对其编制的广播电视节目依法享有的许可或禁止他人进行营利性转播、录制、复制的权利。根据2010年修正后的《著作权法》第45条第1款的规定,广播电台、电视台有权禁止未经其许可的下列行为:

(1) 将其播放的广播、电视转播;

(2) 将其播放的广播、电视录制在音像载体上以及复制音像载体。

上述权利的保护期为50年,截止于该广播、电视首次播放后第50年的12月31日。但是,广播电台、电视台播放他人未发表的作品,应当取得著作权人许可,并支付报酬;广播电台、电视台播放他人已发表的作品,可以不经著作权人许可,但应当支付报酬;广播电台、电视台播放已经出版的录音制品,可以不经著作权人许可,但应当支付报酬,当事人另有约定的除外;电视台播放他人的电影作品和以类似摄制电影的方法创作的作品、录像制品,应当取得制片者或者录像制作者许可,并支付报酬;播放他人的录像制品,还应当取得著作权人许可,并支付报酬。

根据我国1997年《刑法》第217条的规定,行为人以营利为目的,有下列侵犯著作权情形之一,违法所得数额较大或者有其他严重情节的,即构成侵犯著作权罪:

(1) 未经著作权人许可,复制发行其文字作品、音乐、电影、电视、录像作品、计算机软件及其他作品的;

(2) 出版他人享有专有出版权的图书的;

(3) 未经录音录像制作者许可,复制发行其制作的录音录像的;

(4) 制作、出售假冒他人署名的美术作品的。

其中,第(1)项和第(4)项是对权利人的著作权的侵犯;第(2)项和第(3)项规定的是对出版者权和录音录像制作者的权利,即对相关邻接权的侵犯。需要注意的是,本罪的犯罪对象是他人依法享有著作权、并受著作权法保护的作品。不受著作权法保护的作品,不能成为本罪侵害的对象。

(三)本案被告人行为的认定

在本案中,由于《他改变了中国:江泽民传》一书的作者(美)罗伯特·劳伦斯·库恩与上海世纪出版集团达成协议,授权上海世纪出版集团自协议签订之日起7年之内在讲中文地区,以中文简体形式独家翻译、印刷、出版、销售该书。因而,上海世纪出版集团取得了《他改变了中国:江泽民传》一书在讲中文地区范围内的专有出版权并受法律保护,未经出版者上海世纪出版集团的许可他人不得出版该作品,并且出版者上海世纪出版集团有权许可或者禁止他人使用其出版的图书的版式设计。本案被告人沈久春以营利为目的,在未取得享有专有出版权的出版者上海世纪出版集团授权的情况下,以正版图书为样本,非法盗印上海世纪出版集团享有专有出版权的图书并销售,牟利3.5万余元,其行为已触犯《刑法》第217条之规定,并符合司法解释关于"违法所得数额较大"的标准,构成侵犯著作权罪。

四、分析结论

侵犯著作权的犯罪客体不但包括权利人享有的著作权,而且还包括权利人享有的与著作权相关的邻接权。

如何认定购买“盗版”制品的行为

——王宁侵犯音像制品著作权案、刘勇侵犯音像制品著作权案、王长合侵犯音像制品著作权案、王庆池侵犯音像制品著作权案

何恒攀

一、基本案情

案例1

被告人:王宁,女,1979年6月12日出生,汉族,出生地:辽宁省沈阳市,小学文化,辽宁省沈阳市苏家屯区白清寨营盘村农民,住该村4组11号;因涉嫌侵犯著作权、非法经营罪于2009年7月10日被羁押,当日被刑事拘留,同年7月27日被逮捕。

北京市朝阳区人民检察院指控,被告人王宁于2009年6月底,在本区十八里店乡饮马井2号院61—62号内,以人民币160元的价格向杨某某(女,23岁)出售光盘40张。后于2009年7月10日8时许,杨某某携带已购买光盘中的13张光盘到该处找被告人王宁准备调换时被当场抓获。民警从被告人王宁租住房内起获DVD光盘7120张。经鉴定,上述光盘中672张为侵权复制品,6461张为非法出版物。

案例2

被告人:刘勇,男,1980年11月17日出生,汉族,出生地:湖南省攸县,高中文化,湖南省攸县菜花坪镇苏州村农民,住该村;因涉嫌侵

犯著作权罪于2008年10月16日被羁押,当日被刑事拘留,同年11月18日被逮捕。

北京市朝阳区人民检察院指控:被告人刘勇于2008年10月16日10时许,在本区八里庄西里66号103室,其经营的北京飞佳虹音像中心内,向他人出售光盘1张时被当场抓获,并起获DVD光盘649张(均已没收),经鉴定上述光盘为侵权复制品。现起获人民币8元在案。

案例3

被告人:王长合,男,1968年2月1日出生,汉族,出生地:山东省单县,初中文化,系山东省单县浮岗镇朱庄行政村农民,住该村高庄154号;曾因犯非法经营罪于2007年5月17日被法院判处拘役5个月,罚金人民币5 000元;此次因涉嫌犯侵犯著作权罪于2009年11月5日被羁押,次日被刑事拘留,同年11月26日被逮捕。

北京市朝阳区人民检察院指控:被告人王长合于2009年11月5日,在本市朝阳区大西洋新城小区108号楼地下室其经营的北京长久合音像制品经营部内,以人民币10元的价格向徐汝良(男,57岁,北京市人)出售光盘2张,后被当场抓获,并从其店内起获光盘1 845张。经鉴定,其中545张光盘属侵权复制品,另1 300张光盘及其贩卖的2张光盘属非法出版物。赃款人民币10元已起获并予以没收。

案例4

被告人:王庆池,男,1966年7月7日出生,汉族,出生地:山东省泰安市,高中文化,农民,住山东省泰安市东平县梯门乡石河王村066号。曾因出售淫秽出版物于2002年9月被行政拘留10日;现因涉嫌侵犯著作权罪于2008年12月5日被刑事拘留,同年12月19日被逮捕。

北京市朝阳区人民检察院指控:被告人王庆池于2008年12月5日13时许在本市朝阳区十八里店乡老君堂捷强商业街西1号其经营的北京永盛安泰文化交流中心音像店内,以人民币10元的价格向王健(男,18岁,河北省人)出售DVD光盘1张,被民警抓获。当场从其店内起获盗版DVD光盘982张,经新闻出版局鉴定其中532张为侵犯著作权光盘,450张为非法出版物,王健从王庆池店中购买的1张

DVD 光盘为侵犯著作权光盘。

二、判决结果

案例 1

北京市朝阳区人民法院经审理认为，被告人王宁法制观念淡薄，为牟私利，未经著作权人许可，复制发行音像制品，情节严重，已构成侵犯著作权罪；被告人王宁出售非法出版物，情节严重，其行为已构成非法经营罪，均应予惩处。鉴于被告人王宁认罪态度较好，故酌情对其予以从轻处罚。被告人王宁犯侵犯著作权罪，判处有期徒刑 6 个月，罚金人民币 1 万元；犯非法经营罪，判处有期徒刑 8 个月，罚金人民币 1 万元，决定执行有期徒刑 1 年，罚金人民币 2 万元。

案例 2

北京市朝阳区人民法院经审理认为，被告人刘勇法制观念淡薄，为牟私利，未经著作权人许可，在其经营的公司内，复制发行音像制品，情节严重，其行为触犯了刑律，已构成侵犯著作权罪，应予惩处。鉴于被告人刘勇认罪态度较好，故酌情对其予以从轻处罚。被告人刘勇犯侵犯著作权罪，判处拘役 5 个月，罚金人民币 1 万元。

案例 3

北京市朝阳区人民法院经审理认为，被告人王长合无视国法，以营利为目的，未经著作权人许可，擅自发行其音像作品，情节严重，其行为触犯了刑律，已构成侵犯著作权罪，依法应予惩处。公诉机关指控被告人王长合犯侵犯著作权罪的事实清楚，证据确实、充分，罪名成立。鉴于被告人王长合当庭能够自愿认罪，具有一定悔罪表现，故对其所犯侵犯著作权罪酌情予以从轻处罚。被告人王长合犯侵犯著作权罪，判处有期徒刑 6 个月，罚金人民币 1 万元。

案例 4

北京市朝阳区人民法院经审理认为，被告人王庆池目无国法，以营利为目的,未经著作权人许可复制、发行其作品,情节严重,其行为触犯了刑律,已构成侵犯著作权罪,应予惩处。北京市朝阳区人民检察院指控被告人王庆池犯侵犯著作权罪的事实清楚,证据确实、充分,指控罪名成立。鉴于被告人王庆池当庭认罪态度较好等情节,故对其酌情予以从轻处罚。被告人王庆池犯侵犯著作权罪,判处有期徒刑10个月,罚金人民币1 000元。

三、案例评析

对贩卖未经著作权人许可而擅自复制的光盘即“盗版”光盘行为的定性并不复杂:当行为人的违法所得数额较大或者有其他严重情节之时,对其贩卖盗版光盘的行为应该以侵犯著作权罪定罪处罚。当行为人贩卖非法光盘等出版物情节严重时,对其贩卖非法光盘的行为应该以非法经营罪定罪处罚。在以上列举的4个案例中,贩卖光盘之人也都因为犯侵犯著作权罪或者非法经营罪而受到法律的惩处,案情相对简单,争议不大。但4个案例都有一个共同的特点,即被告人都是在向他人出售光盘之时被当场抓获,这也就意味着同时被执法机关发现的并不仅仅是被告人及被告人的出售行为,而是整个非法交易活动,当然也就包括该活动中的另一方主体即购买盗版光盘的人。对于购买盗版光盘之人的行为应当如何定性,存在一定争议。

(一)我国关于购买侵权复制品行为的相关法律规定

单纯购买侵权复制品在我国不构成犯罪,这是可以肯定的。《著作权法》所列举的侵权行为中也只有4种可以构成侵犯著作权罪,也即侵犯著作权的行为和构成侵犯著作权罪的行为并非一一对应。除了刑法之外,在行政法律、法规中也没有规定购买侵权复制品行为的法律责任,剩下的问题是此类行为是否构成民事上的侵权行为。

我国《著作权法》对侵犯著作权及邻接权的行为采取的是列举式的立法方式,即该法的第47条、第48条中所列举的数种行为,其中并没有规定购买侵权复制品的行为构成对著作权及邻接权的侵犯,或者可以说我国《著作权法》对此类行为是否侵权这一问题没有明确规定。从理论上讲,由以复制权为中心的传统著作权法体系中必然会导出购买侵权制品不构成对《著作权法》的侵犯的结果。虽然由于复制技术的急速普及,传统的著作权制度发生了松动,各国著作权法都开始规制部分获取行为,我国法律也不例外,但仅限于《著作权法》第 47 条第(六)项中规定的行为即“未经著作权人或者与著作权有关的权利人许可,故意避开或者破坏权利人为其作品、录音录像制品等采取的保护著作权或者与著作权有关的权利的技术措施”。[①] 可见,我国的法律并没有把单纯购买盗版文字作品等传统作品形式的行为界定为侵犯著作权及邻接权的行为。但当购买行为的对象是盗版的计算机软件之时,法律却有例外的规定。《计算机软件保护条例》第 30 条规定:“软件的复制品持有人不知道也没有合理理由应当知道该软件是侵权复制品的,不承担赔偿责任;但是,应当停止使用、销毁该侵权复制品。”“持有人”应当包含因购买软件而持有之人,“不知道也没有合理理由应当知道该软件是侵权复制品的,不承担赔偿责任”的言外之意就是说“有合理理由应当知道该软件是侵权复制品的”,应当承担侵权责任,反之虽然不需要承担侵权责任,但其行为从性质上讲却仍然是侵权行为。除了《计算机软件保护条例》之外,最高人民法院《关于审理著作权民事纠纷案件适用法律若干问题的解释》第 21 条规定:“计算机软件用户未经许可或者超过许可范围商业使用计算机软件的,依据著作权法第四十七条第(一)项、《计算机软件保护条例》第二十四条第(一)项的规定承担民事责任。”可见,司法解释将商业使用盗版软件的终端用户排除在《计算机软件保护条例》第 30 条规定的“软件的复制品持有人”之外,将其视为非法复制行为人追究民事责任。[②] 以上关于计算机软件终端用户责任问题的规定体现了对计算机软件的特殊保护。

总之,单纯购买计算机软件之外的其他侵权复制品的行为在我国当前的法律中既不是违法犯罪行为,也不构成对著作权及邻接权的侵犯。

---

① 参见徐棣枫、解亘、李友根:《知识产权法:制度 · 理论 · 案例 · 问题》,科学出版社 2005 年版,第 242 页。

② 参见练天成:《盗版软件商业使用人须承担赔偿责任》,载《人民司法》2008 年第 18 期。

在实践中，购买盗版制品的行为所包含的情形要比单纯购买行为复杂得多，例如如果贩卖者原本没有贩卖的意图而仅仅是持有侵权复制品，购买者唆使原本没有贩卖侵权复制品意图的人贩卖这些物品，则可能成立教唆犯，此时应当认定购买者与贩卖者构成侵犯著作权罪的共犯。但此时的"购买"显然已经不是一种单纯的购买行为，真正被定罪处罚的也并不是购买行为本身，而是购买者的教唆行为，不能把这种情形混同于单纯购买行为。

（二）购买侵权复制品的行为是否应当入罪

从根本上讲，复制和贩卖侵权复制品的行为大量存在与市场上有着巨大的需求量是分不开的。违法犯罪分子之所以会铤而走险，归根到底还是源于盗版所能够带来的高额利润。从这个意义上讲，盗版制品的购买者在盗版横行的现象中是负有较大责任的。如果能够通过法律上的惩罚甚至严惩遏制住购买者这一具有"源头"效应群体的需求，理论上讲确实有利于打击盗版。但笔者不赞同把单纯购买盗版制品的行为入罪。

首先，把购买盗版制品的行为入罪，会打破著作权法应当注重的著作权人与社会大众利益之间的平衡关系。著作权法一方面保护作者的权利，鼓励其创作，并使这种创作通过传播得到最广泛的利用；另一方面，也维护广大公众的权益，尤其是教育、研究和获得信息的利益，使二者之间达到适当的平衡，使全社会都能从这种创作中受益。[①]正是由于在著作权法等知识产权法中强调著作权人与社会大众利益的平衡，所以法律才在赋予了著作权人以著作权的同时，又对其加以必要的限制，这集中体现为著作权的合理使用等制度。尽管随着社会的发展变化，著作权法会随之对相关制度进行调整以维护二者的平衡关系，但总体来说，通过刑法的手段来保护著作权必须注重其适度性。由于单纯的购买行为在我国尚不构成侵权，也就意味着对相关行为的规制尚未进入私法的"视野"。著作权等知识产权虽然因带有一定的公共属性而与传统的私权不完全相同，但其归根结底还是私权，对私权的保护首要的还是要通过私法的渠道。例如，《计算机保护条例》中

① 参见汤宗舜：《著作权法原理》，知识产权出版社 2005 年版，第 14 页。

规定的商业使用人的民事责任,就可以看做是对购买使用行为进行私法规制的有益尝试。

其次,从刑法中对合犯的相关理论来看,也不宜把购买盗版制品的行为入罪。对合犯,通常指基于双方互为行为对象的行为而成立的犯罪。对合犯不仅包括具有对合关系的双方所犯罪名相同的情形,也包括具有对合关系的双方所犯罪名不同的情形,还包括一方构成犯罪而另一方不构成犯罪的情形。[①] 购买侵权复制品、淫秽物品显然属于对合犯的最后一种情形,即只有贩卖的一方入罪而购买的一方不入罪。大体上讲,对合犯又可以分为买卖型对合犯和非买卖型对合犯两类。买卖型对合犯中双方都入罪的情形大多数都是买卖的对象本身具有较大的社会危害性,例如非法买卖枪支、弹药、爆炸物罪中的枪支、弹药、爆炸物,非法买卖危险物质罪中的危险物质,非法买卖毒品原植物种子、幼苗罪中的毒品原植物种子、幼苗等。也即买卖的对象本身流入社会就可能会对社会造成较大的危害,或者说买卖的对象往往可以被用来实施其他犯罪活动。而盗版制品本身并不会对社会造成危害,因为其盗版的内容一般而言都具有一定的阅读、观赏、应用等价值。相比较而言,既然购买非法出版物、淫秽物品这些内容本身对社会有害的复制品尚且不是犯罪,就更不宜把购买侵权复制品的行为入罪。

最后,不把购买盗版制品的行为入罪体现了刑事政策的需要。我国当前购买盗版制品的行为还比较普遍。如果把这类行为入罪,必然会造成打击面过大的局面,其实际执行效果难以保证。就我国而言,知识产权保护的完善主要在于执法,而非立法。如果一项制度制定之后难以执行,法律的威信就会受到影响。而且,我国历史上缺少法治的传统,尤其是对于知识产权等非传统的财产权缺少保护意识,大量民众并不具有视侵犯知识产权的行为如传统的盗窃犯罪行为一样的羞耻心和谴责的观念。直接把购买盗版制品的行为入罪,显然难以得到社会大众的认同。

虽然我国当前不宜把购买盗版制品的行为入罪,但不等于我们不需要反对甚至是拥护这种行为。任何一个国家知识产权法律制度的

---

① 参见袁彬:《论对合犯的共犯问题》,载《山东警察学院学报》2005年第2期。

完善都有一个渐进的过程,这一过程的推进需要社会大众的广泛参与。只有社会大众真正开始自觉抵制盗版的时候,大量的侵犯著作权行为才会从根本上得到遏制。

四、分析结论

购买"盗版"制品的行为在我国当前不是犯罪行为,也不构成对著作权的侵犯。

书号和合法出版物的关系

——李红兵侵犯图书著作权案

袁宏山

一、基本案情

被告人:李红兵,1985 年因偷窃被劳动教养二年,1996 年 1 月 18 日因本案被逮捕。

1995 年 2 月至 5 月间,被告人李红兵通过他人获取美国环球托拉斯出版集团安德鲁和马克米切尔出版社出版的《三维立体画世界》及江苏文艺出版社出版的《孽债》一书后,非法印刷《三维立体画世界》共计 12.318 万本,非法印刷《孽债》2.9 万余本,并进行销售,非法经营额合计 240 万余元。1995 年 6 月至 8 月间,被告人李红兵通过他人购得书号、照片、手稿后,制作了《东方惊艳——刘晓庆映画集》一书,共印 2.5 万册,后予以销售;非法印刷了《中国人的 1997——香港问题面面观》一书 5 万册,用于发售和抵债等,非法经营额合计 60 万余元。经江苏省新闻出版局鉴定:《三维立体画世界》《孽债》为侵犯著作权的非法出版物;《东方惊艳——刘晓庆映画集》为非法出版物;《中国人的 1997——香港问题面面观》属有严重政治错误的非法出版物。1995 年 11 月 13 日,被告人李红兵从外地归宁岳,得知公安机关传讯,即前往派出所,经讯问交代了犯罪事实,并提供了他人犯罪的线索,可视为投案自首和有立功表现。

上述事实有下列证据证明:

1. 查获的样书等物证;

2. 发排单、托运单、收据、印刷合同、生产单、包裹单、发票、书信、记录等书证;

3. 征人徐群力、姚革等 20 余人的证言；

4. 江苏省新闻出版局的鉴定；

5. 被告人李红兵的供述。

江苏省南京市鼓楼区人民检察院指控称：被告人李红兵以营利为目的，未经著作权人许可，出版他人享有版权的图书；从事非法出版物的出版、印刷、发行、销售活动。情节特别严重，其行为已分别构成侵犯著作权罪和投机倒把罪，提请依法惩处。

被告人李红兵辩称，他除盗印《孽债》外；其余均有出版社提供的书号，不应指控为犯罪。辩护人刘允忠、凌大量辩称：本案出版单位有一定的责任，非法出版物鉴定程序不当。

二、判决结果

江苏省南京市鼓楼区人民法院认为：被告人李红兵以营利为目的，未经著作权人许可，出版他人享有版权的图书，从事非法出版物的出版、印刷、发行、销售活动，情节特别严重，已分别构成侵犯著作权罪、投机倒把罪。南京市鼓楼区人民检察院指控被告人李红兵犯侵犯著作权罪、投机倒把罪，事实清楚，证据充分，应予采纳。被告人李红兵的辩解，经查不符合事实，没有法律依据，不予采纳。被告人的辩护人第一点辩护意见，已作考虑；第二点辩护意见，经查，鉴定单位所作的鉴定并无不当，故该辩护意见不予采纳。被告人李红兵归案后认罪态度较好，有投案自首和立功情节，可从轻处罚。

江苏省南京市鼓楼区人民法院根据全国人大常委会《关于惩治侵犯著作权的犯罪的决定》第一条第（一）项、第（二）项及《关于严惩严重破坏经济的罪犯的决定》第一条第（一）项和《中华人民共和国刑法》第一百一十八条、第六十三条、第六十四条、第五十一条第一款、第五十二条之规定，作出如下判决：

李红兵犯侵犯著作权罪，判处有期徒刑 3 年 6 个月，并处罚金人民币 1 万元；犯投机倒把罪，判处有期徒刑 10 年 6 个月，剥夺政治权利 2 年；决定执行有期徒刑 11 年，剥夺政治权利 2 年，并处罚金人民币 1 万元。

三、案例评析

（一）争议问题

本案在审理过程中，对出版物的性质有不同的意见：第一种意见认为，被告人除盗印《孽债》外，其余均有出版社提供的书号，不应指控为犯罪；第二种意见认为，书号并非出版物具有合法性的必要充分条件，因而出版物具有书号也可能是非法出版物。

（二）评析意见

1. 书号的含义

所谓书号，顾名思义，是书籍的统一编号，就像机动车辆的牌号一样，是用来把一本图书同另一本图书区分开来的字母和数字。我们通常见到的书号就是图书封底的条形码和一串数字符号。为对出版物进行调控管理，新闻出版管理机关将书号统一分配至各个出版社。

中国标准书号是由标识符 ISBN 和 13 位数字组成，其中 13 位数字分为 EAN · UCC 前缀、组区号、出版者号、出版序号、校验码五部分，是为在中国的合法出版者所出版或制作的每一出版物及每一版本提供的国际通用的标示编号。书号有中国标准书号和书号条码两种识读形式。书号条码是书号的机读形式，是一种计算机识读数字的语言，可被光电扫描阅读设备识读并实现数据输入计算机。它的适用范围包括图书、电子出版物以及其他非印刷形式的出版物，如互联网出版物。我国实行出版物条码统一制作和管理的制度，中国标准书号的编制与发放、中国标准书号条码的制作和管理由新闻出版总署条码中心专门负责。①

2. 书号的功能

我国实行的标准书号有两种功能：

一是识别功能。书号是出版物的一个基本标识项，它和书名、作者、出版者、出版地、出版年、版次项、开本、印张、字数、定价等都是对出版物特征的描述义项。因此，书号也是出版物天然的、不可或缺的组成要素。中国标准书号作为国际标准书号系统的组成部分，它的首

① 参见何皓：《书号：作为出版宏观调控的手段》，载《出版科学》2009 年第 1 期。

要功能在于为出版物提供国际通用的、唯一的、永久的标识号码,使利用计算机或者其他现代技术进行出版物贸易管理和信息交流获得更高的效率,并为出版物的分类统计和销售陈列创造条件,广泛地应用于出版、发行、图书馆藏、版权贸易等相关环节,有利于推进我国出版业与国际书业的交流。书号是文献出版的确认。只有赋予书号,文献才算正式出版,书号对文献具有“唯一性、专用性和永久性”。它也是出版物得以发行,公开进入流通环节的许可“昭示”。书号还是出版物馆藏组织的入口词,是检索查阅出版物的途径。中国标准书号系统的推广和应用,为我国出版业信息交流和信息化发展奠定了重要基础。①

二是管理功能。在我国,书号是由出版单位向出版管理部门领取并无偿使用的。只有经国家正式批准的出版单位才允许从事出版活动,才能领取书号。为了更好地管理书号,从 1994 年起,新闻出版总署开始实施书号总量宏观调控政策。这一政策是为了抑制当时图书总量的盲目增长,减少低水平重复出版,压缩低质量平庸图书品种,遏制“买卖书号”现象。② 目前,我国对出版社的书号管理政策是宏观调控、总量控制。图书出版自实行书号总量宏观调控以来,取得了明显成效,有效地抑制了总体数量的盲目增长,优化了出书结构,提高了图书的整体质量,压缩了低质平庸图书的品种,实现了宏观层面的质量和效益的不断提高。书号是行业特许经营的表征。只有国家批准设立的出版机构才能获得书号,而可否拥有、使用书号是出版单位合法性与否的标志。它代表了权利、责任、义务,也是获准授权从事出版经营活动、取得经济利益并承担经营风险的条件。

出版者作为国际 ISBN 系统中的终端管理环节和中国标准书号的具体应用单位,对整个 ISBN 系统的有序运行起着非常重要的作用。2007 年 1 月 1 日实施的《中国标准书号》规定出版单位主要应履行以下义务:第一,保证所分配和使用的中国标准书号的唯一性,任何情况下都不得重复使用;第二,正确管理和使用中国 ISBN 中心分配和设置的专用中国标准书号的出版序号编号段,不得以任何方式转给他人;第三,向中国 ISBN 中心提供使用中国标准书号的出版物元数据,也就

① 参见何皓:《书号:作为出版宏观调控的手段》,载《出版科学》2009 年第 1 期。

② 罗李娟:《从书号总量宏观调控到书号实名申领》,载《出版参考》2008 年第 10 期。

是要报送书号所对应的出版物信息,包括题名、著作者、出版者、出版日期等内容。

3. 书号与出版物合法性的关系

如上所述,书号是出版管理部门进行出版宏观管理的重要杠杆和手段。只有国家批准设立的出版机构才能获得书号,而可否拥有、使用书号是出版单位合法性与否的标志。它代表了权利、责任、义务,也是获准授权从事出版经营活动,取得经济利益并承担经营风险的条件。因而,没有书号的出版物不具有合法性,是非法出版物,个人或者单位用这种出版物来进行销售或者向不特定人群赠与的属于发行行为,都是不合法的。那么,取得书号的出版物就是合法出版物吗?对这一问题,不能一概而论,应结合书号的取得方式和出版物的内容等进行认定。如果书号是通过正当程序经国家出版管理相关部门的审批而取得的,即通过正当途径获得的,书号可作为出版物合法性的标志。

2001 年 12 月 12 日国务院第 50 次常务会议通过并于 2011 年 3 月 19 日修订的《出版管理条例》第 21 条第 1 款规定:"出版单位不得向任何单位或者个人出售或者以其他形式转让本单位的名称、书号、刊号或者版号、版面,并不得出租本单位的名称、刊号。"第 66 条规定,出版单位出售或者以其他形式转让本出版单位的名称、书号、刊号、版号、版面,或者出租本单位的名称、刊号的,由出版行政主管部门责令停止违法行为,给予警告,没收违法经营的出版物、违法所得,违法经营额 1 万元以上的,并处违法经营额 5 倍以上 10 倍以下的罚款;违法经营额不足 1 万元的,并处 1 万元以上 5 万元以下的罚款;情节严重的,责令限期停业整顿或者由原发证机关吊销许可证。据此,出版单位以外的任何单位或个人如果以购买或租赁的方式取得书号出版的出版物,都是非法的。也就是说,尽管取得了书号,也不意味着出版物合法。

出版物的内容如果不符合法律的规定,也属于非法出版物。2011 年 3 月 19 日修订的《出版管理条例》第 25 条规定:"任何出版物不得含有下列内容:(一) 反对宪法确定的基本原则的;(二) 危害国家统一、主权和领土完整的;(三) 泄露国家秘密、危害国家安全或者损害国家荣誉和利益的;(四) 煽动民族仇恨、民族歧视,破坏民族团结,或者侵害民族风俗、习惯的;(五)宣扬邪教、迷信的;(六)扰乱社会秩序,破坏社会稳定的;(七)宣扬淫秽、赌博、暴力或者教唆犯罪的;(八)侮辱或者诽谤他人,侵害他人合法权益的;(九)危害社会公德或者民族优秀文化传统的;(十)有法律、行政法规和国家规定禁止的其他内容的。”第26条规定:“以未成年人为对象的出版物不得含有诱发未成年人模仿违反社会公德的行为和违法犯罪的行为的内容,不得含有恐怖、残酷等妨害未成年人身心健康的内容。”第40条规定:“印刷或者复制单位、发行单位不得印刷或者复制、发行有下列情形之一的出版物:(一)含有本条例第二十五条、第二十六条禁止内容的;(二)非法进口的;(三)伪造、假冒出版单位名称或者报纸、期刊名称的;(四)未署出版单位名称的;(五)中学小学教科书未经依法审定的;(六)侵犯他人著作权的。”如果出版物的内容符合《出版管理条例》上述规定的特征,均属于非法出版物。

4.“买卖书号”的问题

众所周知,书号只是一本书作为正式出版物的标志,它只是一串数字和一个条形码,便于识别和保护知识产权,本身并没有经济价值。但长期以来,在我国只有拥有专有出版权的出版单位,才能获得书号的使用权,书号成为国家赋予出版单位的特许标志。强化书号管理的本意是便于管理部门对出版业的总体规控,实现资源的有效配置;其负面效果是导致“买卖书号”“一号多书”等问题。①

为利用社会力量,扩大资金来源,解决学术著作、自然科学和工程技术方面图书出版难的问题,我国允许“协作出版”,但对协作出版的范围、对象作出严格限制,同时要求协作出版的书稿须经出版单位终审、终校。但有的出版单位为了谋求更高的经济效益,偏离了“协作出版”的原则,放弃了对终审、终校和印刷环节的职责。在收到“书号管理费”后,就拱手让出了对某些图书的终审、终校和印刷控制权。一些不法书商借此可乘之机,出版了大量披着合法外衣的“非法出版物”,即“买卖书号(刊号、版号)”的非法出版物。这些出版物已渗透到图书、报刊、音像出版物和电子出版物领域,大多印装质量不高,出版标

① 参见孙利军:《对出版体制改革背景下书号实名申领制的思考》,载《中国出版》2009年第5期。

识不规范,内容多打擦边球,扰乱了市场正常经营秩序。

要确定是否属“买卖书号”,一是看出版社有没有以管理费、书号费和其他费用的名义收取费用;二是看有没有出让国家出版管理部门赋予的编辑、印刷、发行出版物的权力,放弃相关环节的监管责任;三是看有没有给非法出版单位或个人提供书号,并使他们以出版社的名义出书牟利。

(三)本案评析

本案被告人以营利为目的,未经著作权人许可,出版他人享有专有出版权的图书,数额巨大,构成侵犯著作权罪;从事非法出版物的出版、印刷、发行、销售活动,情节特别严重,构成投机倒把罪(根据1997年系统修订后的《刑法》,应构成非法经营罪)。被告人以其出版的图书具有书号为由辩称其出版的图书是合法出版物是站不住脚的。因而法院对其行为以侵犯著作权罪和投机倒把罪进行处罚,是符合法律规定的。

四、分析结论

书号是识别图书的唯一编号,具有书号的出版物一般是合法的出版物。但是通过买卖或出租等非法途径获取书号并出版的图书为非法出版物,具有书号但图书具有非法内容的也属于非法出版物。

侵犯著作权罪非法经营额及共犯的认定
——李渭渭等侵犯图书著作权案

左坚卫

一、基本案情

被告人李渭渭、哈翎因从事个体经营而相识。1999年秋，李、哈为谋取非法利益，共谋出资复制发行1999年版普及本《辞海》（每套分上、中、下三卷，下同）后，由哈向李提供一套《辞海》样书及出资人民币15万元，李渭渭则向朋友刘正军借款人民币29万余元作为出资，并负责与陕西省汉中印刷厂（以下简称汉中印刷厂）联系复制《辞海》的具体事宜。同年12月，汉中印刷厂副厂长张明在未经辞海编辑委员会和上海辞书出版社同意的情况下，与李渭渭达成复制《辞海》5 000套，每套加工费人民币120元的协议。李渭渭向汉中印刷厂提供了《辞海》的菲林片，并预付加工费人民币30万元后，汉中印刷厂即开始复制。其间，两被告人还到汉中印刷厂检查复制质量。至2000年3月止，汉中印刷厂实际复制《辞海》共计4 700余套，每套定价人民币480元。同年4月至5月间，两被告人从汉中印刷厂提取《辞海》约2 400套，并将其中1 848套以低价批发给新疆、吉林、辽宁、浙江、上海、福建、陕西、四川、河南等地的书商销售。案发后，公安机关从汉中印刷厂缴获复制《辞海》2 300套，从各地书商等处陆续收缴600余套。

二、裁判结论

本案一审法院上海市第二中级人民法院认为，《辞海》是由辞海编辑委员会组织人员创作并由上海辞书出版社出版的编辑作品。根据当时适用的、1990年9月7日全国人大常委会通过的《中华人民共和国著作权法》第 14 条关于编辑作品由编辑人享有著作权的规定,《辞海》的著作权应归属于辞海编辑委员会。同时,根据上述《著作权法》第 21 条第 2 款关于法人或者非法人单位的作品、著作权由法人或者非法人单位享有的职务作品,其发表权、使用权和获得报酬权的保护期为 50 年,截止于作品首次发表后第 50 年的 12 月 31 日的规定,《辞海》的著作权受法律保护。被告人李渭渭、哈翎以营利为目的,未经著作权人辞海编辑委员会的许可,共同出资并复制发行《辞海》4 700 余套,每套定价人民币 480 元,非法经营额达人民币 220 万余元,根据当时适用的 1998 年 12 月 23 日起施行的最高人民法院《关于审理非法出版物刑事案件具体应用法律若干问题的解释》的有关规定,属于"有其他特别严重情节"。据此,两被告人的行为均已构成侵犯著作权罪,依法应予惩处。鉴于李渭渭能主动投案,如实供述犯罪事实,有自首情节,可依法从轻处罚。被告人哈翎家属帮助哈退赔人民币 5.5 万元,可对哈酌情从轻处罚。故判决:

1. 被告人李渭渭犯侵犯著作权罪,判处有期徒刑 3 年,并处罚金人民币 4 万元。

2. 被告人哈翎犯侵犯著作权罪,判处有期徒刑 4 年,并处罚金人民币 5 万元。

3. 违法所得予以追缴,非法复制发行的《辞海》予以没收。

三、案例评析

(一)关于本案中被告人的非法经营额的认定问题

公诉机关指控,被告人李渭渭、哈翎经共谋决定两人各投资人民币 15 万元盗印上海辞书出版社出版的《辞海》普及本 5 000 套,非法经营额人民币达 240 万元。李渭渭的辩护人认为,公诉机关指控李渭渭的经营数额有误,应以被告人李渭渭实际销售 1 848 套盗印《辞海》的总价认定,而不能以盗印 5 000 套《辞海》的总价认定;另一被告人哈翎的辩护人也认为,公诉机关将复制的《辞海》以每套人民币 480 元的价格认定哈翎经营数额有误,应以被告人实际销售的价格认定。一审法院则根据公安机关从汉中印刷厂当场缴获以及从该厂发出的复制《辞海》的总数乘以单册定价,认定非法经营额为 220 万元。那么,究竟应当以什么为标准来认定本案的非法经营额呢？对此，需要根据有关司法解释规定的非法经营额的计算方法来确定。

本案发生于1999年，当时审理侵权著作权案件所根据的司法解释是最高人民法院发布、1998年12月23日起施行的《关于审理非法出版物刑事案件具体应用法律若干问题的解释》。该《解释》第17条第1款规定："本解释所称'经营数额'，是指以非法出版物的定价数额乘以行为人经营的非法出版物数量所得的数额。"只有在非法出版物没有定价或者以境外货币定价的情况下，其单价数额才按行为人实际出售的价格认定。根据上述判断标准，本案中被告人的非法经营额，应当是其非法复制的《辞海》数量乘以单册《辞海》的定价即480元所得数额，而不是以其实际销售的数量乘以实际销售价格来计算。被告人李渭渭及哈翎的辩护人在复制的《辞海》已有明确定价的前提下，仍提出要以每套实际出售的价格认定非法经营额的辩护意见，显然与有关司法解释的规定不符，不能成立。公诉机关与一审法院的认定标准是正确的，他们的分歧在于被告人究竟非法复制了多少册《辞海》。对此，公诉机关认定的是5 000套，其根据是汉中印刷厂出具的证明和该厂经办人员的证言以及被告人李渭渭的供述等证据；一审法院认定的是4 700余套，根据是上海市版权局出具的证明汉中印刷厂当场被缴获《辞海》的数量是2 376套的《上海市没收物品统一收据》，以及证明汉中印刷厂发出复制《辞海》的数量为2 400余套的证人张一鸣、张明、张存光与被告人李渭渭供述一致的陈述。笔者认为，虽然不能排除本案被告人实际上非法复制了5 000套《辞海》的可能，但在检察机关未能提供充分的证据证明200余套《辞海》的去向的情况下，一审法院在"汉中印刷厂"当场被缴获的盗版《辞海》数量加上发出的数量作为非法复制的《辞海》总数，是妥当的。

需要注意的是，虽然本案因发生于1999年，从而适用1998年的司法解释关于"非法经营数额"的标准是正确的，但最高人民法院、最高人民检察院2004年发布的《关于办理侵犯知识产权刑事案件具体应用法律若干问题的解释》对此已经作出新的规定，该《解释》第12条明确规定："本解释所称"非法经营数额"，是指行为人在实施侵犯知识产权行为过程中，制造、储存、运输、销售侵权产品的价值。已销售的侵权产品的价值，按照实际销售的价格计算。制造、储存、运输和未销售的侵权产品的价值,按照标价或者已经查清的侵权产品的实际销售平均价格计算。侵权产品没有标价或者无法查清其实际销售价格的,按照被侵权产品的市场中间价格计算。"因此,处理2004年以后的侵犯知识产权刑事案件,应当以2004年的司法解释的规定为准。

(二)关于两被告人是否存在共谋行为

被告人哈翎及其辩护人均提出,被告人哈翎与李渭渭事前并不存在共谋行为。一审法院认为,李渭渭供述,1999年秋,他到南京向哈翎催要书款时,哈以目前市场上《辞海》三卷本需求量较大等为由,要求与其共同出资复制《辞海》。而哈翎辩称,李渭渭于1999年10月来南京结算书款时只是向他打听《辞海》的销售情况。同年11月以后,在李多次要求与其共同出资复制《辞海》并许诺给其一定金额回报的情况下,他才同意李的要求。综合两被告人的供述,尽管他们对谁起意复制《辞海》互相推诿,在共同商量复制《辞海》的时间、内容等具体细节上说法不同,但李渭渭在与汉中印刷厂达成复制《辞海》协议以前,就与哈翎商量过共同出资复制《辞海》的事实已得到了证实,应认定两被告人在实施复制《辞海》行为前已进行过共谋。哈翎否认事前共谋及辩护人认为证明哈翎共谋证据不足的辩解和辩护意见不能成立。那么,现有证据是否足以证明两被告人存在共谋行为呢?

所谓共谋,又称通谋,即通气和谋划,是指共同犯罪人在着手实行犯罪以前,进行了不同程度的商议和策划。[①] 显然,共谋行为发生于犯罪实行行为之前。只要在共同犯罪人着手实行《刑法》分则规定的危害行为之前,进行过商议和策划,就应当认定存在共谋。本案中,被告人李渭渭说是哈翎主动向他提出两人共同出资复制《辞海》,哈翎则说是李渭渭多次主动要求与其共同出资复制《辞海》,虽然难以判断究竟是谁先发起犯意,有一点却是可以肯定的,那就是两人最终达成了共同出资非法复制《辞海》的意向并付诸实施。那么,这个意向是如何达成的呢?显然离不开他们之间的商议、谋划。可见,他们在实施复制《辞海》行为前确实已进行过共谋。因此,一审判决认定他们存在共谋行为是有理有据的。

---

① 参见赵秉志主编:《刑法总论》,中国人民大学出版社2007年版,第329页。

（三）关于被告人哈翎是否属于从犯的问题

本案中，哈翎的辩护人提出，哈翎在共同犯罪中起次要作用，系从犯。一审判决则认为，被告人李渭渭、哈翎为牟取非法利益，经事前共谋复制发行《辞海》，又共同出资、监督复制质量，共同发行《辞海》。在整个过程中，哈翎负责提供样书，李渭渭具体联系印刷单位、提供菲林片和预付加工费等，两被告人互相分工、互相配合，成为共同犯罪中不可缺少的组成部分，在共同犯罪中的地位、作用基本相当。故哈翎的辩护人认为哈翎在共同犯罪中起次要作用，属从犯的辩护意见不能成立。那么，哈翎在本案中究竟是否属于从犯呢？笔者认为，一审判决认定两人在共同犯罪中的地位、作用基本相当，存在一定的不妥之处。这种不妥之处在于，一审判决在能够对两被告人在共同犯罪中的作用作出区分的情况下，没有认真仔细地加以区分，其否认哈翎属于从犯的根据并不充足。

本案属于一般共同犯罪案件。不可否认，在一般共同犯罪案件当中，当根据已有的证据难以分清主从犯时，可以不分主从犯，直接按各行为人在共同犯罪中所起的作用判处刑罚。但是，司法机关首先而且尽力要做到的，是充分考虑各被告人在共同犯罪中的地位和作用，以及在主观恶性和人身危险性方面的不同，根据事实和证据，分清主从犯。从本案的有关情况来看，尽管查明谁是犯意发起者较为困难，但还是很有条件分清主从犯的。这是因为，两人合谋以后，各实施了哪些行为，是完全有条件查明的。由于本案中的行为人是委托汉中印刷厂非法复制《辞海》，然后直接从印刷厂将《辞海》提出发往各地，因而很容易查明在此过程中，主要是谁在从事非法复制发行活动。从一审法院查明的事实来看，被告人李渭渭在共同犯罪起到了主要作用，主要表现在：第一，是李渭渭出面与汉中印刷厂进行洽谈，并与汉中印刷厂达成复制《辞海》的协议；第二，是李渭渭向汉中印刷厂提供了《辞海》的菲林片，并预付加工费；第三，是李渭渭与哈翎一起到汉中印刷厂检查复制质量；第四，是李渭渭与哈翎共同到汉中印刷厂提取《辞海》，并发往各地书商销售。可见，被告人李渭渭参与了非法复制发行《辞海》的全部犯罪活动，而哈翎只参与了其中部分行为，应当认定李渭渭在共同犯罪中的作用要大于哈翎。然而，一审判决得出的结论却是两人在共同犯罪中的地位、作用基本相当,因而是不妥的。

(四)汉中印刷厂的行为定性问题

本案中,汉中印刷厂副厂长张明在未经辞海编辑委员会和上海辞书出版社同意的情况下,与李渭渭达成复制《辞海》5 000 套,每套加工费人民币 120 元的协议。对张明的这一行为,司法机关没有进行追究。那么,该行为应当如何定性?司法机关对汉中印刷厂及其直接负责的主管人员张明不予追究是否合法?笔者认为,该行为符合单位犯罪的成立条件,应当以单位犯罪追究汉中印刷厂及其直接负责的主管人员张明的刑事责任,罪名是侵犯著作权罪。理由如下:

第一,汉中印刷厂及其直接负责的主管人员张明的行为已经构成侵犯著作权罪。根据当时适用的《刑法》第 217 条的规定,以营利为目的,违反著作权法规定,未经著作权人许可,复制发行其作品,出版他人享有专有出版权的图书,违法所得数额较大或者有其他严重情节的,即构成侵犯著作权罪。从汉中印刷厂及张明与李渭渭签订的复制《辞海》协议的内容可以看出,该厂是以营利为目的,实施有关复制行为。《辞海》的著作权属于辞海编辑委员会,上海辞书出版社享有该图书的专有出版权。汉中印刷厂在未经上述二单位的同意的情况下,擅自复制《辞海》,其行为属于违反著作权法规定,未经著作权人许可,复制发行其作品,出版他人享有专有出版权的图书。已经查明的复制数量达 4 700 余套,非法经营额达 220 万余元,即使按前引司法解释中关于单位犯罪的定罪标准来衡量,也已经达到“其他严重情节”的程度。因此,该行为已经具备侵犯著作权罪的主客观方面要件,构成了侵犯著作权罪。

第二,汉中印刷厂复制发行《辞海》的行为属于单位行为。根据 2001 年 1 月 21 日《全国法院审理金融犯罪案件工作座谈会纪要》的规定,以单位名义实施犯罪,违法所得归单位所有的,是单位犯罪。本案中,张明是以汉中印刷厂的名义与李渭渭签订复制《辞海》的协议,所得收益也属于单位而没有归其个人,因而属于单位犯侵犯著作权罪。

本案实际上是由单位和个人勾结实施的侵犯著作权共同犯罪。共同犯罪既可以均由自然人实施,也可以均由单位实施,还可以由单位和个人共同实施,因此,本案属于共同犯罪并不影响本案的行为人可以是单位。

四、结论

1998年以前,侵犯著作权罪中的“非法经营数额”,是指以非法出版物的定价数额乘以行为人经营的非法出版物数量所得的数额。2004年以后,“非法经营数额”,是指行为人在实施侵犯知识产权行为过程中,制造、储存、运输、销售侵权产品的价值。本案一审法院以“汉中印刷厂”当场被缴获的盗版《辞海》数量加上发出的数量作为非法复制的《辞海》总数乘以定价来计算非法经营数额是妥当的。但当前处理此类案件则应当以实际销售的价格计算。

根据本案现有证据虽然难以查明究竟是李渭渭还是哈翎先发起犯意,但足以认定两人在非法复制《辞海》之前进行过商议、谋划。因此,一审判决认定他们在实施复制《辞海》行为前进行过共谋是有理有据的。

综合全案来看,被告人哈翎在共同犯罪中所起作用要小于李渭渭,一审判决得出的结论却是两人在共同犯罪中的地位、作用基本相当,这有欠妥当。

汉中印刷厂在本案中构成单位犯罪,与李渭渭、哈翎成立共同犯罪。司法机关不追究汉中印刷厂及其直接负责的主管人员的刑事责任,有欠妥当。

附:

上海市第二中级人民法院

刑事判决书

(2002)沪二中刑初字第77号

公诉机关:上海市人民检察院第二分院。

被告人:李渭渭,因涉嫌犯侵犯著作权罪于2001年11月13日被取保候审,2002年2月5日被逮捕。现羁押于上海市看守所。

辩护人:杜关洪,上海市润和律师事务所律师。

被告人:哈翎,因涉嫌犯侵犯著作权罪于2001年6月16日被刑事拘留,同年7月15日被取保候审,2002年2月5日被逮捕。现羁押于上海市看守所。

辩护人:潘志远,上海市正夏律师事务所律师。

上海市人民检察院第二分院以沪检二分刑诉一字(2002)44号起诉书指控被告人李渭渭、哈翎犯侵犯著作权罪,于2002年5月10日向本院提起公诉。本院于同年5月15日立案后,依法组成合议庭,于2002年6月26日公开开庭进行审理。上海市人民检察院第二分院指派代理检察员李小文出庭支持公诉,被告人李渭渭、哈翎及其辩护人杜关洪、潘志远到庭参加诉讼。在庭审中,因辩护人对公诉机关当庭出示的鉴定结论提出异议,要求重新鉴定,经合议庭决定,延期审理。同年7月8日和8月12日,本院继续公开开庭审理,并于8月12日采纳上海市人民检察院第二分院关于延期审理的建议。本案经上海市高级人民法院批准,再延长审理期限一个月。现已审理终结。

上海市人民检察院第二分院依据上海市版权局出具的《鉴定报告》和《上海市没收物品统一收据》,上海市新闻出版局的有关批复,上海辞书出版社的报案材料,证人张存光、张明、张一鸣、刘正军、林国政、李荣、梅军、汪家财、闫峰、俞金康、刘素琴等人的证言和相关合同、证明、照片以及被告人李渭渭、哈翎的供述等证据指控,1999年11月,被告人李渭渭、哈翎经共谋决定两人各投资人民币15万元盗印上海辞书出版社出版的《辞海》普及本5 000套,非法经营额人民币240万元,并预付印刷加工费人民币30万元。2000年4月,两被告人在湖南长沙市全国书市订货会上大肆推销盗印的《辞海》普及本。同年4月至5月,两被告人先后从汉中印刷厂提走盗印的《辞海》普及本2 500余套,并将其中1 848套批销给新疆、吉林、辽宁、浙江、福建、陕西、四川、河南等地的书店,从中非法获利。上海市人民检察院第二分院据此认为,被告人李渭渭、哈翎的行为均已构成侵犯著作权罪,且情节特别严重,李渭渭有自首情节,应依照《中华人民共和国刑法》第二百一十七条第(一)项、第六十七条第一款的规定追究两被告人的刑事责任。

被告人李渭渭对起诉指控的事实无异议。李渭渭的辩护人提出:

(1)公诉机关指控李渭渭的经营数额有误,应以被告人李渭渭实际销售1 848套盗印《辞海》的总价认定，而不能以盗印5 000套《辞海》的总价认定；

(2) 公诉机关指控李渭渭犯罪的部分事实不清，证据尚不充分；

(3) 李渭渭有自首情节。据此，请求对李宣告缓刑。

被告人哈翎除否认与李渭渭共谋外，对公诉机关指控的其余事实均无异议。哈翎的辩护人提出：

(1) 公诉机关将复制的《辞海》以每套人民币480元的价格认定哈翎的经营数额有误，应以被告人实际销售的价格认定；

(2) 指控被告人哈翎、李渭渭事前共谋的依据不足，且哈翎在共同犯罪中起次要作用，系从犯；

(3) 被告人哈翎在取保候审期间积极协助公安机关规劝李渭渭自首，有立功表现，且家属积极帮助退赔人民币30万元。据此，请求对哈翎从轻或者减轻处罚。

经审理查明：

被告人李渭渭、哈翎因从事个体经营而相识。1999年秋，李、哈为牟取非法利益，共谋出资复制发行1999年版普及本《辞海》(每套分上、中、下三卷，下同)后，由哈向李提供一套《辞海》样书及出资人民币15万元，李渭渭则向朋友刘正军借款人民币29万余元作为出资，并负责与陕西省汉中印刷厂(以下简称汉中印刷厂)联系复制《辞海》的具体事宜。同年12月，汉中印刷厂副厂长张明在未经辞海编辑委员会和上海辞书出版社同意的情况下，与李渭渭达成复制《辞海》5 000套，每套加工费人民币120元的协议；李渭渭向汉中印刷厂提供了《辞海》的菲林片，并预付加工费人民币30万元后，汉中印刷厂即开始复制。其间，两被告人还到汉中印刷厂检查复制质量。至2000年3月止，汉中印刷厂实际复制《辞海》共计4 700余套，每套定价人民币480元。同年4月至5月间，两被告人从汉中印刷厂提取《辞海》约2 400余套，并将其中1 848套以低价批发给新疆、吉林、辽宁、浙江、上海、福建、陕西、四川、河南等地的书商销售。案发后，公安机关从汉中印刷厂缴获复制《辞海》2 300余套，从各地书商等处陆续收缴600余套。

2001年11月6日李渭渭在家属的陪同下，向公安机关投案，如实供述了犯罪事实。

以上事实，由公诉机关提交的下列证据证明：

1. 上海辞书出版社于2000年6月5日给上海市公安局《关于请求查处汉中印刷厂盗版辞海案的报告》称，自2000年4月起在全国各地出现了《辞海》盗版本，经上海辞书出版社调查，发现汉中印刷厂有未经他们同意而复制《辞海》的嫌疑。

2. 上海市新闻出版局《关于1999年出书计划与发稿计划的批复》和上海辞书出版社1999年度出版计划等证据证实，《辞海》的编者是辞海编辑委员会，由上海辞书出版社于1999年9月重新出版。

3. 汉中印刷厂原厂长张一鸣、原副厂长张明、原市场开发部副主任张存光等人的证言均证实，1999年12月初，李渭渭向张存光提出由汉中印刷厂帮助复制《辞海》5 000套的请求，并由张明与李渭渭达成复制《辞海》5 000套，每套加工费人民币120元的协议。李渭渭还向汉中印刷厂提供了《辞海》的菲林片和预付加工费人民币30万元，汉中印刷厂所复制的《辞海》每套定价人民币480元。后汉中印刷厂发出该《辞海》约2 400套，被公安机关缴获约2 300余套。

4. 上海市版权局出具的《上海市没收物品统一收据》和《鉴定报告》等证据分别证实，从汉中印刷厂缴获的《辞海》共计2 376套，经对该《辞海》护封用纸、内芯用纸、装订工艺和制版以及印刷工艺等方面鉴定，证实与上海辞书出版社出版的《辞海》均不相同。

5. 新疆、吉林、辽宁、浙江、福建、上海、陕西、四川、河南等地的书商文明英、梅军、刘强、俞金康、吕廷九、张振鹏、秦杰、舒继亮、闫峰、刘群、马宪章、柴延成、郑兰玲、叶晓明、王美华、马胜昔、赖乐生、刘伟、汪家财、刘素琴、叶丽仙、隗芳等分别证实，2000年4月至5月间，被告人李渭渭、哈翎以低于每套定价的价格向他们销售《辞海》。经统计，两被告人销售复制的《辞海》总数为1 800余套。

6. 陕西省西安图书发行公司职工刘正军的证言及借据证实，李渭渭于1999年10月向刘正军借款人民币29万余元。

7. 本市公安人员郑尧刚、证人李荣等人的证言分别证实，李渭渭于2001年11月6日在家属的陪同下，主动到公安机关如实供述犯罪事实，以及案发后，公安机关又从各地追缴复制的《辞海》合计600余套的事实。

8. 被告人李渭渭、哈翎对以上非法复制发行《辞海》的事实均供认不讳,且与上述证据相吻合。

以上证据,经当庭出示、辨认、质证等法庭调查程序,查证属实,证据确实、充分,本院予以确认。

在本案审理中,控、辩双方围绕两被告人复制发行《辞海》的数量、经营数额、两被告人是否经过共谋及被告人哈翎是否属于从犯、有无立功表现等问题发表了不同意见,共有五个争议焦点。现就控、辩双方的争议焦点分别评判如下:

第一,关于两被告人实际复制《辞海》数量的问题。

公诉机关依据汉中印刷厂出具的证明和该厂经办人员的证言以及被告人李渭渭的供述等证据,认定实际复制《辞海》5 000 套。这与公安机关从汉中印刷厂当场缴获以及从该厂发出的复制《辞海》的总数不符。根据上海市版权局出具的证明汉中印刷厂当场被缴获《辞海》的数量是 2 376 套的《上海市没收物品统一收据》,以及证明汉中印刷厂发出复制《辞海》的数量为 2 400 余套的证人张一鸣、张明、张存光与被告人李渭渭供述一致的陈述,应认定汉中印刷厂实际复制《辞海》共计 4 700 余套。

第二,关于两被告人经营数额的问题。

被告人李渭渭委托汉中印刷厂复制的《辞海》合计 4 700 余套,每套定价人民币 480 元。根据最高人民法院《关于审理非法出版物刑事案件具体应用法律若干问题的解释》(以下简称"解释")第十七条第一款关于"经营数额"是指以非法出版物的定价数额乘以行为人经营的非法出版物数量所得的数额,以及第十七条第三款关于非法出版物没有定价或者以境外货币定价的,其单价数额应当按照行为人实际出售的价格 认定的规定,认定两被告人非法经营额为人民币 220 万余元,于法有据。辩护人在复制的《辞海》已有明确定价的前提下,仍提出要以每套实际出售的价格认定非法经营额的辩护意见,缺乏依据,不予采纳。此外,被告人委托汉中印刷厂复制《辞海》的行为本身就属非法经营性质,它与发行《辞海》同属非法经营的范畴,"解释"第三条规定,所谓"复制发行"是指行为人以营利为目的,未经著作权人许可而实施的复制、发行或既复制又发行其文字作品等的行为。故辩护人否认复制《辞海》的行为是非法经营行为,并提出应以既复制又发行的《辞海》数量认定非法经营额的辩护意见,也缺乏依据,不予采纳。

第三，关于两被告人是否经过共谋的问题。

被告人李渭渭供认，1999年秋他到南京向哈翎催要书款时，哈以目前市场上《辞海》三卷本需求量较大等为由，要求与其共同出资复制《辞海》。而哈翎辩称，李渭渭于1999年10月来南京结算书款时只是向他打听《辞海》的销售情况，同年11月以后，在李多次要求与其共同出资复制《辞海》并许诺给其一定金额回报的情况下，他才同意李的要求。综合两被告人的供述，尽管他们对谁起意复制《辞海》互相推诿，在共同商量复制《辞海》的时间、内容等具体细节上说法不同，但李渭渭在与"汉中印刷厂"达成复制《辞海》协议以前，就与哈翎商量过共同出资复制《辞海》的事实已得到了证实，应认定两被告人在实施复制《辞海》行为前已进行过共谋。哈翎否认事前共谋及辩护人认为证明哈翎共谋证据不足的辩解和辩护意见，与事实不符，不予采纳。

第四，关于被告人哈翎是否属于从犯的问题。

被告人李渭渭、哈翎为牟取非法利益，经事前共谋复制发行《辞海》，又共同出资、共同监督复制质量，共同发行《辞海》。在整个过程中，哈翎负责提供样书，李渭渭具体联系印刷单位、提供菲林片和预付加工费等，两被告人互相分工、互相配合，成为共同犯罪中不可缺少的组成部分，在共同犯罪中的地位、作用基本相当。故哈翎的辩护人认为哈翎在共同犯罪中起次要作用，属从犯的辩护意见，与事实不符，不予采纳。

第五，关于被告人哈翎有无立功表现的问题。

现有证据已证实，被告人李渭渭在家属的规劝下，于2001年11月6日主动向公安机关投案。因此，被告人哈翎及其辩护人以李渭渭是在哈翎的规劝下主动投案等为由，认为哈有立功表现的辩解和辩护意见，无事实依据，亦不予采纳。

此外，关于被告人哈翎家属向公安机关交纳人民币30万元的性质问题。经查，该30万元人民币不属哈翎的违法所得；据哈翎母亲张晶林陈述，该30万元人民币系他们为哈翎交纳的保释金，并非退赔款，现只愿将其中的5.5万元帮助哈翎退赔，余款坚决要求返还。根据民事权利处分原则，应认定哈翎家属帮助哈退赔了人民币5.5万元。

本院认为，《辞海》是由辞海编辑委员会组织人员创作并由上海辞书出版社出版的编辑作品。根据《中华人民共和国著作权法》第十四条关于编辑作品由编辑人享有著作权的规定,《辞海》的著作权应归属于辞海编辑委员会。同时,根据《中华人民共和国著作权法》第二十一条第二款关于法人或者非法人单位的作品、著作权由法人或者非法人单位享有的职务作品,其发表权、使用权和获得报酬权的保护期为50年,截止于作品首次发表后第50年的12月31日的规定,《辞海》的著作权受法律保护。被告人李渭渭、哈翎以营利为目的,未经著作权人辞海编辑委员会的许可,共同出资并复制发行《辞海》4 700余套,每套定价人民币480元,非法经营额达人民币220万余元,根据"解释"的有关规定,属于"有其他特别严重情节"。据此,两被告人的行为均已构成侵犯著作权罪,依法应予惩处。公诉机关指控的罪名成立。被告人李渭渭能主动投案,如实供述犯罪事实,有自首情节,可依法从轻处罚。被告人哈翎家属帮助哈退赔人民币5.5万元,可对哈酌情从轻处罚。为维护社会主义市场经济秩序,保障他人的著作权不受侵犯,依照《中华人民共和国刑法》第二百一十七条第(一)项、第六十七条第一款、第六十四条和最高人民法院《关于审理非法出版物刑事案件具体应用法律若干问题的解释》第二条第二款第(一)项、最高人民法院《关于处理自首和立功具体应用法律若干问题的解释》第一条的规定,判决如下:

1. 被告人李渭渭犯侵犯著作权罪,判处有期徒刑三年,并处罚金人民币四万元。

(刑期从判决执行之日起计算。判决执行以前先行羁押的,羁押一日折抵刑期一日,即自二〇〇二年二月五日起至二〇〇五年二月四日止。罚金于判决生效的第二日起三个月内交纳。)

2. 被告人哈翎犯侵犯著作权罪,判处有期徒刑四年,并处罚金人民币五万元。

(刑期从判决执行之日起计算。判决执行以前先行羁押的,羁押一日折抵刑期一日,即自二〇〇二年二月五日起至二〇〇六年一月三日止。罚金于判决生效的第二日起三个月内交纳。)

3. 违法所得予以追缴,非法复制发行的《辞海》予以没收。

如不服本判决,可在接到判决书的第二日起十日内,通过本院或者直接向上海市高级人民法院提出上诉。书面上诉的,应当提交上诉状正本一份,副本一份。

侵犯著作权罪犯罪数额的认定

——王红星等侵犯计算机软件著作权案

黄晓亮

一、基本案情

被告人王红星、赵坤原系北京雷石世纪数字技术有限公司(以下简称"雷石公司")职员,负责软件的开发工作。2002年3月,二人从雷石公司辞职后,带走了雷石公司KTV点歌系统软件的源代码,欲继续从事该系统软件的开发和销售活动。2002年3月至2003年1月间,二被告人以营利为目的,将"雷石KTV宽带服务系统"软件稍加修改后复制安装盘,先后向西安云志电子科技发展有限公司、杭州新时空数字科技有限公司、北京伍俱娱乐城、北京时尚街区餐饮有限公司、北京金宇泰科贸有限公司等7家公司销售该软件复制品,违法所得额共计人民币119 295元。被告人王红星、赵坤于2003年3月12日被抓获。

二、判决结果

被告人王红星、赵坤以营利为目的,未经著作权人许可,复制发行其计算机软件,违法所得数额较大,其行为均已构成侵犯著作权罪,应予惩处。

法院作出判决:

1. 被告人王红星犯侵犯著作权罪,判处有期徒刑1年6个月,罚金人民币5 000元。

2. 被告人赵坤犯侵犯著作权罪,判处有期徒刑1年,罚金人民币3 000元。

3. 继续向被告人王红星、赵坤追缴违法所得人民币 119 295 元，予以没收，并没收有关用于犯罪的财物。

三、案例评析

（一）侵犯著作权罪与销售侵权复制品罪的异同

根据《刑法》第 217 条的规定，侵犯著作权罪，是指以营利为目的，违反著作权管理法规，未经著作权人或与著作权有关的权益人许可，以复制、发行、出版、制作、出售等方式侵犯其著作权或邻接权，违法所得数额较大或者有其他严重情节的行为。而根据《刑法》第 218 条的规定，销售侵权复制品罪，是指以营利为目的，销售明知是侵犯他人著作权的复制品，违法所得数额巨大的行为。

可以看到，销售侵权复制品罪仅仅表现为销售侵犯他人著作权的复制品，而该复制品是由其他违法犯罪分子制作出来的。而侵犯著作权罪则在客观方面表现为复制或者制作他人享有著作权的作品，或者同时发行或者出售侵犯他人著作权的作品。显而易见，刑法对侵犯著作权罪所设定的犯罪构成，更强调从源头上打击侵犯著作权的各种危害行为。另外，行为人违法所得数额较大，或者有其他严重的情节，都是侵犯著作权罪成立的情节要求，因而在其他严重情节方面区别于销售侵权复制品罪。认清上述不同之处，才能对上述王红星、赵坤的行为作出准确的认定。

（二）侵犯著作权罪的行为认定

1. 复制的理解与认定

根据《刑法》第 217 条的规定，侵犯著作权罪的行为方式表现为四种，但就本案而言，需要分析的主要是该条第（一）项所规定的行为方式，即准确地认定什么是复制发行著作权人的文字作品、音乐、电影、电视、录像作品、计算机软件及其他作品。

所谓“复制”，是指将他人享有著作权的作品整体或者绝大部分印制在一定的物体上。被复制出来的作品在外在形式上是否与被侵权作品的外在形式一致，并不影响犯罪的成立。不改变外在形式的复制在侵权性质上很明确，如将他人的作品印制为纸版。而改变外在形式的复制也同样是侵犯著作权的情况，如将纸版的图书复制在 CD、DVD

等载体上，将磁带、录像带上的内容复制在CD、DVD、电子存储设备上。有关司法解释指出，通过信息网络向公众传播他人文字作品、音乐、电影、电视、录像作品、计算机软件及其他作品，也属于“复制发行”。[①] 因此，“复制”主要是指印刷、复印、临摹、拓片、录音、录像、翻录、翻拍等方式再现作品的内容，制作一份或者多份。侵权复制品的外在形式与作品原来的表现形式是否一样，并不影响犯罪的成立。

就计算机软件而言，其复制问题其实也并不复杂。我国《计算机软件保护条例》第3条规定，计算机程序是指为了得到某种结果而可以由计算机等具有信息处理能力的装置执行的代码化指令序列，或者可被自动转换成代码化指令序列的符号化指令序列或者符号化语句序列。计算机程序包括源程序和目标程序。源程序是指用高级语言或汇编语言编写的程序；目标程序是指源程序经编译或解释加工以后，可以由计算机直接执行的程序。而文档则是用来描述程序内容、功能及使用方法的文字资料和图表。由此可见，对于任何计算机软件来说，源程序代码都是其最核心的内容。计算机软件的著作权人主要是对源程序拥有知识上的权利。本案中，王红星、赵坤所谓自主开发的软件，实际上是在雷石KTV软件基础上进行少量改动而完成的，尽管二者的界面外观、局部功能有所不同，但源程序代码基本相同，由此可以确认亿维视软件是对雷石KTV软件的复制，进而认定王红星、赵坤非法复制了他人享有著作权的计算机软件。

2. 发行的理解与认定

“发行”是出版行业的一个专用术语，原指报刊发行业务，从报刊出版前向订户征订，经过汇总统计出各种报刊每期的订阅份数，加上预计的零售份数，经过各邮电管理局订单处理部门、发报刊局向报刊出版单位提出各种报刊每期订购的总份数；报刊出版后，由发报刊局按规定时限、路线、地点分运到各地邮政局，再按址投递给订户，同时发给零售单位零售。整个发行过程，使报刊的出版和发行紧密地衔接起来。而《新华字典》将发行解释为批发，即和零售对称，指在生产者之间、生产者与商品经营者之间或商品经营者之间

---

① 参见最高人民法院、最高人民检察院自2004年12月22日起施行的《关于办理侵犯知识产权刑事案件具体应用法律若干问题的解释》第11条第3款。

进行的商品交易活动。

但是,不管是从专业的角度还是根据字典的解释来确定《刑法》第217条所提及的发行,都存在不足。其一,从犯罪主体上讲,实施侵犯著作权犯罪的行为人,并非都是国家批准的合法出版单位。对于那些并非出版单位的行为人来说,谈不上通过专业或者专门的征订、收订、投递活动来发行其本来就侵犯著作权的作品,他们在复制他人的作品之后不仅会销售给其他零售的个人或者单位,而且有可能直接针对消费者或者用户发售。如果严格从专业的角度来理解“发行”,仅能将那些合法出版单位侵犯著作权的行为认定为犯罪,无法将那些非出版单位的个人或者单位的销售活动认定为“发行”,这不利于对行为人追究刑事责任。其二,字典将“发行”解释为“批发”,排除了零售的情形。但实际上侵犯著作权的行为人也常常直接对用户或者消费者销售侵权作品。这样一来,就无法处理侵犯著作权人在批发给他人之外的零售行为,同样不利于对行为人追究刑事责任。其三,有些个人或者单位在复制他人作品后,并不加以出售,而是对外出租,赚取租金,租户此后不可能购买他人的作品,行为人通过这种方式也赚取了经济利益。但这与上述发行的概念毫无联系。其四,有些个人或者单位既不销售,也不出租,而是通过网络的方式传播,收取相关费用,如以刊登广告的方式直接或者间接收取费用,上传到网络上供他人支付“点数”下载等,乃至侵权产品的持有人通过广告、征订等方式推销侵权产品。行为人通过此方式谋取到经济利益,但其行为并不是传统的发行行为。总之,从有利于认定犯罪、惩治侵犯著作权行为的立场出发,同时考虑罪刑法定原则,对“发行”不能作过于专业或者狭窄的解释。因此,笔者认为,在侵犯著作权的情形下,“发行”的本质表现为通过复制他人著作权作品,并将这些复制品提供给他人并收取费用来谋取经济利益,其形式是批发还是零售,是发售还是出租,是在国内售卖还是出口,是直接金钱交换还是间接收取费用,是传统有形制品传播,还是互联网传播都不影响犯罪的成立。

笔者的这种观点已经得到有关司法解释的印证。最高人民法院、最高人民检察院、公安部2011年发布的《关于办理侵犯知识产权刑事案件适用法律若干问题的意见》第12条规定,《刑法》第217条规定的“发行”,包括总发行、批发、零售、通过信息网络传播以及出租、展销等活动，从而将出租和通过互联网传播作品等传统意义上并非发行的行为也纳入了刑法“发行”的范畴。

在本案中，被告人王红星、赵坤其实采用了最为常见的手段来销售自己制作的侵犯他人著作权的复制品，即根据笔记本电脑中所储存的软件内容制作安装盘对外销售。尽管这种销售行为在规模上并未达到大量批发的程度，但同样具备发行所具有的进行经济价值交换、获取金钱利益的本质特征，因而属于进一步侵犯他人著作权的行为。

（三）侵犯著作权罪的数额的认定

尽管在本案中，在犯罪数额的认定方面存在的问题并不是很大，但在其他情况下，侵犯著作权罪之犯罪数额的认定却存在一定疑难，因而需要给予较为深入的分析。

1. 基本规定

仅仅实施《刑法》第 217 条所规定的 4 种侵犯著作权行为，如果违法所得数额不大，或者没有其他严重情节，也仅仅是《著作权法》第 47 条规定的民事侵权或者行政违法行为。可见，违法所得数额较大或者有其他严重情节，影响侵犯著作权罪的成立，属于定罪情节。对于何为违法所得数额较大，其他严重情节有哪些，《刑法》第 217 条没有作出规定。有 3 个刑法司法解释对此作出了规定。

其一，最高人民法院于 1998 年 12 月 17 日发布的《关于审理非法出版物刑事案件具体应用法律若干问题的解释》第 2 条规定，个人违法所得数额在 5 万元以上，单位违法所得数额在 20 万元以上的，是“违法所得数额较大”；因侵犯著作权曾经两次被追究刑事责任或者民事责任，两年内又实施《刑法》第 217 条规定的行为，个人非法经营数额在 20 万元以上，单位非法经营数额在 100 万元以上，造成其他严重后果的，属于“有其他严重情节”。可以发现，该《解释》对定罪数额规定得比较高，这意味着对侵犯著作权罪定罪的门槛比较高。

其二，最高人民法院、最高人民检察院联合发布的《关于办理侵犯知识产权刑事案件具体应用法律若干问题的解释》（自 2004 年 12 月 22 日起施行）第 5 条规定，违法所得数额在 3 万元以上的，属于“违法所得数额较大”；非法经营数额在 5 万元以上的，复制品数量合计在1000张(份)以上的,属于“有其他严重情节”。该解释明显降低了前述的定罪数额,而且,删去了两年内多次侵犯著作权成立犯罪的规定,增加了以复制品数量为定罪标准的规定。另外,该司法解释将单位定罪数额按照个人犯罪定罪数额的3倍来定罪量刑。

其三,最高人民法院、最高人民检察院于2007年4月4日联合发布的《关于办理侵犯知识产权刑事案件具体应用法律若干问题的解释(二)》第1条对上述规定做了改动,降低了相关数额,即复制品数量合计在500张(份)以上的,属于《刑法》第217条规定的“有其他严重情节”。此外,该司法解释所作的一个重大调整是单位定罪量刑的标准按个人犯罪定罪量刑的标准定罪量刑。

2. 对犯罪数额的理解与认定

将侵犯著作权罪、销售侵权复制品罪中的“违法所得数额”解释为获利数额有所不妥,应该将其理解为包括成本在内的全部所得。其理由是:

一方面,从文理解释的角度讲,完全可以将“违法所得”解释为包括成本在内的所有收入。因为违法所得,从字面含义上讲,就是指通过违法行为所得到的。无论哪一种形式的侵犯著作权的行为都无疑是违法行为,实施这些行为所得到的回报(包括金钱和其他形式的财物)都应认为是违法所得。至于行为人在实施这些行为时所投入的资金或者其他财物原本是合法的还是非法的,并不影响行为人最终所得的违法性。因为合法的金钱和其他财物一旦投入到非法的行为中去,就与非法行为合为一体,成为非法行为的一个组成部分,其本身就不再具有合法性。通过非法成本与非法行为的结合而获得的一切利益理所当然地是“违法所得”,所以,将“违法所得数额”解释为除实施违法行为所支出成本以外的获利数额本身就背离了“违法所得”的字面含义。

另一方面,将“违法所得数额”理解为“获利数额”也会导致取证上的困难。实施侵犯著作权、销售侵权复制品行为的人往往不设账册、不留记录,或将账册巧妙隐藏。这样,要想通过查账的方式来证明行为人的“获利数额”,可谓难上又难。也许有人会说,即使将“违法所得数额”解释为是指包括成本在内的全部所得,也有一个取证的问题,任何取证工作都不是轻而易举的。的确,任何取证工作都不会易如反掌,但如果我们在认定侵犯著作权罪和销售侵权复制品罪时,仅仅需要查明行为人通过有关行为所获得的全部收入,而不管其投入的成本,那取证工作就容易多了,这样就更有利于打击侵犯著作权和销售侵权复制品的犯罪。

总之,"违法所得数额"是指实施侵犯著作权、销售侵权复制品行为的全部所得,而不仅仅是指通过上述行为所获得的利润。

四、分析结论

如果行为人只是销售其他违法犯罪分子侵犯著作权的复制品,违法所得数额巨大,仅构成销售侵权复制品罪。但是,如果行为人复制他人享有著作权的作品,然后销售该复制品,违法所得数额较大或者有其他严重情节,那么,就符合侵犯著作权罪的犯罪构成,应认定为侵犯著作权罪。"违法所得数额"是指实施侵犯著作权、销售侵权复制品行为的全部所得,而不仅仅是指通过上述行为所获得的利润。

附:

北京市海淀区人民法院
刑事判决书

(2003)海法刑初字第 2343 号

公诉机关:北京市海淀区人民检察院。

被告人:王红星,因涉嫌犯侵犯著作权罪,于 2003 年 3 月 12 日被羁押,同年 4 月 18 日被逮捕,现押于北京市海淀区看守所。

辩护人:肖汇源,北京市众朋律师事务所律师。

辩护人:赵嗣颖,北京市众朋律师事务所律师。

被告人:赵坤,因涉嫌犯侵犯著作权罪,于 2003 年 3 月 12 日被羁押,同年 4 月 18 日被逮捕,现押于北京市海淀区看守所。

辩护人:张旗,北京市众朋律师事务所律师。

北京市海淀区人民检察院以(2003)京海检经诉字第 621 号起诉书指控被告人王红星、赵坤犯侵犯著作权罪,向本院提起公诉,本院于 2003 年 11 月 3 日立案,并依法组成合议庭,公开开庭审理了本案。北京市海淀区人民检察院指派代理检察员王健松出庭支持公诉，被告人王红星及辩护人肖汇源、赵嗣颖，被告人赵坤及其辩护人张旗到庭参加诉讼。现已审理终结。

北京市海淀区人民检察院起诉书指控，2002 年 3 月，被告人王红星伙同被告人赵坤从北京雷石世纪数字技术有限公司(以下简称“雷石公司”)辞职后，密谋做盗版软件生意。自 2002 年 3 月至 2003 年 1 月间，二被告人以营利为目的，在未经版权方北京雷石世纪数字技术有限公司许可的情况下，非法盗取该公司享有版权的“雷石 KTV 宽带服务系统”软件，经复制后向西安云志电子科技发展有限公司、杭州新时空数字科技有限公司、北京伍俱娱乐城、北京时尚街区餐饮有限公司、北京金宇泰科贸有限公司等 7 家公司销售该软件复制品，违法所得额为人民币 247 000 元。2003 年 3 月 12 日，被告人王红星、赵坤被抓获。

针对上述指控，公诉机关提供了相关证据材料，认为被告人王红星、赵坤的行为触犯了《中华人民共和国刑法》第二百一十七条之规定，构成侵犯著作权罪，提请本院对其给予刑事处罚。

被告人王红星对检察院指控的部分事实提出异议，辩称在出售给北京时尚街区餐饮有限公司等 7 家单位的软件中，确实有雷石公司的软件，但也有自己与赵坤共同开发的软件，该软件著作权应属其本人与赵坤所有，因此检察院认定的违法所得数额与事实不符；其辩护人肖汇源、赵嗣颖的辩护意见为，被告人王红星违法所得数额应属于较大，而非巨大。建议法院对其从轻处罚，并宣告缓刑。被告人赵坤对检察院指控的部分事实提出异议，其辩护意见与王红星基本相同；其辩护人张旗的辩护意见为，被告人赵坤销售自己与王红星自主开发的软件并不构成犯罪，销售雷石公司软件的行为应考虑认定为侵犯商业秘密罪，且被告人赵坤在共同犯罪中起次要作用，系从犯，建议法院对其从轻处罚。

经审理查明，被告人王红星、赵坤原系北京雷石世纪数字技术有限公司职员，负责软件的开发工作。2002 年 3 月，二人从雷石公司辞职后，带走了雷石公司 KTV 点歌系统软件的源代码，欲继续从事该系统软件的开发和销售活动。2002 年 3 月至 2003 年 1 月间，二被告人以营利为目的，将“雷石 KTV 宽带服务系统”软件稍加修改后复制安装盘，先后向西安云志电子科技发展有限公司、杭州新时空数字科技有限公司、北京伍俱娱乐城、北京时尚街区餐饮有限公司、北京金宇泰科贸有限公司等7家公司销售该软件复制品，违法所得额共计人民币119 295元。被告人王红星、赵坤于2003年3月12日被抓获。

上述事实，有检察机关提交，并经法庭质证、认证的下列证据在案为证：

1. 证人杨俊涛（北京时尚街区餐饮有限公司董事）的证言及销售合同、收据，证明2003年1月12日，其代表北京时尚街区餐饮有限公司与王红星签订了一份合同，由王红星所在的亿维视公司提供一套KTV点歌系统软件，价格为人民币75 000元，另外还提供84台机顶盒。在合作过程中，赵坤主要负责软件的安装、调试，由于软件还没有完全调试好，所以仅支付了机顶盒的货款，75 000元的软件款尚未支付的事实。

2. 证人刘彬（北京伍俱娱乐城法人代表）的证言及销售合同、收据，证明2002年10月31日，北京伍俱娱乐城与王红星签订了一份合同，由王红星、赵坤所在的公司提供一套KTV点歌系统软件，价格为人民币75 000元，另外还提供97台机顶盒，总价款为人民币302 950元，现已支付王红星、赵坤人民币195 500元，其中点歌系统软件款为人民币30 295元的事实。

3. 证人张盛（西安云志电子科技发展有限公司法定代表人）的证言及交通银行太平洋卡存款单，证明2002年3、4月间，其与王红星联系做KTV点歌系统软件，共付给王红星软件货款人民币22 000元。在合作过程中，王红星负责出面谈合作、谈价格、收款，赵坤负责调试软件并升级的事实。

4. 证人郭全林（北京金宇泰科贸有限公司经理）的证言、扣押物品清单，证明2002年10月间，其得知王红星在做EVOD视频点歌系统软件，就找他谈合作，并先后从王红星处购进了4套EVOD视频点歌系统软件，共支付货款11 000元的事实。

5. 证人徐学华（杭州市新时空数码科技有限公司经理）的证言及交通银行太平洋卡存款单，证明2002年10月至11月间，其所在公司向王红星、赵坤购买了9套亿维视视频点歌系统软件，其中有4套是与机顶盒配套购进的,共支付软件货款为人民币44 000元,主要入到王红星提供的太平洋卡上的事实。

6. 张红日(大连日日圆酒店经理)的证言,证明2002年7月,该酒店购买了一套雷石公司的视频点歌系统软件,价格为8万余元,卖方的经办人是刘丽,其没有从王红星、赵坤处购进过点歌系统软件的事实。

7. 李秀峰(西安文卓科贸有限公司经理)的证言,证明2002年12月间,王红星给其打电话说,他在北京注册成立了亿维视数字技术有限公司,经营点歌系统软件,如果有业务可以找他合作,后其联系了两家单位,由王红星寄来EVOD点歌系统软件的安装盘和加密锁,其付给王红星货款人民币12 000元,入到了王红星的太平洋卡上的事实。

8. 王川(北京雷石世纪数字技术有限公司法定代表人)的证言及计算机软件著作权登记证书等证明材料,证明雷石公司发现王红星、赵坤盗版该公司享有合法著作权的点歌系统软件并对外销售,遂向北京市版权局报案,后又向公安机关报案的事实。

9. 张雷芳(被告人王红星之妻)的证言及北京亿维视数字技术有限公司营业执照、股东名单,证明王红星、赵坤在2002年12月18日成立了北京亿维视数字技术有限公司,由其担任法定代表人,股东是其与赵坤的妻子常晓航,但她们并不参与经营的事实。

10. 中国科学技术法学会华科知识产权司法鉴定中心司法鉴定书及所附鉴定专家组名单,证明鉴定人将惠普笔记本电脑(被告人赵坤所有)中所载亿维视软件的源程序代码与雷石KTV宽带服务系统软件的源程序代码进行比对、分析,得出结论:亿维视(EVOD)软件的源代码与雷石KTV系统的源代码相同,大约80%的相似度,亿维视(EVOD)软件是在雷石KTV系统的基础上进行少量开发完成。鉴定人将IBM笔记本电脑(被告人王红星所有)中所载亿维视软件的源程序代码与雷石KTV宽带服务系统软件的源程序代码进行比对、分析,得出结论:两个软件所涉及的目录和文件,程序逻辑流程完全一致,有95%的代码内容完全一致。

11. 赃物照片,证明从王红星、赵坤处查获了雷石KTV点歌系统软件源代码的复制盘、安装盘,以及用于储存上述信息的两台笔记本电脑的事实。

12. 被告人王红星持有的太平洋信用卡账单，证明王红星、赵坤销售盗版软件后的收款情况。

13. 抓获经过，证明2003年3月12日，公安机关接举报后，将被告人王红星、赵坤抓获的经过。

被告人王红星、赵坤及其辩护人主要对华科知识产权司法鉴定中心出具的司法鉴定书提出异议，王红星、赵坤认为其笔记本电脑中既存有雷石公司的软件，也有自己开发的软件；且该鉴定结论不能证明其所鉴定的软件即为销售给客户的软件。二被告人的辩护人认为，该司法鉴定书所鉴定的对象是二被告人笔记本电脑中载有的软件，并非实际销售给客户的软件，因此鉴定对象错误；且该鉴定结论只有鉴定组组长签字，没有所有鉴定人的签字，故认为该鉴定结论不科学，不能作为定案的依据。对其他控方证据没有提出实质性异议。

对于以上质证意见，法庭认为，计算机软件是指计算机程序及有关文档。我国《计算机软件保护条例》第3条规定，计算机程序是指为了得到某种结果而可以由计算机等具有信息处理能力的装置执行的代码化指令序列，或者可被自动转换成代码化指令序列的符号化指令序列或者符号化语句序列。计算机程序包括源程序和目标程序。源程序是指用高级语言或汇编语言编写的程序；目标程序是指源程序经编译或解释加工以后，可以由计算机直接执行的程序。而文档则是用来描述程序内容、功能及使用方法的文字资料和图表。由此可见，对于任何计算机软件来说，源程序代码都是其最核心的内容。现控方证据已经清楚地证实，王红星、赵坤所谓自主开发的软件，实际上是在雷石KTV软件基础上进行少量改动而完成的，尽管二者的界面外观、局部功能有所不同，但源程序代码基本相同，可以确认亿维视软件是对雷石KTV软件的复制。而且，被告人王红星、赵坤一直供认其根据笔记本电脑中所储存的软件内容制作安装盘对外销售，尽管侦查机关没有对具体用户所安装的软件进行逐一鉴定，但依据现有证据足以认定王红星、赵坤所销售的亿维视软件均源自其笔记本电脑中所储存的源程序。故被告人及其辩护人对鉴定结论的实质要件所提出的异议，不能成立。另外，华科知识产权司法鉴定中心系经司法部批准设立，具有权威的鉴定资质；且参与鉴定的3位专家在鉴定书附件2的专家组名单上已经签字,该附件作为鉴定书的一部分已一并提交法庭,即应视为专家对鉴定结论的认可。故辩护人对司法鉴定书的形式要件所提出的异议,法庭不予支持。上述控方证据形式及来源合法,且内容相互印证,具有证明效力,本院予以确认。

本院认为,被告人王红星、赵坤以营利为目的,未经著作权人许可,复制发行其计算机软件,违法所得数额较大,其行为均已构成侵犯著作权罪,应予惩处。北京市海淀区人民检察院对被告人王红星、赵坤犯有侵犯著作权罪的指控罪名成立,但认定二被告人违法所得数额巨大证据不足。根据最高人民法院有关司法解释规定,违法所得额是指行为人的获利金额,而非销售金额。本案证据显示,被告人王红星、赵坤销售给北京时尚街区餐饮有限公司、北京伍俱娱乐城的软件,购货方尚未支付或完全支付货款,大连日日圆酒店则明确证明软件不是从王红星、赵坤处购买,以上3套软件所涉及的金额共计人民币127 705元不应认定为王红星、赵坤的违法所得额。被告人王红星、赵坤及其辩护人对此提出的异议,本院予以采纳。但被告人王红星、赵坤及其辩护人关于本案存在其自主开发的软件,销售该软件不应认定为犯罪的意见,与权威部门所作出的鉴定结论不符,本院不予支持。在共同犯罪中,被告人王红星、赵坤均积极参与并从中获利,不存在主从犯问题。但鉴于被告人赵坤在犯罪中所起作用略小于王红星,对其在量刑时应有所体现。本院依照《中华人民共和国刑法》第二百一十七条第(一)项、第二十五条第一款、第五十三条、第六十四条之规定,判决如下:

1. 被告人王红星犯侵犯著作权罪,判处有期徒刑一年零六个月,罚金人民币五千元。

(刑期从本判决执行之日起计算。判决执行以前先行羁押的,羁押一日折抵刑期一日,即自2003年3月12日起至2004年9月11日止;罚金限自本判决生效之次日起三个月内缴纳。)

2. 被告人赵坤犯侵犯著作权罪,判处有期徒刑一年,罚金人民币三千元。

(刑期从本判决执行之日起计算。判决执行以前先行羁押的,羁押一日折抵刑期一日,即自2003年3月12日起至2004年3月11日止;罚金限自本判决生效之次日起三个月内缴纳。)

3. 继续向被告人王红星、赵坤追缴违法所得人民币119 295元,予以没收;扣押在案的 IBM 笔记本电脑 1 台、惠普笔记本电脑 1 台、电脑光盘 20 张、台式电脑主机 1 台、显示器 1 台、传真机 1 台、电视机 1 台、打印机 1 台、机顶盒 13 台、印章 7 枚、点歌键盘 7 个系与犯罪有关物品,予以没收。

如不服本判决,可在接到判决书的第二日起十日内,通过本院或者直接向北京市第一中级人民法院提出上诉。书面上诉的,应提交上诉状正本一份,副本两份。

审判长　朱　军
人民陪审员　李　红
人民陪审员　刘元祥
二〇〇四年二月二十七日
书记员　黄冀徽

如何理解和适用非法经营罪的兜底条款

——谈文明等侵犯计算机软件著作权案、闫少东等侵犯计算机软件著作权案

王志祥

一、基本案情

案例1

“恶魔的幻影”(又名传奇3)是经新闻出版总署审查批准引进,由中国大百科全书出版社出版、中国广州光通通信发展有限公司运营的网络游戏出版物。2004年6月起,被告人谈文明未经授权或许可,组织他人在破译“恶魔的幻影”游戏服务器端与客户端之间经过加密的用于通讯和交换数据的特定通讯协议的基础上,研发出“007传奇3外挂”计算机软件。后谈文明等人设立“007智能外挂网”网站和“闪电外挂门户”网站,上载007外挂软件和“恶魔的幻影”动画形象,向游戏消费者进行宣传并提供下载服务,并向游戏消费者零售和向零售商批发销售007外挂软件点卡。销售收入汇入户主名为“王亿梅”的账户。被告人刘红利负责外挂软件销售,被告人沈文忠负责网站日常维护。2005年1月,北京市版权局强行关闭上述网站并将网络服务器查扣之后,谈文明、刘红利、沈文忠另行租用网络服务器,在恢复开通“闪电外挂门户”网站的基础上,先后设立“超人外挂”等网站,继续宣传其陆续研发的“008传奇3外挂”等计算机软件,提供上述软件的下载服务,并使用恢复开通的“闪电外挂门户”网站销售上述两种外挂软件的点卡,销售收入仍汇入“王亿梅”的账户。至2005年9月,谈文明、刘红利、沈文忠通过信息网络等方式经营上述外挂软件的收入金额达人

民币2 817 187.5元。

案例2

2006年3月，上海易当网络科技有限公司被“精灵复兴”网络游戏的著作权人韩国艺堂娱乐产业有限公司授予在我国发行、销售、运营该网络游戏的权利以及该产品文字、图像和多媒体资料的使用权。2006年5月，陕西籍无业人员闫少东向他人购得“精灵复兴”网络游戏程序复制版，起意运营“私服”牟利。同年7月，闫与武汉市某供电局员工王琪在武汉市就“私服”运营“精灵复兴”网络游戏签订合作协议，约定利润对半分成。王琪提供两台服务器并负责托管维护，兼管聘用人员的食宿；闫少东负责网络游戏运营和招聘工作人员。随后，王琪租借武汉市一私房，与闫少东筹备“私服”运营。王琪将两台服务器分别托管于武汉市和茂名市的群类网络公司，并在群类网络公司租借“私服”运营所需虚拟下载空间。闫少东聘用陈科、陈某某参与“精灵复兴”网络游戏“私服”运营。期间，闫少东将“精灵复兴”网络游戏更名为“精灵世界”。2007年初，上述“精灵世界”网络游戏“私服”运营地点转移至重庆市。同年3月下旬，王友杰经聘用参与该“私服”团伙。在“私服”运营期间，陈科、陈某某、王友杰分别从闫少东处领取报酬。截至2007年5月，上述5名罪犯违法所得数额合计人民币14万余元，其中包括王友杰共同参与的违法所得数额计人民币7万余元。经查，“精灵世界”游戏软件是在“精灵复兴”游戏软件基础上进行少量改动而成，尽管两者名称、局部功能略有差异，但程序文件基本相同。

二、判决结果

案例1

北京市海淀区人民法院认为，被告人谈文明、刘红利、沈文忠以营利为目的，未经批准，开展经营性互联网信息服务，违反国家出版管理规定，利用互联网站开展非法互联网出版活动，出版发行非法互联网出版物，侵害著作权人、出版机构以及游戏消费者的合法权益，扰乱互联网游戏出版经营的正常秩序，情节特别严重，其行为均已构成非法经营罪，依法应予惩处。鉴于谈文明、刘红利、沈文忠在庭审过程中认罪态度较好,对三人均酌予从轻处罚。依照《中华人民共和国刑法》第225条第(四)项,第25条第1款,第53条,第72条,第73条第2款、第3款,《中华人民共和国刑法修正案》第8条,最高人民法院《关于审理非法出版物刑事案件具体应用法律若干问题的解释》第15条之规定,判决:(1) 被告人谈文明犯非法经营罪,判处有期徒刑2年6个月,罚金人民币5万元;(2) 被告人刘红利犯非法经营罪,判处有期徒刑2年,缓刑3年,罚金人民币3万元;(3) 被告人沈文忠犯非法经营罪,判处有期徒刑1年6个月,罚金人民币3万元。

一审宣判后,北京市海淀区人民检察院提起抗诉,抗诉理由是:(1) 谈文明等3人复制发行了"恶魔的幻影"软件的行为构成侵犯著作权罪,原审判决认定事实不当,定性错误;(2) 如果认定为非法经营罪,应当同时认定涉案外挂软件既程序违法也内容违法,应适用最高人民法院《关于审理非法出版物刑事案件具体应用法律若干问题的解释》第11条,而不是第15条,原审判决适用法律不当,量刑畸轻。北京市人民检察院第一分院的出庭意见是:(1) 原审判决认定谈文明等人的行为构成非法经营罪是正确的;(2) 原审判决适用法律错误,量刑不当,谈文明等人犯非法经营罪,情节特别严重,应在5年以上量刑。

北京市第一中级人民法院经审理认为,谈文明、刘红利、沈文忠违反国家规定,利用互联网站出版发行非法出版物,严重危害社会秩序和扰乱市场秩序,其行为均已构成非法经营罪,且犯罪情节特别严重,依法应予惩处。一审法院根据谈文明、刘红利、沈文忠犯罪的事实、性质所作判决定罪准确,但适用法律有误、量刑不当,予以纠正。北京市海淀区人民检察院及北京市人民检察院第一分院关于原判适用法律不当的抗诉意见予以采纳。依照《中华人民共和国刑事诉讼法》第189条第(二)项、《中华人民共和国刑法》第225条第(四)项,第25条第1款,第26条第1款、第4款,第27条,第72条,第73条第2款、第3款,最高人民法院《关于审理非法出版物刑事案件具体应用法律若干问题的解释》第11条、第12条第2款之规定,判决如下:(1) 撤销北京市海淀区人民法院(2006)海法刑初字第1750号刑事判决主文部分;(2) 原审被告人谈文明犯非法经营罪,判处有期徒刑6年,罚金人民币50万元;(3) 原审被告人刘红利犯非法经营罪,判处有期徒刑3年,缓刑4年,罚金人民币10万元;(4) 原审被告人沈文忠犯非法经营罪，判处有期徒刑2年，缓刑3年，罚金人民币10万元。

案例2

一审法院经审理认为，被告人闫少东、王琪、陈科、陈某某、王友杰以营利为目的，未经著作权人许可，以私服运营方式，通过信息网络向公众传播他人网络游戏软件，该行为依法应被视为复制发行他人网络游戏软件，其行为构成侵犯著作权罪。分别对闫少东判处有期徒刑2年，并处罚金人民币2万元；对王琪判处有期徒刑1年6个月，缓刑1年6个月，并处罚金人民币1.5万元；对陈科判处有期徒刑1年，并处罚金人民币1万元；对陈某某判处有期徒刑7个月，并处罚金人民币0.5万元；对王友杰判处有期徒刑8个月，并处罚金人民币0.8万元；犯罪工具予以没收，违法所得予以追缴。

闫少东不服一审判决，向上海市第一中级人民法院提出上诉。二审法院经审理认为：上诉人闫少东及其余四名原审被告人以营利为目的，未经著作权人许可，以“私服”运营方式，通过信息网络向公众传播并运营所购得的盗版网络游戏，该行为依法应被视为复制发行他人网络游戏软件，且违法所得数额较大，均已构成侵犯著作权罪。原审根据上诉人及其他四名原审被告人的犯罪事实、性质、情节及对社会的危害程度等所作的判决并无不当，且审判程序合法。据此，裁定驳回闫少东的上诉，维持原判。

三、案例评析

（一）关于案件定性的争议

在我国司法实践中，对于网络游戏中“外挂”和“私服”等情节严重的行为，究竟是按照侵犯著作权罪还是非法经营罪定罪处罚，存在较大的争议。

一种观点认为，侵犯著作权罪、销售侵权复制品罪与非法经营罪之间是一种特别法与一般法的关系。在同时符合侵犯著作权罪、销售侵权复制品与非法经营罪的时候，应当以侵犯著作权罪、销售侵权复制品罪定罪处罚。由于“外挂”的行为实质上侵犯了他人的著作权，故应当按照侵犯著作权罪定罪处罚。

另一种观点认为，应当根据1998年颁行的最高人民法院《关于审理非法出版物刑事案件具体应用法律若干问题的解释》(以下简称《非法出版物解释》)第11条规定,按照非法经营罪定罪处罚。该条规定:“违反国家规定,出版、印刷、复制、发行本解释第一条至第十条规定以外的其他严重危害社会秩序和扰乱市场秩序的非法出版物,情节严重的,依照刑法第二百二十五条第(三)项的规定,以非法经营罪定罪处罚。”

(二) 对案件适用法律的分析

根据我国《刑法》第217条和第225条之规定,侵犯著作权罪,是指以营利为目的,违反著作管理法规,未经著作权人许可,侵犯他人的著作权,违法所得数额较大或者有其他严重情节的行为;非法经营罪,是指未经许可经营专营、专卖物品或其他限制买卖的物品,买卖进出口许可证、进出口原产地证明以及其他法律、行政法规规定的经营许可证或者批准文件,以及从事其他非法经营活动,扰乱市场秩序,情节严重的行为。尽管两罪具有不同的内涵和外延,但在对于非法出版行为的规制上,显然又存在一定程度的竞合。

对此,《非法出版物解释》除了第11条规定外,第15条还规定:“非法从事出版物的出版、印刷、复制、发行业务,严重扰乱市场秩序,情节特别严重,构成犯罪的,可以依照刑法第二百二十五条第(三)项的规定,以非法经营罪定罪处罚。”《非法出版物解释》第11条与第15条的根本区别在于,第11条所指的是出版物的内容违法,而第15条所指的是出版物的出版程序违法。而《非法出版物解释》亦表明了如下逻辑:涉及非法出版物的犯罪行为,只有在其他罪名不能解决的情况下,才以非法经营罪论处。但由于非法经营罪立法条文的宽泛性与模糊性,且非法经营罪的法定刑又重于侵犯著作权罪,在侵犯著作权犯罪与非法经营罪竞合的情况下,司法机关一般倾向于冒较小的法律风险,按照非法经营罪定罪处罚,这就使得侵犯著作权犯罪在很大程度上被架空。有鉴于此,2007年最高人民法院、最高人民检察院《关于办理侵犯知识产权刑事案件具体应用法律若干问题的解释(二)》第2条第3款明确规定,非法出版、复制、发行他人作品,侵犯著作权构成犯罪的,按照侵犯著作权罪定罪处罚。

那么,网络游戏中的“外挂”“私服”等行为是否属于侵犯他人著作权的行为呢？在谈文明等侵犯计算机软件著作权案中，二审法院认为，根据《刑法》第 217 条关于侵犯著作权罪的规定，对于计算机软件的著作权，刑法只保护其中的复制发行权。擅自制作网游外挂出售牟利，侵犯的是网游权利人著作权的修改权而不是复制发行权，因此不构成侵犯著作权罪。我们认为，这是值得商榷的。在外挂的开发过程中，尽管游戏外挂的开发使用了许多高端技术，外挂本身具有一定的技术含量，但从本质上看，外挂是行为人在未经网游著作权人许可的情况下，进行的破坏他人技术保护措施，破译、调用他人核心源代码和复制利用他人数据的行为，这无疑侵犯了他人的著作权。而新闻出版总署对于"外挂""私服"等行为的打击，也说明这就是一种网络出版行为，属于复制、发行的行为。因此，应当对案件中的"外挂"行为依照侵犯著作权罪定罪处罚。在闫少东等侵犯计算机软件著作权案中，二审法院以"精灵世界"游戏软件是在"精灵复兴"游戏软件基础上进行少量改动而成而不具有独创性为由，认定闫少东等人的行为构成侵犯著作权罪，这是正确的。

（三）如何理解与使用非法经营罪的兜底条款

根据我国《刑法》第 225 条及《中华人民共和国刑法修正案（七）》之规定，构成非法经营罪，需在客观方面符合以下四种情形并达到情节严重的程度：(1) 未经许可经营法律、行政法规规定的专营、专卖物品或者其他限制买卖的物品的；(2) 买卖进出口许可证、进出口原产地证明以及其他法律、行政法规规定的经营许可证或者批准文件的；(3) 未经国家有关主管部门批准非法经营证券、期货或者保险业务的，或者非法从事资金支付结算业务的；(4) 其他严重扰乱市场秩序的非法经营行为的。

可以看出，就我国《刑法》及其修正案作出的上述规定而言，立法目的是明确而特定的。第(1)项规定在于保护国家的专营、专卖制度，通过法律来调控对特定物品的垄断经营，如烟草、食盐、金银等；第(2)项规定在于保护进出口许可证、进出口原产地证明和其他特定行业的经营许可证或批准文件，本质上亦体现了国家对外贸或前述垄断经营行业的管理；第(3)项规定在于保护国家对证券、期货等金融领域的管理制度。不难看出，刑法作出以上三项规定，是为了保护国家对特定行业的监管制度,进入这些行业应由国家予以批准。也就是说,行为符合前述三项规定,基础前提是存在法律、行政法规的明确禁止性规定。第(4)项规定的“其他严重扰乱市场秩序的非法经营行为”属于兜底条款,但这并不意味着该项规定可以被不加限制地任意解释。根据法律解释的一般规则,兜底条款的内容应当与前面的列举条款相类似,或者说具有内在的一致性。

认定一种行为构成非法经营罪,不但要求有法律、行政法规的明确禁止性规定,还应当存在明确的司法解释。只有两者同时具备,才有可能构成刑事犯罪,否则只能属于行政违法行为。在日益复杂的现代社会中,行政权力不断扩张。为了方便管理,政府不断出台涉及社会生活的方方面面的新的管理规定。如果仅仅以行为违反行政规范而追究刑事责任,就会使行政权力大大侵入司法领域,公民的基本权利难以得到保障,罪刑法定原则形同虚设。因此,认定一种行为构成非法经营罪,应当以明确的司法解释的存在为必要。这一点,从我国司法实践可以得到有力的证明。众所周知,针对传销行为对我国社会秩序造成严重破坏的现实,国务院于1998年4月18日发布了《关于全面禁止传销经营活动的通知》。为了对具有严重社会危害性的传销行为追究刑事责任,最高人民法院于2001年4月10日公布了同月18日起施行的《关于情节严重的传销或者变相传销行为如何定性问题的批复》,最高人民检察院于2003年3月21日又发布了《关于1998年4月18日以前的传销或者变相传销行为如何处理的答复》,为追究传销者的刑事责任提供了法律依据。因此,司法程序的启动,不能仅依行政机关的规定,应以统一的司法解释的存在为前提。司法实践中认定一行为构成非法经营罪,应当严格把握这一点。

四、分析结论

应当将网络游戏中的“外挂”和“私服”等行为认定为侵犯著作权的行为;情节严重的,应按照侵犯著作权罪定罪处罚。只有不侵犯著作权的非法出版行为,才应当按照非法经营罪论处。司法实践中应当严格把握我国《刑法》第225条第(四)项规定的“其他严重扰乱市场秩序的非法经营行为”,即认定一行为构成非法经营罪,应以明确的司法解释的存在为必要。

附：

北京市第一中级人民法院
刑事判决书

(2007)一中刑终字第1277号

抗诉机关：北京市海淀区人民检察院。

原审被告人：谈文明，因涉嫌犯非法经营罪，于2005年9月7日被羁押，同年10月11日被逮捕。现羁押于北京市海淀区看守所。

辩护人：王正志，北京市高博隆华律师事务所律师。

原审被告人：刘红利，因涉嫌犯非法经营罪，于2005年9月7日被羁押，同年9月8日被取保候审。

原审被告人：沈文忠，因涉嫌犯非法经营罪，于2005年9月7日被羁押，同年10月11日被逮捕。2007年3月6日刑满释放。

北京市海淀区人民法院审理北京市海淀区人民检察院指控被告人谈文明、刘红利、沈文忠犯非法经营罪一案，于2007年2月9日作出(2006)海法刑初字第1750号刑事判决。北京市海淀区人民检察院以京海检抗字〔2007〕第1号抗诉书向本院提出抗诉。本院依法组成合议庭，公开开庭审理了本案。北京市人民检察院第一分院指派检察员朱琏出庭执行职务，原审被告人谈文明及其辩护人王正志、原审被告人刘红利、沈文忠到庭参加诉讼。现已审理终结。

北京市海淀区人民法院判决认定：

"恶魔的幻影"(又名"传奇三代"，又称"传奇3G"或"传奇3")是经新闻出版总署审查批准引进，由中国大百科全书出版社出版，中国广州光通通信发展有限公司(以下简称光通公司)运营的网络游戏出版物。光通公司是中国大陆地区"恶魔的幻影"游戏的唯一合法运营商。"恶魔的幻影"软件由服务器端程序和客户端程序组成，其软件部分和动画形象部分分别属于我国《著作权法》所保护的计算机软件作品和美术作品。2004年6月起，被告人谈文明未经授权或许可，组织他人与其共同使用跟踪软件动态跟踪"恶魔的幻影"客户端运行，又用IDA软件静态分析该客户端，最终用反汇编语言将客户端程序全部反汇编，从而获悉"恶魔的幻影"软件的数据结构，在破译"恶魔的幻影"

游戏服务器端与客户端之间经过加密的用于通讯和交换数据的特定通讯协议的基础上,研发出“007 传奇 3 外挂”计算机软件(以下简称“007 外挂软件”)。后被告人谈文明等人设立“007 智能外挂网”网站(www.wg1818.com)和“闪电外挂门户”网站(www.wgdoor.com),上载 007 外挂软件和“恶魔的幻影”动画形象,向游戏消费者进行宣传并提供下载服务,并向游戏消费者零售和向零售商批发销售 007 外挂软件点卡。游戏消费者及零售商向其网站上公布的在本市海淀区、昌平区等银行开设的名为“王亿梅”的账户汇入相应价款后,即可获得点卡。被告人刘红利负责外挂软件销售,被告人沈文忠负责网站日常维护。2005 年 1 月,北京市版权局强行关闭上述网站并将网络服务器查扣之后,被告人谈文明、刘红利、沈文忠另行租用网络服务器,在恢复开通“闪电外挂门户”网站的基础上,先后设立“零零发:传奇 3 智能外挂”网站(www.wg0008.com)和“超人外挂”网站(www.wg8888.com),继续宣传其陆续研发的“008 传奇 3 外挂”计算机软件(以下简称“008 外挂软件”)、“超人传奇 3 外挂”计算机软件(以下简称“超人外挂软件”),提供上述软件的下载服务,并使用恢复开通的“闪电外挂门户”网站销售上述两种外挂软件的点卡,销售收入仍汇入名为“王亿梅”的账户。至 2005 年 9 月,被告人谈文明、刘红利、沈文忠通过信息网络等方式经营上述外挂软件的收入金额达人民币 2 817 187.5 元。

网络游戏消费者要使用“恶魔的幻影”,在正常情况下,只需通过下载客户端程序后,在互联网上与服务器端连接即可运行游戏;若使用 007 外挂软件、008 外挂软件,则不仅要下载“恶魔的幻影”软件客户端程序,而且要输入“恶魔的幻影”和 007 外挂软件、008 外挂软件所要求的用户名和密码,这样才能最终与“恶魔的幻影”服务器端连接;而若使用超人外挂软件,则无需下载“恶魔的幻影”网络游戏软件客户端程序,就能直接与“恶魔的幻影”服务器端连接,但也必须输入“恶魔的幻影”和超人外挂软件所要求的用户名和密码。使用涉案外挂软件运行“恶魔的幻影”的消费者,要同时向运营商光通公司和外挂经营者谈文明等人付费。

涉案上述系列外挂软件使用了“恶魔的幻影”的地图场景名称等名词;超人外挂程序目录中存在一个与“恶魔的幻影”软件目录相同反映服务器端 IP 地址的配置文件。“恶魔的幻影”客户端程序在内存中的动态表现形式只有以非加密的形式存在，才能被执行。涉案007外挂软件、008外挂软件在运行时，利用上述条件，能绕过客户端程序经加密的静态文件，直接对“恶魔的幻影”客户端程序在内存中的动态表现形式进行修改，并调用“恶魔的幻影”所使用的大量函数，使007外挂软件、008外挂软件功能能添加到“恶魔的幻影”运行过程之中。加载了007或008外挂软件的“恶魔的幻影”客户端，所发送的对原游戏功能作出修改的数据也可被“恶魔的幻影”服务器端接收和反馈。而使用超人外挂软件的游戏消费者在启动“恶魔的幻影”网络游戏软件后，即使消费者不再亲自操控游戏，该外挂软件也能使处于在线状态的游戏一直进行下去。上述外挂软件的运行，改变了“恶魔的幻影”网络游戏软件设定的游戏规则，使用外挂软件的消费者较之未使用外挂软件的消费者在游戏能力上占有明显的优势地位，通过外挂软件设置的功能可以更容易和更快地升级或过关，从而造成游戏消费者之间游戏能力明显不平等的局面。

2005年9月7日，被告人谈文明、刘红利、沈文忠被抓获归案。作案工具亦被起获，涉案27个银行账号已被冻结，赃款人民币51 700元扣押在案。

上述事实，有经一审法院庭审举证、质证的被告人谈文明、刘红利、沈文忠的供述，证人俞忠、赵红仕、李智、罗先伟、申晨、刘弈辛、朱江、张扬、施国华、关福君、吴可阳、黄明建、张林刚、郑鹤楠、郑旭、袁光林、周川、董光华的证言，电子数据司法鉴定结论，物证检验报告，笔记鉴定书，北京市版权局著作权鉴定书，北京市版权局《007外挂举证报告》及附件，新闻出版总署的批复，案件函，搜查笔录，扣押物品清单，到案经过，光通公司举报材料，照片，数额认定说明，认定王亿梅的身份证号码的真实身份的书证，冻结及余额查询手续，北京市版权局出具的关于007外挂非法收入的计算方法的补充说明等证据予以证实。

一审法院认为，被告人谈文明、刘红利、沈文忠以营利为目的，未经批准，开展经营性互联网信息服务，违反国家出版管理规定，利用互联网站开展非法互联网出版活动，出版发行非法互联网出版物，侵害著作权人、出版机构以及游戏消费者的合法权益，扰乱互联网游戏出版经营的正常秩序，情节特别严重，其行为均已构成非法经营罪，应予惩处。控方指控被告人谈文明等人的行为构成侵犯著作权罪有误，现有证据只能证明涉案外挂软件在运行中突破了“恶魔的幻影”游戏软件的技术保护措施并修改数据和调用函数,这一结论并不等同于“复制发行”;外挂网站上载“恶魔的幻影”的动画形象仅为网站宣传,并无经营或销售这些美术作品的目的,且复制数量无证据证明,无法计算经营数额;将谈文明等人利用外挂软件挂接运营“恶魔的幻影”游戏软件的行为认定为“复制发行”行为目前无法律依据。综上,在案证据不足以证明涉案外挂软件是对“恶魔的幻影”游戏软件的复制发行,被告人谈文明等人的行为不构成侵犯著作权罪。利用外挂软件挂接运营“恶魔的幻影”游戏软件的行为社会危害严重。刑法处罚利用外挂软件挂接运营“恶魔的幻影”游戏软件的行为于法有据。最高人民法院《关于审理非法出版物刑事案件具体应用法律若干问题的解释》第十五条规定,非法从事出版物的出版、印刷、复制、发行业务,严重扰乱市场秩序,情节特别严重,构成犯罪的,可以依照《刑法》第二百二十五条第(三)项的规定,以非法经营罪定罪处罚。依据我国现行有关法律法规规定,从事经营性互联网信息服务需要经过行政许可,从事互联网出版业务必须经过省级新闻出版行政部门审核同意后,报新闻出版总署审批。被告人谈文明等人经营互联网信息服务未经国家许可,从事外挂软件的出版发行也未经国家审批。其利用互联网站,使用合法网络游戏出版物“恶魔的幻影”的动画形象,制作并销售外挂软件,挂接运营“恶魔的幻影”,属于非法互联网出版活动。其在不具备出版单位资质的情况下出版发行的涉案网络游戏外挂软件,属于出版程序性违法的非法互联网出版物。被告人谈文明等人的行为既违反了我国对于出版活动的管理规定,同时又侵害了著作权人的合法利益,严重扰乱了市场秩序,经营数额高达人民币280万余元,属于情节特别严重,依照上述司法解释规定,应该以非法经营罪定罪处罚。在互联网站上利用外挂软件挂接运行他人游戏软件,需要三个环节方能实现:其一是外挂软件的研发,其二是外挂软件的销售,其三是外挂网站的日常维护。这三个方面相辅相成,缺一不可,均是实现犯罪目的不可或缺的重要环节。本案三名被告人分工明确,被告人谈文明主要负责外挂软件的研发,被告人刘红利主要负责外挂软件的销售,被告人沈文忠主要负责外挂网站的维护,三被告人在共同犯罪中分工不同,虽然作用大小有所区别,但不具备明显的主从犯关系。鉴于谈文明、刘

红利、沈文忠在庭审过程中认罪态度较好,对三人均酌予从轻处罚,并对刘红利宣告缓刑。据此,判决:

1. 被告人谈文明犯非法经营罪,判处有期徒刑二年六个月,罚金人民币五万元。

2. 被告人刘红利犯非法经营罪,判处有期徒刑二年,缓刑三年,罚金人民币三万元。

3. 被告人沈文忠犯非法经营罪,判处有期徒刑一年六个月,罚金人民币三万元。

北京市海淀区人民检察院的抗诉意见为:

1. 原审判决认定事实不当,定性错误。原审判决认为,现有证据无法充分证明涉案外挂计算机程序"部分复制"了涉案的"恶魔的幻影"游戏软件,上述认定事实不当,导致定性错误。首先,本案的鉴定结论能够证实外挂程序复制了"恶魔的幻影"软件;其次,原审判决对本案涉案外挂软件不构成"复制发行"不当。综上,原审被告人谈文明等三人复制发行了"恶魔的幻影"软件,非法经营额 2 817 187.5 元,依据《中华人民共和国刑法》第二百一十七条第一款、《关于办理侵犯知识产权刑事案件具体应用法律若干问题的解释》第五条、第十一条、第十二条的规定,构成侵犯著作权罪。

2. 原判决适用法律不当,量刑畸轻。三名原审被告人的行为构成侵犯著作权罪,其非法经营数额达 2 817 187.5 万元,依法应判处三年以上七年以下有期徒刑,并处罚金。即便按照法院判决,否认控方对原审被告人侵犯著作权的"复制发行"要件的认定,并排除侵犯著作权罪的适用,原审判决也同样适用法律不当并造成量刑畸轻。三名原审被告人构成非法经营罪,情节特别严重,依法应判处五年以上有期徒刑,并处违法所得一倍以上五倍以下罚金或者没收财产。本案涉案外挂程序软件没有经过相关部门的审批——程序违法,其内容扰乱社会秩序并侵犯他人著作权——内容违法,原审判决仅将该软件认定为出版程序性违法的出版物,而没有认定为最高人民法院《关于审理非法出版物刑事案件具体应用法律若干问题的解释》第十一条规定的其他严重危害社会秩序和扰乱市场秩序的非法出版物,显然定性错误。该《解释》第十五条的规定,针对的是没有出版单位资质仍进行出版物的出版、印刷、复制、发行业务的处罚,此条司法解释所规定的出版物只能是合法出版物,本条的处罚不适用于非法出版物。对非法出版物的处罚只能适用上述《司法解释》第一条至第十四条,结合本案,在认定外挂软件系非法出版物的基础上,只能适用于第二条认定其构成侵犯著作权罪,或者适用第十一条认定其构成非法经营罪,而不能按照第十五条规定认定其构成非法经营罪。因此,原审判决既将外挂软件认定为非法出版物的同时,又适用了只能处罚合法出版物犯罪的上述《司法解释》第十五条,系适用法律不当。

在开庭审理中,北京市人民检察院第一分院代理检察员朱琏发表的意见为:一审判决的定性正确。但一审法院对法律理解错误,导致适用法律错误,对被告人量刑错误;最高人民法院《关于审理非法出版物刑事案件具体应用法律若干问题的解释》第十五条针对的是出版物,而不针对非法出版物;本案涉及的外挂软件已由新闻出版部门认定为非法互联网出版物,三被告人犯非法经营罪,情节特别严重,应在五年以上量刑。

原审被告人谈文明、刘红利、沈文忠均表示服从一审法院的判决。

原审被告人谈文明在二审开庭审理中称,他所研制的外挂软件不属非法出版物,他所作的电子产品研发,立法对它的规制是滞后的。

原审被告人谈文明的辩护人的辩护意见为:外挂软件不属非法出版物,不应适用最高人民法院《关于审理非法出版物刑事案件具体应用法律若干问题的解释》第十一条的规定。

在本案二审庭审过程中,检察员、原审被告人谈文明、刘红利、沈文忠及谈文明的辩护人均未向法庭提交新的证据。

经二审审理查明的事实、证据与一审法院认定的事实、证据相同。一审判决所据证据,收集合法,且经法定程序查证属实,能够证明案件真实情况,本院予以确认。

北京市海淀区人民检察院及北京市人民检察院第一分院关于本案涉案外挂程序软件没有经过相关部门的审批为程序违法,其内容扰乱社会秩序并侵犯他人著作权为内容违法,应认定为最高人民法院《关于审理非法出版物刑事案件具体应用法律若干问题的解释》第十一条规定的其他严重危害社会秩序和扰乱市场秩序的非法出版物的意见,经查,原审被告人谈文明、刘红利、沈文忠等人研制、经营的007外挂软件、008外挂软件及超人外挂软件在运行中突破了"恶魔的幻影"游戏软件的技术保护措施、修改数据,侵犯了著作权人的合法权益,同时在运行过程中给游戏的运营商造成经济损失,破坏了消费者的公平游戏环境。2003 年 12 月 23 日,新闻出版署、信息产业部、国家工商行政管理总局、国家版权局、全国扫黄打非工作小组办公室发布了“关于开展对私服、外挂专项治理的通知”,新闻出版署于 2005 年 5 月就本案作了相关批复,根据涉案外挂软件的研发、运行情况,结合有关法律、法规的规定,认定:007 智能传奇 3G 外挂和闪电外挂门户网站经营“传奇 3 智能外挂”的经营活动属于非法互联网出版活动。007 智能传奇 3G 外挂和闪电外挂门户网站经营的“传奇 3 智能外挂”等网络游戏外挂软件,属于非法互联网出版物。由此可见,涉案的外挂软件不仅存在出版发行的程序违法问题,其内容也是有关规定所禁止的,属于最高人民法院《关于审理非法出版物刑事案件具体应用法律若干问题的解释》第十一条所规定的严重危害社会秩序和扰乱市场秩序的非法出版物。因此,对北京市海淀区人民检察院及北京市人民检察院第一分院的此项抗诉意见,本院予以采纳。对原审被告人谈文明及其辩护人关于涉案的外挂软件不属非法出版物的辩解及辩护意见,本院不予采纳。

本院认为,原审被告人谈文明、刘红利、沈文忠违反国家规定,利用互联网站出版发行非法出版物,严重危害社会秩序和扰乱市场秩序,经营额达 280 万余元,其行为均已构成非法经营罪,且犯罪情节特别严重,依法应予惩处。原审被告人谈文明为共同犯罪的起意人及主要行为人,在共同犯罪中起主要作用,系主犯。原审被告人刘红利、沈文忠为销售及网络维护人员,在共同犯罪中起次要作用,系从犯,可对二人依法减轻处罚并宣告缓刑。一审法院根据原审被告人谈文明、刘红利、沈文忠犯罪的事实、性质所作判决定罪准确,但适用法律有误、量刑不当,本院予以纠正。北京市海淀区人民检察院及北京市人民检察院第一分院关于原判适用法律不当的抗诉意见,本院予以采纳。据此,依照《中华人民共和国刑事诉讼法》第一百八十九条第(二)项,《中华人民共和国刑法》第二百二十五条第(四)项,第二十五条第一款,第二十六条第一款、第四款,第二十七条,第七十二条,第七十三条第二款、第三款,最高人民法院《关于审理非法出版物刑事案件具体应用法律若干问题的解释》第十一条,第十二条第二款之规定,判决如下:

1. 撤销北京市海淀区人民法院(2006)海法刑初字第1750号刑事判决主文部分。即:(1) 被告人谈文明犯非法经营罪,判处有期徒刑二年六个月,罚金人民币五万元。(2) 被告人刘红利犯非法经营罪,判处有期徒刑二年,缓刑三年,罚金人民币三万元。(3) 被告人沈文忠犯非法经营罪,判处有期徒刑一年六个月,罚金人民币三万元。

2. 原审被告人谈文明犯非法经营罪,判处有期徒刑六年,罚金人民币五十万元。

3. 原审被告人刘红利犯非法经营罪,判处有期徒刑三年,缓刑四年,罚金人民币十万元。

4. 原审被告人沈文忠犯非法经营罪,判处有期徒刑二年,缓刑三年,罚金人民币十万元。

同时贩卖非法出版物和淫秽出版物如何处理

——徐勋梁贩卖非法出版物案

左坚卫

一、基本案情

审理本案的一、二审法院认定：被告人徐勋梁于2007年4月，委托广州优控计算机有限公司建立"知新书业"网站。徐勋梁通过支付广告费给百度使用搜索引擎、在网上论坛发帖等方式宣传该网站，在该网站上传图书和影碟的名称、价格目录，贩卖无出版单位和出版书号的《爱上300岁的女孩》等图书，以及《爆乳淫女》等淫秽图书、影碟，非法获利人民币3万元。2008年7月31日，公安人员经侦查将被告人徐勋梁抓获，并查获徐存于仓库用于贩卖的图书、DVD影碟一批。经鉴定，查获的物品中，图书13 371册是非法出版物；图书1 307册是淫秽性质的图书；DVD影碟603张是非法音像制品，包括15张属于淫秽性质的影碟。

二、裁判结论

一审判决认为：被告人徐勋梁非法经营贩卖非法出版的图书13 371册和非法DVD影碟603张，扰乱市场，情节特别严重，其行为侵犯了市场管理秩序，已构成非法经营罪。另被告人徐勋梁以牟利为目的，贩卖淫秽图书1 307册，其行为侵犯了国家对文化娱乐制品的管理制度和良好的社会风尚，已构成贩卖淫秽物品牟利罪，应予以数罪并罚。被告人徐勋梁到案后认罪态度较好，有悔罪表现，可酌情从轻处罚。故判决:(1) 被告人徐勋梁犯非法经营罪,判处有期徒刑5年,并处罚金人民币5万元;犯贩卖淫秽物品牟利罪,判处有期徒刑1年,并处罚金人民币1万元。总和刑有期徒刑6年,决定执行有期徒刑5年6个月,并处罚金人民币6万元。(2) 被告人徐勋梁的违法所得,即冻结于工商银行新滘支行的人民币4202.31元,邮政储蓄银行荔湾支行的人民币3704.28元,农业银行赤岗支行的人民币1334.15元予以没收。

一审宣判后,徐勋梁上诉提出认为:本案应认定为单位犯罪;其销售盗版书的行为构成侵犯知识产权罪,而不是非法经营罪;其有立功表现,原判量刑过重。其辩护人提出:原判认定徐勋梁构成非法经营罪,定性错误,徐勋梁的行为构成侵犯著作权罪;徐勋梁有检举立功行为,依法应从轻或减轻处罚。

二审法院认为,徐勋梁建立的"知新书业"网站不具有法人资格,且是为实施犯罪而设立,故本案依法不能认定是单位犯罪。现有证据不能证实徐勋梁所贩卖的书籍和影碟具有著作权,依照法律规定,对徐勋梁的行为应以非法经营罪定罪处罚,原判定罪准确。徐勋梁的检举行为尚未被司法机关查证属实,依法不能认定为有立功表现。原判根据徐勋梁犯罪的性质、情节、对社会的危害程度、悔罪表现,对其在法定量刑幅度内酌情从轻处罚,量刑适当。综上,上诉人徐勋梁及其辩护人提出的上诉及辩护意见均依据不足,本院不予采纳。上诉人徐勋梁非法经营非法出版的图书13371册和非法DVD影碟603张,扰乱市场,情节特别严重,其行为侵犯了市场管理秩序,已构成非法经营罪。徐勋梁以牟利为目的,贩卖淫秽图书1307册,其行为又构成贩卖淫秽物品牟利罪。徐勋梁所犯非法经营罪、贩卖淫秽物品牟利罪依法应予数罪并罚。徐勋梁到案后认罪态度较好,有悔罪表现,可酌情从轻处罚。原审判决认定的事实清楚,证据确实、充分,定罪准确,量刑适当,审判程序合法。徐勋梁所提上诉意见,经查,均不成立。故裁定驳回上诉,维持原判。

三、案例评析

本案中,被告人徐勋梁实施的行为主要有:于2007年4月,委托广州优控计算机有限公司建立"知新书业"网站;通过该网站,被告人贩卖无出版单位和出版书号的非法出版物,以及淫秽图书、影碟。其中,第一个行为不涉及违法犯罪的问题,第二个行为则涉嫌销售侵权复制品罪、非法经营罪以及贩卖淫秽物品牟利罪。由此产生的问题是,对被告人徐勋梁的有关行为应当如何定性,是按一罪处理还是数罪并罚。

(一) 贩卖非法出版物行为的定性及处理

贩卖非法出版物的行为可以表现为在复制发行他人作品后,又销售有关复制品,也可以表现为从其他渠道进货后进行销售。销售的非法出版物既可能是他人享有著作权的作品,也可能是根本没有著作权人的杜撰作品。对上述不同情形,应当区别对待和处理。

1. 复制发行他人作品后,又销售有关侵权复制品的,应当以侵犯著作权罪论处

对于复制发行他人作品后又销售有关侵权复制品应当如何处理,理论上存在不同看法。有人认为,这种情况属于吸收犯,其中,非法复制发行他人作品是主行为,销售侵权复制品是从行为,是主行为的“当然结果”行为,按照吸收犯的原理,主行为吸收从行为,应只构成一罪。另有人认为,销售侵权复制品的行为是行为人在复制他人享有著作权的作品之后,通常将要实施的结果行为,因而属于牵连犯,按照处理牵连犯通常遵循的从一重处断原则,应当以重罪即侵犯著作权罪定罪处罚。这两种观点的结论得到了最高司法机关的支持。根据最高人民法院、最高人民检察院 2004 年《关于办理侵犯知识产权刑事案件具体应用法律若干问题的解释》第 14 条的规定,对于复制发行他人作品后,又销售有关侵权复制品的,应当以侵犯著作权罪定罪处罚。

笔者认为,从文义上看,《刑法》第 217 条中的“发行”与《刑法》第 218 条中的“销售”的外延存在重合之处。所谓“发行”,本义是指为满足公众的合理需求,通过出售、出租等方式向公众提供一定数量的作品复制件。因此,向公众销售一定数量的作品本身就是一种发行行为。所谓复制发行他人作品后又销售有关侵权复制品的说法本身就存在问题。这里的发行他人作品,显然是指发行他人作品的侵权复制品。在这种情况下,针对同一种作品而言,行为人销售侵权复制品的行为实际上是其发行行为的表现形式之一,属于侵犯著作权罪的客观表现,因而应当直接按侵犯著作权罪论处。对于究竟应当如何界定发行行为,应当以具有法律效力的司法解释为准。根据最高人民法院、

最高人民检察院2007年发布的《关于办理侵犯知识产权刑事案件具体应用法律若干问题的解释(二)》第2条的规定,《刑法》第217条侵犯著作权罪中的"复制发行",包括复制、发行或者即复制又发行的行为。因此,单纯的发行行为也可以构成该罪。最高人民法院、最高人民检察院、公安部2011年发布的《关于办理侵犯知识产权刑事案件适用法律若干问题的意见》第12条规定,《刑法》第217条规定的"发行",包括总发行、批发、零售、通过信息网络传播以及出租、展销等活动。判断某行为是否属于《刑法》第217条规定的"发行",应该以上述司法解释为依据。因此,复制他人作品后,又销售该侵权复制品的,属于复制发行的具体表现,应当以侵犯著作权罪一罪论处。

2. 销售没有著作权人的非法出版物的,通常应当按照非法经营罪定罪处罚

根据《刑法》第217条的规定,构成侵犯著作权罪,必须实施了以下行为之一:(1) 未经著作权人许可,复制发行其文字作品、音乐、电影、电视、录像作品、计算机软件及其他作品;(2) 出版他人享有专有出版权的图书;(3) 未经录音录像制作者许可,复制发行其制作的录音录像;(4) 制作、出售假冒他人署名的美术作品。概括而言,就是只有在销售的非法出版物是他人享有著作权的作品的情况下,才构成犯罪。而构成销售侵权复制品罪,则必须表现为销售明知是《刑法》第217条规定的侵权复制品的行为。本案中,被告人徐勋梁所贩卖的书籍和影碟并非他人享有著作权的作品,因而不可能构成该二罪。在这种情况下,被告人的危害行为所侵犯的客体已经不是他人著作权或者与著作权有关的权益,而是市场经济秩序,只能以非法经营罪追究刑事责任。

非法经营罪,是指违反国家市场管理法规,非法经营,扰乱市场秩序,情节严重的行为。如果严格按照刑法典的规定,构成非法经营罪的行为应当是违反国家市场管理法规,非法从事特许经营行业经营活动的行为。但是,从目前司法实务来看,非法经营罪不限于发生在特许经营行业,各种违反国家市场管理法规、严重扰乱市场秩序的非法经营行为,都可以按非法经营罪论处。例如,垄断货源、囤积居奇、哄抬物价;倒卖外汇、金银及其制品;倒卖国家禁止或者限制进口的废弃物;非法从事传销活动、钞票交易;倒卖汽油制品、许可证、执照或者有伤风化的物品;非法买卖国家重点保护的珍贵野生动物、珍稀植物、国家统一收购的矿产

品,在国家规定的交易场所以外非法买卖外汇,扰乱市场秩序。[①] 我国出版行业早已形成市场规模,国家制定了一系列法律法规,对出版行业建立了严格的管理制度。例如,2011 年 3 月 19 日修订的《出版管理条例》第 6 条规定:"国务院出版行政主管部门负责全国的出版活动的监督管理工作。国务院其他有关部门按照国务院规定的职责分工,负责有关的出版活动的监督管理工作。县级以上地方各级人民政府负责出版管理的部门负责本行政区域内出版活动的监督管理工作。县级以上地方各级人民政府其他有关部门在各自的职责范围内,负责有关的出版活动的监督管理工作。"制作、销售非法出版物的行为,违反了《出版管理条例》的有关规定,扰乱了图书出版市场的管理秩序,因而属于一种非法经营行为。如果情节严重的话,可以按非法经营罪处理。本案中,由于现有证据不能证实徐勋梁所贩卖的书籍和影碟具有著作权,因此,他的行为既不构成侵犯著作权罪,也不构成销售侵权复制品罪,不能以这两个罪来追究其刑事责任,只能按非法经营罪处理。徐勋梁的辩护人关于其行为构成侵犯著作权罪的观点显然不能成立。

(二)同时贩卖非法出版物和淫秽物品的处理

实践中,行为人在从事贩卖非法出版物的违法犯罪活动时,往往不分非法出版物的性质,什么好卖就卖什么,一个人或者一个商店往往同时卖几种非法出版物。例如,甲经营一家音像制品店,既出售正版光盘,也出售盗版光盘,还出售没有著作权人的淫秽书刊以及淫秽光盘。对甲应当如何处理呢?对此,应当区分两种不同情况分别处理:第一种情况是,行为人只实施了一个销售行为,但由于销售的内容包括有著作权人的盗版光盘、没有著作权人的非法出版物以及淫秽光盘,因而同时触犯了销售侵权复制品罪、非法经营罪以及贩卖淫秽物品牟利罪,属于想象竞合犯,应从一重罪处断。第二种情况是,行为人实施了多个销售行为,有的时候销售盗版光盘,有的时候销售不侵犯著作权的非法出版物,还有的时候销售淫秽光盘。在这种情况下,应当对这些行为分别评价。如果有关行为均已构成犯罪,则应以销售侵权复制品罪、非法经营罪以及贩卖淫秽物品牟利罪实行数罪并罚。

---

① 参见赵秉志主编:《刑法新教程》(第三版),中国人民大学出版社 2009 年版,第 511 页。

本案中,被告人徐勋梁贩卖无出版单位和出版书号的《爱上300岁的女孩》等非法出版物的行为,以及贩卖《爆乳淫女》等淫秽图书、影碟牟利的行为,是各自独立的数个销售行为,分别触犯了非法经营罪和贩卖淫秽物品牟利罪,不属于想象竞合犯,而构成独立数罪。因此,本案两级法院判决徐构成非法经营罪和贩卖淫秽物品牟利罪,并予以数罪并罚,是正确的。需要注意的是,有观点认为,贩卖淫秽物品的行为也属于非法经营行为,因此,贩卖淫秽物品牟利可能同时触犯非法经营罪和贩卖淫秽物品牟利罪,属于法条竞合犯,其中,规定贩卖淫秽物品牟利罪的法条属于特别法条,规定非法经营罪的法条属于普通法条,按照特别法优于普通法的法条竞合适用原则,应当以贩卖淫秽物品牟利罪定罪处罚。笔者认为,由于我国并不存在淫秽物品经营行业,因此,贩卖淫秽物品牟利的行为并没有破坏市场经济秩序,因而没有触犯非法经营罪,不存在法条竞合的问题。

四、结论

复制发行他人作品后,又销售有关侵权复制品的,应当以侵犯著作权罪论处。销售没有著作权人的非法出版物的,通常应当按照非法经营罪定罪处罚。一个销售行为同时触犯多个罪名的,属于想象竞合犯,应当从一重处断。多个销售行为分别构成非法经营罪、销售侵权复制品罪以及贩卖淫秽物品牟利罪的,应当数罪并罚。

附:

广东省广州市中级人民法院
刑事裁定书

(2009)穗中法刑二知终字第4号

原公诉机关:广东省广州市海珠区人民检察院。

上诉人(原审被告人):徐勋梁(自报)。因本案于2008年7月31日被羁押,同日被刑事拘留,同年9月4日被逮捕。现被羁押于广州市第二看守所。

辩护人:梁志铭,广东金山石律师事务所律师。

广东省广州市海珠区人民法院审理广东省广州市海珠区人民检察院指控原审被告人徐勋梁犯侵犯著作权罪、贩卖淫秽物品牟利罪一案，于2009年3月9日作出(2009)海刑初字第176号刑事判决，原审被告人徐勋梁不服，提起上诉。本院依法组成合议庭，经过阅卷，听取辩护人意见，认为事实清楚，决定不开庭审理。现已审理终结。

原审判决认定：被告人徐勋梁于2007年4月，委托广州优控计算机有限公司建立"知新书业"网站。徐勋梁通过支付广告费给百度使用搜索引擎、在网上论坛发帖等方式宣传该网站，在该网站上传图书和影碟的名称、价格目录，贩卖无出版单位和出版书号的《爱上300岁的女孩》等图书，以及《爆乳淫女》等淫秽图书、影碟，非法获利人民币3万元。2008年7月31日，公安人员经侦查将被告人徐勋梁抓获，并查获徐存于仓库用于贩卖的图书、DVD影碟一批。经鉴定，查获的物品中，图书13 371册是非法出版物；图书1 307册是淫秽性质的图书；DVD影碟603张是非法音像制品，包括15张属于淫秽性质的影碟。

上述事实，有经原公诉机关当庭举证并经法庭质证、原审确认的如下证据证实：

1. 证人朱卫星的证言及其辨认笔录证实：2008年4月，其从互联网上了解到知新书业网站销售的书很便宜，就与该网站联系人徐勋梁电话商定购书，徐让其在网站里查看书的目录。其选购496种1 000多本书，在赤沙的一间仓库提书，徐勋梁当时在现场。后其到广州市广播新闻局询问，才知道全都是盗版书。经辨认证实，贩卖盗版书给其的是徐勋梁。

2. 证人黄志华的证言及其辨认笔录证实：2007年12月，其在网上搜索知道知新书业网站销售漫画书，并在该网站书目下载栏内找自己感兴趣的漫画书。由于该网站销售的书比外面便宜很多，其就向联系人徐勋梁订购，先后购买了5次。经辨认证实，向其销售图书的是徐勋梁。

3. 证人邓永雄的证言及其辨认笔录证实：2008年4月，其在百度网站搜索到知新书业网站，然后在该网站选购书并向徐勋梁汇款，最后到赤沙徐勋梁的仓库提书。徐销售的书纸张、印刷质量都很差，其找不到正版书才买这些盗版书。经辨认证实，向其销售图书的是徐勋梁。

4. 证人雷奇锋的证言及其辨认笔录证实:2007年3月,其在百度上搜索到销售图书的帖子,后来与发帖的徐勋梁联系,并两次向徐勋梁购买书刊。其还去过徐勋梁在广东商学院附近的小书店。经辨认证实,向其销售图书的是徐勋梁。

5. 证人李传宏的证言证实:其曾三次向徐先生购买二手书或杂志,同时徐先生那里有很多新书。经辨认证实,徐先生是徐勋梁。

6. 证人尹土高的证言证实:2007年4月,其想开书店,于是上网查找,发现知新书业能提供图书批发。其与徐勋梁联系,向他买了1 000元的小说。徐勋梁的书很便宜,应该是盗版书。

7. 证人黄贵竹(被告人徐勋梁的妻子)的证言证实:知新书业网站是徐勋梁开的,该网站销售图书及少部分光盘,这些东西都是徐勋梁进货并都是盗版的。

8. 证人林润霞的证言证实:赤沙南约陈家院西巷2号之二(即赤沙南约新街东2巷5号)的房子是其于2007年12月出租给徐勋梁的。

9. 证人黄大玖的证言证实:其于2007年5月将海珠区赤沙东五巷4号1楼出租给徐勋梁,徐在房内存放一定数量的书籍。

10. 广州市公安局出具的《抓获经过》《搜查笔录》《电子证物检查记录》《扣押物品、文件清单》及缴获的赃物的照片证实:公安人员接到广州市文化市场综合行政执法总队转来的群众举报后,经侦查于2008年7月31日将被告人徐勋梁抓获,在徐存放书刊的广州市海珠区赤沙南约新街东2巷5号查获图书15 701册、影碟612张及银行卡等作案工具一批。

11. 缴获并经徐勋梁签认的购书人明细单证实:被告人徐勋梁曾向廖海滨等二百余名顾客销售过书刊。

12. 经徐勋梁签认的知新书业网站电脑截图证实:被告人徐勋梁利用知新书业网站,通过有关论坛发帖、QQ联系等方式广告宣传、销售书刊、影碟。

13. 证人朱卫星提供的购书单、提货单证实:朱卫星向徐勋梁定购过书刊。

14. 中国工商银行、中国农业银行、中国邮政储蓄银行出具的账户交易明细清单、冻结回执通知书证实:被告人徐勋梁涉案账户的交易情况。广州市公安局已对涉案账户予以冻结。

15. 广州优控计算机科技有限公司出具的《关于广州市公安局调查证据的回复》、网站内容、访问日志证实:知新书业网站属于该公司建设的网站,为一自称徐勋梁的客户所有,域名和网站空间也由该公司提供。该网站于2007年4月11日开始交付使用至今。

16. 百度(中国)有限公司广州分公司提供的付款记录、管理关键字列表证实:被告人徐勋梁向百度公司支付广告费,成为百度公司的用户,百度公司为知新书业网站提供"小说批发"等关键字搜索。

17. 广州市公安局出具的被告人身份材料证实:被告人徐勋梁的身份。

18. 广州市出版物鉴定委员会作出的穗出版物鉴字〔2008〕67号、78号、88号、128号、130号、131号、132号、133号、134号、135号、154号等11份《出版物鉴定书》证实:查获徐勋梁持有的971种图书或是伪造出版单位名称,或是假冒出版单位名称,或是无出版单位名称,均为非法出版物。

19. 广州市文化局作出的穗文音〔2008〕第086号、第87号、第154号等3份《音像制品鉴定书》证实:查获徐勋梁持有的DVD影碟603张均无合法SID码,均是非法音像制品。

20. 广州市公安局作出的穗公鉴字〔2008〕第14号《广州市公安局淫秽物品审查鉴定书》证实:查获徐勋梁持有的图书、DVD影碟,其中的图书1 307册、DVD影碟15张属于淫秽性质的图书、影碟。

21. 被告人徐勋梁的供述证实:其对指控的犯罪事实供认不讳。并称其于2007年3月出钱让现代企业网帮助创建知新书业网站,此后便通过该网站销售书刊。为了销售,其还在百度公司做广告。大约有二百多人向其购买了书籍,销售额约为30万元,获利约3万元。其进货的书籍都放在赤沙南约新街东2巷5号的仓库,被查时存货有1万多册。其售卖的除二手书外,其余的都是盗版书。

原审判决认为:被告人徐勋梁非法经营贩卖非法出版的图书13 371册和非法DVD影碟603张,扰乱市场,情节特别严重,其行为侵犯了市场管理秩序,已构成非法经营罪。另被告人徐勋梁以牟利为目的,贩卖淫秽图书1 307册,其行为侵犯了国家对文化娱乐制品的管理制度和良好的社会风尚,已构成贩卖淫秽物品牟利罪,应予以数罪并罚。被告人徐勋梁到案后认罪态度较好,有悔罪表现,可酌情从轻处罚。依照《中华人民共和国刑法》第二百二十五条第(四)项、第三百六十三条第一款、第六十九条、第六十四条和最高人民法院《关于审理非法出版物刑事案件具体应用法律若干问题的解释》第八条、第十一条、第十二条第二款第(三)项之规定,判决:

1. 被告人徐勋梁犯非法经营罪,判处有期徒刑五年,并处罚金人民币五万元;犯贩卖淫秽物品牟利罪,判处有期徒刑一年,并处罚金人民币一万元。总和刑有期徒刑六年,决定执行有期徒刑五年六个月,并处罚金人民币六万元。

2. 被告人徐勋梁的违法所得,即冻结于工商银行新滘支行的人民币4 202.31元,邮政储蓄银行荔湾支行的人民币3 704.28元,农业银行赤岗支行的人民币1 334.15元予以没收。

宣判后,徐勋梁上诉提出:

1. 本案应认定为单位犯罪;

2. 其销售盗版书的行为构成侵犯知识产权罪,而不是非法经营罪;

3. 其有立功表现,原判量刑过重。

其辩护人提出:

1. 原判认定徐勋梁构成非法经营罪,定性错误,徐勋梁的行为构成侵犯著作权罪;

2. 徐勋梁有检举立功表现,依法应从轻或减轻处罚。

在本案审理过程中,上诉人徐勋梁及其辩护人未提出新的证据。本院对原审判决所列证据予以确认。本院经审理认为,原审判决认定的事实清楚,证据确实、充分。

对于上诉人徐勋梁及其辩护人提出的上诉及辩护意见,经查,徐勋梁建立的"知新书业"网站,不具有法人资格,且是为实施犯罪而设立,故本案依法不能认定是单位犯罪。现有证据不能证实徐勋梁所贩卖的书籍和影碟具有著作权,依照法律规定,对徐勋梁的行为应以非法经营罪定罪处罚,原判定罪准确。徐勋梁的检举行为尚未被司法机关查证属实,依法不能认定为有立功表现。原判根据徐勋梁犯罪的性质、情节、对社会的危害程度、悔罪表现,对其在法定量刑幅度内酌情从轻处罚,量刑适当。综上,上诉人徐勋梁及其辩护人提出的上诉及辩护意见均依据不足,本院不予采纳。

本院认为,上诉人徐勋梁非法经营非法出版的图书 13 371 册和非法 DVD 影碟 603 张,扰乱市场,情节特别严重,其行为侵犯了市场管理秩序,已构成非法经营罪。徐勋梁以牟利为目的,贩卖淫秽图书 1 307 册,其行为又构成贩卖淫秽物品牟利罪。徐勋梁所犯非法经营罪、贩卖淫秽物品牟利罪依法应予数罪并罚。徐勋梁到案后认罪态度较好,有悔罪表现,可酌情从轻处罚。原审判决认定的事实清楚,证据确实、充分,定罪准确,量刑适当,审判程序合法。徐勋梁所提上诉意见,经查,均不成立。依照《中华人民共和国刑事诉讼法》第一百八十九条第(一)项之规定,裁定如下:

驳回上诉,维持原判。

本裁定为终审裁定。

审判长　钟　丽
审判员　杨梅珍
代理审判员　赵志春
二〇〇九年七月三日
书记员　关　壮

侵犯著作权罪与贩卖淫秽物品牟利罪的界分

——吴军侵犯音像制品著作权案、刘俊源发行音像制品侵犯著作权案

何恒攀

一、基本案情

案例1

2009年6月,吴军在北京市丰台区右安门外大街西二条附近,以人民币10元的价格向王从学贩卖光盘2张时被查获,当场从吴军摊位处及其暂住地起获光盘162张,经鉴定以上光盘均为淫秽物品。此外从吴军摊位处及其暂住地起获光盘2 510张,经鉴定以上光盘均为非法出版物。

案例2

刘俊源于2009年2月起在深圳市坂田街道雪象中浩工业区路口处非法经营淫秽光盘及盗版光盘。2009年4月20日,公安机关查获该窝点并缴获1 144张光盘。经鉴定,缴获的光盘中有1 040张为非法音像制品,82张为淫秽光盘,13张为色情光盘。

二、判决结果

案例1

北京市丰台区人民法院以非法经营罪,判处被告人吴军有期徒刑

6个月，并处罚金人民币2000元；以贩卖淫秽物品牟利罪，判处被告人吴军有期徒刑6个月，并处罚金人民币2000元；决定合并执行有期徒刑8个月，并处罚金人民币4000元。

案例2

深圳市龙岗区人民法院以侵犯著作权罪，判处被告人刘俊源有期徒刑6个月，并处罚金人民币1000元。

三、案例评析

上述两个案例，案情简单，事实清楚。被告人虽然都是贩卖非法音像制品，但是由于音像制品中承载的具体内容不同而构成不同的罪名。在吴军案中，被告人所贩卖的是淫秽光盘和其他非法出版物，也即并不是通过复制他人的合法出版物而制成的制品。在刘俊源案中，被告人所贩卖的则主要是通过复制他人的合法出版物而制成的制品即俗称的“盗版”制品。

侵犯著作权罪和制作、贩卖、传播淫秽物品罪在某些方面较为类似，例如当行为人复制、传播的是他人制作的淫秽物品之时，其和复制发行他人享有著作权的制品的行为从表面上看都是没有经过原制作人同意，但正是行为的对象不同决定了行为在性质上的不同。虽然两类制品可以统称“非法出版物”，在两个案子中确切地讲都属于“违法音像制品”，但具体来讲却归属于不同的类型。“违法音像制品”一词出自于国务院于1994年颁布实施、于2002年失效的《音像制品管理条例》（以下简称旧《条例》）。旧《条例》在“罚则”一章中明确规定，对各种违反条例的行为，要没收并销毁违法音像制品。何为违法音像制品，旧《条例》并未界定其含义。但从违法音像制品的涵盖范围来看，违法音像制品不外乎两大类：一类是本身内容就违法的音像制品，例如含有危害国家统一、主权和领土完整，煽动民族分裂，破坏民族团结等非法内容的音像制品；另一类是本身内容并不违法，但是因为行为人使用该音像制品的方式违法，从而导致该音像制品不具有合法性，这类音像制品的违法性主要体现在侵权性方面，即对合法音像制品合法权利的侵害。[①] 淫秽音像制品属于其中的第一类,而侵权复制品则属于第二类。如果行为人所制作和贩卖的是“盗版”制品,由于他人享有对制品的著作权,所以行为人侵犯了他人的著作权,进而可能构成侵犯著作权罪。如果行为人自己没有制作而只有单纯的贩卖行为,则可能构成销售侵权复制品罪。反之,如果行为人所制作和贩卖的是通过复制他人制作的非法出版物而制成的制品,则由于原制作人根本没有合法的著作权,行为人的行为自然也就谈不上侵犯他人的著作权。

根据《刑法》第 367 条的规定,淫秽物品是指具体描绘性行为或者露骨宣扬色情的诲淫性的书刊、影片、录像带、录音带、图片及其他淫秽物品。淫秽物品在我国属于法律禁止出版和传播的物品,对其进行复制发行会侵犯国家对文化市场的管理秩序和良好的社会风尚,行为人此时可能构成制作、贩卖、传播淫秽物品罪。如果行为人违反国家规定,出版、印刷、复制发行的是除淫秽物品之外的其他严重危害社会秩序和扰乱市场秩序的非法出版物,情节严重的,则可能构成非法经营罪。

在吴军案中,吴军所贩卖的均为非法出版物,其中的 162 张光盘为淫秽物品,按照最高人民法院《关于审理非法出版物刑事案件具体应用法律若干问题的解释》的相关规定,以牟利为目的,贩卖淫秽影碟、软件、录像带 50 至 100 张(盒)以上的,以贩卖淫秽物品牟利罪定罪处罚。因此,吴军贩卖淫秽光盘的行为构成了贩卖淫秽物品牟利罪。而在查获的 2 150 张非法光盘中,除去 162 张淫秽光盘之外的 1 988张光盘属于其他非法出版物,按照最高人民法院《关于审理非法出版物刑事案件具体应用法律若干问题的解释》的规定,个人经营非法音像制品 500 张以上的,属于非法经营行为“情节严重”,因此吴军贩卖这些光盘的行为构成非法经营罪。

在刘俊源案中,行为人所贩卖的盗版光盘属于侵权物品无疑。按照最高人民法院《关于办理侵犯知识产权刑事案件具体应用法律若干问题的解释(二)》第 1 条的规定,以营利为目的,未经著作权人许可,

---

① 参见曹坚:《非法经营罪与销售侵权复制品罪之界定》,载《华东政法学院学报》2005 年第 2 期。

复制发行其作品，复制品数量合计在500张(份)以上的，属于《刑法》第217条规定的“有其他严重情节”。本案中，刘俊源发行的除淫秽、色情物品之外的光盘数量为1 040张，符合侵犯著作权罪所要求的“有其他严重情节”特征，因此应当以侵犯著作权罪定罪处罚。此外，本案中，虽然刘俊源仅有发行或者说是销售的行为，但按照上述司法解释第2条的规定，侵犯著作权罪中的“复制发行”，包括复制、发行或者既复制又发行的行为。而发行是指为了满足公众的合理需求，通过出售、出租等方式提供一定数量作品的复制件的行为，本案中刘俊源的行为属于发行侵权复制品的行为。根据我国《刑法》、最高人民法院相关司法解释及《音像制品管理条例》的规定，对已经取得《音像制品经营许可证》的经营者销售侵权音像制品的行为，以销售侵权复制品罪定罪处罚，对未经音像制品著作权人许可而直接销售其音像制品的行为以侵犯著作权罪定罪处罚。[①] 而刘俊源原本也并不是取得《音像制品经营许可证》的合法经营者，因此对其应当以侵犯著作权罪定罪处罚。虽然在本案中，刘俊源还贩卖了一部分淫秽物品，但根据相关规定，其数量达不到贩卖淫秽物品牟利罪的起刑点，所以不构成贩卖淫秽物品牟利罪。

四、分析结论

侵犯著作权罪与贩卖淫秽物品牟利罪的主要区别在于行为人所贩卖的制品不同，没有《音像制品经营许可证》的行为人贩卖的是未经著作权人许可而复制的出版物的，构成侵犯著作权罪，行为人贩卖的是淫秽物品的构成贩卖淫秽物品牟利罪。

---

① 参见游伟、谢锡美:《销售侵权复制品行为的犯罪性质研究》，载《华东政法大学学报》2008年第5期。

如何区分侵犯著作权罪与销售侵权复制品罪

——葛权卫侵犯图书著作权案

王志祥

一、基本案情

2003年4月,葛权卫用胡冬荣的身份证在广西柳州市三江县工商局办理了三江县鑫鸿书店营业执照。之后,葛权卫伙同蔡成军以鑫鸿书店的名义找到晋江市教育局教育科科长许承斌商谈售书一事,并于2003年4月26日与蔡成军分别化名郭权伟、胡冬荣与许承斌签订了协议:由鑫鸿书店负责晋江市教育局辖区内2003年《中小学寒暑假作业》《小学课时训练》《初中课时训练》《高中学习丛书》《优化设计》等系列书籍的采购和发行,并以总码洋的40%作为回扣给晋江市教育局及其下属各镇教委办、直属中小学。随后,许承斌将汇总的各类书籍订单交给被告人葛权卫和蔡成军,共计78种681 823册,分别为《小学暑假作业》8种169 900册,《小学同步课时训练》8种196 620册,《初中同步课时训练》32种197 034册,《初中暑假作业》1种9 943册,《高中中学生素质教育学习丛书》三个年级共29种108 326册。

2003年4月,葛权卫伙同蔡成军、宋桂芳先后到福建省龙岩市龙川中学、长汀三中、长汀新桥中学、上杭职专等4家学校,以厦门鹭江出版社业务员的名义推销《中学生素质教育学习丛书》,并分别许诺以总码洋的32%、20%、25%、20%作为回扣给校方,之后同上述4家中学签订了2003年秋季高中用书预订单。4家中学预订了2003年秋季《高中学生素质教育学习丛书》计29种22 668册,分别为高一年级8

种10360册，高二年级11种8856册，高三年级10种3443册。

2003年5月9日，葛权卫以广西柳州市三江县鑫鸿书店的名义在广西柳州市三江县农行开户用于交易教学辅导用书时方便汇款。葛权卫将收集到的厦门鹭江出版社出版的部分《高中课时训练》样本、北京教育出版社出版的《中小学暑假作业》样本提供给山西省临汾市天涯印刷厂老板李世明，由李根据样本进行印刷。后李世明盗印了厦门鹭江出版社出版的《小学课时训练》《初中课时训练》《高中中学生素质教育学习丛书》，北京教育出版社出版的《中小学暑假作业》等系列书籍，发送到泉州（葛权卫陆续向李世明支付货款505000元）。2003年6月、9月初，葛权卫与蔡成军将已到的书籍分送到晋江市教育局下属各镇教委办、直属中小学，龙岩市龙川中学，长汀县新桥中学。据统计，已到书籍总数为526094册，总价值人民币2765951.50元。其中，提供给晋江市各中小学的书籍分别为《小学暑假作业》169900册，价值人民币475720元；《初二暑假作业》9943册，价值人民币54687元；《小学同步课时训练》196266册，价值人民币1024545.90元；《初中课时训练》30676册，价值人民币210653元；《中学生素质教育丛书》111613册，价值人民币936703元；提供给龙岩市新桥中学、龙川中学《中学生素质教育丛书》计7696册，价值人民币63642.60元。

经福建省新闻出版局鉴定，被告人葛权卫销售给晋江市、龙岩市各学校的教学辅导书中《中小学暑假作业》《初中课时训练》《小学课时训练》《高中中学生素质教育学习丛书》均属非法出版物，并先后实际收到购书款人民币591846元。案发后，从被告人葛权卫及证人蔡剑处扣押了用于存取款的印章3枚、部分存折、金穗卡等物，从被告人葛权卫处扣押赃款人民币22270元；分别从龙岩市龙川中学、新桥中学扣押《中学生素质教育丛书》550册、136册，从龙岩市吴伟鸿处扣押《初二暑假作业》1本，收缴了晋江市区域内的涉案教辅书籍及《初二暑假作业》。

二、判决结果

福建省晋江市人民法院一审认定被告人葛权卫犯侵犯著作权罪，判处有期徒刑5年6个月，并处罚金人民币5万元。后被告人不服一审判决提起上诉。

福建省泉州市中级人民法院二审认定,原审判决认定上诉人葛权卫侵犯著作权事实清楚,据以认定的证据均经原审质证无误,且确实、充分,予以确认。驳回上诉人上诉,维持原判。

三、案例评析

本案当中,葛权卫的主要行为表现为销售侵犯他人著作权的图书即"盗版"图书,而侵犯著作权罪和销售侵权复制品罪均可以表现为销售侵权复制品,对葛的行为应该如何定性是本案的一个争议点。被告人葛权卫及其辩护人辩称,公诉机关指控被告人葛权卫提供《高中课时训练》《中小学暑假作业》样本的证据不足,且没有证据证明被告人葛权卫指使李世明盗印书籍,故被告人的行为应构成销售侵权复制品罪。而公诉机关则认为葛权卫的行为应构成侵犯著作权罪。

(一)侵犯著作权罪与销售侵权复制品罪的区别

侵犯著作权罪与销售侵权复制品罪存在很多类似之处。两罪的主要区别:一是客观方面的实行行为不同。侵犯著作权罪的客观方面表现为复制发行他人的文字作品、音乐、电影、电视、录像作品、计算机软件及其他作品,出版他人享有专有出版权的作品,复制发行其制作的录音录像,制作、出售假冒他人署名的美术作品。而销售侵权复制品罪的客观方面仅限于销售活动,是复制发行侵权行为的后续行为,通过其非法的销售行为将非法的复制品销售出去,从而侵犯他人的著作权。二是两罪的成立标准不同。销售侵权复制品罪的定罪标准是"违法所得数额巨大",侵犯著作权罪的定罪标准是"违法所得数额较大或者有其他严重情节的"。①

从两罪的上述区别来看,当行为人的行为不限于销售之时,其往往涉嫌的是侵犯著作权罪,此时两罪的界限较为明显。但当行为人的侵权行为表现为销售行为之时,对行为性质的认定往往会产生争议。究其原因主要在于《著作权法》和《刑法》对此类侵权行为的认定存在不一致之处。从《著作权法》的相关规定来看,销售行为属于发行行为的一种形式,而该法并没有进一步区分行为人所销售的侵权制品的来

① 参见赵秉志主编:《侵犯著作权犯罪研究》,中国人民大学出版社 2008 年版,第146 页。

源即该制品是自己制作还是由他人制作。因为除非复制品有合法来源,否则无论非法的侵权复制品的来源如何,销售行为对著作权人的著作权和出版社的专有出版权的侵犯性质都是一样的,行为人都应当承担相应的法律责任。与《著作权法》不同的是,《刑法》在侵犯著作权罪之外单独规定了销售侵权复制品罪,由此也引发了一些适用中的难题和理论上的争议。

第一,销售的侵权复制品来源于自己和来源于他人在定罪上有何不同。按照我国《刑法》第 218 条的规定,"以营利为目的,销售明知是本法第二百一十七条规定的侵权复制品,违法所得数额巨大的"构成销售侵权复制品罪。从该罪的罪状表述来看,既然要求行为人明知其销售的是侵权复制品,也就意味着此时行为人销售的不可能是自己(或者其同伙)制作的侵权复制品。因为复制品如果是由自己制作,行为人当然会知道这些复制品是侵权复制品,就没有必要再限定"明知"这一主观要件。因此,只有当销售的复制品来源于他人之时才可能构成销售侵权复制品罪。而当销售的复制品是自己制作的时应当如何定罪处罚将在下文分析。

第二,实施复制等侵权行为,又同时销售侵权复制品罪的,应当如何定罪。也就是复制与销售行为同时存在之时行为人的罪数形态究竟如何。最高人民法院、最高人民检察院《关于办理侵犯知识产权刑事案件具体应用法律若干问题的解释》第 14 条规定:"实施刑法第二百一十七条规定的侵犯著作权犯罪,又销售该侵权复制品,构成犯罪的,应当依照刑法第二百一十七条的规定,以侵犯著作权罪定罪处罚。实施刑法第二百一十七条规定的侵犯著作权犯罪,又销售明知是他人的侵权复制品,构成犯罪的,应当实行数罪并罚。"可见,如果既复制,又进一步销售,只按照侵犯著作权罪一罪定罪处罚。如果复制的同时又销售他人制作的侵权复制品,则应当按照侵犯著作权罪与销售侵权复制品罪数罪并罚。

(二)本案中被告人的行为性质的认定

本案中另一名被告人李世明的行为构成侵犯著作权罪毫无疑问,而各方对葛权卫的行为性质则存在争议。检方指控葛权卫的行为构成侵犯著作权罪,而葛权卫及其辩护人辩称葛权卫的行为应当构成销售侵权复制品罪,而不是侵犯著作权罪。葛权卫销售过侵权复制品是确凿无疑的。要正确认定被告人的行为性质,必须确认以下两个问题:

第一,被告人是否实施侵权复制品的复制行为。在本案中,侵权图书的复制行为表现为印刷行为,被告人本人确实没有实际实施这项工作。但被告人供述其本人向教育界各有关单位取得涉案书籍订单后,交由另一名被告人李世明印刷。这证明了两被告人主观上均有非法侵犯他人著作权的共同故意,符合共同犯罪的主观构成要件。客观上,李世明按葛权卫所提供样本盗印书籍,葛权卫将李世明印刷的书籍销售给晋江市教育局、龙岩市龙川中学、长汀三中等单位,这只是两人各自在共同犯罪中的分工不同,虽然他们的犯罪目的不同,但仍符合共同犯罪的客观要件。

第二,被告人所销售的侵权复制品来源于何处。在本案中,葛权卫并非购买李世明已印好或将来按其计划欲印刷的盗版书籍,而是将其收集到的样本提供给李世明承印,如上文分析,二人实质上是一个犯罪的共同体,其行为之间密不可分。既然二人不是各自单独犯罪,那么被告人销售的侵权复制品就是来源于己方,而不是来源于他人。实施《刑法》第 217 条规定的侵犯著作权犯罪,又销售该侵权复制品,构成犯罪的,属于牵连犯应从一重处断,即应当依照《刑法》第 217 条的规定,以侵犯著作权罪定罪处罚。[①] 所以,本案中葛权卫应当和李世明构成侵犯著作权罪的共犯。而且结合全案来看,由于葛权卫在共同犯罪的起意、组织、分工中起到了主要作用,应当认定为主犯。

四、分析结论

侵犯著作权罪和销售侵权复制品罪区分的关键是看行为人所销售的侵权复制品的来源,来源于自己则只构成侵犯著作权罪,来源于他人则构成销售侵权复制品罪。

---

① 2004 年 12 月 2 日起施行的最高人民法院、最高人民检察院《关于办理侵犯知识产权刑事案件具体应用法律若干问题的解释》第 14 条第 1 款规定:“实施刑法第二百一十七条规定的侵犯著作权犯罪,又销售该侵权复制品,构成犯罪的,应当按照刑法第二百一十七条的规定,以侵犯著作权罪定罪处罚。”该司法解释颁布在后,不适用于本案。

侵犯著作权罪与合同诈骗罪的界限

——陈志君侵犯电视剧著作权案

何恒攀

一、基本案情

2002年9月，陈志君在没有到工商、税务、文化等部门办理注册登记的情况下，伙同他人套印河南人民广告有限公司营业执照，冒用该公司工商注册号，私刻印章，以河南省经典影视文化传播公司（以下简称“经典公司”）的名义非法开展电视剧发行、广告等业务。2003年元月，陈志君在没有电视剧《皇宫宝贝》版权及相关授权的情况下，复制盗版该32集电视剧录像带16套，向河南省各地市（除郑州、济源外）电视台发行。经查明，陈志君以虚构的河南经典影视文化传播公司的名义与洛阳电视台、平顶山电视台、南阳电视台签定电视剧《皇宫宝贝》的发行协议，以出让电视剧《皇宫宝贝》版权的名义骗取上述电视台每集2分钟加片广告权，共计32集连续播出16天，造成了著作权人一百余万元的经济损失。陈志君骗取各地市电视台广告权后，即以河南经典影视文化传播公司的名义拉广告，共收取河南百年老店酒业有限公司广告费4万元，收取郑州市埃斯科服饰广告费1万元，收取郑州市三利百货商行广告费9 000元。著作权人遂向公安机关报案，公安机关以合同诈骗罪为突破口立案侦查，查清犯罪嫌疑人陈志君涉嫌侵犯著作权犯罪的事实。检察机关认为：被告人陈志君以营利为目的，未经制作者许可复制发行其制作的音像制品，违法所得数额较大，其行为触犯了《中华人民共和国刑法》第217条之规定，犯罪事实清楚，证据确实充分，应当以侵犯著作权罪追究其刑事责任。遂依法提起公诉，请求人民法院依法判处。

二、判决结果

河南省郑州市金水区人民法院以侵犯著作权罪对被告人陈志君判处有期徒刑2年,并处罚金2万元。

三、案例评析

(一)被告人的行为应当如何定性

在本案中,被告人从事了以下几种行为:套印河南人民广告有限公司营业执照,私自成立经典公司并刻制了公司印章;以经典公司的名义与洛阳等三家电视台签订发行合同,骗取插播随片广告权;未经电视剧《皇宫宝贝》著作权人许可,复制发行该电视剧,非法牟利5.9万元。

对于被告人以上行为的性质,办案机关存在三种不同意见:第一种意见认为陈志君的三种行为是吸收犯。吸收犯的特点在于事实上存在数个犯罪行为,而一个犯罪行为为其他一犯罪行为所吸收,两种行为之间通常属于实施某种犯罪的同一过程,彼此存在密切联系,前行为可能是后行为发展的必经阶段,后行为可能是前行为发展的自然结果。本案中,犯罪嫌疑人陈志君私制公章,成立经典公司,是以该公司的名义签订协议进行合同诈骗的预备行为,而签订合同是为通过侵犯著作权进行非法牟利服务的,也是一个预备行为。所以,侵犯著作权的行为应吸收前两个行为,以涉嫌侵犯著作权追究陈志君的刑事责任。第二种意见认为三种行为是牵连犯关系。所谓牵连犯,是指以实施某一犯罪为目的,其犯罪的方法行为或结果行为又触犯其他罪名的犯罪。本案中,陈志君的三个行为都是为了通过侵犯著作权而达到非法牟利的目的,犯罪嫌疑人采用伪造公司印章及签订合同进行诈骗的行为分别触犯了不同罪名,与侵犯著作权的行为构成牵连犯。第三种意见认为陈志君的三种行为既不是吸收犯也不是牵连犯,直接涉嫌侵犯著作权。理由如下。伪造公司印章罪中的公司必须是已存在的具有合法资格的公司,而陈志君私刻的经典公司印章,因该公司本身不存在,所以私刻该公司印章的行为不能独立成罪。陈志君以经典公司的名义与洛阳等三家电视台签订合同,获得插播随片广告权的行为也不构成合同诈骗。虽然陈志君以不存在的经典公司的名义,与洛阳等三家电视台签订了电视剧发行合同,但合同的实际内容却得到了履行,在提供录像带方面陈志君并不存在诈骗的故意,确实提供了可供放映的录像带。尽管这些录像带来源不合法,但这只是导致三份合同自始无效,并未给三家电视台造成任何经济损失。因此,陈志君的犯罪行为应仅定性为涉嫌侵犯著作权犯罪。

上述三种观点在对被告人行为的处罚上并没有实质的区别,尤其是第一、二种观点更多地体现为对学理上相关概念的争论,这与罪数形态理论的多样性和我国立法在此问题上的规定不明确有关,在该案例中没必要深究吸收犯与牵连犯的认定问题。笔者赞同第三种观点,本案中陈志君的行为仅构成侵犯著作权罪。

1. 被告人刻制印章的行为不构成伪造公司印章罪

伪造公司印章罪是指没有制作权限的人,擅自伪造公司印章的行为。也即伪造的公章借用了别的公司的名称,这里所指的“公司”显然应当是真实存在的、合法的公司,如果没有真实的公司这一“参照物”,自然也就谈不上伪造。本案中,被告人虽然借用了河南人民广告有限公司的工商注册号等,但其所直接利用的是一个本来就不合法存在的所谓的“经典公司”,其所刻制的也是该非法公司的印章,而并不是河南人民广告有限公司的印章,因此其并没有从事伪造印章的行为。此外,伪造公司印章罪从其所侵犯的客体上来看是国家对公章的管理秩序,我国当前对于刻制公章虽然没有明确的统一规定,但总体而言采取较为严格的管理制度。如果绕开各地公安部门而私自刻制公司的印章,就侵犯了相应的管理秩序。制造一个本来就不存在的公司的印章,表面上看是私刻公章,但实质上和刻制私人印章的行为无异,因为公章管理制度的目的最主要的还是为了保护相关单位的合法权益,由于此时并不存在被冒用的相关单位,所以被告人的行为并没有侵犯相应的社会管理秩序。综上,被告人刻制印章的行为不构成伪造公司印章罪。

2. 被告人以经典公司的名义与电视台签订合同的行为不构成合同诈骗罪

本案当中,被告人以其虚构的“经典公司”的名义与多家电视台订立合同,从客观表现来看是对对方当事人的欺骗,符合合同诈骗罪所要求的“以虚构的单位或者冒用他人名义签订合同”的行为特征。但是,构成合同诈骗罪还必须符合“以非法占有为目的”的主观特征,是否带有非法占有的目的是区分合同诈骗罪与合同民事欺诈行为的一个最明显的标志。在合同诈骗罪中,行为人的主要目的是利用合同的形式骗取对方的财物。行为人意图通过对方的履行获取对方的财物,而自己根本不履行自己在合同中的义务,即行为人意图无偿占有他人财物。与之不同的是,合同民事欺诈行为虽然在客观上也是通过欺骗的方式而使对方与己方订立合同,但是行为人在主观上则是希望通过履行合同来获取利益,而不是无偿占有对方财物。此时订立合同的过程虽然在形式上不合法,但是本着鼓励交易的原则,我国《合同法》把此时订立的合同的效力规定为可变更、可撤销,而不是绝对无效。也就是说,在合同诈骗罪中,行为人订立合同仅是其从事骗取行为的“幌子”,其要么根本就不会履行,要么仅是为了配合其诈骗行为而虚假地少量履行,总之其所付出的代价与合同中所约定的义务根本就不对等。而在合同民事欺诈行为中,行为人为了促成合同的履行一般会按照合同所约定的义务去履行,即便最终没有履行或者不完全履行,也是由于其他客观方面的原因,例如因为正常的市场风险而大量亏损,而不是一开始就不打算履行。

被告人订立合同的过程虽然符合欺诈的客观特征,但是其订立合同的目的仍然是通过履行该合同而获取利益。这种利益虽然也属于不当或非法利益,但是总体而言,被告人向对方当事人支付了对价,也就是出让电视剧《皇宫宝贝》等的“版权”。被告人并不是电视剧的真正著作权人,其当然无权出让相关电视剧的著作权。但是,其实际履行了合同所约定的义务内容,即提供 16 套录像带,这 16 套录像带中的内容也确实是合同中所约定的电视剧。因此,被告人在订立合同的过程中并不具有非法占有的目的,其与电视台订立合同的行为不应构成合同诈骗罪。

3. 被告人与多家企业订立广告合同的行为同样不构成合同诈骗罪

本案中被告人所订立的合同可以分为两类:第一类是其与几家电视台订立的出让电视剧著作权合同;第二类是其与多家企业订立的广告合同。其在与百年酒业等企业订立广告之时已经实际取得了电视台的加片广告权,虽然该权利是其通过不法手段取得的,但是仅就拉广告行为而言,被告人并没有欺骗这些企业,虽然从客观上讲其仍然是以虚构的公司名义与这些企业订立合同。此时的被告人不仅具有履行广告合同的意图,也具有履行合同的实际能力,所以不能认定其具有非法占有的目的。因此,被告人与多家企业订立广告合同的行为同样不构成合同诈骗罪。

4. 被告人复制发行电视剧的行为构成侵犯著作权罪

由于被告人并不是《皇宫宝贝》等电视剧的著作权人,且其对电视剧进行复制没有经过著作权人的同意,因此复制大量成套电视剧的录像带并出售给电视台的行为侵犯了他人的著作权。此外,按照《刑法》第 217 条的规定,构成侵犯著作权罪的基本要求是“违法所得数额较大或者有其他严重情节”。在本案中,关于被告人的违法所得数额认定也有不同意见。一种意见认为,被告人通过与电视台签订《皇宫宝贝》发行合同获得了插播随片广告权,按三个电视台在《皇宫宝贝》电视剧播放时段的平常广告收费计算,该电视剧随片广告时段收费应在 40 万元,也就应认为三家电视台向犯罪嫌疑人支付了 40 万元,即被告人的违法所得数额应为 40 万元。另一种意见认为,被告人虽然获得电视台插播随片广告权,但其拉客户做广告的收入是 5.9 万元。根据《刑法》第 217 条之规定,违法所得数额应是实际得到的财物数额,而不是一种权益或预期所得,所以,本案的违法所得数额应为 5.9 万元。笔者赞同第二种意见,因为本案中被告人获得非法收益的方式是向其他企业收取广告费,而不是直接向接受盗版录像带的电视台收取著作权许可费用。虽然电视台给予被告人的加片广告权代表了相应的对价,但毕竟只是一种财产性利益,而不是实际的价款,不同的主体基于这种利益而实际获得的价款有所不同也是难免的,对此电视台事实上并没有实际的付出。不以实际的违法所得定罪,难以反应行为的客观危害性和行为人的主观恶性,有违罪刑相适应的原则,应当把其他企业支付的广告费作为被告人复制发行盗版录像带的实际违法所得。陈志君在侵犯著作权犯罪中的违法所得已经达到“数额较大”。因此,被告人复制发行电视剧的行为构成侵犯著作权罪。

(二)本案的犯罪主体是自然人还是单位

对此存在两种意见。一种意见认为本案是单位犯罪。被告人在与电视台签订发行合同时,均使用了经典公司印章,侵犯著作权的行为是经典公司及其经理陈志君实施的,所以该案是单位犯罪,陈志君作为直接负责的主管人员应受刑法处罚。另一种意见认为本案是自然人犯罪。所谓的经典公司实际上是不存在的,侵犯著作权的行为自始至终都是陈志君一人在实施。笔者赞同后一种观点,本案的犯罪主体应当是自然人。

最高人民法院《关于审理单位犯罪案件具体应用法律有关问题的解释》第1条规定:“刑法第十三条规定的‘公司、企业、事业单位’,既包括国有、集体所有的公司、企业、事业单位,也包括依法设立的合资经营、合作经营企业和具有法人资格的独资、私营等公司、企业、事业单位。”可见,单位犯罪中的“单位”应当是依法设立的单位,而不能是非法存在的组织。本案当中,被告人使用的经典公司自始至终都是一个不真实存在的公司,只是一个其从事违法犯罪活动的招牌。所以本案的主体应当是陈志君个人,而不是其打着的旗号“经典公司”。

四、分析结论

利用侵权制品订立许可合同而获利的行为虽然也带有欺诈性,但由于行为人主观上还是为了履行合同,并不具有非法占有的目的,因此不构成合同诈骗罪,而只构成侵犯著作权罪。

非法经营罪与销售侵权复制品罪竞合时的处理

——姜志销售非法音像制品案，刘肇欣侵犯著作权罪、非法经营案

狄世深

一、基本案情

案例 1

被告人姜志，男，1983 年 2 月 5 日出生，汉族，内蒙古自治区扎兰屯市人。

2009 年 9 月 2 日 19 时许，被告人姜志在北京市丰台区樊家村丰泽园甲四号院 8 号楼底商 6 号门口向他人出售盗版光盘时被民警查获，当场起获光盘 2 032 张，经鉴定均为非法出版物。

案例 2

被告人刘肇欣，男，1962 年 5 月 7 日出生，汉族，河南省郑州市人。

2005 年 1 月至 7 月间，被告人刘肇欣在北京市通州区潞城镇西堡村 84 号院其经营的印刷厂内，在未经著作权人许可的情况下，非法印刷《老夫子》《乌龙院》等图书共计三万余册，印刷非法出版的《真假毛泽东》《华国锋下野内幕》各 3 000 册。此外，其还在中国人民解放军 66322 部队大院库房内储藏非法出版的图书五十四万余册。经北京市新闻出版局鉴定，以上图书均为非法出版物。被告人刘肇欣于 2005 年 8 月 18 日被抓获。

二、判决结果

案例 1

被告人姜志犯非法经营罪，判处拘役 6 个月，并处罚金人民币 2 000 元。

案例 2

被告人刘肇欣犯侵犯著作权罪，判处有期徒刑 4 年，罚金人民币 4 000 元；犯非法经营罪，判处有期徒刑 6 年，罚金人民币 5 万元。决定执行有期徒刑 9 年，罚金人民币 54 000 元。

起获的电脑软盘 2 张、叉车 1 台、切纸机 1 台、印刷机 1 台、胶印机 2 台、晒版机 1 台，予以没收。

三、案例评析

法条竞合，是指一个行为同时符合了数个法条规定的犯罪构成，但从数个法条间的逻辑关系来看，只能适用其中一个法条，当然排除适用其他法条的情况。法条竞合可分为四种：一是独立竞合，也称局部竞合，是指一个罪名概念的外延是另一个罪名概念的外延的一部分，而犯罪行为正适合于这一部分的情形。在独立竞合的情况下，两个法条之间具有普通与特别的从属关系，即普通法规定的是属罪名，特别法规定的是种罪名。其适用原则是特别法优于普通法。二是包容竞合，也称全部竞合，是指一个罪名概念的内涵大于另一个罪名概念的内涵，但其犯罪构成的内容已超出内涵小的罪名概念的情形，在包容竞合的情况下，两个法条之间具有整体与部分的从属关系，即整体法规定的是属罪名，部分法规定的是种罪名。其适用原则是整体法优于部分法。三是交互竞合，是指两个罪名概念之间各有一部分外延相互重合，每个罪名都是独立的，因而绝大多数罪名的内容是互不相同的，但由于犯罪的复杂性，出于立法技术的考虑，有时两个罪名概念之间会发生某些重合，这就是所谓交互竞合。其适用原则是重法优于轻法。四是偏一竞合，是指两个法条交叉重合，但犯罪行为已经超出重合范围的情形，偏一竞合也是一种交叉关系的竞合，但它不同于交互竞合,因为其内容已经超出重合范围。其适用原则是基本法优于补充法。

关于非法经营罪,我国《刑法》第225条规定:“违反国家规定,有下列非法经营行为之一,扰乱市场秩序,情节严重的,处五年以下有期徒刑或者拘役,并处或者单处违法所得一倍以上五倍以下罚金;情节特别严重的,处五年以上有期徒刑,并处违法所得一倍以上五倍以下罚金或者没收财产:(一)未经许可经营法律、行政法规规定的专营、专卖物品或者其他限制买卖的物品的;(二)买卖进出口许可证、进出口原产地证明以及其他法律、行政法规规定的经营许可证或者批准文件的;(三)未经国家有关主管部门批准非法经营证券、期货、保险业务的,或者非法从事资金支付结算业务的;(四)其他严重扰乱市场秩序的非法经营行为。”

关于销售侵权复制品罪,我国《刑法》第218条规定:“以营利为目的,销售明知是本法第二百一十七条规定的侵权复制品,违法所得数额巨大的,处三年以下有期徒刑或者拘役,并处或者单处罚金。”《刑法》第217条对侵犯著作权罪的规定是:“以营利为目的,有下列侵犯著作权情形之一,违法所得数额较大或者有其他严重情节的,处三年以下有期徒刑或者拘役,并处或者单处罚金;违法所得数额巨大或者有其他特别严重情节的,处三年以上七年以下有期徒刑,并处罚金:(一)未经著作权人许可,复制发行其文字作品、音乐、电影、电视、录像作品、计算机软件及其他作品的;(二)出版他人享有专有出版权的图书的;(三)未经录音录像制作者许可,复制发行其制作的录音录像的;(四)制作、出售假冒他人署名的美术作品的。”

单从上述《刑法》条文的规定来看,第225条第4项“其他严重扰乱市场秩序的非法经营行为”完全包含了第218条的内容,是典型的普通法与特别法的竞合关系,按照特别法优于普通法的适用原则,若某一行为人的行为既符合第218条的规定,又同时符合第225条的规定,就应该按照第218条销售侵权复制品罪对该行为人定罪量刑。

但1997年《刑法》修订至今,鉴于侵犯知识产权犯罪、非法经营罪的多发性和复杂性以及司法实践中出现了诸多问题,与这些犯罪相关的司法解释相继出台,根据这些解释的规定,完全否定了非法经营罪和销售侵权复制品罪普通法与特别法的法条竞合关系。具体分析如下：

1998年12月17日最高人民法院发布的《关于审理非法出版物刑事案件具体应用法律若干问题的解释》第11条规定："违反国家规定，出版、印刷、复制、发行本解释第一条至第十条规定以外的其他严重危害社会秩序和扰乱市场秩序的非法出版物，情节严重的，依照刑法第二百二十五条第(三)项的规定，以非法经营罪定罪处罚。"(编者注：1999年《中华人民共和国刑法修正案》将《刑法》第225条原第(三)项改为第(四)项。)根据该《解释》第1条至第10条的相关规定，很显然，此处"第一条至第十条规定以外的其他非法出版物"皆是未侵犯他人著作权的出版物。而《刑法》第218条销售侵权复制品罪中的"侵权复制品"则侵犯了他人的著作权。因此根据这个解释，第225条非法经营罪与第218条销售侵权复制品罪并不存在任何的包含与被包含的竞合关系。既然如此，销售侵权复制品违法所得数额巨大的，只构成销售侵权复制品罪。

但接下来的问题是，2004年12月8日最高人民法院、最高人民检察院发布的《关于办理侵犯知识产权刑事案件具体应用法律若干问题的解释》第6条规定："以营利为目的，实施刑法第二百一十八条规定的行为，违法所得数额在十万元以上的，属于'违法所得数额巨大'，应当以销售侵权复制品罪判处三年以下有期徒刑或者拘役，并处或者单处罚金。"按照这一解释，违法所得数额不满10万元的就不构成犯罪。但根据《关于审理非法出版物刑事案件具体应用法律若干问题的解释》第12条第1款的规定，个人实施第11条规定的行为，违法所得数额在2万元至3万元以上的，经营报纸5000份或者期刊5000本或者图书2000册或者音像制品、电子出版物500张(盒)以上的，就属于非法经营行为"情节严重"，以非法经营罪定罪处罚。这样的话，对那些销售侵权复制品违法所得数额不满10万元但却达到了《关于审理非法出版物刑事案件具体应用法律若干问题的解释》第12条的数额要求的行为人，如果严格执行罪刑法定的原则，就应按无罪处理。而这样操作又有明显的不协调、不合理之处，因为销售侵权复制品的行为侵犯了他人的著作权，在违法所得数额等情节相同的情况下，其社会危害性显然要大于《关于审理非法出版物刑事案件具体应用法律若干问题的解释》第11条规定的行为，按照刑法中举轻以明重的入罪原则，违法所得数额不满10万元的销售侵权复制品行为,只要其达到了《关于审理非法出版物刑事案件具体应用法律若干问题的解释》第12条规定的数额等要求,就应该对行为人以非法经营罪论处,例如司法实践中许多销售盗版光盘的行为都是以非法经营罪论处的。但是,考虑到2004年《关于办理侵犯知识产权刑事案件具体应用法律若干问题的解释》第17条明确规定:"以前发布的有关侵犯知识产权犯罪的司法解释与本解释相抵触的,自本解释施行后不再适用。"今后在处理销售盗版光盘等侵犯知识产权的案件时,应当一概以2004年《司法解释》为准,不能再适用《关于审理非法出版物刑事案件具体应用法律若干问题的解释》。

另外,有必要再提一下与我们所谈问题相关的《刑法》第217条的侵犯著作权罪,该罪与非法经营罪的关系类似于销售侵权复制品罪与非法经营罪的关系,如果仅从《刑法》条文规定本身来看,也是特别法与普通法的竞合关系,但如果再考虑到相关司法解释的规定,二者又不具有这种关系,具体的就不再赘述。从司法实践来看,自2007年4月5日最高人民法院、最高人民检察院《关于办理侵犯知识产权刑事案件具体应用法律若干问题的解释(二)》(以下简称《解释(二)》)颁布施行以来,销售盗版光盘等非法出版物的行为(不包括既复制又销售该复制作品本就应构成侵犯著作权罪的行为)按侵犯著作权罪定罪量刑的有逐渐增多的趋势,其主要原因是该《解释(二)》同以前的解释相比进一步降低了侵犯著作权罪的入罪门槛。该《解释(二)》第1条规定:"以营利为目的,未经著作权人许可,复制发行其文字作品、音乐、电影、电视、录像作品、计算机软件及其他作品,复制品数量合计在五百张(份)以上的,属于刑法第二百一十七条规定的'有其他严重情节';复制品数量在二千五百张(份)以上的,属于刑法第二百一十七条规定的'有其他特别严重情节'。"而根据《关于办理侵犯知识产权刑事案件具体应用法律若干问题的解释》第5条的规定,"未经著作权人许可,复制发行其文字作品、音乐、电影、电视、录像作品、计算机软件及其他作品,复制品数量合计在一千张(份)以上"的,属于"有其他严重情节";"未经著作权人许可,复制发行其文字作品、音乐、电影、电视、录像作品、计算机软件及其他作品,复制品数量合计在五千张(份)以上"的,属于"有其他特别严重情节"。再一个原因就是,根据《解释(二)》第4条"对于侵犯知识产权犯罪的,人民法院应当综合考虑犯罪的违法所得、非法经营数额、给权利人造成的损失、社会危害性等情节,依法判处罚金。罚金数额一般在违法所得的一倍以上五倍以下,或者按照非法经营数额的50%以上一倍以下确定”的规定,侵犯著作权罪的罚金刑与非法经营罪的罚金刑相比,更易于判决和执行。还有,《关于办理侵犯知识产权刑事案件具体应用法律若干问题的解释》第5条“违法所得数额在三万元以上的,属于‘违法所得数额较大’”“非法经营数额在五万元以上的”,属于“有其他严重情节”的规定,也与非法经营罪的相关解释基本持平。

如果我们进一步分析,实践中销售盗版光盘等行为按侵犯著作权罪论处的做法似有不妥。因为根据现有的相关规定,只有既复制又销售该复制作品的销售行为才构成侵犯著作权罪,如果仅仅是销售他人的侵权复制作品,在达到数额要求的情况下,只能定销售侵权复制品罪。具体来说,根据我国《著作权法》的规定,“发行”就是“出售”的意思。《关于办理侵犯知识产权刑事案件具体应用法律若干问题的解释》第14条也有明确规定。“实施刑法第二百一十七条规定的侵犯著作权犯罪,又销售该侵权复制品,构成犯罪的,应当依照刑法第二百一十七条的规定,以侵犯著作权罪定罪处罚。实施刑法第二百一十七条规定的侵犯著作权犯罪,又销售明知是他人的侵权复制品,构成犯罪的,应当实行数罪并罚。”而按照《关于办理侵犯知识产权刑事案件具体应用法律若干问题的解释(二)》第2条“刑法第二百一十七条侵犯著作权罪中的‘复制发行’,包括复制、发行或者既复制又发行的行为……非法出版、复制、发行他人作品,侵犯著作权构成犯罪的,按照侵犯著作权罪定罪处罚”的规定,单纯销售他人侵权复制品的行为也按侵犯著作权罪论处。这样操作的话,《刑法》第218条的销售侵权复制品罪岂不是就形同虚设,没有存在的必要了?销售侵权复制品罪的入罪门槛本来就高,再加上这样的解释,也就难怪实践中该罪名极少被适用,无人问津了。

四、分析结论

姜志销售非法音像制品一案中,被告人姜志销售盗版光盘2 032张,被以非法经营罪判处拘役6个月,并处罚金人民币2 000元。很显然,因所判罚金只有2 000元,表明被告人属于获利数额较小的情况。也正因如此,被告人姜志的违法所得数额远达不到《刑法》第218条规定的销售侵权复制品罪违法所得数额10万元的最低要求,因此只能按《刑法》第225条规定的非法经营罪论处。但是,考虑到本案发生在2004年《关于办理侵犯知识产权刑事案件具体应用法律若干问题的解释》之后,不应当再按非法经营罪论处。因此,法院的判决存在违反了上述司法解释的嫌疑。

刘肇欣侵犯著作权罪、非法经营一案中,被告人刘肇欣未经著作权人许可非法印刷图书三万余册被定侵犯著作权罪的判决是正确的,该行为完全符合《刑法》第217条第(一)项的规定,被告人因该罪被判处有期徒刑4年,罚金人民币4 000元。仅根据《关于办理侵犯知识产权刑事案件具体应用法律若干问题的解释》第5条第2款第(二)项"未经著作权人许可,复制发行其文字作品、音乐、电影、电视、录像作品、计算机软件及其他作品,复制品数量合计在五千张(份)以上"的规定,就表明其行为属于"有其他特别严重情节"的情况,应处3年以上7年以下有期徒刑,其该罪的罚金数额较小,表明其被认定的违法所得数额较小。其印刷非法出版的《真假毛泽东》《华国锋下野内幕》各3 000册并储藏非法出版的图书五十四万余册的行为因为并未侵犯他人的著作权,只能按非法经营罪论处,但因其数量特别巨大,根据《关于审理非法出版物刑事案件具体应用法律若干问题的解释》第12条第2款第(三)项"经营报纸一万五千份或者期刊一万五千本或者图书五千册或者音像制品、电子出版物一万五千张(盒)以上"的规定,显然属于非法经营罪"情节特别严重"的情况,应判处5年以上有期徒刑,最终被告人刘肇欣因犯非法经营罪被判处有期徒刑6年,罚金5万元,表明其被认定的非法经营的违法所得数额也不算少,但应该不超过5万元。

附1:

北京市丰台区人民法院

刑 事 判 决 书

(2009)丰刑初字第2175号

公诉机关:北京市丰台区人民检察院。

被告人:姜志,男,1983年2月5日出生于内蒙古自治区扎兰屯市，汉族，高中文化，农民，户籍地内蒙古自治区扎兰屯市卧牛河镇红旗村七街79号。因涉嫌犯非法经营罪，于2009年9月2日被羁押，同年9月18日被逮捕。现羁押于北京市丰台区看守所。

北京市丰台区人民检察院以京丰检刑诉(2009)2127号起诉书指控被告人姜志犯非法经营罪，于2009年11月25日向本院提起公诉。本院依法适用简易程序，实行独任审判，公开开庭审理了本案。被告人姜志到庭参加诉讼。现已审理终结。

北京市丰台区人民检察院起诉书指控：2009年9月2日19时许，被告人姜志在本市丰台区樊家村丰泽园甲四号院8号楼底商6号门口向他人出售盗版光盘时被民警查获，当场起获光盘2032张，经鉴定均为非法出版物。

上述事实，被告人姜志在开庭审理过程中亦无异议，并有证人陈立刚、王琳琳证言，辨认笔录，北京市新闻出版局出版物审查鉴定书，起获的非法出版物照片，公安机关出具的到案经过、破案报告等证据证实，足以认定。

本院认为，被告人姜志无视国家法律，以牟利为目的，销售非法音像制品，扰乱市场秩序，情节严重，其行为已构成非法经营罪，应予处罚。北京市丰台区人民检察院指控被告人姜志犯非法经营罪的事实清楚，证据确实充分，罪名成立。鉴于被告人姜志能够如实供述所犯罪行，本院对其酌情从轻处罚。依照《中华人民共和国刑法》第二百二十五条第(四)项、第五十二条、第五十三条、第六十一条之规定，判决如下：

被告人姜志犯非法经营罪，判处拘役六个月，并处罚金人民币二千元。

(刑期自判决执行之日起计算。判决执行以前先行羁押的，羁押一日折抵刑期一日，即自2009年9月2日起至2010年3月1日止。罚金于判决生效后一个月内缴纳。)

如不服本判决，可于接到判决书的第二日起十日内，通过本院或直接向北京市第二中级人民法院提出上诉。书面上诉的，应提交上诉状正本一份、副本一份。

审判员　张　勇

二〇〇九年十二月十一日

书记员　李　超

附2:

北京市通州区人民法院
刑事判决书

(2006)通刑初字第174号

公诉机关:北京市通州区人民检察院。

被告人:刘肇欣,男,44岁(1962年5月7日出生),汉族,出生地河南省,初中文化,无业,住河南省郑州市航海东路32号院(暂住北京市通州区潞城镇西堡村);因涉嫌犯非法经营罪于2005年8月18日被刑事拘留,同年9月22日被逮捕;现羁押在北京市通州区看守所。

通州区人民检察院以京通检经诉字(2005)第17号起诉书指控被告人刘肇欣犯侵犯著作权罪、非法经营罪,于2006年3月2日向本院提起公诉。本院于同年3月3日立案,依法组成合议庭,公开开庭审理了本案。通州区人民检察院指派代理检察员李峥出庭支持公诉,被告人刘肇欣到庭参加诉讼。现已审理终结。

通州区人民检察院指控:2005年1月至7月间,被告人刘肇欣在通州区潞城镇西堡村84号院其经营的印刷厂内,在未经著作权人许可的情况下,非法印刷《老夫子》《乌龙院》等图书共计三万余册,印刷非法出版的《真假毛泽东》《华国锋下野内幕》各3 000册。此外,其还在中国人民解放军66322部队大院库房内储藏非法出版的图书五十四万余册。经北京市新闻出版局鉴定,以上图书均为非法出版物。被告人刘肇欣于2005年8月18日被抓获。

通州区人民检察院针对起诉书指控的内容提供了证人丁加友、李满如、陶世海等人证言,出版物鉴定书,出版合同,非法出版物照片,接报案经过、到案经过,扣押清单,工作说明,户籍证明等证据,提请本院依照《中华人民共和国刑法》第二百一十七条第(一)项、第二百二十五条第(三)项之规定,对被告人刘肇欣予以惩处。

被告人刘肇欣对起诉书指控的犯罪事实未提出异议。但其辩解有立功表现,图书未流入社会,社会危害性较小,请求对其从轻处罚。

经审理查明:2005年1月至7月间,被告人刘肇欣在通州区潞城镇西堡村84号院其经营的印刷厂内，在未经著作权人许可的情况下，非法印刷《老夫子》《乌龙院》等图书共计三万余册，印刷非法出版的《真假毛泽东》《华国锋下野内幕》各3 000册。此外，其还在中国人民解放军66322部队大院库房内储藏非法出版的图书五十四万余册。经北京市新闻出版局鉴定，以上图书均为非法出版物。被告人刘肇欣于2005年8月18日被抓获。

上述事实，有下列证据证实：

1. 证人丁加友证言，证实2005年5月，刘肇欣给其打电话让其到刘肇欣的印刷厂帮忙，其在该厂期间，刘肇欣先后印刷了一些书，都是盗版书。同年7月下旬，一个姓李的女子找到刘肇欣让刘肇欣印刷了《真假毛泽东》《华国锋下野内幕》各3 000册。刘肇欣还印刷过《老夫子》，印了多少不知道。以前还印过五六本书，具体情况不知道。

2. 证人凌爱忠证言，证实其在刘肇欣的印刷厂担任车间主任，2005年7月24日，刘肇欣拿来《真假毛泽东》《华国锋下野内幕》图书的片子让其印刷的情况。

3. 证人郭禄厚、罗海军、史运通证言，分别证实2005年间三人在通州区潞城镇西堡村的印刷厂工作，老板是刘肇欣。在工作期间印了三四万册书，其中有《老夫子》等图书。

4. 证人许瑛瑛、桑静证言，分别证实2005年间二人在西堡村的印刷厂工作，老板是刘肇欣。二人在该厂工作期间印刷了《老夫子》《华国锋下野内幕》等图书。

5. 证人杨德海、袁爱辉证言，证实二人帮助管理马斌的印刷厂，刘肇欣有时打电话让给他装订书，有《老夫子》《真假毛泽东》等图书。

6. 证人张文军、孙雪峰证言，证实二人在刘肇欣经营的印刷厂负责印刷工作。

7. 证人马斌证言，证实其将自己的印刷厂出租给刘肇欣的情况。

8. 证人李满如、陶世海证言，证实2005年7月中旬到刘肇欣的印刷厂谈印《真假毛泽东》《华国锋下野内幕》等书的情况。

9. 公安机关出具的搜查笔录、现场检查笔录、现场笔录，证实《老夫子》《真假毛泽东》等图书及切纸机、印刷机等物品被起获的情况。

10. 公安机关出具的图书出版合同，证实《老夫子》《乌龙院》《开一家自己的个性店》等图书委托北京少年儿童出版社出版的相关情况。

11. 北京市新闻出版局出具的出版物审查鉴定书，证实起获的《真假毛泽东》《华国锋下野内幕》《中学生话题作文》《八合一学生词典》等545 604册图书经审验为“伪造、假冒出版单位或者报刊名称出版的出版物”和“盗印、盗制合法出版物而在社会上公开发行销售的出版物”。根据国务院《出版管理条例》、新闻出版总署《出版物市场管理规定》和《关于认定、查禁非法出版物的若干问题的通知》的规定，上述图书为非法出版物。

12. 公安机关出具的工作说明，证实北京市文化执法总队对通州区潞城镇西堡村一无名印刷厂和潞城镇前北营村通州燕京印刷厂进行突击检查，当场查获《真假毛泽东》《华国锋下野内幕》各3 000册，《老夫子》等盗版书刊32 700册，同时，在北京市朝阳区一部队仓库内查获该印刷厂盗版书刊545 604册的情况。

13. 北京市通州区文化委员会出具的扣押物品清单，证实《真假毛泽东》《华国锋下野内幕》等图书及印刷机、切纸机被扣押的情况。

14. 公安机关出具的接报案经过、到案经过，证实该案的案发情况及被告人刘肇欣到案的情况。

15. 公安机关出具的户籍证明，证实被告人刘肇欣的年龄等自然身份情况。

上述证据经当庭质证，本院予以确认。

本院认为：被告人刘肇欣以营利为目的，未经著作权人许可，出版他人享有专有出版权的图书，情节特别严重，其行为构成侵犯著作权罪；被告人刘肇欣还违反国家规定，印刷、销售非法出版物，严重扰乱市场秩序，情节特别严重，其行为亦构成非法经营罪，均应依法予以惩处。通州区人民检察院指控被告人刘肇欣犯侵犯著作权罪、非法经营罪事实清楚，证据确实、充分，指控的罪名成立。关于被告人刘肇欣辩解其有立功表现一节，因无证据证实，故对其辩解意见不予采纳。本院根据被告人刘肇欣的犯罪事实、情节、社会危害后果、悔罪表现等，对其依照《中华人民共和国刑法》第二百一十七条第(二)项、第二百二十五条第(三)项、第五十二条、第五十三条、第六十四条、第六十九条，《中华人民共和国刑法修正案》第八条，最高人民法院《关于审理非法出版物刑事案件具体应用法律若干问题的解释》第十一条、第十二条第二款第(三)项和最高人民法院、最高人民检察院《关于办理侵犯知识产权刑事案件具体应用法律若干问题的解释》第五条第二款第(二)项之规定,判决如下:

1. 被告人刘肇欣犯侵犯著作权罪,判处有期徒刑四年,罚金人民币四千元;犯非法经营罪,判处有期徒刑六年,罚金人民币五万元,决定执行有期徒刑九年,罚金人民币五万四千元(刑期自判决执行之日起计算。判决执行以前先行羁押的,羁押一日折抵刑期一日,即自2005年8月18日起至2014年8月17日止;罚金于判决生效后7日内缴纳)。

2. 起获的电脑软盘两张、叉车一台、切纸机一台、印刷机一台、胶印机二台、晒版机一台,予以没收。

如不服本判决,可在接到判决书的第二日起十日内,通过本院或者直接向北京市第二中级人民法院提出上诉。书面上诉的,应当提交上诉状正本一份,副本一份。

审判长　孙晓东

人民陪审员　孟祥玲

人民陪审员　马素英

二〇〇六年七月六日

书记员　蒋　为

侵犯音像制品著作权的刑罚适用分析

——魏联合侵犯音像制品著作权案、谭雄辉侵犯音像制品著作权案、唐秀群侵犯音像制品著作权案

敦　宁

一、基本案情

案例 1

被告人:魏联合,男,1967 年 9 月 24 日生,汉族,北京市人,初中文化,北京永盛天泰文化交流中心经营者。

被告人魏联合在北京市朝阳区芳草地西街 8 号楼一层经营北京永盛天泰文化交流中心。2009 年 3 月 26 日 16 时许,被告人魏联合以人民币 10 元的价格向王柏松(男,43 岁,黑龙江省人)出售影碟 1 张,被民警当场抓获。并从其经营场所内起获影碟 1 159 张。经鉴定,上述影碟中有 730 张系侵权复制品,涉案影碟已被有关部门收缴。北京市朝阳区人民检察院以被告人魏联合犯侵犯著作权罪,于 2009 年 6 月 24 日向同级法院提起公诉。法院依法适用简易程序,实行独任审判,公开开庭审理本案。被告人魏联合到庭参加诉讼。

案例 2

被告人:谭雄辉,别名谭一雄,男,1978 年 9 月 7 日出生,汉族,湖南省株洲市攸县人,初中文化,北京丽容之音音像店经营者。

被告人谭雄辉于2009 年 1 月 12 日 14 时许,在本市朝阳区惠新北

里17楼楼下其经营的丽容之音音像店内，以人民币25元的价格向许卡（男，19岁）出售盗版DVD光盘1张，后被当场抓获。同时从其店内起获盗版DVD光盘666张，经鉴定上述光盘均为侵权复制品。北京市朝阳区人民检察院以被告人谭雄辉犯侵犯著作权罪，于2009年3月23日向同级法院提起公诉。法院依法适用简易程序，实行独任审判，公开开庭审理本案。被告人谭雄辉到庭参加诉讼。

案例3

被告人：唐秀群，女，1969年10月22日出生，汉族，初中文化，四川省遂宁市农民，在京暂住。

被告人唐秀群于2009年2月18日9时许，在其租住的北京市朝阳区十八里店乡鸿博小区9号楼1单元202室内，以人民币616元的价格向赵某某（男，35岁，北京人）贩卖光盘170张，后被民警查获。民警当场起获光盘3 776张。经鉴定，上述光盘中，812张为侵权复制品，另有3 134张为非法出版物。北京市朝阳区人民检察院以被告人唐秀群犯侵犯著作权罪、非法经营罪，向同级人民法院提起公诉。法院依法适用简易程序，实行独任审判，公开开庭审理本案。被告人唐秀群到庭参加诉讼。

二、判决结果

案例1

法院经审理认为，被告人魏联合以营利为目的，未经著作权人许可，复制发行其电影音像作品，情节严重，其行为已经触犯了刑律，构成侵犯著作权罪，应予惩处。鉴于被告人魏联合当庭自愿认罪，故对其所犯罪行酌予从轻处罚并适用缓刑。综上，根据被告人魏联合的犯罪事实、犯罪性质及社会危害程度，依照《中华人民共和国刑法》第217条第（一）项，第61条，第72条，第73条第2、3款，第52条，第53条及最高人民法院、最高人民检察院《关于办理侵犯知识产权刑事案件具体应用法律若干问题的解释（二）》第1条之规定，判决如下：被告人魏联合犯侵犯著作权罪，判处拘役6个月，缓刑6个月；罚金人民币4 000元。

案例2

法院经审理认为，被告人谭雄辉以营利为目的，未经著作权人许可，复制、发行其作品，情节严重，已构成侵犯著作权罪，应予惩处。鉴于被告人谭雄辉系初犯，且当庭认罪态度较好等情节，故对其酌情予以从轻处罚。综上，依照《中华人民共和国刑法》第217条、第52条、第53条之规定，判决如下：被告人谭雄辉犯侵犯著作权罪，判处有期徒刑6个月，罚金人民币1000元。

案例3

法院经审理认为，被告人唐秀群以营利为目的，未经著作权人许可，复制发行其音像作品，情节严重，其行为已构成侵犯著作权罪，依法应予惩处；另外，被告人唐秀群为牟取私利，贩卖非法音像制品，扰乱市场秩序，情节严重，其行为也已构成非法经营罪，依法亦应予惩处。鉴于被告人唐秀群当庭自愿认罪，本院对其所犯侵犯著作权罪、非法经营罪均酌予从轻处罚。综上，依照《中华人民共和国刑法》第217条第(一)项、第225条第(四)项、第69条、第52条、第53条以及最高人民法院、最高人民检察院《关于办理侵犯知识产权刑事案件具体应用法律若干问题的解释(二)》第1条之规定，判决如下：被告人唐秀群犯侵犯著作权罪，判处有期徒刑6个月，罚金人民币5000元；犯非法经营罪，判处有期徒刑10个月，罚金人民币5000元。二罪并罚决定执行有期徒刑1年2个月，罚金人民币10000元。

三、案例评析

(一) 以上三案例所反映的侵犯音像制品著作权犯罪的刑罚适用状况

根据我国《刑法》第217条的规定，以营利为目的，有“未经著作权人许可，复制发行其文字作品、音乐、电影、电视、录像作品、计算机软件及其他作品”等侵犯他人著作权的情形，违法所得数额较大或者有其他严重情节的，处3年以下有期徒刑或者拘役，并处或者单处罚金；违法所得数额巨大或者有其他特别严重情节的，处3年以上7年以下有期徒刑，并处罚金。本条规定说明，我国侵犯著作权罪的成立需满足违法所得数额较大或有其他严重情节的要求，否则只能作行政处罚。根据最高人民法院、最高人民检察院《关于办理侵犯知识产权刑事案件具体应用法律若干问题的解释》《关于办理侵犯知识产权刑事案件具体应用法律若干问题的解释(二)》及最高人民检察院、公安部《关于公安机关管辖的刑事案件立案追诉标准的规定(一)》的相关规定，“违法所得数额较大”是指违法所得数额3万元以上的；“有其他严重情节”则主要是指非法经营数额在5万元以上，或者以营利为目的，未经著作权人许可，复制发行其文字作品、音乐、电影、电视、录像作品、计算机软件及其他作品，复制品数量合计在500张(份)以上的。而在以上三案例中，各被告人可查实的违法所得及非法经营数额均未达到立案标准，因此司法机关事实上主要是依据“其他严重情节”，即侵权复制品的数量来对各被告人进行定罪处罚的。[①] 在以上三案例中，被告人魏联合被查获的侵权复制品的数量是730张，被告人谭雄辉被查获的侵权复制品的数量是666张，被告人唐秀群被查获的侵权复制品的数量是812张。因而，总体来看，以上被告人所构成的均为非严重性的侵犯著作权罪。[②] 所以，以上三案例所反映的侵犯音像制品著作权犯罪的刑罚适用状况，也主要是针对其非严重性犯罪类型而言的。明确这一点是本文进一步展开评述的基本前提。

在此基础上，笔者以为，以上三判例至少反映了我国当前在对非严重性侵犯音像制品著作权犯罪的刑罚适用上存在如下做法：

第一，虽然《刑法》第217条规定对侵犯著作权罪的基本犯处3年以下有期徒刑或者拘役，并处或者单处罚金，但司法实践中更多的是

---

① 这一点可以从以上三判例的判决理由中进一步得到说明。在以上三判例的判决理由中，司法机关均使用了“情节严重”的字眼，而并未使用“违法所得数额较大”。同时，根据最高人民法院、最高人民检察院《关于办理知识产权刑事案件具体应用法律若干问题的解释》第12条第1款所规定的非法经营数额的计算方法，上述被告人的非法经营数额也显然达不到立案标准。所以，判决理由中的“情节严重”应当主要是针对侵权复制品的数量而言的。当然，在具体的量刑上也并不排除司法机关对违法所得数额和非法经营数额的考量。

② 根据最高人民法院、最高人民检察院《关于办理侵犯知识产权刑事案件具体应用法律若干问题的解释(二)》第1条之规定，复制品数量在“二千五百张(份)”以上的，才属于《刑法》第217条规定的“有其他特别严重情节”，也才可能在3年以上7年以下有期徒刑范围内判处刑罚。而以上三案的复制品数量于此标准显然相去甚远，因此均应属于非严重性侵犯著作权罪。

采取自由刑并处罚金的判处方式,而极少使用单处罚金的形式。在以上三案例中,对被告人便分别采取了有期徒刑并处罚金或拘役刑并处罚金的形式。而据有的学者调查研究,此类案件在司法实践中判处有期徒刑或者拘役,并处罚金的最多,其次是只判有期徒刑或者拘役,单处罚金的最少。

第二,缓刑的适用标准缺乏相应的明确性,随意性较大。以上案例中,民警从被告人魏联合处起获侵权复制品 730 张,从被告人谭雄辉处起获侵权复制品 666 张;二被告人均当庭认罪,且态度较好;二被告人均为初犯,也都不具有最高人民法院、最高人民检察院《关于办理侵犯知识产权刑事案件具体应用法律若干问题的解释(二)》第 3 条明确规定的不适用缓刑的情况。然而,司法机关对被告人魏联合适用了缓刑,却未对被告人谭雄辉适用缓刑。这不但对被告人来讲是不公平的,而且也凸显了我国在对此类犯罪适用缓刑上的随意性。

第三,罚金数额的判处没有坚持法定的标准,随意性较大。最高人民法院、最高人民检察院在 2007 年 4 月 5 日联合发布的《关于办理侵犯知识产权刑事案件具体应用法律若干问题的解释(二)》第 4 条明确规定:"对于侵犯知识产权犯罪的,人民法院应当综合考虑犯罪的违法所得、非法经营数额、给权利人造成的损失、社会危害性等情节,依法判处罚金。罚金数额一般在违法所得的一倍以上五倍以下,或者按照非法经营数额的 50% 以上一倍以下确定。"同时,最高人民法院 1998 年 12 月 17 日发布的《关于审理非法出版物刑事案件具体应用法律若干问题的解释》第 17 条第 2 款规定:"本解释所称'违法所得数额',是指获利数额。"最高人民法院、最高人民检察院《关于办理侵犯知识产权刑事案件具体应用法律若干问题的解释》第 12 条第 1 款规定:"本解释所称'非法经营数额',是指行为人在实施侵犯知识产权行为过程中,制造、储存、运输、销售侵权产品的价值。已销售的侵权产品的价值,按照实际销售的价格计算。制造、储存、运输和未销售的侵权产品的价值,按照标价或者已经查清的侵权产品的实际销售平均价格计算。侵权产品没有标价或者无法查清其实际销售价格的,按照被侵权产品市场中间价格计算。"在以上案例中,由于没有也较难查实被告人的违法所得数额,所以其罚金数额应当以非法经营数额为标准确定。如按此标准计算,对被告人魏联合的罚金数额,应在 730 × 10

所得的数额的50%以上一倍以下确定,即在3 650元至7 300元之间确定;对被告人谭雄辉的罚金数额,应在666×25所得的数额的50%以上一倍以下确定,即在8 325元至16 650元之间确定;对被告人唐秀群所犯侵犯著作权罪的罚金数额,应在616÷170×812所得的数额的50%以上一倍以下确定,即大致应在1 471元至2 942元之间确定。[①]但在以上判例中,对被告人魏联合、谭雄辉、唐秀群所实际判处的罚金却分别是4 000元、1 000元和5 000元。在此,只有对被告人魏联合判处的罚金数额还在法定幅度之内,对另外二被告人判处的罚金数额显然与法定幅度差距悬殊。而以上案件的发案时间均在2009年,即上述司法解释发布之后。因此,司法机关在对此类犯罪罚金数额的判处上,其随意性是明显的。

(二)对以上侵犯音像制品著作权犯罪刑罚适用的反思

1. 反思一:短期自由刑之于此类非严重犯罪——真的必不可少吗?

在以上判例中,对于刚达到犯罪标准的侵犯音像制品著作权的犯罪行为,司法机关均判处了短期自由刑并处罚金,但值得我们反思的是,短期自由刑对于此类非严重犯罪来讲,真的必不可少吗?在当代,短期自由刑由于其自身存在的巨大弊端,在世界各国都受到普遍的诟病。1950年召开的海牙国际刑法与监狱会议曾经系统地清算了短期自由刑的弊端,认为短期自由刑的弊端主要表现在:由于监禁时间比较短,因而无施教的机会;对防止犯罪无力;受刑人大多数为初犯,短期监禁使其丧失对拘禁的恐惧,减弱其自尊心;轻微犯罪者之家属在物质与精神上均受重大损失;犯罪人的社会复归遭遇困难致其变成累犯;执行短期自由刑的机构往往设备不良、缺乏有训练的职员,因而极易受恶性感染而成为再犯的原因。对受短期自由刑宣告者,因其刑期短暂而无法施以职业、性格与荣誉训练,因此,自由刑具有的教育改善作用对其无法发生效果。而且短期自由刑只使被宣告者在极短时间内丧失自由,因而无威吓力,无法有效吓阻犯罪。[②] 据此,为尽可能地避免适用短期自由刑所可能产生的不良效果,各国纷纷对短期自由刑

① 因为以上侵权复制品并未显示有明确定价,故应当按照行为人实际出售的价格认定。

② 转引自张甘妹:《刑事政策》,台北三民书局1997年版,第295页。

的适用进行了改革,其方案主要有两种:一是限制短期自由刑,即严格限制短期自由刑的适用条件,能不适用的,尽量不适用,从而把短期自由刑严格限制在必须适用的例外情况下;二是改善短期自由刑,如采用周末监禁、夜晚监禁、家庭拘禁、起诉犹豫以及易科罚金等方式对短期自由刑的使用进行改良。

在这一趋势之下,即便我国刑法在处罚范围上与其他国家存在一定差别,但对于侵犯他人音像制品著作权等一些相对较为轻微的贪利性犯罪来讲,严重依赖短期自由刑这样一种充满弊端的刑罚手段,其究竟能够起到多大的惩罚与预防犯罪的效果,是值得怀疑的。在我国,事实上对犯罪人实行的是刑事责任、行政责任与民事责任相结合的多重责任追究制度。那么,对一种侵犯他人音像制品著作权的轻微犯罪来讲,针对犯罪人的贪利原因对其判处罚金刑,通过行政手段剥夺其从事音像制品业的资格,通过民事手段令其承担对被害人的赔偿责任,难道真的就无法实现对此类犯罪的惩罚与预防吗?这同样是值得深思的。

2. 反思二:缓刑之于此类非严重犯罪——标准不明还是不愿适用?

根据我国《刑法》第 72 条的规定,被判处拘役、3 年以下有期徒刑的犯罪分子,根据犯罪分子的犯罪情节和悔罪表现,适用缓刑确实不致再危害社会的,可以宣告缓刑。而最高人民法院、最高人民检察院在《关于办理侵犯知识产权刑事案件具体应用法律若干问题的解释(二)》第 3 条中专门就侵犯知识产权罪的缓刑适用问题作出了规定:“侵犯知识产权犯罪,符合刑法规定的缓刑条件的,依法适用缓刑。有下列情形之一的,一般不适用缓刑:(一) 因侵犯知识产权被刑事处罚或者行政处罚后,再次侵犯知识产权构成犯罪的;(二) 不具有悔罪表现的;(三) 拒不交出违法所得的;(四) 其他不宜适用缓刑的情形。”同时,最高人民检察院政策研究室在《关于对数罪并罚决定执行刑期为三年以下有期徒刑的犯罪分子能否适用缓刑问题的复函》中也明确表示,对于判决宣告以前犯数罪的犯罪分子,只要判决执行的刑罚为拘役、3 年以下有期徒刑,且符合根据犯罪分子的犯罪情节和悔罪表现,适用缓刑确实不致再危害社会的案件,依法可以适用缓刑。笔者以为,以上正反两方面的规定,已经基本为侵犯知识产权罪的缓刑适用提供了明确的标准。虽然刑法在缓刑适用标准上使用了“可以”这一字眼,但这并不意味着司法人员在是否适用缓刑上可以随意选择,而是符合缓刑适用标准的一般均应适用缓刑。因为,“在现代教育刑主义刑事政策的视野中,缓刑被认为是克服短期自由刑弊端的最重要的一种制度设计”[①],在这一问题上不允许我们随意摇摆。据此,从以上三案例中各被告人的犯罪情节与悔罪表现来看,对三被告人适用缓刑都不违反缓刑的适用标准。

然而,司法机关为何只对其中之一适用了缓刑呢？这恐怕就不是缓刑适用标准不明的问题了。由于《刑法》第72条将“适用缓刑确实不致再危害社会”作为是否适用缓刑的最终判断标准,出于对这一规定的不正确理解,司法人员往往担心犯罪人在缓刑期间再犯罪可能导致自身错案责任的承担,所以一般并不愿意轻易适用缓刑。由此也导致了此类案件的缓刑适用率不但较低,而且往往还表现出某种偶然性或随意性。但是,出于规避责任的心理,而放任短期自由刑不良效果的肆虐,这一做法难道不值得我们反思吗？

3. 反思三:罚金刑之于此类非严重犯罪——真的只是一种随意性的附加吗？

随着商品经济的不断发展,犯罪的结构亦发生相应变化,经济财产领域的犯罪日益突出,过失犯罪和法人犯罪不断增多,再加之刑罚轻缓化和人道化理念的不断推动,导致罚金刑在刑罚体系中的地位不断上升。从当今世界各国刑法中关于罚金刑在刑罚体系中的规定来看,大多数国家都将罚金刑作为主刑加以规定,或者既作为主刑又作为附加刑,而单纯将罚金刑规定为附加刑则是个别国家。[②] 我国就是这类个别国家之一。从以上案例所反映的情况来看,罚金刑在我国不但只是处于一种附加于自由刑适用的地位,而且在罚金数额的判处上还存在较大的随意性。

然而,我们不能忽视这样一个基本事实:用罚金刑来应对相对较轻的贪利性犯罪,不但能够实现惩罚的有效性,而且也能够有效避免适用短期自由刑所可能产生的不良效果。这也是缘何罚金刑在大多数国家的刑罚体系中的地位越来越高的重要原因之一。那么,在这一趋势之下,我国的罚金刑将何去何从？特别是其在应对诸如侵犯著作

---

① 梁根林:《刑事制裁:方式与选择》,法律出版社2006年版,第228页。

② 参见邓文莉:《刑罚配置论纲》,中国人民公安大学出版社2009年版,第238页。

权罪等较轻贪利性犯罪方面的独立价值与合理使用问题，尤其应当引起我们的深刻反思。

（三）侵犯音像制品著作权犯罪刑罚适用的完善

针对以上判例在刑罚适用上所暴露出的问题，笔者以为，在侵犯音像制品著作权犯罪（主要是其中的非严重性犯罪）的刑罚适用方面，可考虑采取以下措施加以完善：

1. 避免非必要性短期自由刑的适用，扩大单处罚金刑的适用比例

短期自由刑存在的弊端决定，对其非必要性的适用，不但无效，反而会产生诸多不良效果。因此，在对非严重性的侵犯音像制品著作权犯罪的刑罚适用方面，短期自由刑应当保持一种谦抑的态度，在不必要的情况下应当尽可能地避免适用。同时，应当重视罚金刑的独立价值，尽可能地扩大单处罚金刑的比例。具体来讲，对于虽达犯罪标准，但违法所得或非法经营数额较小、侵权复制品数量较少、犯罪人认罪态度又较好的情况下，如果能够通过罚金刑与其他行政手段、民事手段的配合使用以实现对犯罪的惩罚与预防效果的，就没有必要再判处短期自由刑。短期自由刑的适用应侧重于情节较为严重的犯罪、有组织性犯罪以及犯罪人构成累犯或屡教不改等情况。

2. 将缓刑考量作为短期自由刑适用的前置程序，建立不适用缓刑说明理由制度

在确有必要适用短期自由刑的情况下，应将缓刑考量作为短期自由刑适用的前置程序。也就是说，在决定适用短期自由刑的同时必须要首先考虑能否适用缓期执行，而考量的具体标准就是刑法所规定的缓刑适用条件以及相关司法解释对本罪在适用缓刑方面的特殊规定。同时，对符合缓刑适用条件的应当一律适用缓刑，对认为不符合缓刑适用条件的应当说明具体的理由。如果被告人认为这一理由不成立或不合理，可以提出上诉。这一制度的建立是我国缓刑制度能够充分发挥其应然功能的有效保证，其不仅要体现在对侵犯音像制品著作权犯罪的刑罚适用过程中，更应当成为我国一项基本的刑罚裁量制度。

3. 坚持确定罚金数额的法定标准，明确自由刑与罚金刑并合适用的裁量原则

最高人民法院、最高人民检察院《关于办理侵犯知识产权刑事案

件具体应用法律若干问题的解释(二)》第4条规定,对侵犯知识产权犯罪的罚金数额,一般在违法所得的一倍以上五倍以下,或者按照非法经营数额的50%以上一倍以下确定。这一规定可使罚金数额与违法所得或非法经营数额保持一定的对应关系,既能适应惩治该类犯罪的需要,也能够给犯罪人造成深刻的影响。因此,在司法实践中,人民法院应当切实坚持这一标准,根据犯罪的具体情况对犯罪人判处适宜的罚金数额。但是,对于何时应当以违法所得为标准,何时应当以非法经营数额为标准,人民法院则应当在罪责刑相适应原则的指导下,根据不同的犯罪情况进行具体的考量。比如,在犯罪人非法经营数额巨大,但违法所得很少的情况下,就不宜以违法所得数额为判处标准。

另外,将自由刑与罚金刑并合适用,确实能够实现刑罚的功能互补,并进而实现最佳的刑罚效益,这一点是应当得到肯定的。但是,在决定罚金刑与自由刑并科时,不能仅考虑作为主刑的自由刑是否与罪行的社会危害程度相适应,而应当综合考虑罚金刑与自由刑并科后的刑罚强度与罪行的危害程度是否相适应。对同样性质、同样危害程度和同样情节的犯罪,在判处自由刑的同时并科罚金比之仅判处自由刑实际上加重了对犯罪分子的刑罚强度。因而,在其他条件不变的前提下,并科罚金时就应当适当调整自由刑的幅度。自由刑与罚金刑的并科既不意味着允许对犯罪分子实行双重惩罚,也不认可对犯罪分子科处超过其社会危害程度的过量刑罚。[①] 在将自由刑与罚金刑并合适用时同样应当坚持和贯彻罪责刑相适应原则。这一点是必须要予以明确的,不但对侵犯音像制品著作权的犯罪如此,对其他所有的犯罪都是如此。

四、分析结论

对非严重性的侵犯音像制品著作权犯罪,应慎用短期自由刑,确有必要适用时应先予考虑缓期执行;扩大单处罚金刑的适用率,坚持确定罚金数额的法定标准;同时,在将自由刑与罚金刑并合适用时要注意罪责刑相适应原则的贯彻。

---

① 参见梁根林:《刑罚结构论》,北京大学出版社1998年版,第307—308页。

罚金刑在销售非法音像制品案件中的适用

——董波、张彦军销售非法音像制品案

狄世深

一、基本案情

被告人:董波,男,1979 年 3 月 15 日出生,汉族,黑龙江省五常市人。

被告人:张彦军,男,1978 年 1 月 24 日出生,汉族,河北省满城县人。

自 2008 年 1 月起,被告人董波、张彦军在北京市通州区北苑城铁地下信道内,在无营业执照和音像制品经营许可证的情况下出售非法出版的光盘。2009 年 2 月 10 日,被告人董波、张彦军被民警抓获,当场以及在二被告人的暂住地起获 DVD 光盘 2072 张。经北京市新闻出版局鉴定,起获的光盘为非法出版物。

二、判决结果

被告人董波犯非法经营罪,判处有期徒刑 1 年,并处罚金人民币 1 000元。

被告人张彦军犯非法经营罪,判处有期徒刑 1 年,并处罚金人民币 1 000 元。

三、案例评析

司法实践中,销售非法音像制品情节严重的行为多以非法经营罪

论处，近年来以侵犯著作权罪论处的有增加的趋势，以销售侵权复制品罪论处的较为少见。下面，拟在对我国罚金刑的基本情况进行介绍的基础上，进一步探讨罚金刑在非法经营罪等案件适用中存在的一些问题。

罚金，是人民法院判处犯罪人向国家缴纳一定数额金钱的刑罚方法。由于罚金不剥夺犯罪人的人身自由，避免了自由刑的交叉感染、与社会隔离、执行费用高等多种弊端，因此它越来越受到人们的重视。

罚金不同于行政罚款。一是性质不同。罚金是刑罚方法，罚款是行政处罚。二是适用对象不同。罚金适用于犯罪的自然人和单位，罚款则适用于一般违法的单位与个人。三是适用的机关不同。罚金只能由人民法院判处，罚款的适用机关则是公安、海关、税务、工商等行政机关。四是适用根据不同。罚金的根据是《刑法》，罚款的根据是有关的行政法规。

罚金主要适用于贪财图利或者与财产有关的犯罪，也适用于少数妨害社会管理秩序的轻罪。罚金不仅可以适用于自然人犯罪，也适用于单位犯罪。对这些追求不法经济利益的犯罪人适用罚金，既能起到现实的惩罚与教育作用，还能剥夺犯罪分子继续犯罪的经济条件。

就罚金刑的适用方式来看，我国现行《刑法》采用较多的罚金刑适用方式为必并处与得单处的复合式（即并处还是单处罚金，将由法官根据具体案情确定，但二者必择其一，例如我国《刑法》第 217 条规定"以营利为目的，有下列侵犯著作权情形之一，违法所得数额较大或者有其他严重情节的，处三年以下有期徒刑或者拘役，并处或者单处罚金"）、必并处（即明确规定罚金刑必须与自由刑同时适用，例如我国《刑法》第 217 条规定"以营利为目的，有下列侵犯著作权情形之一……违法所得数额巨大或者有其他特别严重情节的，处三年以上七年以下有期徒刑，并处罚金"）及仅对犯罪的单位适用的必单处（例如我国《刑法》第 220 条规定"单位犯本节第二百一十三条至第二百一十九条规定之罪的，对单位判处罚金"）。这三种方式显然都是对罚金刑适用的硬性即强制性规定，表明我国现行《刑法》已以"必处"为主的罚金刑适用方式取代了 1979 年《刑法》完全采用"得处"的方式，这就势必要求各级人民法院判决大多数有关犯罪的案件时，或者除处以适当的自由刑外，必须并处法定数额的罚金刑，或者必须单处罚金刑。

另外,1979 年《刑法》中"可以并处罚金或者没收财产"的罚金刑的得并处形式也被现行《刑法》取消,而代之以罚金刑与财产刑必并其一的罚金刑的得并处。例如,我国现行《刑法》第 225 条规定,"违反国家规定,有下列非法经营行为之一,扰乱市场秩序……情节特别严重的,处五年以上有期徒刑,并处违法所得一倍以上五倍以下罚金或者没收财产"。很显然,由于没收财产是一种比罚金更为严厉的财产刑,所以,这种罚金刑得并处的实际强制意义不但不亚于,而且是更大于罚金刑的必并处。

应该说,自 1997 年修订后的《刑法》施行十多年来,我国司法实践中的罚金刑适用率有了较大幅度的上升,从而在很大程度上改变了旧《刑法》施行时期罚金刑适用率偏低的状况,这不但与我国市场经济的日益发展是相适应的,而且与当今世界各国普遍重视并不断扩大罚金刑适用的大趋势也是相符合的。

关于罚金的数额,我国《刑法》第 52 条规定,"判处罚金,应当根据犯罪情节决定罚金数额"。我国《刑法》分则对罚金数额的规定主要有比例制、倍数制、比例兼倍数制、特定数额制(限额制)、抽象罚金制(无限额罚金制,即《刑法》只简单地规定可判处罚金,但罚金的具体数额没有规定)。根据 2000 年 11 月 15 日最高人民法院《关于适用财产刑若干问题的规定》第 2 条,具体确定罚金数额时要求如下:"人民法院应当根据犯罪情节,如违法所得数额、造成损失的大小等,并综合考虑犯罪分子缴纳罚金的能力,依法判处罚金。刑法没有明确规定罚金数额标准的,罚金的最低数额不能少于 1 000 元。对未成年人犯罪应当从轻或者减轻判处罚金,但罚金的最低数额不能少于 500 元。"罚金刑的数额应当以人民币为计算单位。

关于罚金的缴纳,根据我国《刑法》第 53 条的规定,罚金有以下 5 种执行方式:一是一次或分期缴纳,即要求犯罪人在判决指定的期限内一次性或分期缴纳完所判罚金的数额。"判决指定的期限"应当为从判决发生法律效力第 2 日起最长不超过 3 个月。二是强制缴纳,指在判决确定的期限届满以后,犯罪人未缴纳或未全部缴纳的,由人民法院强制其缴纳。自判决指定的期限届满第 2 日起,人民法院对于没有法定减免事由不缴纳罚金的,应当采取扣押、冻结财产等措施,强制其缴纳。三是随时追缴,指对于不能全部缴纳罚金的犯罪人,人民法院在任何时候发现其有可以执行的财产的,应随时予以追缴。实践中,被执行人经常隐匿、转移财产,造成不能缴纳的假象,只有通过随时追缴,才不放纵犯罪人。四是减免缴纳,即如果由于遭遇不能抗拒的灾祸使犯罪人缴纳确实有困难的,由犯罪人提出申请,法院查证属实,可以酌情减少或免除其缴纳数额。另据我国《刑法》第 64 条的规定,缴纳的罚金一律上缴国库,不得挪用和自行处理。

我国《刑法》第 217 条规定的侵犯著作权罪和第 218 条规定的销售侵权复制品罪对罚金刑的规定采用的是没有幅度限制的无限额罚金制,罚金没有幅度限制,就会让法官感到很为难,判多了被告人不认账,说你枉法裁判。为了能让被告人认罪伏法,也是因为法律没有明确的尺度把握,法官们往往是将罚金往低里判。这样做有利于被告人认罪伏法,却未必有利于社会,极低的罚金可能会造成知识产权犯罪得远大于失,那些犯罪分子更加有恃无恐,也有可能造成案件间的不平衡,犯罪情节轻重不同的罪犯有可能判处同样的刑罚,而没有体现罪责与刑罚相一致的原则。有鉴于此,2007 年 4 月 5 日起施行的最高人民法院、最高人民检察院《关于办理侵犯知识产权刑事案件具体应用法律若干问题的解释(二)》第 4 条就规定:“对于侵犯知识产权犯罪的,人民法院应当综合考虑犯罪的违法所得、非法经营数额、给权利人造成的损失、社会危害性等情节,依法判处罚金。罚金数额一般在违法所得的一倍以上五倍以下,或者按照非法经营数额的 50% 以上一倍以下确定。”从而对这类犯罪来讲加大了罚金刑的适用力度,使罚金刑在司法实践中更具有可操作性,使得实践中的每一个侵犯知识产权犯罪都能受到相应的惩罚,让贪利者不能获其利,也从经济上剥夺了侵权犯罪人再次犯罪的能力和条件。

我国《刑法》第 225 条对非法经营罪规定的罚金刑采用的是倍数制:对于非法经营情节严重的,处 5 年以下有期徒刑或者拘役,并处或者单处违法所得 1 倍以上 5 倍以下罚金;情节特别严重的,处 5 年以上有期徒刑,并处违法所得 1 倍以上 5 倍以下罚金或者没收财产。可见,对非法经营罪以情节严重程度为标准可分为轻重不同的两个量刑档次,其中第一个量刑档次规定了罚金刑的必罚制即必须判处罚金,但可根据犯罪的具体情况在并处和单处罚金两种量刑方法中选择其一(即必并处与得单处的复合式);第二个量刑档次则规定了罚金刑的选科制,即在罚金和没收财产之间选择一种并处(即罚金刑与财产刑必并其一的罚金刑的得并处)。这两个量刑档次均采取了倍数罚金制即在违法所得的1倍以上5倍以下判处罚金。从这一规定可以得出下几点:判处罚金必须查清被告人的违法所得数额;对非法经营情节严重构成犯罪的,无论是并处还是单处,都必须判处罚金;对非法经营情节特别严重的,在罚金和没收财产之间选择一种并处,其中判处没收财产一般是在查不清违法所得的情况下作出;罚金数额的大小是根据行为人违法所得的多少来确定的,但在同一量刑档次内,判处罚金的倍数应综合考虑经营规模、数额等情节的严重程度和被告人缴纳罚金的实际能力,司法实践中主刑重罚金数额小、主刑轻罚金数额大、主刑相同罚金数额相差较多的情况是大量存在的。

如上所述,根据我国《刑法》第225条的规定,对非法经营罪判处多少罚金的唯一依据是“违法所得”,因此,要判处罚金就必须查清被告人的违法所得数额,但关于如何认定非法经营罪中的“违法所得”,迄今尚无相应的司法解释,这也就给司法实践中确定非法经营的违法所得数额造成了困难。简言之,违法所得是指行为人通过违法犯罪行为而获取的利益。“违法所得”一词在刑法的多个条款中都有规定。例如,1998年12月17日发布的最高人民法院《关于审理非法出版物刑事案件具体应用法律若干问题的解释》第17条第1款规定:“本解释所称‘违法所得数额’,是指获利数额。”该《解释》虽非直接针对非法经营罪,但对处理非法经营案件具有一定的参考价值。

值得一提的是,2009年1月1日生效的国家工商行政管理总局《工商行政管理机关行政处罚案件违法所得认定办法》较好地解决了“违法所得”的认定问题。该《办法》先是在第2条第1款规定了“以当事人违法生产、销售商品或者提供服务所获得的全部收入扣除当事人直接用于经营活动的适当的合理支出,为违法所得”的基本原则,然后在后面的条文对一些违法成本难以计算的违法行为特殊规定以其“全部收入计算”,或者专门规定了一些其他计算办法。例如:违反法律、法规的规定,为违法行为提供便利条件的违法所得按当事人的全部收入计算;违法生产商品的违法所得按违法生产商品的全部销售收入扣除生产商品的原材料购进价款计算;违法销售商品的违法所得按违法销售商品的销售收入扣除所售商品的购进价款计算。在最高人民法院对审理非法经营犯罪案件中如何认定“获利数额”作出进一步司法解释之前,可以参照该《认定办法》认定“获利数额”。但我们又不得不承认,虽然从理论上讲获利数额等于销售数额减去成本,但成本包括商品的价值和其他为生产、销售而支出的费用,在实践中是很难确定的。

我们认为,依据现有的法律规定,在非法经营违法所得数额较小、尚未获利或亏损的情况下判处罚金,可以考虑根据具体情况按行为人预期所得的利润为标准来计算,但最低不能低于 1 000 元。当然这样计算也有明显的缺陷:一方面这不是法律明确规定的,另一方面“预期所得的利润”具有不确定性,许多情况下也难以计算。再就是,在违法所得难以查清的情况下,不能因罚金难以执行就不予判处或判处数额过低,否则就会使犯罪人逃避经济制裁,不利于惩治和预防犯罪。特别是对于一些非法经营数额、销售金额巨大,违法所得在诉讼阶段难以查清,但根据案件事实可以推断被告人违法所得数额较大的,在判决时可以酌量多判。即使在判决确定的期限内难以执行,但考虑到我国《刑法》采取了罚金的随时追缴制,即第 53 条所规定的“对于不能全部缴纳罚金的,人民法院在任何时候发现被执行人有可以执行的财产,应当随时追缴”,因而仍然可以最大限度地从经济上惩罚犯罪。

由以上论述可以看出,《刑法》第 225 条则将“违法所得”作为对非法经营罪判处罚金数额大小的唯一计算标准,不但与《刑法》第 52 条“判处罚金,应当根据犯罪情节决定罚金数额”的规定相矛盾,也的确给司法实践中的具体操作出了一道大难题。我们进一步分析可知,非法经营行为与合法经营相比,因其同时面对来自法律和市场的双重风险,获利的难度会更大。对有违法所得的犯罪,判处罚金并不困难,但在经营亏损或尚未获利即被查获的情况下,就会因为没有计算罚金数额的依据,导致出现实际操作中无从下手的困局:一方面,行为人非法经营情节严重,构成了非法经营罪,应当依法判处罚金,但另一方面,因为没有产生违法所得,导致在判不判处罚金、判处多少罚金上难以作出选择,甚至导致司法的随意性,这明显有悖于罪刑法定原则。

另外,“违法所得”的规定也使单位犯罪的罚金刑适用陷入困境。根据我国《刑法》第 231 条的规定,对单位犯非法经营罪采用的是既处罚单位又处罚单位直接责任人员的双罚制。由于对犯罪的单位只能判处罚金，如果说自然人非法经营获微利尚可判处一定数额的罚金，不亏不盈或者亏损可只判处主刑的话，那么单位犯非法经营罪尚未获利或亏损，则就陷入了两难境地，因为我们既不能不给单位定罪，也不能只认定单位犯罪而不判处罚金。

针对以上司法实践中非法经营罪罚金刑适用上出现的难题，为了充分发挥罚金刑惩治和预防侵犯著作权犯罪的积极作用，同时也便于实际部门具体操作，我们很有必要对我国《刑法》第225条的相关内容进行修改完善。具体说就是可以参照上述最高人民法院、最高人民检察院《关于办理侵犯知识产权刑事案件具体应用法律若干问题的解释(二)》第4条“罚金数额一般在违法所得的一倍以上五倍以下，或者按照非法经营数额的50%以上一倍以下确定”的规定，一般以违法所得数额确定罚金数额，在违法所得较少、尚未获利、亏损或违法所得一时查不清的情况下，依据非法经营数额确定罚金数额，也可以直接以“非法经营数额”代替“违法所得”作为罚金刑的量刑依据和计算标准。这样规定的理由是，在非法经营犯罪中，有非法经营行为不一定有违法所得，但肯定有非法经营数额，非法经营数额是认定非法经营行为是否情节严重、是否构成犯罪的一个重要数量标准，其受市场风险等外在因素的影响较小，也更具确定性。另外，在法律作出相应修改之前，对于非法经营情节特别严重而违法所得为零、较少或者一时难以查清的被告人，可以选择并处没收财产，从而避免难于准确判处罚金的尴尬局面。

最后，在司法实践中销售非法音像制品情节严重的行为以侵犯著作权罪或销售侵权复制品罪论处的情况下，直接按照最高人民法院、最高人民检察院《关于办理侵犯知识产权刑事案件具体应用法律若干问题的解释(二)》第4条的规定确定罚金的具体数额即可。

四、分析结论

本案中，对被告人董波、张彦军因其犯非法经营罪各判处罚金人民币1 000元，显然是根据最高人民法院《关于适用财产刑若干问题的规定》第2条规定的最低罚金数额进行判处的。这表明被告人董波、张彦军出售非法出版的DVD光盘被查获时尚未获利或者获利很少。但如前所述，如果根据非法经营数额判处罚金，因被起获光盘有2072

张,即使是按照行为当时最低的市场估价,其罚金数额也远不止 1 000 元。可见,我们很有必要将《刑法》第 225 条中的“违法所得”修改为“非法经营数额”,以利于对这类犯罪的打击。另外,根据最高人民法院《关于审理非法出版物刑事案件具体应用法律若干问题的解释》第 12 条第 2 款的规定,个人经营音像制品 1500 张(盒)以上的,属于非法经营行为“情节特别严重”的情况,应判处 5 年以上有期徒刑,而本案中对被告人董波、张彦军只各判处有期徒刑 1 年,明显是不正确的。

需要指出的是,这样一个较轻的判决结果,应该是与 2001 年 8 月 31 日北京市高级人民法院对北京市第二中级人民法院《关于肖垂海贩卖淫秽物品牟利、非法经营一案处理意见的复函》的内容有关。鉴于非法经营罪以“情节严重”作为定罪标准,而立法尚未对销售盗版光盘行为规定情节严重的标准,导致各地司法实践中的标准不一,《复函》认为对于销售盗版光盘的行为可以非法经营罪定罪处罚,关于非法经营罪中“情节严重”的问题可以参考 1998 年 12 月 17 日最高人民法院颁布的《关于审理非法出版物刑事案件具体应用法律若干问题的解释》第 12 条规定的“情节特别严重”的情形,作为《刑法》第 225 条规定的“情节严重”的情形。很显然,如果按照《关于肖垂海贩卖淫秽物品牟利、非法经营一案处理意见的复函》的意见,本案中对被告人董波、张彦军的判决结果还是符合相关法律规定的。肖垂海一案中,肖垂海就因查获盗版光盘 6300 张被按非法经营罪判处有期徒刑 3 年。

附:

北京市通州区人民法院
刑事判决书

(2009)通刑初字第 419 号

公诉机关:北京市通州区人民检察院。

被告人:董波,男,30 岁(1979 年 3 月 15 日出生),汉族,出生地黑龙江省,中专文化,无业,住黑龙江省五常市山河镇站前街一委三组,暂住地北京市通州区永顺镇芦庄村 127 号;2002 年 6 月因犯盗窃罪被河北省三河市人民法院判处有期徒刑三年,并处罚金人民币一万元,2005年2月12日被释放。因涉嫌犯非法经营罪于2009年2月10日被羁押,同年3月19日被逮捕;现羁押在北京市通州区看守所。

被告人:张彦军(别名:张艳军),男,31岁(1978年1月24日出生),汉族,出生地河北省,初中文化,农民,住河北省满城县郭村2区136号,暂住地北京市通州区永顺镇芦庄村127号;1998年9月因犯盗窃罪被河北省满城县人民法院判处有期徒刑十年,剥夺政治权利三年,并处罚金人民币二万元,2005年1月23日被释放。因涉嫌犯非法经营罪于2009年2月10日被羁押,同年3月19日被逮捕;现羁押在北京市通州区看守所。

通州区人民检察院以京通检刑诉字(2009)第344号起诉书指控被告人董波、张彦军犯非法经营罪,于2009年4月30日向本院提起公诉。本院于2009年5月4日立案并依法适用简易程序,实行独任审判,公开开庭审理了本案。被告人董波、张彦军到庭参加诉讼。本案现已审理终结。

公诉机关指控,2008年1月起,被告人董波、张彦军在通州区北苑城铁地下信道内,在无营业执照和音像制品经营许可证的情况下出售非法出版的光盘。2009年2月10日,被告人董波、张彦军被民警抓获,当场以及在二被告人的暂住地起获DVD光盘2 072张。经北京市新闻出版局鉴定,起获的光盘为非法出版物。

上述事实,被告人董波、张彦军在开庭审理过程中无异议,并有证人郝成君证言,审查鉴定书,搜查笔录、扣押物品清单、收据、现场及物证照片、刑事判决书、释放证明、提取说明、清点工作说明、接报案、到案、破案经过、电话查询记录及被告人董波供述等证据证实,足以认定。

本院认为,被告人董波、张彦军无视国法,明知系非法出版物仍予以销售,扰乱市场秩序,情节严重,其行为已构成非法经营罪,依法应予以惩处。通州区人民检察院对其犯罪的指控成立。被告人董波、张彦军曾因犯罪被判处有期徒刑,在刑罚执行完毕后五年内再犯应当判处有期徒刑之罪,系累犯,依法均应从重处罚。鉴于被告人董波、张彦军当庭确有认罪、悔罪表现,依法可对其二人酌予从轻处罚。综上,根据被告人董波、张彦军犯罪的事实、性质、情节以及对于社会的危害程度等,对被告人董波、张彦军依照《中华人民共和国刑法》第二百二十五条第(四)项、第二十五条第一款、第六十五条第一款、第六十一条、第五十二条、第五十三条、第七十一条、第六十九条之规定,判决如下:

1. 被告人董波犯非法经营罪,判处有期徒刑一年,并处罚金人民币一千元,与前罪尚未执行完毕的罚金人民币一万元并罚,决定执行有期徒刑一年,罚金人民币一万一千元(刑期自判决执行之日起计算。判决执行以前先行羁押的,羁押一日折抵刑期一日,即自2009年2月10日起至2010年2月9日止;罚金自判决生效后七日内缴纳)。

2. 被告人张彦军犯非法经营罪,判处有期徒刑一年,并处罚金人民币一千元,与前罪尚未执行完毕的罚金人民币二万元并罚,决定执行有期徒刑一年,并处罚金人民币二万一千元(刑期自判决执行之日起计算。判决执行以前先行羁押的,羁押一日折抵刑期一日,即自2009年2月10日起至2010年2月9日止;罚金自判决生效后七日内缴纳)。

如不服本判决,可在接到判决书的第二日起十日内,通过本院或者直接向北京市第二中级人民法院提出上诉。书面上诉的,应提交上诉状正本一份,副本一份。

侵犯著作权犯罪恢复犯的刑事责任

——徐楚风等侵犯著作权案

段 凰

一、基本案情

2006年7月，被告人徐楚风、姜海宇得知英特儿营养乳品有限公司需购买"Windows XP"等7种微软公司的软件，经预谋后，向上海同威数码科技有限公司购买了微软公司价值人民币78 591元的"Windows XP"软件67套，并据此取得了微软公司的开放式许可协议。后在未经著作权人微软公司的许可下，擅自在该份开放式许可协议上添加了微软"Office 2003 Win32 ChnSimp OLP NL"等6种软件。后通过上海爱芬电子科技有限公司、上海道宁信息科技有限公司转手销售给英特儿营养乳品有限公司，共非法获利人民币294 409元，其中被告人徐楚风分得人民币150 000元，被告人姜海宇分得人民币144 409元。

2007年12月3日，被告人姜海宇被公安机关抓获，同年12月5日，被告人徐楚风至公安机关投案自首。同年12月10日，被告人徐楚风、姜海宇向公安机关退缴了上述全部违法所得。

上海市浦东新区人民检察院指控被告人徐楚风、姜海宇犯侵犯著作权罪。

在案件审理过程中，被告人徐楚风、姜海宇主动与微软公司及英特儿营养乳品有限公司就其行为后果的妥善处理达成"三方协议"。

二、判决结果

上海市浦东新区人民法院经审理认为，被告人徐楚风、姜海宇以营利为目的，未经著作权人许可，复制发行其计算机软件，违法所得数额巨大，其行为均已构成侵犯著作权罪。被告人徐楚风具有自首情节，依法减轻处罚。被告人徐楚风、姜海宇均自愿认罪，交代态度较好，案发后均积极退出违法所得，酌情从轻处罚。本案审理过程中，被告人徐楚风、姜海宇主动与微软公司及英特儿营养乳品有限公司就其行为后果的妥善处理达成“三方协议”，对本案的社会危害性起到一定的弥补作用，量刑时酌情予以考虑。为严肃国家法制，规范市场经济秩序，保护知识产权权利不受侵犯，根据被告人的犯罪情节、社会危害性、认罪悔罪态度等，依照《中华人民共和国刑法》第 217 条第（一）项、第 25 五条、第 67 条第 1 款、第 72 条、第 73 条、第 53 条、第 64 条及最高人民法院、最高人民检察院《关于办理侵犯知识产权刑事案件具体应用法律若干问题的解释》第 5 条第 2 款、第 14 条第 1 款、最高人民法院、最高人民检察院《关于办理侵犯知识产权刑事案件具体应用法律若干问题的解释（二）》第 4 条之规定，判决如下：

1. 被告人徐楚风犯侵犯著作权罪，判处有期徒刑 2 年 6 个月，缓刑 2 年 6 个月，罚金人民币 15 万元（于判决生效后 1 个月内缴纳）；

（缓刑考验期限，从判决确定之日起计算。）

2. 被告人姜海宇犯侵犯著作权罪，判处有期徒刑 3 年，缓刑 3 年，罚金人民币 14.5 万元（于判决生效后 1 个月内缴纳）；

（缓刑考验期限，从判决确定之日起计算。）

3. 违法所得人民币 294 409 元退赔微软公司。

三、案例评析

（一）争议问题

本案案发后，被告人与所侵犯的著作权人及相关第三人达成了协议，赔偿了损失，改变了著作权被侵害的状态，使得相关权益恢复到被犯罪侵害前的状态。争议焦点：一是如何认定恢复犯；二是对于恢复犯是否应当减轻刑事责任，依据何在；三是应当在何种程度上减轻恢复犯刑事责任。

（二）评析

1. 恢复犯的认定

恢复犯是指在实施《刑法》分则所规定的犯罪既遂后，又及时、主动对被其侵害之法益进行有效恢复的犯罪人，包括危险犯自动及时消除危险，结果犯出现危害结果后又主动补救的行为。如盗窃后自动将财物返回原处、故意毁损公私财物后主动进行等价赔偿、伤人后又主动将被害者及时送往救治、绑架后又释放人质、实施危险行为后又主动采取措施排除其造成的危险状态等。恢复犯的本质是实施了对被侵害法益的主动、有效恢复行为，即恢复行为的主动性、有效性。而恢复犯的有效性决定了并非任何犯罪都存在恢复犯，只有可以在被侵害法益具有可恢复性的前提下才可能存在恢复犯。比如杀人犯罪，被害人已经死亡，此时即使犯罪人有积极抢救行为，但事实已经造成被害人生命权的丧失，故不属于恢复犯的范畴。一般而言，财产犯罪由于其犯罪对象大多具有种属性，故多数情况下可以存在恢复犯。

作为一种财产犯罪，侵犯著作权犯罪具有一定的特殊性，其侵害的客体同时具有人身权、财产权的性质。本罪客体是他人的著作权和邻接权。所谓著作权，又称版权，是指作者或其他公民、法人或非法人单位依法对其所创作的文学、艺术和科学作品所享有的各项专有权利。所谓邻接权，是指与著作权相关的权利，即传播作品的人对他赋予作品的传播形式所享有的权利。著作人身权，是指著作权法规定和保护的、与作者人身密不可分的那一部分权利，其内容包括发表权、署名权、修改权和保护作品完整权等。著作人身权具有如下特征：专有性，即权利主体只能是著作权人；不可让与性，即著作人身权只能由作者本人行使，不能以任何方式有偿或无偿转让；非继承性，著作权中的署名权、修改权和保护作品完整权绝对不能继承，发表权因具有人身权和财产权双重性，故在一定条件下可以继承；永久性，即著作人身权绝大部分权利永久受法律保护。著作财产权是指作者或其他著作权人自己使用或许可他人使用作品而获得物质利益的权利，包括使用权和获得报酬权。与著作人身权相对，著作财产权具有以下特征：可分离性，即著作财产权可以与作者相分离，由其他著作权人或者作者授权的第三人行使；可转让性；可继承性；时间性，即著作财产权要受到法律规定的保护期限制。刑法规定侵犯著作权罪的主观要件是“以营利为目的”，可见犯罪人意图侵害的是著作财产权，但是其在犯罪的过程中，很可能也同时侵害了作者的著作人身权。如在未经作者许可的情况下擅自复制、发行其作品，并为了畅销，擅自署上其他知名作者的姓名的情况，或者犯罪人擅自复制、发行作者根本不愿意发表的作品。客观上而言，侵犯了著作人身权的犯罪难以绝对恢复到犯罪前的状态，但这样的认定难免过于机械。一般而言，如果被告人的恢复行为得到了被害人的认可，即可认定被告人实施了有效的恢复行为，可纳入恢复犯的范畴。在实践中可以是否达成调解协议为标准进行判断。如果侵犯著作权的犯罪行为只侵害了著作财产权，则犯罪人向著作权人支付了相当于其损失的赔偿的行为应当被视为有效的恢复行为，可纳入恢复犯的范畴。

2. 恢复犯刑事责任的承担

有学者认为，恢复犯应当视为犯罪中止的一种形态。理由是，犯罪中止的成立以是否自动防止犯罪结果的发生为标准，主要是考察被告人的主观恶性。而犯罪预备、犯罪未遂和既遂是一个前后继承的发展过程，是有时间先后的，不能并存。犯罪的未遂、既遂以行为是否符合《刑法》分则规定的全部要件为标准，故犯罪中止和犯罪未遂、既遂之间存在交叉、重合的部分。所以犯罪中止可以发生在犯罪的预备阶段、实行阶段和既遂阶段。从刑法理论来看，行为人实施危害行为既遂后，又主动采取措施有效消除危害，符合犯罪中止的四个条件，即时空性、自动性、客观性、有效性。[①]

笔者认为，恢复犯是在犯罪既遂后出现的状态，不能成立犯罪中止。理由是：

（1）从时空范围看，犯罪中止不可能存在于犯罪既遂阶段。我国《刑法》第 24 条规定，在犯罪过程中，自动放弃犯罪或者自动有效地防止犯罪结果发生的，是犯罪中止。对于中止犯，没有造成损害的，应当

---

① 参见李成佳、郑永红：《论结果犯既遂后中止》，载《福建教育学院学报》2009 年第 4 期；李邦友、魏修臣：《行为犯既遂后“中止”探讨》，载《中国刑事法杂志》2009 年第 10 期；颜宏辉：《危险犯既遂后是否成立中止问题研究》，载《辽宁行政学院学报》2008 年第 4 期。

免除处罚;造成损害的,应当减轻处罚。根据刑法规定,犯罪中止存在两种情况:一是未实行终了的中止,即在犯罪预备阶段或者实行行为还没有实行终了的犯罪过程中自动放弃犯罪,其时空范围始于犯罪预备,止于犯罪实行行为终了之前;二是实行终了的中止,即在犯罪实行行为终了后,出于本人的意愿以积极的行为阻止了犯罪既遂结果的发生,其时空范围始于犯罪实行行为终了之时,止于既遂的犯罪结果发生之前。犯罪终了的中止只能是对存在既遂未遂之分并以实害结果发生为既遂标志的犯罪而言的。可见,犯罪中止是不可能存在于犯罪既遂之后的。

(2) 从犯罪的阶段来看,犯罪中止是与犯罪既遂形态、未遂形态和预备形态互相区别而又互相独立存在的形态,是已经停止下来的各种不同的结局,它们彼此之间是一种相互独立,相互排斥的关系,不能同时并存。危险犯以法定的危险状态作为既遂标志,危险状态一旦出现,行为便已构成既遂,不可能再成立中止。结果犯以法定的危害结果作为既遂标志,危害结果一旦出现,行为便已构成既遂,不可能再成立中止。

(3) 尽管犯罪人有恢复行为,但犯罪结果毕竟已经发生并存在了一段时间。具体而言,危险犯既遂后,行为人的行为造成了法定的危险状态,其后行为人虽然通过采取一定措施解除了危险状态,但危险状态曾经存在这一事实不会因为危险状态的消失而受到任何影响。[①]同样,结果犯既遂后,危害结果已经出现,行为人的恢复行为只能是修补已经受到犯罪侵害的结果,这与犯罪中止中危害结果没有出现还是有着本质区别的。

虽然恢复犯不属于中止犯,但作为犯罪后的特殊变化形态,恢复行为意味着对先前犯罪恶害之消减,与中止犯在一定程度上有相似性,应当减轻其刑事责任。

(1) 犯罪人刑事责任的承担与犯罪行为的客观危害和犯罪人的主观恶性密切相连。从客观方面说,恢复犯的犯罪虽然已经既遂,犯罪造成的危害结果已经发生,但是行为人通过犯罪后主动、有效的恢

① 参见王志祥:《危险犯实行阶段的中止问题研究》,载《云南大学学报法学版》2004年第3期。

复行为,使被侵害的法益完全恢复到未被犯罪侵害之前或者使用有效方法最大程度上减轻了被害人的损失,将犯罪造成的恶果减到最小范围。

(2) 从主观方面说,恢复行为表明行为人的非难可能性减少,体现了犯罪人主观恶性不深,认罪、悔罪态度好。对犯罪人主观恶性的考察,应当同时考虑行为前、行为中和行为后的表现。行为人于危害行为实施后,能够积极恢复被侵害的社会关系,认真地赔偿被害人,真诚地进行悔过,那么,在其人格的可谴责性方面,就应予以充分的考虑,进而在刑事法律责任的追究方面作出相应的调整。在具体案件中,如果有充分且确切的证据能够说明犯罪嫌疑人或者被害人的人格具有这类积极因素时,应当在对被告人的量刑中予以体现。

(3) 恢复犯的恢复行为一定程度上也降低了犯罪人的再犯可能性。比如侵犯著作权罪作为一种财产犯罪,犯罪人以牟利为目的,而恢复行为使得其之前的非法利润又流向著作权人手中,使其犯罪变得无利可图,从而消减其再次犯罪的念头。另外,犯罪人财产的减少也在客观上提高了其再次实施犯罪的成本。故犯罪人的恢复行为已经部分替代实现了刑罚的功能,对恢复犯从宽处理并不影响刑罚目的的实现。

(4) 对恢复犯从宽处罚符合"恢复性司法"理念。恢复性司法是对刑事犯罪通过在犯罪方和被害方之间建立一种对话关系,以犯罪人主动承担责任消弭双方冲突,从深层次化解矛盾,并通过社区等有关方面的参与,修复受损社会关系的一种替代性司法活动。其目标是实现一种"无害的正义",其核心理念就是恢复性,实现修复正义,使被害人、犯罪人及社会关系恢复到犯罪前的原有状态。恢复性司法从20世纪70年代开始,经过了三十多年的发展,在理论和实践上已经日益成熟,作为一项比较有效的刑事政策,恢复性司法也迅速引起了世界各国的关注,逐渐流行起来。恢复性司法理念作为一种新的价值正在融入正式的刑事司法系统,作为一种替代性犯罪处理方式,逐步成为传统刑事司法的重要补充。我国也逐步引进了恢复性司法的概念和相关做法,实践中也在试点推行当中。而对恢复犯从宽处理正与恢复性司法的理论不谋而合。

(5) 对恢复犯从宽处理鼓励犯罪人积极赔偿,有助于最大限度保护被害人的利益，促进社会的和谐发展。如果在量刑上不考虑犯罪人在罪后是否有主动、有效的恢复行为，将打击犯罪人赔偿的主动性、积极性，不利于保护被害人的利益。

3. 对恢复犯的从宽幅度

有学者认为，对于恢复犯应当比照犯罪中止处理，没有造成损害的，应当免除处罚；造成损害的，应当减轻处罚。但是正如笔者上述分析，恢复犯不等同于中止犯，其行为的社会危害性和反映出的行为人的主观恶性都大于中止犯，故不能获得等同于中止犯的法律评价。从法律规定来看，刑法并未将恢复犯作为一种法定量刑情节，因而恢复犯只能作为一种酌定的量刑情节，在法律规定的量刑幅度内进行从轻处罚。

本案中，被告人徐楚风等未经微软公司许可，擅自将未取得许可协议的微软“Office 2003 Win32 ChnSimp OLP NL”等6种软件卖给英特儿营养乳品有限公司，侵犯了微软公司的著作权。从其行为分析，被告人徐楚风、姜海宇的犯罪行为侵害了被害人的著作财产权，而未侵害微软公司发表权、署名权、修改权和保护作品完整权等著作人身权，故其可以通过事后达成许可协议等方式进行恢复，被告人也在案件审理期间主动与微软公司及英特儿营养乳品有限公司就其行为后果的妥善处理达成“三方协议”，故其属于恢复犯的范畴。事实上，被告人的恢复行为弥补了受到犯罪侵害的社会关系，补偿了被害人因为犯罪造成的损失，也反映了被告人有认罪、悔罪态度，故法院依法判处二被告人缓刑适当。

四、分析结论

在侵犯著作权犯罪中，犯罪人在犯罪既遂后，主动、有效地采取赔偿著作权人的损失、与著作权人达成补充协议等措施，使被侵害的社会关系恢复到未被犯罪侵害的状态，此种情况构成恢复犯。恢复犯反映了犯罪人主观恶性的减小，客观上也减轻了犯罪所造成的后果，因而可以在法律规定的量刑幅度内给予一定程度的从轻。

侵犯著作权犯罪缓刑适用的分析

——姚建侵犯计算机软件著作权案、程志文侵犯音像制品著作权案

段　凰

一、基本案情

案例1

2003年，韩国Actoz Soft Co.,Ltd公司及Wemade Entertainment Co.,Ltd公司共同开发的"The Legend of Mir2"(中文名称为"传奇"或"传奇2"或"热血传奇")网络游戏软件在我国申请取得计算机软件著作权登记，之后该公司授权上海盛大网络发展有限公司在中国大陆独家运营。同时，上海盛大网络发展有限公司是盛趣信息技术(上海)有限公司"传奇世界"软件的运营单位。

2005年10月，被告人姚建为了牟利，在明知上海盛大网络发展有限公司对"传奇世界""传奇2"享有著作权的情况下，未经著作权人许可，私自下载"传奇世界""传奇2"游戏程序，并对其中部分非关键程序进行修改，自行购买2台服务器交由云阳电信公司托管，将"传奇世界""传奇2"网络游戏更名为"辉煌传世"，架设"辉煌传世"游戏服务器端，并用域名www.cqyy.com开办网站用于对私服的宣传和发布"辉煌传世"网络游戏等服务，租用的IP地址为222.180.74.70、222.180.74.82等。

2006年1月起，被告人姚建又先后从重庆恒方电子有限公司(祥瑞网)租用了IP地址为61.128.234.36、61.128.234.61等的5台服务器，从江苏省宿迁市网愉科技有限公司租用了IP地址为218.93.202.41、

218.93.203.2 等的 3 台服务器用于“辉煌传世”游戏的网上服务。被告人姚建架设“辉煌传世”游戏服务器端后，通过向网上游戏玩家出售游戏装备的方式牟利。2005 年 11 月 29 日、2005 年 12 月 1 日被告人姚建以张秀琴的名义在中国农业银行、中国工商银行、中国建设银行申请开设了 3 个账户，并将其账号在其网站上公布，通过这些账号直接收取游戏玩家购买游戏装备的汇款，进行营利。至 2006 年 4 月 6 日查封其服务器为止，被告人姚建通过架设服务器端，运营“辉煌传世”网络游戏，收到游戏玩家汇款共计 188 016.31 元，3 个账户余额共计 491.06 元，支出 17.2 万元，被告人姚建的违法所得 16 016.31 元。

2006 年 2 月 27 日，上海盛大网络发展有限公司向重庆市公安局报案，称网站“辉煌传世”(www.cqyy.com)在重庆租用服务器，未经上海盛大网络发展有限公司许可，非法开设“传奇世界”私服，侵犯了上海盛大网络发展有限公司的合法权益。在侦查过程中，公安机关掌握了被告人姚建向多家公司租赁服务器架设私服运营“辉煌传世”网络游戏牟利的情况。被告人姚建于 2007 年 9 月 27 日到云阳县公安局治安大队投案，并如实供述了上述犯罪事实。

2006 年 4 月 7 日，上海公信扬知识产权司法鉴定所接受重庆市公安局委托对被告人姚建在云阳电信公司、北碚电信公司 4 个服务器硬盘中的地图文件和数据库文件、软件程序与上海盛大网络发展有限公司的“传奇世界”网络游戏服务器端程序中的地图文件和数据库文件、“传奇 2”网络游戏服务端程序进行比对，鉴定结论为：被比对“辉煌传世(传奇世界)”与盛大“传奇世界”的数据库文件与地图文件存在部分复制关系，被比对“辉煌传世(传奇世界)”与盛大“传奇 2”存在少量复制关系，并且被比对“辉煌传世(传奇世界)”可以使用盛大“传奇世界”的客户端运行。

云阳县人民检察院指控被告人姚建犯侵犯著作权罪。

案例 2

被告人程志文于 2009 年 3 月 22 日 22 时许，在北京市朝阳区阜荣街 8 号院 1 号楼 A—01A 室其经营的音像店内，以人民币 40 元的价格向杨秀旗出售盗版光盘4张，后被民警查获，当场从其店内起获盗版光盘1 034张，经鉴定，上述光盘中，609张为侵权复制品。

北京市朝阳区人民检察院指控被告人程志文犯侵犯著作权罪。

二、判决结果

案例1

云阳县人民法院经审理认为，被告人姚建以营利为目的，未经著作权人许可，私自架设服务器端，提供客户端下载，利用信息网络非法运营他人享有著作权的“传奇世界”“传奇2”网络游戏，并通过出售游戏装备牟利，侵犯了他人的著作权，且非法经营数额达人民币18万余元，情节特别严重，被告人姚建的行为已经构成侵犯著作权罪，依法应受刑罚处罚。鉴于被告人姚建系自首，且在被司法机关取保候审期间遵纪守法，交出违法所得，并积极缴纳罚金，愿意接受刑罚处罚，有认罪、悔罪表现，对被告人姚建适用缓刑确实不致再危害社会，故依法对被告人姚建从轻处罚并适用缓刑。为严肃国家法制，规范市场经济秩序，保护知识产权权利不受侵犯，根据被告人姚建犯罪的事实、性质、情节及对社会的危害程度，依照《中华人民共和国刑法》第217条第1项、第67条第1款、第72条、第73条第2款、第73条第3款、第64条，最高人民法院、最高人民检察院《关于办理侵犯知识产权刑事案件具体应用法律若干问题的解释》第5条第1款第1项、第11条，最高人民法院、最高人民检察院《关于办理侵犯知识产权刑事案件具体应用法律若干问题的解释(二)》第3条、第4条的规定，判决被告人姚建犯侵犯著作权罪，判处有期徒刑1年，宣告缓刑2年，并处罚金人民币24 000元。

案例2

北京市朝阳区人民法院经审理认为，被告人程志文目无国法，以营利为目的，未经著作权人许可复制、发行其作品，情节严重，其行为触犯了刑律，已构成侵犯著作权罪，应予惩处。鉴于被告人程志文系初犯，且当庭认罪态度较好等情节，故对其酌情予以从轻处罚。依照《中华人民共和国刑法》第217条第1项、第72条第2款、第73条第2款、第73

条第3款、第52条、第53条、第64条的规定,判决被告人程志文犯侵犯著作权罪,判处有期徒刑6个月,缓刑1年,罚金人民币2000元。

三、案例评析

上述两个案件事实清楚,证据确实、充分。两个案件的被告人都依法适用缓刑。争议的焦点在于侵犯知识产权犯罪案件中,哪些情况下被告人可以适用缓刑。

我国《刑法》第72条规定“对于被判处拘役、三年以下有期徒刑的犯罪分子,同时符合下列条件的,可以宣告缓刑”。同时,《刑法》第74条规定:“对于累犯和犯罪集团的首要分子,不适用缓刑。”可见,缓刑适用的前提条件是被告人是宣告刑在拘役和3年以下有期徒刑,且不构成累犯、不是犯罪集团首要分子的犯罪分子;而缓刑适用的实质条件是“犯罪情节较轻”,“有悔罪表现”,“没有再犯罪的危险”,“宣告缓刑对所居住社区没有重大不良影响”。严格来说,构成累犯的被告人不适用缓刑正是出于对其实质条件的考虑而作出的限制,但基于《刑法》在总则对其明确作出禁止性适用规定,可将其列入前提条件中。

1. 从适用缓刑的前提条件分析,我国《刑法》对于侵犯著作权罪有两个量刑档次

违法所得数额较大或者有其他严重情节的,处3年以下有期徒刑或者拘役,并处或者单处罚金;违法所得数额巨大或者有其他特别严重情节的,处3年以上7年以下有期徒刑,并处罚金。根据《刑法》分则的规定,如果行为人属于“违法所得数额较大或者有其他严重情节的”,且其刑罚不是单处罚金的,则满足了适用缓刑的前提条件。但《刑法》分则“数额较大”“情节严重”“数额巨大”“情节特别严重”并没有规定具体的量化指标,根据最高人民法院、最高人民检察院在2004年12月8日联合下发的《关于办理侵犯知识产权刑事案件具体应用法律若干问题的解释》,其中,侵犯著作权违法所得数额在3万元以上的,属于“违法所得数额较大”;违法所得数额在15万元以上的,属于“违法所得数额巨大”。“有其他严重情节”包括:非法经营数额在5万元以上的;未经著作权人许可,复制发行其文字作品、音乐、电影、电视、录像作品、计算机软件及其他作品,复制品数量合计在1 000张(份)以上的;其他严重情节的情形。“有其他特别严重情节”包括:

非法经营数额在25万元以上的;未经著作权人许可,复制发行其文字作品、音乐、电影、电视、录像作品、计算机软件及其他作品,复制品数量合计在5 000张(份)以上的;其他特别严重情节的情形。但2007年4月5日,最高人民法院、最高人民检察院再次联合下发了《关于办理侵犯知识产权刑事案件具体应用法律若干问题的解释(二)》(以下简称《解释(二)》),对2004年的司法解释作了部分修改,规定复制品数量合计在500张(份)以上的,属于《刑法》第217条规定的"有其他严重情节";复制品数量在2 500张(份)以上的,属于《刑法》第217条规定的"有其他特别严重情节",并且明确了以前发布的司法解释与本解释不一致的,以本解释为准。从司法解释的变更与延续中不难看出,司法机关不断降低侵犯著作权罪的犯罪构成门槛,加强了对此类犯罪的打击力度。因而,目前侵犯著作权罪的被告人适用缓刑的前提条件可以总结如下:违法所得数额在3万元至15万元之间的;非法经营数额在5万元至25万元之间的;未经著作权人许可,复制发行其文字作品、音乐、电影、电视、录像作品、计算机软件及其他作品,复制品数量合计在500张(份)至2 500张(份)之间的;其他严重情节的情形。上述四个条件被告人超出其中任何一条的上限即不能适用缓刑,同时还应当排除被单处罚金的被告人和构成累犯的被告人。

2. 从适用缓刑的实质条件分析,被告人应当"犯罪情节较轻""有悔罪表现"且"没有再犯罪的危险"。

考察"犯罪情节"应该侧重于被告人实施犯罪之前以及实施犯罪时的各种主、客观事实情况,包括犯罪时间、犯罪地点、犯罪对象、犯罪手段、犯罪目的、犯罪动机、犯罪危害、犯罪数额等;考察"悔罪表现"应该侧重于被告人实施犯罪后的各种主、客观事实情况,包括认罪态度、赔偿情况、非法收入的缴纳情况等考察"没有再犯罪的危险",应当侧重于被告人的一贯表现和犯罪中体现出的人身危险性。

《刑法》条文和司法解释没有列举可以或者应当考虑适用缓刑的具体情形。但是根据司法实践情况和缓刑制度设计理念,笔者总结出应当从以下几个方面进行考察:一是自首。自首是指犯罪分子犯罪以后自动投案、如实供述自己罪行的行为,包括一般自首和特殊自首。无论何种自首,都可以表明犯罪人认识到法律的威严,还可以在一定程度上表明其人身危险性较小,因此对于自首犯,可以考虑从宽适用缓刑。二是坦白。坦白是指如实供述自己的罪行。被告人到案后交代自己的罪行,既有全部、主动交代罪行,接受审判的情形,也有避重就轻,抱着侥幸、试探的心理,在证据面前才供述的情形,前者一般视为认罪态度较好。尤其是主动交代公安机关尚不掌握的同类犯罪的情形,反映了被告人如实供述、真诚悔罪,可以考虑从宽适用缓刑。三是缴纳、赔偿情况。作为一种经济犯罪,侵犯知识产权的犯罪其目的是牟利,实施犯罪也需要一定的工具,因而非法收入、制造工具的上缴情况,罚金的缴纳情况,对权利人造成损失的赔偿情况很大程度上反映了被告人人身危险性的大小,对于主动赔偿损失,积极上缴非法收入的可以考虑适用缓刑。四是未成年人。作为经济犯罪,侵犯知识产权罪并不会像传统的自然犯罪那样带来道德上强烈的谴责感,尤其对于部分年轻人而言,他们并没有认识到侵犯知识产权罪的社会危害性,也没有剽窃他人劳动成果的羞耻感,相反,在一定的群体中,这被视为一种"酷"和"时尚"的行为。对于这类未成年犯罪人而言,应当坚持教育、感化、挽救的方针,而弱化打击、惩罚的一面。五是其他能够反映被告人"确实不致再危害社会"的情形。比如被告人没有被采取拘留的强制措施,被取保候审,在取保期间遵纪守法、遵守规定、按时出庭、认罪伏法,这也可以视为一种反映被告人品行的情形。

当然,通过犯罪情节、悔罪表现和再犯罪的危险来认定犯罪人符合适用缓刑的条件,是法官对被告人罪前、罪中、罪后的各种主、客观情况进行综合分析判断的过程,这种判断过程难免具有主观色彩,与客观事实是不可能严丝合缝的,也就是说判断有出现失误的可能性,但这种失误应当属于可以承受的范围。

3. 适用缓刑的否定性条件

《解释(二)》的第 3 条规定:"侵犯知识产权犯罪,符合刑法规定的缓刑条件的,依法适用缓刑。有下列情形之一的,一般不适用缓刑:(一)因侵犯知识产权被刑事处罚或者行政处罚后,再次侵犯知识产权构成犯罪的;(二)不具有悔罪表现的;(三)拒不交出违法所得的;(四)其他不宜适用缓刑的情形。"这是根据侵犯知识产权犯罪的具体特点所作出的具体禁止适用缓刑的规定,规定的前三种情形反映出被告人的主观恶性深,再犯可能性大,第四种情形作为兜底条款,其他情形也应当是与已经列举的情形相同程度的、反映被告人难以改造的情节,比如被告人犯罪时间长,社会影响大,拒不认罪等情形。实质上,《解释(二)》规定的否定性条件是对不符合刑法所规定的缓刑适用实质条件的情形的具体表述。

4. 从文中的两个案例分析,被告人姚建私自运营“传奇世界”“传奇2”等网络游戏,侵犯了他人的著作权

其非法经营数额达18万余元,符合“非法经营数额在3万元至15万元之间的”的前提条件,且没有司法解释规定的不适用缓刑的情形。同时,姚建主动投案,构成自首,又属于初犯,在被司法机关取保候审期间遵纪守法,上缴违法所得,并积极缴纳罚金,根据其犯罪事实、情节和对社会的危害程度,法院判处其判处有期徒刑1年,宣告缓刑2年适当。

被告人程志文以营利为目的,未经著作权人许可复制、发行其作品,侵犯了他人的著作权。从其店内起获609张侵权复制品,平均10元/张,无论从非法经营数额(非法经营数额在5万元至15万元之间的)还是复制、发行的规模(500张至2 500张之间的)计算,其符合适用缓刑的前提条件。鉴于程志文系初犯,且当庭认罪态度较好等情节,法院判处其有期徒刑6个月,宣告缓刑1年适当。

四、分析结论

侵犯著作权犯罪适用缓刑,首先要满足《刑法》条文、司法解释对于该类犯罪适用缓刑的前提条件;其次要根据犯罪分子的“犯罪情节”“悔罪表现”和“再犯罪危险”综合进行考虑,在符合缓刑的实质条件的情况下,方可以考虑适用缓刑;第三,对于本类犯罪适用缓刑应当不违反司法解释的禁止性规定。

侵犯知识产权案件的证据取得与认定标准

——杨昌军等侵犯计算机软件著作权案

廖 明

一、基本案情

2007年7月12日,华为公司取得中华人民共和国国家版权局颁发的《计算机软件著作取登记证书》,编号为:软著登字第076191号,登记号为:2007SR10196。该登记证书显示:“华为EC321/EC325数据卡单板软件V25.12.01b”的著作权人是华为公司,其享有的权利范围为全部权利,该计算机软件首次发表日期是2006年9月12日。

2003年10月27日,被告人杨昌军注册成立易仕通公司,被告人杨昌军在该公司任总经理,实际负责易仕通公司的经营管理。2007年3月,被告人杨昌军从市场上购得华为公司的“华为EC325”无线上网卡后,在未经华为公司许可的情况下,与被告人伍毅一起对该上网卡中的芯片软件及安装程序进行修改,将华为公司的“HUAWEI”标识修改为“CDMA”标识,其他程序不变,形成易仕通公司的CDMA无线上网卡的芯片软件和安装程序。两被告人将修改后的芯片软件和安装程序复制到易仕通公司生产的型号为500U+、501U的CDMA无线上网卡中,并进行销售。2007年5月12日至2007年8月6日期间,两被告人共计向深圳普创天信科技发展有限公司、北京时代动力数码科技有限公司、北京天大天财智能卡系统有限公司、深圳市世纪博能科技有限公司、深圳市深资源实业有限公司、方正科技集团股份有限公司等销售型号为500U+的CDMA无线上网卡12 731个,型号为501U

的 CDMA 无线上网卡 6 828 个,销售金额为人民币 3 720 835 元。2007 年 8 月 7 日,公安人员接报后到位于南山区高新中区科丰路金达科技中心 2 栋 101 室的易仕通公司进行搜查,现场查获型号为 500U + 的 CDMA 无线上网卡(成品和半成品)1 774 个,型号为 501U 的 CDMA 无线上网卡(成品和半成品)562 个,并查获两被告人用于修改华为公司芯片软件和安装程序的手提电脑两台和台式硬盘一个。

受深圳市公安局南山分局委托,中国版权保护中心版权鉴定委员会对华为公司的 EC325 无线上网卡等相关软件与易仕通公司的 EST-500U + 无线上网卡软件进行同异性比对鉴定,并出具了《关于华为技术有限公司 EC325 无线上网卡等软件与深圳市易仕通科技有限公司 EST-500U + 无线上网卡软件同异性鉴定报告》(中版鉴字〔2007〕007 号),其鉴定结论为:二公司软件的 PC 端程序中均出现“HUAWEI”的字符串,其中华为公司的 WL2HOST07C04B103. D01 软件与易仕通 500U + 软件的程序文件 HostAPI. dll 内容相同率为 99. 99%;二公司软件上网卡端的 FLASH 芯片中的目标程序相同率为 99. 99%,且不同之处为公司标识;通过一些专用工具软件读取出的程序运行信息、软件版本号、软件的编译时间,二公司软件均显示出含有“HUAWEI”字样的信息及其他相同信息。综上所述,可以认定易仕通公司的易仕通 500U + 软件是在华为公司的软件上修改而来。

中国版权保护中心版权鉴定委员会对华为公司的 EC325 无线上网卡等软件与易仕通公司的无线上网卡(S/N:EC27062100006)软件进行同异性比对鉴定,并出具了《关于华为技术有限公司 EC325 无线上网卡等软件与深圳市易仕通科技有限公司无线上网卡(S/N:EC27062100006)软件同异性鉴定报告》(中版鉴字〔2007〕008 号),其鉴定结论为:二公司软件的 PC 端程序中均出现“HUAWEI”的字符串,其中华为公司的 WL2HOST07C04B103. D01 软件与易仕通软件的程序文件 HostAPI. dll 内容相同率为 99. 99%;二公司软件上网卡端的 FLASH 芯片中的目标程序相同率为 99. 99%,且不同之处为公司标识;通过一些专用工具软件读取出的程序运行信息、软件版本号、软件的编译时间,二公司软件均显示出含有“HUAWEI”字样的信息及其他相同信息。综上所述,可以认定易仕通公司的易仕通软件是对华为公司的软件进行修改而来。2008 年 9 月 2 日,中国版权保护中心版权鉴定委员会向深圳市公安局南山分局出具了《关于易仕通公司无线上网卡型号的说明》(中版鉴字〔2007〕008-2号),确认易仕通公司的无线上网卡(S/N:EC27062100006)型号为:501U。

2008年5月22日,被告人杨昌军的辩护人向本院提出对两被告人销售的型号为500U+和501U的CDMA无线上网卡中的软件经营额进行评估鉴定,本院予以准许。2008年7月15日,公诉机关和辩护人共同选定的评估鉴定机构深圳市中衡信资产评估有限公司出具了《关于"涉案无线上网卡软件经营额"价值的资产评估报告书》(深衡评〔2008〕052号),评估结果:"涉案无线上网卡软件经营额"价值人民币71 200元。公诉机关、两被告人及其辩护人对该评估结果均无异议。

2007年8月7日,两被告人在未被采取强制措施的情况下,主动向公安机关交代了其侵犯华为公司"华为EC325"无线上网卡软件著作权的犯罪事实。

公诉机关认为,被告人杨昌军、伍毅以营利为目的,未经著作权人的许可,擅自复制发行他人的计算机软件,有其他特别严重情节,其行为触犯了《中华人民共和国刑法》第217条,犯罪事实清楚,证据确实、充分,应当以侵犯著作权罪追究其刑事责任。鉴于被告人伍毅在共同犯罪过程中起次要作用,依照《中华人民共和国刑法》第217条,应当从轻或减轻处罚。

二、判决结果

法院经审理认定,被告人杨昌军为易仕通公司实际所有者、经营者,其伙同被告人伍毅,在易仕通公司经营期间,以营利为目的,未经华为公司许可,复制发行华为公司享有著作权的计算机软件作品,非法经营数额达人民币71 200元,情节严重,其行为均已构成侵犯著作权罪,均依法应予惩处。公诉机关指控的犯罪事实基本清楚,证据确实、充分,指控罪名成立,但公诉机关将整机的销售数额作为两被告人侵犯著作权罪的非法经营数额的证据不足,不予确认。对两被告人侵犯著作权罪的非法经营数额,根据深圳市中衡信资产评估有限公司出具的《关于"涉案无线上网卡软件经营额"价值的资产评估报告书》(深衡评〔2008〕052号)评估报告书的评估结果认定为人民币71 200

元。两被告人实施侵犯华为公司计算机软件著作权的行为系以易仕通公司的名义进行,所获得的货款亦用于公司支付员工工资、研发、购买固定资产和办公用品以及公司生产所需的原材料等,因此,两被告人实施的侵犯华为公司计算机软件著作权的行为应当认定为单位行为,依法应当认定为单位犯罪。两被告人在生产、销售装有侵权软件的CDMA无线上网卡并获利的犯罪过程中系基于共同的犯罪故意,各自分工明确,相互联系、彼此配合,且犯罪行为与犯罪结果之间存在因果关系,已构成共同犯罪。其中,被告人杨昌军系直接负责的主管人员,起主要作用,是主犯,依法应当按照其参与的全部犯罪处罚;被告人伍毅系受指使实施部分犯罪活动的其他直接责任人员,起次要作用,是从犯,依法应当从轻处罚。两被告人在未被采取强制措施的情况下,主动如实地向公安机关供述自己的罪行,系自首,依法可以从轻处罚。

综合全案事实、情节,依照《中华人民共和国刑法》第217条,第25条第1款,第26条1、4款,第27条,第30条,第31条,第64条,第67条第1款,最高人民法院、最高人民检察院《关于办理侵犯知识产权刑事案件具体应用法律若干问题的解释》第5条第1款,最高人民法院、最高人民检察院《关于办理侵犯知识产权刑事案件具体应用法律若干问题的解释(二)》第4条、第6条之规定,法院判决如下:

1. 被告人杨昌军犯侵犯著作权罪,判处有期徒刑1年3个月,并处罚金人民币70 000元。

2. 被告人伍毅犯侵犯著作权罪,判处有期徒刑1年2个月,并处罚金人民币50 000元。

三、案例评析

本案中,中国版权保护中心版权鉴定委员会受深圳市公安局南山分局委托,对华为公司的EC325无线上网卡等相关软件与易仕通公司的EST-500U+无线上网卡软件进行同异性比对鉴定,对华为公司的EC325无线上网卡等软件与易仕通公司的无线上网卡(S/N:EC27062100006)软件进行同异性比对鉴定,属于刑事诉讼取证行为中的鉴定。《关于华为技术有限公司EC325无线上网卡等软件与深圳市易仕通科技有限公司 EST-500U + 无线上网卡软件同异性鉴定报告》(中版鉴字〔2007〕007 号)以及《关于华为技术有限公司 EC325 无线上网卡等软件与深圳市易仕通科技有限公司无线上网卡(S/N:EC27062100006)软件同异性鉴定报告》(中版鉴字〔2007〕008 号)《关于易仕通公司无线上网卡型号的说明》(中版鉴字〔2007〕008-2 号)按《刑事诉讼法》所规定的证据种类划分,属于鉴定结论,对于这三份鉴定报告和说明的认定也应当遵循鉴定结论的采纳标准与采信标准。本案中,这三份鉴定报告和说明对于认定杨昌军、伍毅两被告人构成侵犯著作权犯罪起到关键作用。

此外,公诉机关和辩护人共同选定的评估鉴定机构深圳市中衡信资产评估有限公司出具的《关于"涉案无线上网卡软件经营额"价值的资产评估报告书》(深衡评〔2008〕052 号)关于"涉案无线上网卡软件经营额"价值人民币 71 200 元的评估结果,公诉机关、两被告人及其辩护人均无异议,该评估报告书被法院采信,对于杨昌军、伍毅两被告人侵犯著作权罪的非法经营数额的认定,起到关键作用。公诉机关和辩护人共同选定深圳市中衡信资产评估有限公司对"涉案无线上网卡软件经营额"评估鉴定的行为属于刑事诉讼取证行为中的鉴定;《关于"涉案无线上网卡软件经营额"价值的资产评估报告书》按《刑事诉讼法》所规定的证据种类划分,属于鉴定结论;对于《关于"涉案无线上网卡软件经营额"价值的资产评估报告书》的认定也应当遵循鉴定的采纳标准与采信标准。

(一) 鉴定及其程序

刑事诉讼中的鉴定是指公安司法机关为了查明案情,指派或聘请具有专门知识的人就案件中某些专门性问题进行科学鉴别和判断并作出鉴定结论的一种侦查行为。

鉴定是一种重要的取证手段。在刑事司法实践中,鉴定的适用范围极其广泛,凡是与刑事案件有关的,能够证明犯罪嫌疑人有罪、无罪的各种物品、文件、痕迹、人身、尸体等都可以进行鉴定。在刑事诉讼中,经常采用的鉴定主要有:刑事技术鉴定、人身伤害的医学鉴定、精神病的医学鉴定、扣押物品的价格鉴定、文物鉴定、司法会计鉴定等。

根据《刑事诉讼法》的规定,鉴定应当遵守下列程序:

(1) 选定鉴定人。为了保证鉴定客观、公正地进行,鉴定人只能由公安司法机关指定或者聘请同案件、当事人无关的,又具有该方面专门知识的人担任。在我国刑事诉讼中,当事人自己不能聘请鉴定人,如果当事人认为公安司法机关指定或者聘请的鉴定人同案件或者一方当事人有利害关系,可以申请其回避,也可以要求对其所作出的鉴定意见重新进行鉴定。而且,鉴定人必须具有解决专门问题的知识、技术水平,如果不具有解决专门问题的知识、技术的,不能充当鉴定人。同时,鉴定人应当是自然人,因为只有自然人才能承担鉴定人的诉讼义务和责任。另外,需要通过鉴定解决的问题,只能是案件中的有关案情的某些专门性问题,也就是有关科学和技术上的问题,而不能要求鉴定人去解决法律性质的问题(如是否构成犯罪,是责任事故还是故意破坏等)。据此,公安司法机关指派或者聘请的鉴定人,必须具备鉴定人的资格,即必须是具有解决本案中专门性问题的专门知识和技能,并且与本案或本案当事人没有利害关系,且能够保证以客观、公正的态度进行鉴定的人。

(2) 鉴定人的回避。根据《刑事诉讼法》关于回避制度的规定,鉴定人属于回避的对象,如果具有法定的回避事由,依法应当自行回避;当事人有权申请其回避。

(3) 公安司法机关应当为鉴定人进行鉴定提供必要的条件,及时向鉴定人送交有关检材和对比样本等原始材料,介绍与鉴定有关的情况,并且明确提出要求鉴定解决的问题,但是不得暗示或者强迫鉴定人作出某种鉴定结论。

(4) 鉴定人进行鉴定时,应当遵守自己的职业道德,坚持实事求是的原则。鉴定人故意作虚假鉴定的,要承担相应的法律责任。

(5) 鉴定后,应当出具鉴定结论,并由鉴定人签名。如果是多名鉴定人对同一专门问题共同进行鉴定,可以互相讨论,提出共同的鉴定结论,但每一位鉴定人都应当签名;如果意见不一致,则可以分别提出自己的鉴定意见,分别签名。鉴定结论除了鉴定人签名外,还应当加盖单位公章,以保证鉴定的权威性、严肃性和合法性。

(6) 补充鉴定和重新鉴定。公安司法机关应当将用做证据的鉴定结论告知犯罪嫌疑人或被告人、被害人,犯罪嫌疑人或被告人、被害人也有权主动要求获知用做证据的鉴定结论。如果犯罪嫌疑人或被告人、被害人认为公安司法机关指定或聘请的鉴定人同案件或一方当事人有利害关系,可以申请其回避;如果发现鉴定结论有问题,可以要求鉴定人作出解释;如果提出申请补充鉴定或者重新鉴定,经公安司法机关批准,可以补充鉴定或者重新鉴定。

本案中,中国版权保护中心版权鉴定委员会受深圳市公安局南山分局委托对华为公司的 EC325 无线上网卡等相关软件与易仕通公司的 EST-500U + 无线上网卡软件进行同异性比对鉴定,对华为公司的 EC325 无线上网卡等软件与易仕通公司的无线上网卡(S/N: EC27062100006)软件进行同异性比对鉴定的程序合法。但"公诉机关和辩护人共同选定评估鉴定机构深圳市中衡信资产评估有限公司"的说法不准确。因为在刑事诉讼中,只有公安司法机关能够指派或聘请鉴定人进行鉴定。当然,辩护人可以提出建议。

(二)鉴定结论及其意义

鉴定结论是指公安司法机关为了解决案件中某些专门性问题,指派或聘请具有这方面专门知识和技能的人,进行鉴定后所作出的书面结论。

鉴定结论有以下特点:具有特定的书面形式;是鉴定人对专门性问题从科学、技术的角度提出的分析判断意见;它仅限于解决案件所涉及的科学技术问题,而不是就法律问题提供意见;鉴定结论是由鉴定人从科学的角度提供的分析研究意见,而且鉴定人必须与案件事实和当事人没有利害关系,所以客观性较强。

鉴定结论对于认定案件事实具有十分重要的作用:鉴定结论是揭示某些物品、痕迹证明力的至关重要的甚至是唯一的手段。只有经过鉴定,某些物品和痕迹才能发挥证明作用;鉴定结论是确定死亡原因、伤害的轻重程度、事故原由、当事人的生理和精神状态等专门性问题的主要依据;鉴定结论具有科学性和定量分析的特点,是审查和鉴别其他证据的重要手段。

本案中,《关于华为技术有限公司 EC325 无线上网卡等软件与深圳市易仕通科技有限公司 EST-500U + 无线上网卡软件同异性鉴定报告》(中版鉴字〔2007〕007 号)《关于华为技术有限公司 EC325 无线上网卡等软件与深圳市易仕通科技有限公司无线上网卡(S/N:EC27062100006)软件同异性鉴定报告》(中版鉴字〔2007〕008号)《关于易仕通公司无线上网卡型号的说明》(中版鉴字〔2007〕008-2号)这三份鉴定报告和说明对于认定杨昌军、伍毅构成侵犯著作权犯罪起到关键作用,《关于"涉案无线上网卡软件经营额"价值的资产评估报告书》(深衡评〔2008〕052号)对于认定两被告人侵犯著作权非法经营数额起到关键作用。

(三)鉴定结论的审查认定

证据的认定指公安司法人员对证据的证据能力和证据效力进行判断、评断、认可、确认的活动。证据的认定包括证据的采纳与证据的采信两个阶段。采纳,主要是对证据能力的认定;采信,主要是对证据效力的认定。作为《刑事诉讼法》规定的八种法定证据之一,鉴定意见的认定也可分为采纳和采信两个阶段。其中,采纳主要是对鉴定结论合法性和关联性的审查;采信主要是对鉴定结论真实性和充分性的审查。鉴定结论的采纳标准又可以具体化为鉴定结论的采纳规则;鉴定结论的采信标准又可以具体化为鉴定结论的采信规则。

与本案证据问题有关的鉴定结论采纳规则如下:一是关联性规则。即鉴定事项与案件事实不具有关联性的,鉴定结论不可采纳。二是鉴定主体不合格的鉴定结论排除规则。符合下列情况之一的鉴定结论不可采纳:鉴定机构的资质不符合相关法律法规的规定的,鉴定委托事项超出鉴定机构的执业范围的,参加鉴定的人不具有鉴定执业资格的。三是用于鉴定的检材、样本不符合鉴定要求的鉴定结论排除规则。包括:检材的提取、保管防范不科学、保管链不完整,可能影响鉴定结论可靠性的,鉴定结论不可采纳;仅仅根据检材的照片、复制品进行必要检验的鉴定结论不可采纳。四是鉴定事项不当的结论排除规则,包括:鉴定事项并非专门性问题,司法人员根据常识可作出判断的,鉴定结论不可采纳;鉴定人对行为人是否故意或过失、责任能力、作证能力、性自我防卫能力等法律问题作出回答的,这部分鉴定结论不可采纳。五是鉴定程序存在瑕疵的鉴定结论排除规则。包括:鉴定人应当依法实行回避而未回避的,鉴定结论不可采纳;对于某一鉴定事项,鉴定人数不符合相关法律法规规定的,鉴定结论不可采纳;超过鉴定时限的鉴定结论，是否排除，法官根据具体情形自由裁量。六是鉴定文书不合格的鉴定结论排除规则。包括：鉴定文书没有鉴定人的签名和执业证号的，鉴定结论不可采纳；鉴定文书存在其他制作上瑕疵的，法官根据具体情况酌情决定是否排除该鉴定结论。[①]

与本案证据问题有关的鉴定结论采信规则如下：一是鉴定结论的真实性审查规则。即鉴定结论真实性的认定不能仅以鉴定距案发时间的远近、鉴定机构级别的高低或者鉴定人职称的高低作为依据，应当以鉴定过程的科学性为依据。二是鉴定结论的可靠性审查规则。法庭审查认定鉴定结论的证明力时，应当审查：鉴定人的知识结构与鉴定事项要求的知识范围是否相一致；审查鉴定人受训练情况、工作经历、技术职称、从事鉴定的时间、以往鉴定的数量、鉴定结论被采信的情况、专业成就；鉴定人是否保持中立、是否存在偏见，鉴定人的动机等经验、能力和信任度等；鉴定的原理和方法是否已为相关领域普遍接受，或者是否有足够的基础研究资料支持；鉴定书的论证部分是否具有逻辑性，以及所依赖的数据或资料是否可靠、充分等。三是鉴定人未出庭的鉴定结论证明力规则。鉴定人需出庭作证而未出庭的，鉴定结论的证明力较低。[②]

本案中，《关于华为技术有限公司 EC325 无线上网卡等软件与深圳市易仕通科技有限公司 EST-500U + 无线上网卡软件同异性鉴定报告》（中版鉴字〔2007〕007 号）《关于华为技术有限公司 EC325 无线上网卡等软件与深圳市易仕通科技有限公司无线上网卡（S/N: EC27062100006）软件同异性鉴定报告》（中版鉴字〔2007〕008 号）《关于易仕通公司无线上网卡型号的说明》（中版鉴字〔2007〕008-2 号）这三份鉴定报告和说明符合鉴定结论的采纳和采信规则，被法院作为定案依据；《关于“涉案无线上网卡软件经营金额”价值的资产评估报告书》（深衡评〔2008〕052 号）也符合鉴定结论的采纳和采信规则，被法院作为定案依据。

① 参见何家弘主编：《证据的审查认定规则——示例与释义》，人民法院出版社 2009 年版，第 236—251 页。

② 同上书，第 256—264 页。

四、分析结论

本案中,证据的取得和认定均符合法律规定。《关于华为技术有限公司EC325无线上网卡等软件与深圳市易仕通科技有限公司EST-500U+无线上网卡软件同异性鉴定报告》(中版鉴字〔2007〕007号)《关于华为技术有限公司EC325无线上网卡等软件与深圳市易仕通科技有限公司无线上网卡(S/N:EC27062100006)软件同异性鉴定报告》(中版鉴字〔2007〕008号)《关于易仕通公司无线上网卡型号的说明》(中版鉴字〔2007〕008-2号)《关于"涉案无线上网卡软件经营额"价值的资产评估报告书》(深衡评〔2008〕052号)这四份鉴定报告、说明、资产评估报告书符合鉴定结论的采纳和采信规则,被法院作为定案依据。其中,前三份鉴定报告和说明对于认定杨昌军、伍毅两被告人构成侵犯著作权犯罪起到关键作用;第四份资产评估报告对于杨昌军、伍毅两被告人侵犯著作权非法经营数额的认定起到关键作用。

利用虚拟网络侵犯著作权的证据认定

——杨建委侵犯音像制品著作权案

廖　明

一、基本案情

2006年底，以美国电影协会为首的多家影视作品权利人控告北京金互动公司非法复制其影视作品，涉嫌侵犯著作权罪。2006年12月，北京市公安局接到北京市版权局转来《关于移送北京金互动公司涉嫌侵犯著作权犯罪线索的函》，内称：自2000年以来，杨建委等人先后利用北京金互动技术开发有限责任公司、北京金互动科技有限责任公司、北京金互动网络技术有限公司的名义，长期非法复制发行他人享有著作权的电影作品，涉嫌非法经营和侵犯著作权罪。接到案件举报后，北京市公安局即以涉嫌侵犯著作权犯罪对北京金互动公司杨建委等人立案侦查。

证明被告人杨建委侵犯著作权犯罪的定案证据有：

（1）北京金互动公司及其关联公司的工商档案资料。从公司的工商档案资料看，无论是这些公司法定代表人、股东如何变化均与杨建委有关，证明杨建委为关联公司的实际控制人。

（2）北京金互动公司银行账户查询资料显示，杨建委非法收取的版权费大多汇入北京金互动公司账户，并迅速转移至关联公司账户，再用于个人挥霍。

（3）北京金互动公司网站页面上虚假宣称，北京金互动公司为文化部市场中心下属的企业，与美国电影协会、韩国的多个影视公司是合作关系，其拥有大量影视作品的版权。

（4）杨建委伪造大量文化公司给北京金互动公司的虚假版权授

权文件，用以掩盖其罪行。经逐一调查，除关联公司之间的虚假授权外，其余均系伪造的授权书。

(5) 公安机关收缴的大量销售版权合同，及美国电影协会、韩国SBS影视制作有限公司、韩国放送公社、韩国MBC公司、中国电影版权保护协会指认北京金互动公司具体侵权的影片名称。

(6) 从北京金互动公司收缴的大量盗版光盘。

(7) 收缴的大量服务器和电脑。杨建委利用各地的服务器为购买方提供出售的影视作品，每台服务器内存储的影片多达上千部。

(8) 上海新华电信网络有限公司、上海九倍网络信息服务有限公司、广西电信有限公司的相关人员证实：杨建委谎称北京金互动公司为文化部文化市场中心下属企业，拥有上千部影视作品的版权，并与上述公司签订出售版权合同，收取版权转让费。

(9) 美国电影协会、韩国SBS影视制作有限公司、韩国放送公社、韩国MBC公司、中国电影版权保护协会证实其均未与杨建委及北京金互动公司有任何业务关系，指认北京金互动公司杨建委等人具体侵权的影片名称，确定了782部侵权影片。

(10) 被告人杨建委的供述。

二、判决结果

北京宣武区人民法院经审理认定，自2002年以来，杨建委在北京先后成立北京金互动技术开发有限责任公司、北京金互动科技有限责任公司、北京金互动网络技术有限公司，上述三家公司均未得到北京市文化局核发的设立音像批发单位或音像品网上销售的行政许可，也未取得音像制品经营许可证。2002年至2007年间，杨建委谎称北京金互动公司为文化部市场中心下属企业，并谎称自己是文化部市场营销中心主任，伪造大量授权书，对外谎称北京金互动公司有多部影视作品的版权，骗取多家网络、文化公司的信任，与国内百余家网络公司签署了五千多部影片的出售协议。其中，中国铁通、中国网通和中国电信旗下的多家分公司都曾与杨建委签订过合作协议。在合同签订后，杨建委指使手下到宣武区马连道音像城购买盗版光盘，压缩进电脑再上传至在各地租用的服务器，供购买方下载，并用于播放，购买方下载成功后，一律将购买费用打到北京金互动公司账户上，非法获利

1 600 万余元。据统计，杨建委等人在未得到授权的情况下，共非法复制并销售美国著作权人所有的 5 433 部电影作品、韩国著作权人所有的 979 部影视作品，该案在国内外造成了恶劣影响。

2009 年 1 月，北京宣武区人民法院对此案进行宣判，判处杨建委有期徒刑 4 年，并处罚金 150 万元。

三、案例评析

本案中，证明被告人杨建委侵犯著作权犯罪的证据确实充分，宣武区人民法院据此认定杨建委侵犯著作权犯罪成立，判处其有期徒刑 4 年，并处罚金 150 万元，是正确的。

（一）证据的种类

证据种类，是指根据证据的各种外部形式对证据所作的分类。刑事案件发生后，总会留下一定的为人所感知的物品、痕迹等事实，这些事实只有通过相应的形式表现出来，才能纳入诉讼程序。因此，法律必须对各种证据资料加以明确规定，规范他们进入诉讼的法定名称，收集和审查判定的程序和规则，以便在诉讼中完成证明任务。

《刑事诉讼法》第 48 条第 2 款和第 3 款规定如下。“证据有下列八种：（一）物证；（二）书证；（三）证人证言；（四）被害人陈述；（五）犯罪嫌疑人、被告人供述和辩解；（六）鉴定意见；（七）勘验、检查、辨认、侦查实验等笔录；（八）视听资料、电子数据。以上证据必须经过查证属实，才能作为定案的根据。”以上罗列的就是我国的法定证据种类。

本案中，证明被告人杨建委侵犯著作权犯罪的定案证据有共有 10 项，其中，第（1）项、第（2）项、第（3）项、第（4）项，第（5）项中的版权销售合同属于书证。书证是指能够根据其记载的内容和表达的思想来证明案件事实情况的一切物品。书证虽然表现形式及制作方法多种多样，但必须同时具备以下两个特点：必须是以文字、符号、图画等记载或者表达了人的一定思想的物品，而且其所记载或表达的思想内容能够为人们认知和理解；该项材料所记载的内容或者所表达的思想，必须与待证明的刑事案件事实有关联，能够被用来证明案件事实。书证都有明确的意思表示，而且大多在诉讼开始以前就已形成，一经收集并查证属实,就可以比较直观地证明案件中的一定事实,因而具有较强的证明力,所以,在诉讼中具有重要意义。有些书证可以直接证明案件的性质、作案动机和目的,可以鉴别其他证据的真伪,可以揭穿犯罪分子的狡辩和虚假的陈述。在贪污等经济犯罪案件中,书证是不可缺少的证据。

第(6)项、第(7)项属于物证。物证是指以其外部特征、存在场所和物质属性证明案件事实的一切物品和痕迹。物证同其他证据种类相比具有较强的客观性、稳定性,因此,更直观、更容易把握。物证是刑事诉讼中广泛使用的一种证据,在刑事诉讼中具有重要的作用,可以借助物证鉴别其他证据的真伪,可以借助物证迫使犯罪分子交代罪行,揭露不真实的供述和辩解。

第(5)项中美国电影公司等的指认和第(9)项属于被害人陈述。被害人陈述,是指犯罪行为的直接受害者就其了解的案件情况,包括其遭受犯罪行为侵害的事实和有关犯罪嫌疑人、被告人的情况等,向公安司法机关所作的陈述。被害人是遭受犯罪行为直接侵害的人,其合法权益遭受侵害;被害人既可以是自然人,也可以是法人;由于被害人的身份是由犯罪行为决定的,因而被害人应当是特定的人,具有不可替代性。被害人直接受到犯罪行为侵害,特别是有的被害人同犯罪人有过接触,一般对犯罪地点、犯罪经过、犯罪分子的体貌特征有较多的了解,其陈述对于揭露犯罪、查获犯罪人、认定案情有重要作用,同时还是鉴别其他证据的有力手段。

第(8)项属于证人证言。证人证言是指当事人以外的第三人就自己所知道的案件情况向公安司法机关所作的陈述。证人证言有以下四个特点:① 证人是犯罪嫌疑人、被告人、被害人以外的人,一般而言,较犯罪嫌疑人、被告人、被害人的陈述更客观;② 证人证言只是证人对案件有关情况的客观阐述,强调证人对案件事实的亲身感知,其陈述的是事实,而不是推测或分析意见;③ 证人证言是证人对感知或传闻情况的反映,往往会受到证人的主观因素和客观条件的影响;④ 证人证言的来源和证明的问题范围十分广泛,是刑事诉讼中常见的证据。证人证言在刑事诉讼中具有重要的证明作用,它可以鉴别其他证据的真伪,可以作为认定案件事实甚至是主要事实的根据,可以揭露犯罪嫌疑人、被告人或被害人的虚假陈述。

第(10)项属于犯罪嫌疑人、被告人供述和辩解。犯罪嫌疑人、被告人的供述和辩解,是指犯罪嫌疑人、被告人在刑事诉讼中就与被指控的犯罪事实有关的情况向公安司法机关所作的陈述,通常也称为口供。犯罪嫌疑人、被告人的供述和辩解具有以下特点:第一,犯罪嫌疑人、被告人对自己是否实施了犯罪行为以及如何实施犯罪行为,比其他任何人更为清楚,如果犯罪嫌疑人、被告人如实供述,可以全面、详尽地反映出作案的动机、目的,作案的手段、过程。共同犯罪的犯罪嫌疑人、被告人供述,还可以从各个侧面反映案件的全貌。犯罪嫌疑人、被告人的供述经查证属实,一般可以成为认定案件事实的直接证据。如果犯罪嫌疑人、被告人如实辩解,可以提供证实其无罪或者罪轻的证据和证据线索。犯罪嫌疑人、被告人供述和辩解所具有的这种特征,是其他证据不具备的。第二,犯罪嫌疑人、被告人陈述的虚假性可能很大。犯罪嫌疑人、被告人作为刑事诉讼中被追究的对象,案件的处理结果与其有切身的利害关系。在大多数情况下,犯罪嫌疑人、被告人为逃避罪责,总是企图否认和抵赖罪行。犯罪嫌疑人、被告人由于所处的特殊诉讼地位或者处在被限制人身自由的情况下,如果讯问人员存在刑讯逼供、诱供、指供等行为,更可能造成犯罪嫌疑人、被告人的供述和辩解的内容严重失实。第三,犯罪嫌疑人、被告人的供述和辩解易有反复性,随时可能翻供。犯罪嫌疑人、被告人的供述和辩解,对于全面分析研究案情,正确认定案件事实,公正处理案件,具有重要意义。犯罪嫌疑人、被告人的口供,经查证属实可以作为定案的一种根据,特别是对认定犯罪的动机和目的有重要作用;犯罪嫌疑人、被告人的口供是审查核实其他证据真伪的一种手段;犯罪嫌疑人、被告人的口供是衡量其犯罪后的态度的重要材料,对正确量刑有一定作用。

(二)证据的审查认定

证据的审查是指公安司法人员在诉讼过程中对证据进行的考察、检查、分析、研究等活动。证据的认定是指公安司法人员对证据的证据能力和证据效力进行判断、评断、认可、确认的活动。证据的审查是证据认定的前提和基础。

1. 物证的审查

对物证的审查主要注意以下几点：(1) 通过鉴定、辨认、实验、印证以及科学仪器等技术方法，审查判断物证的来源是否客观真实，有无伪造或其他原因而导致物证发生变形失真。(2) 通过上述方法审查物证与案情之间有无必然的联系，能否证明本案的案情，具体能够证明案件中哪些问题。(3) 通过上述方法审查判断物证是原物证还是复制品，物证与其他证据之间的关系，是否相互印证一致，有无矛盾。

2. 书证的审查

对书证的审查判断具体包括以下几点：

(1) 通过鉴定、比对、印证等方法审查书证的制作过程。制作者是为了什么目的、在什么情况下制作的，对书证的笔迹、印章要仔细核对或者鉴定，查明书证是否伪造或变造的。

(2) 通过上述方法审查书证的内容是否符合事实与法规，是否真实可靠，有无错误，是否违法，书证与案情有无必然联系，能够证明案件中哪些问题。

(3) 通过上述方法审查书证的收集过程和保管方法。

(4) 通过上述方法审查书证本身是公文书证还是非公文书证，是报道性书证还是处分性书证，是否经过公证，等等。

3. 证人证言的审查

对证人证言的审查判断具体包括以下几个方面：

(1) 审查证人证言的来源，是证人直接知悉还是间接了解，如是直接知悉，要了解当时的主客观情况；如是间接了解，还应找直接知情人查证。

(2) 审查证人的品质，他与当事人的关系，与案件有无利害关系，是否受到外界的影响。

(3) 审查证人在生理上、精神上有无缺陷，感知、记忆和表达能力怎样。

(4) 审查证人证言与其他证据是否一致，有无矛盾。如有矛盾要找出原因，进行查证。

4. 被害人陈述的审查

对被害人陈述的审查判断基本上适用审查证人证言的规定，但应注意被害人陈述的基本特点，并应当注意以下几点：

（1）审查被害人陈述是如何形成与收取的。

（2）审查被害人与犯罪嫌疑人、被告人之间的关系，是否相识，有无利害关系。

（3）审查被害人在告发或陈述前后有无反常表现，有无错觉或失真。

（4）审查被害人陈述是否合乎情理，有无矛盾，与其他证据是否一致，有无矛盾。

5. 犯罪嫌疑人、被告人供述和辩解的审查

对犯罪嫌疑人、被告人供述和辩解的审查判断具体包括以下几个方面：

（1）审查供述和辩解是在什么情况下作出的，出于何种动机目的，有无外界影响。

（2）审查供述和辩解的程序是否合法，有无刑讯逼供和以威胁、引诱、欺骗以及其他非法手段获取供述的情况。

（3）审查供述后有无反复，如有反复要查明原因。

（4）审查供述的内容是否合乎情理，有无矛盾，供述和辩解同其他证据是否一致，有无矛盾。

本案中，法院对公诉机关提出的用以证明被告人杨建委侵犯著作权犯罪的证据进行审查，并采信了10项有罪证据。

（三）证明标准

刑事诉讼中的证明标准，是指法律规定的司法人员运用证据证明案件事实要求达到的程度。根据《刑事诉讼法》第160条、第168条、第172条、第195条的规定，人民法院对被告人作出有罪判决，必须做到犯罪事实清楚，证据确实、充分。案件事实清楚，证据确实充分即是我国刑事诉讼中作出有罪判决的证明标准。

犯罪事实清楚，是指与定罪量刑有关的事实和情节，都必须查清。至于那些不影响对被告人定罪量刑的细枝末节，并不要求必须查清。

证据确实、充分，是对作为定案依据的证据从质和量两方面提出的要求。确实是对定案证据质的方面的要求，是指可以作为定案依据

的每一项证据都必须真实可靠,都必须能够如实地反映案件的事实真相。具体包括,每个证据都必须是客观存在的,且与案件存在客观联系;每个证据都必须经过查证属实,具有证明力。也就是说,即使证据是真实的,但如果与犯罪事实无客观联系,也谈不上此项证据达到了确实的标准。充分是对定案证据量的方面的要求,是指符合确实标准的证据在数量上必须达到法律规定的能够认定案件事实的要求。具体包括:属于犯罪各构成要件的事实都有相应的证据加以证明;所有的证据综合起来必须形成一个完整的、协调的证明体系,足以对案件事实得出唯一的、确定无疑的结论,也就是说能够排除其他一切合理的怀疑。

本案中,第(1)项证据是对犯罪主体的证明;第(2)项证据是对犯罪主观方面和犯罪客观方面的证明,第(3)项、第(4)项、第(5)项、第(6)项、第(7)项、第(8)项、第(9)项是对犯罪客观方面的证明,第(10)项是对犯罪主体、犯罪主观方面、犯罪客观方面的证明。虽然这些证据有的是直接证据,有的是间接证据,但通过它们,对于被告人杨建委侵犯著作权犯罪这一事实的七个要素,即何人、何事、何物、何时、何地、何情、何故等都有确实充分的证据证明,构成了完整的证据链。据此,本案对于杨建委侵犯著作权的事实认定正确。

四、分析结论

本案中,法院对于证据及事实的认定符合法律规定。就证据种类而言,第(1)项、第(2)项、第(3)项、第(4)项,第(5)项中的版权销售合同属于书证;第(6)项、第(7)项属于物证;第(5)项中美国电影公司等的指认、第(9)项属于被害人陈述;第(8)项属于证人证言;第(10)项属于犯罪嫌疑人、被告人供述和辩解。就证明作用而言,第(1)项是对犯罪主体的证明,第(2)项是对犯罪主观方面和犯罪客观方面的证明,第(2)项、第(3)项、第(4)项、第(5)项、第(6)项、第(7)项、第(8)项、第(9)项是对犯罪客观方面的证明,第(10)项是对犯罪主体、犯罪主观方面、犯罪客观方面的证明。上述(10)项证据构成完整的证据链,证明被告人实施了侵犯著作权的行为。

简易程序在销售非法出版物案件中的适用
——张景成销售非法音像制品案、赵金泽销售非法出版物案

史立梅

一、基本案情

案例 1

2007 年 10 月起，被告人张景成在北京市通州区杨家洼小区 30 号楼 311 底商自己经营的音像店内，在无音像制品经营许可证和营业执照的情况下出售非法出版的光盘。2008 年 10 月 14 日，被告人张景成被查获，当场起获各种光盘 3 669 张。经北京市新闻出版局认定，其中 3 256 张光盘为非法出版物。2008 年 10 月 14 日，张景成因涉嫌犯非法经营罪被刑事拘留，同年 10 月 29 日被逮捕。2008 年 12 月 22 日，通州区人民检察院以京通检刑诉字(2008)第 1056 号起诉书指控被告人张景成犯非法经营罪，向通州区人民法院提起公诉。通州区人民法院于 2008 年 12 月 24 日立案并依法适用简易程序，实行独任审判，公开开庭审理了本案。被告人张景成到庭参加诉讼。被告人张景成在开庭审理过程中对起诉书指控的犯罪事实并无异议，证人冯国庆、覃庆叶提供了证言，此外案内还有鉴定书、提取说明、起获经过、扣押物品清单及照片、收据、工作说明、接报案、到案、破案经过、户籍证明及被告人张景成供述等证据。

案例 2

2008 年 3 月至 2009 年 9 月间，被告人赵金泽雇佣黄宗根、郑业、邵鹏（另案处理）等人在北京市丰台区怡海花园等地，多次向他人出售盗版图书，后被查获。公安机关从其承租的北京市丰台区新房子种苗中心南院 18 号、丰台区造甲街南里 3 号楼南侧的库房内起获图书 11 250册，经鉴定均为非法出版物。2009 年 9 月 11 日，赵金泽因涉嫌犯非法经营罪被拘留，2009 年 10 月 16 日被逮捕。北京市丰台区人民检察院以京丰检刑诉字（2009）第 2421 号起诉书指控被告人赵金泽犯非法经营罪，向丰台区人民法院提起公诉。丰台区人民法院依法适用简易程序，实行独任审判，公开开庭审理了此案，被告人赵金泽及其辩护人王世昌到庭参加诉讼。庭审过程中，被告人赵金泽的辩护人认为被告人赵金泽有未遂及自首情节，此次犯罪系初犯，有认罪悔罪表现，请求法院对其从轻或减轻处罚。被告人赵金泽在开庭审理过程中对起诉书指控的事实无异议。控方提交的证据包括证人吴娟仙、段英怀、牛德春、黄宗根、郑业、邵鹏证言、证人张学刚证言及其辨认记录、检查笔录、起获的物证照片、北京市新闻出版局出版物审查鉴定书、公安机关出具的破案报告等。

二、判决结果

案例 1

2009 年 1 月 7 日，北京市通州区人民法院就张景成销售非法音像制品案作出了一审判决。判决书认定，被告人张景成违反国家规定，在无音像制品经营许可证和营业执照的情况下，且明知系非法出版物仍予以销售，扰乱市场秩序，情节严重，其行为已构成非法经营罪，依法应予以惩处。通州区人民检察院对其犯罪的指控成立。被告人张景成当庭确有认罪、悔罪表现，依法可对其酌予从轻处罚。综上，对被告人张景成依照《中华人民共和国刑法》第 225 条第（四）项、第 52 条、第 53 条之规定，判决如下：被告人张景成犯非法经营罪，判处有期徒刑 6 个月，并处罚金人民币 1 000 元（刑期自判决执行之日起计算。判决执行以前先行羁押的，羁押 1 日折抵刑期 1 日，即自 2008 年 10 月 14 日起至 2009 年 4 月 13 日止；罚金自判决生效后 7 日内缴纳）。

案例2

2010年1月19日,北京市丰台区人民法院对赵金泽销售非法出版物案作出一审判决。判决书认定:被告人赵金泽无视国家法律,以非法牟利为目的,销售非法出版物,扰乱市场秩序,情节严重,其行为已构成非法经营罪。北京市丰台区人民检察院指控被告人赵金泽犯非法经营罪的事实清楚,证据确实充分,罪名成立。鉴于被告人赵金泽能够如实供述所犯罪行,有认罪悔罪表现,故对其酌予从轻处罚。被告人赵金泽的辩护人认为被告人赵金泽有未遂及自首情节的辩护意见,法律依据不足,本院不予采纳;认为被告人赵金泽有认罪悔罪表现,请求对其从轻处罚的辩护意见,本院酌予采纳。依照《中华人民共和国刑法》第225条第(四)项、第52条、第61条之规定,判决如下:被告人赵金泽犯非法经营罪,判处有期徒刑9个月,并处罚金人民币10 000元(刑期自判决执行之日起计算。判决执行以前先行羁押的,羁押1日折抵刑期1日,即自2009年9月11日起至2010年6月10日止。罚金已缴纳)。

三、案例评析

以上两个案件的审判程序均适用了我国《刑事诉讼法》所规定的简易程序。简易程序,是指基层人民法院审理某些案件事实清楚、证据充分,被告人承认自己所犯罪行,对指控的犯罪事实没有异议的,被告人对适用简易程序没有异议的刑事案件所适用的比普通程序相对简化的第一审程序。① 我国《刑事诉讼法》第208条至第215条对简易程序适用的案件范围、审理程序进行了规定,最高人民法院《关于适用〈中华人民共和国刑事诉讼法〉若干问题的解释》(以下简称最高人民法院《解释》)等司法解释则将《刑事诉讼法》的规定进一步予以细化,从而形成了完整的刑事简易程序。

(一)简易程序适用的案件范围

根据《刑事诉讼法》第208条及相关司法解释的规定,基层人民法院管辖的案件,符合下列条件的,可以适用简易程序审判:① 案件事

① 宋英辉主编:《刑事诉讼法学》,中国人民大学出版社2012年版,第327页。

实清楚、证据充分;② 被告人承认自己所犯罪行,对指控的犯罪事实没有异议的;③ 被告人对适用简易程序没有异议的。人民检察院在提起公诉的时候,可以建议人民法院适用简易程序。根据最高人民法院《解释》第 290 条的规定,有下列情形之一的,不适用简易程序:① 被告人是盲、聋、哑人的;② 被告人是尚未完全丧失辨认或者控制自己行为能力的精神病人的;③ 有重大社会影响的;④ 共同犯罪案件中部分被告人不认罪或者对适用简易程序有异议的;⑤ 辩护人作无罪辩护的;⑥ 被告人认罪但经审查认为可能不构成犯罪的;⑦ 其他不宜适用简易程序审理的。

与 1996 年《刑事诉讼法》对简易程序的规定相比,上述规定大大扩大了简易程序的适用范围,即只要属于基层人民法院管辖的案件(包括公诉案件和自诉案件),只要符合简易程序适用的三个条件且不具有上述不适用简易程序情形的,都可以适用简易程序进行审理。在"张景成销售非法音像制品案"和"赵金泽销售非法出版物案"两个案件中,均涉及对案件适用简易程序进行审理的问题。由于被告人张景成涉嫌的"销售非法音像制品罪"和被告人赵金泽涉嫌的"销售非法出版物案"均属于基层人民法院管辖的公诉案件,且案件事实清楚、指控犯罪的证据非常充分,同时两名被告人均有认罪悔罪的表现,因此适用简易程序并无不妥[①],但是,如果在两起案件中,出现辩护人作无罪辩护或者法院认为被告人的行为不构成犯罪等情况的,则不应该适用简易程序审理,而应当按照一审普通程序对案件进行审理。

(二) 简易程序的审理特点

与普通程序相比,简易程序最大的特点就是审判程序大大简化,以期达到节约诉讼成本、提高诉讼效率的目的。根据我国《刑事诉讼法》及有关司法解释的规定,简易程序的审判具有如下几个特点:

1. 简易程序的审判组织相对简单

《刑事诉讼法》第 210 条规定,适用简易程序审理案件,对可能判处 3 年有期徒刑以下刑罚的,可以组成合议庭进行审判,也可以由审判员一人独任审判;对可能判处的有期徒刑超过 3 年的,应当组成合

① 本篇所引两个案例均适用 2012 年修正前的《刑事诉讼法》关于简易程序的规定,但每个案件具体的适用条件、程序并未因修正发生变化。

议庭进行审判。

2. 适用简易程序审理公诉案件,人民检察院应当派员出席法庭

由于1996年《刑事诉讼法》规定适用简易程序审理的公诉案件人民检察院可以不派员出庭,这造成在简易程序的庭审中缺乏公诉人,被告人往往直接面对审判人员,起诉书由审判人员宣读,这导致审判人员兼具追诉和审判双重职能,有违审判的中立性。因此,2012年《刑事诉讼法》修改了这一规定,要求公诉案件检察院必须派员出席法庭。

3. 法庭调查和法庭辩论程序简化根据《刑事诉讼法》第213条的规定,适用简易程序审理案件,不受公诉案件第一审普通程序中送达期限、讯问被告人、询问证人、鉴定人、出示证据、法庭辩论程序规定的限制。最高人民法院《解释》第295条规定:适用简易程序审理案件,可以对庭审作如下简化:① 公诉人可以摘要宣读起诉书;② 公诉人、辩护人、审判人员对被告人的讯问、发问可以简化或者省略;③ 对控辩双方无异议的证据,可以仅就证据的名称及所证明的事项作出说明;对控辩双方有异议,或者法庭认为有必要调查核实的证据,应当出示,并进行质证;④ 控辩双方对与定罪量刑有关的事实、证据没有异议的,法庭审理可以直接围绕罪名确定和量刑问题进行。但是,从保障被告人权益出发,《刑事诉讼法》规定,适用简易程序审理的案件,无论是公诉案件还是自诉案件,在判决宣告以前,应当听取被告人的最后陈述。

4. 简易程序在必要时,应当变更为普通程序

根据《刑事诉讼法》第215条和最高人民法院《解释》第298条的规定,人民法院在审理过程中,发现不宜适用简易程序的,应当按照一审普通程序重新审理。具体而言,这些不宜适用简易程序的情形包括:① 被告人的行为可能不构成犯罪的;② 被告人可能不负刑事责任的;③ 被告人当庭对起诉指控的犯罪事实予以否认的;④ 案件事实不清、证据不足的;⑤ 不应当或者不宜适用简易程序的其他情形。

5. 审判期限较短

根据《刑事诉讼法》第214条的规定,适用简易程序审理案件,人民法院应当在受理后20日以内审结;对可能判处的有期徒刑超过3年的,可以延长至一个半月。

根据上述规定,“张景成销售非法音像制品案”和“赵金泽销售非法出版物案”在诉讼程序上的处理是正确的:首先,由于两案的被告人量刑均在3年有期徒刑以下,因此法院可以适用独任庭进行审判;其次,两名被告人在审理过程中均对检察机关指控的犯罪事实无异议,法院在此基础上认定被告人有罪,并酌情予以了从轻处罚;最后两个审理法院均在法定的审判期限内完成了对案件的审判工作,并作出了有罪判决。

(三)简易程序在销售非法出版物案件中的价值

随着我国社会主义市场经济的快速发展,目前在出版物的销售市场上,存在较多的从事非法经营或者销售盗版图书、光盘的违法、犯罪行为。这些违法犯罪行为虽然犯罪手段较为简单,情节也不是非常恶劣,但其存在严重扰乱了出版物销售的正常市场秩序,侵害了出版物的著作权人和出版单位的合法利益。对这部分犯罪进行侦查、起诉和审判,表明了公安、司法机关与此类犯罪行为作斗争的决心。但如果对这些案件一概适用普通程序进行审理,不仅会大幅度增加诉讼成本,而且也会给诉讼当事人带来极大的讼累。适用简易程序处理此类案件,既能确保准确、及时地处理案件,制裁此类犯罪,保护被害人的合法权利;也能节省诉讼资源,大幅度提高诉讼效率。具体而言。简易程序在销售非法出版物案件中的价值现在以下三个方面:

(1)简易程序有利于司法资源的合理配置,提高法院的诉讼效率。对于案情比较简单、事实清楚、证据确实充分、被告人认罪、控辩双方无争议的销售非法出版物案件,以简易程序进行审理,可以及时、尽早结案,降低成本,使人民法院可以集中人力、物力、财力投入到重大、复杂案件中去,从而提高审判效率,缓解案件积压矛盾。

(2)适用简易程序处理销售非法出版物案件,也有利于迅速恢复被犯罪行为破坏的出版物销售市场的正常秩序,保护因犯罪行为而遭受损失的出版物著作权人和出版单位的合法利益。由于简易程序的法庭调查、法庭辩论程序大为简化,在控辩双方对与定罪量刑有关的事实、证据没有异议的,法庭审理可以直接围绕罪名确定和量刑问题进行,从而使审判周期较之普通程序大大缩短。由于法院能够很快地对这种违法犯罪行为作出否定性评价,这不仅对实施违法犯罪的被告人起到了惩罚和教育的作用,而且也对社会上可能存在的类似犯罪行为起到很好的警示作用,使潜在的犯罪分子不敢轻易以身试法,这对于整顿出版物销售市场,打击非法经营和销售盗版出版物行为具有十分重要的意义。

(3) 适用简易程序处理销售非法出版物案件,有利于促使审判程序本身的科学化和合理化。并非所有的销售非法出版物案件都适宜适用简易程序来处理,对于那些事实不清、证据不足,或者被告人不认罪、不同意适用简易程序的案件必须通过普通程序来审理。针对案件的具体情况,对不同的案件适用不同程序进行审理,才能使审判更为科学、合理。

四、分析结论

根据以上分析,“张景成销售非法音像制品案”和“赵金泽销售非法出版物案”两起案件无论在案件适用范围上还是在诉讼程序上都是正确的,两个法院都正确地适用了《刑事诉讼法》和有关司法解释的规定,公正、高效地处理了案件。

附 1:

北京市通州区人民法院
刑事判决书

(2009)通刑初字第 55 号

公诉机关:北京市通州区人民检察院。

被告人:张景成,男,30 岁(1978 年 4 月 4 日出生),汉族,出生地:河北省,高中文化,农民,住河北省保定市望都县高岭乡安乐庄村 101 号,暂住北京市通州区杨家洼小区 30 号楼 311 号底商。因涉嫌犯非法经营罪于 2008 年 10 月 14 日被刑事拘留,同年 10 月 29 日被逮捕。现羁押在北京市通州区看守所。

通州区人民检察院以京通检刑诉字(2008)第 1056 号起诉书指控被告人张景成犯非法经营罪,于 2008 年 12 月 22 日向本院提起公诉。本院于 2008 年 12 月 24 日立案并依法适用简易程序,实行独任审判,公开开庭审理了本案。被告人张景成到庭参加诉讼。本案现已审理终结。

公诉机关指控,2007 年 10 月起,被告人张景成在北京市通州区杨家洼小区 30 号楼 311 底商自己经营的音像店内,在无音像制品经营许可证和营业执照的情况下出售非法出版的光盘。2008 年 10 月 14 日,被告人张景成被查获,当场起获各种光盘 3 669 张。经北京市新闻出版局认定,其中 3 256 张光盘为非法出版物。

上述事实,被告人张景成在开庭审理过程中无异议,并有证人冯国庆、覃庆叶证言,审查鉴定书,提取说明、起获经过、扣押物品清单及照片、收据、工作说明、接报案、到案、破案经过、户籍证明及被告人张景成供述等证据证实,足以认定。

本院认为,被告人张景成违反国家规定,在无音像制品经营许可证和营业执照的情况下,且明知系非法出版物仍予以销售,扰乱市场秩序,情节严重,其行为已构成非法经营罪,依法应予以惩处。通州区人民检察院对其犯罪的指控成立。被告人张景成当庭确有认罪、悔罪表现,依法可对其酌予从轻处罚。综上,对被告人张景成依照《中华人民共和国刑法》第二百二十五条第(四)项、第五十二条、第五十三条之规定,判决如下:

被告人张景成犯非法经营罪,判处有期徒刑六个月,并处罚金人民币一千元(刑期自判决执行之日起计算。判决执行以前先行羁押的,羁押一日折抵刑期一日,即自 2008 年 10 月 14 日起至 2009 年 4 月 13 日止;罚金自判决生效后 7 日内缴纳)。

如不服本判决,可在接到判决书的第二日起十日内,通过本院或者直接向北京市第二中级人民法院提出上诉。书面上诉的,应提交上诉状正本一份,副本一份。

代理审判员　于俊平

二〇〇九年一月七日

书记员　徐春雨

书记员　李　妍

附 2：

北京市丰台区人民法院
刑事判决书

(2010)丰刑初字第 341 号

公诉机关：北京市丰台区人民检察院。

被告人：赵金泽，男，1982 年 10 月 23 日出生于江苏省淮安市，汉族，初中文化，农民，住江苏省淮安市楚州区林集镇后管圩村六组 5 号。因涉嫌犯非法经营罪，于 2009 年 9 月 11 日被羁押，2009 年 10 月 16 日被逮捕。现羁押于北京市丰台区看守所。

辩护人：王世昌，北京市四方律师事务所律师。

北京市丰台区人民检察院以京丰检刑诉字(2009)第 2421 号起诉书指控被告人赵金泽犯非法经营罪，向本院提起公诉。本院依法适用简易程序，实行独任审判，公开开庭审理了此案，被告人赵金泽及其辩护人王世昌到庭参加诉讼。现已审理终结。

北京市丰台区人民检察院起诉书指控：2008 年 3 月至 2009 年 9 月间，被告人赵金泽雇佣黄宗根、郑业、邵鹏(另案处理)等人在本市丰台区怡海花园等地，多次向他人出售盗版图书，后被查获，并从其承租的本市丰台区新房子种苗中心南院 18 号、丰台区造甲街南里 3 号楼南侧的库房内起获图书 11 250 册，经鉴定均为非法出版物。

被告人赵金泽的辩护人认为：被告人赵金泽有未遂及自首情节，此次犯罪系初犯，有认罪悔罪表现，请求法院对其从轻或减轻处罚。

上述事实，被告人赵金泽在开庭审理过程中无异议，并有证人吴娟仙、段英怀、牛德春、黄宗根、郑业、邵鹏证言、证人张学刚证言及其辨认记录、检查笔录、起获的物证照片、北京市新闻出版局出版物审查鉴定书、公安机关出具的破案报告等证据证实，足以认定。

本院认为，被告人赵金泽无视国家法律，以非法牟利为目的，销售非法出版物，扰乱市场秩序，情节严重，其行为已构成非法经营罪。北京市丰台区人民检察院指控被告人赵金泽犯非法经营罪的事实清楚，证据确实充分，罪名成立。鉴于被告人赵金泽能够如实供述所犯罪行，有认罪悔罪表现，故对其酌予从轻处罚。被告人赵金泽的辩护人认为被告人赵金泽有未遂及自首情节的辩护意见,法律依据不足,本院不予采纳;认为被告人赵金泽有认罪悔罪表现,请求对其从轻处罚的辩护意见,本院酌予采纳。依照《中华人民共和国刑法》第二百二十五条第(四)项、第五十二条、第六十一条之规定,判决如下:

被告人赵金泽犯非法经营罪,判处有期徒刑九个月,并处罚金人民币一万元(刑期自判决执行之日起计算。判决执行以前先行羁押的,羁押一日折抵刑期一日,即自2009年9月11日起至2010年6月10日止。罚金已缴纳)。

如不服本判决,可于接到判决书的第二日起十日内,通过本院或直接向北京市第二中级人民法院提出上诉。书面上诉的,应提交上诉状正本一份、副本一份。

审判员　胡春生

二〇一〇年一月十九日

书记员　李　妍

“光盘里的内容”:从侵犯著作权犯罪的追诉标准看司法公正

——李长虹侵犯音像制品著作权案、徐友财侵犯音像制品著作权案

敦　宁

一、基本案情

案例 1

被告人:李长虹,男,1974 年 1 月 30 日出生,汉族,出生于黑龙江省大兴安岭地区,初中文化,北京中商新联文化有限公司宣和星音像店经营者。

被告人李长虹于 2009 年 5 月 6 日 10 时许,在北京市朝阳区甘露园南里 19 号楼大门西北角其经营的北京中商新联文化有限公司宣和星音像店内,以人民币 5 元的价格向他人出售光盘 1 张时被当场抓获。民警从其音像店内起获光盘 1 235 张,经鉴定其中 515 张光盘系侵权复制品,其余光盘为非法出版物,上述光盘均已没收。北京市朝阳区人民检察院以被告人李长虹犯侵犯著作权罪,于 2009 年 6 月 29 日向同级人民法院提起公诉。法院依法适用简易程序,实行独任审判,公开开庭审理本案。被告人李长虹到庭参加诉讼。

案例 2

被告人:徐友财,男,1978 年 5 月 23 日出生,汉族,出生于四川省遂宁市,小学文化,四川省遂宁市船山区唐家乡西堰村农民。

被告人徐友财于2009年7月5日13时许，在本市朝阳区幸福村中路西口南侧“北京博艺精苑音像中心”音像店内，以人民币306元的价格向赵跃英（女，24岁，北京市人）出售光盘84张（经鉴定其中7张为侵权复制品），后被民警当场抓获，并从徐友财的汽车上起获光盘1 198张（经鉴定其中531张为侵权复制品）。北京市朝阳区人民检察院以被告人徐友财犯侵犯著作权罪，于2009年10月21日向同级人民法院提起公诉。法院依法适用简易程序，实行独任审判，公开开庭审理本案。被告人徐友财及其辩护人到庭参加诉讼。

二、判决结果

案例1

法院经审理认为，被告人李长虹法制观念淡薄，为牟私利，未经著作权人许可，在其经营的公司内，复制发行音像制品，情节严重，其行为已构成侵犯著作罪，应予惩处。鉴于被告人李长虹认罪态度较好，故酌情对其予以从轻处罚。综上，依照《中华人民共和国刑法》第217条、第61条、第52条、第53条及最高人民法院、最高人民检察院《关于办理侵犯知识产权刑事案件具体应用法律若干问题的解释（二）》第1条规定，判决如下：被告人李长虹犯侵犯著作权罪，判处拘役5个月，罚金人民币1万元。

案例2

法院经审理认为，被告人徐友财无视国法，以营利为目的，违反国家著作权法规，未经著作权人许可，擅自发行其音像制品，其行为已构成侵犯著作权罪，依法应予惩处。鉴于被告人徐友财认罪态度较好，故对其所犯罪行酌予从轻处罚。综上，本院依照《中华人民共和国刑法》第217条第（一）项、第52条、第53条之规定，判决如下：被告人徐友财犯侵犯著作权罪，判处拘役5个月，罚金人民币3 000元。

三、案例评析

(一)“光盘里的内容”——侵犯著作权犯罪追诉标准在数字化时代的遭遇

我国《刑法》第 217 条规定,以营利为目的,有“未经著作权人许可,复制发行其文字作品、音乐、电影、电视、录像作品、计算机软件及其他作品”等侵犯他人著作权的情形,违法所得数额较大或者有其他严重情节的,处 3 年以下有期徒刑或者拘役,并处或者单处罚金;违法所得数额巨大或者有其他特别严重情节的,处 3 年以上 7 年以下有期徒刑,并处罚金。这也就意味着,在司法实践中对侵犯著作权罪的追诉,在总体上是以违法所得数额和情节为标准的。至于其具体内容和标准,则由相关司法解释加以规定。2004 年 12 月 22 日起施行的最高人民法院、最高人民检察院《关于办理侵犯知识产权刑事案件具体应用法律若干问题的解释》第 5 条第 1 款规定:“以营利为目的,实施刑法第二百一十七条所列侵犯著作权行为之一,违法所得数额在三万元以上的,属于‘违法所得数额较大’;具有下列情形之一的,属于‘有其他严重情节’,应当以侵犯著作权罪判处三年以下有期徒刑或者拘役,并处或者单处罚金:(一) 非法经营数额在五万元以上的;(二) 未经著作权人许可,复制发行其文字作品、音乐、电影、电视、录像作品、计算机软件及其他作品,复制品数量合计在一千张(份)以上的;(三) 其他严重情节的情形。”第 2 款规定:“以营利为目的,实施刑法第二百一十七条所列侵犯著作权行为之一,违法所得数额在十五万元以上的,属于‘违法所得数额巨大’;具有下列情形之一的,属于‘有其他特别严重情节’,应当以侵犯著作权罪判处三年以上七年以下有期徒刑,并处罚金:(一) 非法经营数额在二十五万元以上的;(二) 未经著作权人许可,复制发行其文字作品、音乐、电影、电视、录像作品、计算机软件及其他作品,复制品数量合计在五千张(份)以上的;(三) 其他特别严重情节的情形。”2007 年 4 月 5 日,最高人民法院、最高人民检察院又在其发布的《关于办理侵犯知识产权刑事案件具体应用法律若干问题的解释(二)》中,将以上复制品的数量标准分别修正为 500 张(份)以上(其他严重情节)和 2 500 张(份)以上(其他特别严重情节)。

2008年6月25日，最高人民检察院、公安部在《关于公安机关管辖的刑事案件立案追诉标准的规定（一）》中正式将侵犯著作权罪的立案标准确定为："（一）违法所得数额三万元以上的；（二）非法经营数额五万元以上的；（三）未经著作权人许可，复制发行其文字作品、音乐、电影、电视、录像作品、计算机软件及其他作品，复制品数量合计五百张（份）以上的；（四）未经录音录像制作者许可，复制发行其制作的录音录像制品，复制品数量合计五百张（份）以上的；（五）其他情节严重的情形。"

从以上司法解释的具体规定来看，除"其他情节严重的情形"这一兜底条款以外，对侵犯著作权罪的追诉，主要是以违法所得数额、非法经营数额及侵权复制品的数量为标准。然而，正如以上案例中所显示的，在司法实践中大量发生的非严重性的侵犯著作权犯罪案件，其能够查实的违法所得数额或非法经营数额往往达不到立案的标准，所以侵权复制品的数量往往就成为司法机关追诉犯罪的主要依据。但是，随着我国信息技术的不断发达，这一标准在数字化时代却遭遇不可避免的难题。我们知道，在数字化时代，侵犯他人的著作权在形式上一般表现为将他人的作品信息加以复制，并存储于一定的物质载体（如光盘）中进行发行或出售的行为。然而，载体的容量毕竟有大小之分，所以其存储的作品信息也必然有多有寡。就音像作品来讲，在光盘存储技术或信息压缩技术不发达的情况下，一张光盘往往只能存储一部电影或十余首歌曲，但随着信息技术手段的发展，一张光盘往往可存储几十部电影或上百首歌曲。而在光盘客观容量增大的情况下，受行为人主观因素的影响，其实际存储内容在量上的差别可能更为明显。因此，如果说在光盘存储量较小的情况下，以其实际张数或份数作为追诉标准还基本合理的话，那么在由于光盘存储量的增大而导致光盘的实际存储内容存在显著差别的情况下，这一标准就可能存在问题。就以上两个案例来讲，在现有追诉标准之下，由于被告人李长虹与被告人徐友财不论是在侵权复制品的数量上，还是在其他的犯罪情节上都比较相似，所以对其二人的处刑也基本相同。但是，如果我们进一步思考，假如被告人李长虹与徐友财二人所出售的光盘在所存储的侵权作品的数量上存在显著差别，那么，再对二人判处基本相同的刑罚是否还会合理，这是在数字化时代背景下我们必须要思考的问题。

(二)侵犯著作权犯罪的追诉标准与司法公正的实现

合理的犯罪追诉标准应当有利于实现司法公正,这是一个当然性的要求。那么,何谓司法公正?一般认为,司法公正包括两个方面,即程序公正与实体公正。程序公正是指司法人员对法定程序的严格遵循与恪守;而实体公正则是一般是指判决结果对当事人权利与义务分配的公平合理。对刑事司法而言,笔者以为,最大的实体公正莫过于罪责刑的相互适应。任何一种犯罪的追诉标准的确立无不以此为指导。同时,罪责刑相适应原则也是刑法的基本原则。在我国刑法理论中,一般认为,罪责刑相适应原则的具体含义是:犯多大的罪,就应承担多大的刑事责任,法院也应判处其相应轻重的刑罚,做到重罪重罚,轻罪轻罚,罪刑相称,罚当其罪。同时,在分析罪重罪轻和刑事责任大小时,不仅要看犯罪的客观社会危害性,而且要结合考虑行为人的主观恶性和人身危险性,把握罪行和罪犯各方面因素综合体现的社会危害性程度,从而确定其刑事责任程度,适用相应轻重的刑罚。[①] 也就是说,同时体现行为客观危害与行为人主观恶性的社会危害性,是决定对行为人是否以及如何适用刑罚的基本依据。当然,不同的犯罪在社会危害性的表现上也并不完全一致,所以对其具体的衡量标准也并不相同。但是,有一点是肯定的,那就是这一衡量标准必须能够同时体现行为的客观危害程度与行为人的主观恶性程度。

侵犯著作权罪的犯罪客体是他人的著作权和与著作权有关的权益,因此侵犯著作权罪的社会危害性及其程度,无疑就应当主要体现为行为人对他人著作权实施侵犯的广度和强度,以及由此而反映出的行为人的主观恶性程度。据此来看我国当前对侵犯著作权罪的追诉标准,由于侵犯著作权罪的行为人主观上以营利为目的,所以以违法所得数额与非法经营数额为依据,一般能够同时体现行为的客观危害与行为人的主观恶性,所以这一标准并无不妥。然而,单纯以侵权复制品的数量为追诉标准和处罚依据则是存在问题的。比如,同样是500张(份)光盘,存储侵权作品数量较大的与存储数量较小的相比,不论是在对他人著作权的客观危害方面,还是在行为人的主观恶性方

① 参见高铭暄、马克昌主编:《刑法学(上编)》,中国法制出版社1999年版,第33页。

面,前者显然比后者都要大,因此前者的社会危害性显然比后者要高。据此,对二者判处同等的刑罚则显然就是不符合罪责刑相适应原则的。同时,对于那些存储内容巨大的侵权复制品,行为人的复制发行量虽然不足500张(份),但其总体的社会危害性也未必就一定比那些数量虽超过500张(份)但存储内容较少的要小。所以,如果认为后者构成犯罪,而前者却不构成犯罪,也同样是不公正的。因此,从罪责刑相适应原则和司法公正的角度出发,必须要对这一标准根据当前的实际情况加以完善。

笔者在总体上以为,在数字化背景下,将侵权复制品的张数或份数作为追诉标准的简单做法已明显不合时宜,我们必须要将关注的重点从侵权复制品的数量转回到侵权作品本身的数量上来。也就是说,行为人侵犯他人著作权的行为是否达到情节严重或情节特别严重,应当以行为人复制发行的他人作品的数量为判断依据,而至于这些作品复制件被存到了多少张光盘里从而形成了多少张侵权复制品,则并不重要。这些侵权复制品的数量充其量只是用以计算侵权作品数量的物质载体,其本身与犯罪的社会危害性程度并无直接的关系。当然,以作品本身的数量为计算标准也将不可避免地面临以下问题:一是作品本身在性质上的差异而导致的侵犯每种作品的著作权在社会危害程度上的差别;二是由此而引发的在具体的计算方法上的复杂。但是,这些问题都是我们在数字化时代背景下所无法回避的。事实上,从解释技术的角度而言,最高司法机关在对制作、复制、出版、贩卖、传播淫秽物品牟利罪的相关司法解释中,对此类问题已经进行了很好的探索。这些宝贵经验都可供我们借鉴。

四、分析结论

在数字化的时代背景下,只有将侵犯著作权犯罪在数量方面的追诉标准,从单纯关注侵权复制品的数量转回到关注侵权作品本身的数量上来,才更加有利于实现司法公正。

侵犯著作权犯罪中被害人的防范对策

——林叶侵犯音像制品著作权案

余　浩

一、基本案情

被告人:林叶,男,1984年12月3日出生,汉族,福建省宁德市人,初中文化,住福建省宁德市古田县黄田镇凤亭村三路5号。因涉嫌侵犯著作权罪于2007年11月30日被刑事拘留,2008年1月5日被逮捕。

2006年初至2007年3月,被告人林叶租用本市天河区河东路德浦小区16号501房,未经北京中研时尚企业管理咨询有限公司、北京华夏智业文化发展有限公司、北京时代光华教育发展有限公司、北京东方燕园企业管理研究中心等著作权人许可,在网上下载和复制刻录中纺音像出版社、中国科学文化音像出版社、北京大学音像出版社等出版发行的《金牌加盟商提升店铺业绩》系列VCD、《中国式管理:总裁领导学》VCD、《东方名家》系列VCD等各类企业管理、培训光盘,并在互联网上注册"成功商贸网"(www.cgsm.com)进行宣传、销售牟利,合计销售上述各类侵权复制光盘三千六百余张。2007年3月27日,被告人林叶自上述地点被广州市文化市场综合行政执法总队查获,当场缴获侵权复制CD、VCD、DVD等光盘796种共5 497张、作案工具电脑主机3台、显示器2台、路由器1台、ADSL Modem 1台。经广州市文化局音像制品鉴定委员会鉴定,上述缴获的5 497张刻录音像制品均为非法音像制品。

二、判决结果

广东省广州市天河区人民法院以(2008)天法知刑初字第2号《刑事判决书》判决被告人林叶犯侵犯著作权罪,判处有期徒刑1年2个月,并处罚金人民币10 000元。

三、案例评析

(一)被害人和被害人预防理论简介

本案例涉及被害人和被害人预防的相关理论知识。通常认为,被害人是指人身、财产或其他合法权益受到犯罪行为直接侵犯的人。在刑法学中,虽然犯罪可基于被害人的有无分为有被害人的犯罪和无被害人的犯罪两种,但刑法学对被害人鲜有论及,被害人其实属于犯罪学的研究范畴。20世纪60年代后,被害人日益引起犯罪学家的重视,以刑事被害人的特点及其在犯罪原因结构中的作用为研究对象的刑事被害人学开始形成。同时,犯罪预防也扩展了范围,被害人预防被纳入到情景预防中,并成为重要组成部分。与此相对应的是犯罪对策的转变,即由强调旨在消除导致犯罪人和潜在犯罪人产生犯罪动机的各种因素的举措,转而重视消除被害人和潜在被害人容易招致被害的各种因素的举措。被害人学正是主张通过改变被害人或者被害人容易招致被害的方式,减少可能的被害机会来预防犯罪,从而达到实际减少犯罪的目的。在此过程中,每个公民都有预防自己被害的责任,尤其是调整自己不良行为方式的责任。[①]

根据犯罪的成因和罪责,被害人又可细分为五类:① 无辜被害人,是指在犯罪的形成上完全处于没有任何差错和过失的被害人;② 存在过错的被害人,即由于自己的言行举止、思想作风的错误而为犯罪分子所利用的被害人;③ 同等责任的被害人,即在促成犯罪上与犯罪人有相同责任的被害人;④ 有主要责任的被害人,即在犯罪中起引发或促成作用的被害人;⑤ 有罪被害人,即对犯罪起决定作用的被害人。归纳这五类被害人与犯罪人之间的动态关系,可以得出三种动态

① 参见张远煌:《犯罪学原理》,法律出版社2008年第2版,第399页以下。

模式：即可利用的被害人模式、“被害人—推动”模式、冲突模式等。[①]

（二）本案犯罪事实之解析

依据人民法院判决书所认定的案件事实，本案被告人林叶以营利为目的，未经北京中研时尚企业管理咨询有限公司、北京华夏智业文化发展有限公司、北京时代光华教育发展有限公司、北京东方燕园企业管理研究中心等著作权人许可，实施了复制发行著作权人录音录像制品的侵犯著作权行为，已构成侵犯著作权罪。人民法院判决宣告称，根据被告人林叶犯罪的事实、性质、情节和对社会的危害程度，判处有期徒刑1年2个月，并处罚金人民币10 000元。从加害预防来看，这个判决强调了惩罚与特殊预防的统一；但若从被害预防角度审视，该判决在事实认定和量刑理由表述上存在不足。即本案被告辩护人明确提出的辩护意见——“部分网站上的资料并没有采取任何加密手段，任何人都可以在网上任意下载，对一个普通人来说，要区别这种大众都可以获得的公众文件资料是否受到著作权保护要求过高，且提供下载的公司亦有过错，将所有责任都归结于被告人于情于理于法不合”，人民法院判决书中未置一词予以回应，当然也未予采纳。这不能不说是一种缺憾。

我们知道，犯罪是人的一种有意识的活动，任何犯罪行为都是受行为人个人思想意识支配的主观意志的表现。当犯罪人犯罪意图和采取某一犯罪行为的决定形成以后，便进入行动阶段，但能否即刻采取行动，并不完全以犯罪人的意志为转移，还要受其行为对象——被害人及其所有物的状态，以及实施行为时的时空条件和其他相关因素的制约。在该过程中，被害人自身的因素对犯罪人实施犯罪行为起着很大的制约或推动的作用。这就是犯罪学中谈到的被害人的被害性问题。这种被害性是被害人本身的一种特性，是诱发犯罪人实施加害行为的一种带有主动诱使和强烈刺激的因素，或者是犯罪人实施加害行为时可以利用和必须利用的有利条件。正是基于被害人和犯罪人之间的这种动态关系，对犯罪事实的认定和评价应当全面把握，否则就难以发挥刑法的犯罪预防的功能。本案中，受害人（著作权人）一方

---

① 参见田园、刘红：《角色间的互动：刑事被害人与犯罪人的相互关系》，载《青少年犯罪问题》2004年第2期。

显然是存在一定过错的,在某种程度上甚至可以说,若没有受害人的过错,本案犯罪行为就无从实现,或不能顺利实现。很难想象,一件没有施加任何必要保护,可以由人从网上任意下载、复制的著作权产品,侵权预防何从体现!

(三) 防范对策

1. 宣传著作权,提高保护意识

著作权,是著作权人对已经创作出来的文学、艺术和科学作品所享有的专有权利,包括人身权和财产权,具体可细分为发表权、署名权、修改权、保护作品完整权、使用权和获得报酬权。与著作权有关的权益主要是指出版者、表演者、录音录像制作者等拥有的著作邻接权。著作权人对作品所享有的专有权利,是法律赋予的,神圣不可侵犯。针对我国当前之现状,尤其是本案中的情境,笔者以为,首先应大力宣传,提高防范意识。

防范意识是指人们在社会生活中,在对可能遭受不法侵害及严重后果的基础上表现出来的一种警觉性意识和行为。它是人类对犯罪现象的一种认识,尤其是对自身是否会遭受犯罪侵害以及可能在遭受侵害后产生严重后果的一种认识。一个人防范意识的强弱,取决于其对犯罪行为后果的认识程度。防范意识不仅是只停留在对犯罪的认识上,而是在这种认识基础上产生的一种警觉性行为。本案中,北京中研时尚企业管理咨询有限公司、北京华夏智业文化发展有限公司、北京时代光华教育发展有限公司、北京东方燕园企业管理研究中心等著作权人,对他人能轻易在网上下载和复制刻录《金牌加盟商提升店铺业绩》系列 VCD、《中国式管理:总裁领导学》VCD、《东方名家》系列 VCD 等各类企业管理、培训光盘的行为,竟然毫无防范,很能说明问题。

2. 重视被害预防,消除罪前情境

在犯罪学中,被害预防被定位于针对犯罪的社会反映的一部分,与刑事政策、刑事立法、司法一样,都受制于犯罪与周围世界复杂关系的基本规律,都从各自角度体现出不同的犯罪关系理论。它是社会或个人为避免遭受犯罪侵害而采取的自我保护策略与措施的综合。具体说来,被害预防实际是一种民间的犯罪化活动,是对加害行为以及危险行为边缘化的一种特殊的价值实践。同时,被害预防又是一种积极的、功利的自我保护性反应,从这种反应中也折射出犯罪与社会、国家、环境的各种自然关系。

以被害人为本位的预防,根据被害人的个性特征、诱因条件、危险环境等因素,从犯罪被害人角度,提高警惕、增强防范意识、创造优势条件和采取卓有成效的措施,使自己不致成为犯罪的被害人,消除罪前情境,从而预防和减少犯罪。笔者相信,本案中被害人若能有效采取措施,对自己的著作权予以必要的保护,也就不至于轻易成为被害人。

3. 突出时段特征,形成防范合力

被害预防对于全社会来说,是各项预防被害的主题及其所采取的各种预防被害的措施与时间条件之间相互作用而形成的一个自我防范和社会方法相结合的社会系统工程。尤其是著作权案件中,对被害人来说,是以自我防范为主而进行的意识活动和具体防范措施结合的一种活动。

按照时点之不同,被害预防可分为被害前、被害中、被害后。被害前的被害预防是最重要、最具积极意义和最好的预防活动。而在侵犯著作权犯罪案件中,被害后的被害预防也意义重大,它可以避免再次被害和重复被害。但事实上,许多著作权人不重视与侵权行为作斗争,这也是侵犯著作权罪取证定性不易,而"求助"非法经营罪的原因之一。

四、分析结论

侵犯著作权罪中被害预防非常重要,这是一个较为宏大的课题。若要考察我国对侵犯著作权犯罪等知识产权犯罪治理不力的问题,被害预防方面的理论和实证研究必将大大拓展人们的视野。

附：

广州市天河区人民法院
刑事判决书

(2008)天法知刑初字第2号

公诉机关:广州市天河区人民检察院。

被告人:林叶,男,1984年12月3日出生,汉族,福建省宁德市人,初中文化,住福建省宁德市古田县黄田镇凤亭村三路5号。因涉嫌侵犯著作权罪于2007年11月30日被羁押,2008年1月5日被逮捕,现押于广州市天河区看守所。

辩护人:胡红卫,广东正大方略律师事务所律师。

辩护人:滕元庆,广东正大方略律师事务所实习律师。

广州市天河区人民检察院以穗天检刑诉(2008)677号起诉书指控被告人林叶侵犯著作权,向本法院提起公诉。本院于2008年7月1日受理后依法组成合议庭,公开开庭审理了本案。广州市天河区人民检察院指派代理检察员潘东出庭支持公诉,被告人林叶及其辩护人胡红卫到庭参加了诉讼,本案现已审理终结。

广州市天河区人民检察院指控被告人林叶的犯罪事实如下:2006年初至2007年3月,被告人林叶在本市天河区天河东路德浦小区16号501房,未经著作权人许可,在网上下载和复制刻录北京中研时尚企业管理咨询有限公司等单位出版发行的《金牌加盟商提升店铺业绩》系列VCD"等各类企业管理、培训类光盘,并在互联网上注册成立"成功商贸网"进行宣传、销售牟利,合计销售各类侵权复制光盘三千六百余张。2007年3月27日,被告人林叶在上述地点被广州市文化市场综合行政执法总队查获,当场缴获侵权复制光盘5 497张。公诉机关列举了广州市文化局《音像制品鉴定书》、广东省文化厅复函、北京市中研时尚企业管理咨询有限公司等被侵权人单位代表人的证言证明、证人刘玉玉等购买侵权产品的证言、电信缴费发票、宣传资料、收款收据存根、发货记录、寄件客户联、银行账户进账记录、现场检查笔录、光盘清单、证据登记保存清单等证据材料用以证明其起诉的事实。公诉机关认为被告人林叶以营利为目的,未经著作权人许可,复制发行其录音录像制品，情节特别严重，其行为触犯了《中华人民共和国刑法》第二百一十七条之规定，构成侵犯著作权罪，提请本法院依法处理。

被告人林叶认为公诉机关指控的事实属实，并表示认罪。

被告人林叶的辩护人提出如下辩护意见：

1. 被告人林叶的犯罪情节并非特别严重。

(1) 本案中被告人林叶的销售金额约为2万元，违法所得金额较少；

(2) 部分网站上的资料并没有采取任何加密手段，任何人都可以在网上任意下载，对一个普通人来说，要区别这种大众都可以获得的公众文件资料是否受到著作权保护要求过高，且提供下载的公司亦有过错，将所有责任都归结于被告人于情于理于法不合；

(3) 被告人林叶在其刻录的光盘中尚有五千多张并未发行和复制，根据《关于办理侵犯知识产权刑事案件具体应用法律若干问题的解释(二)》的规定，构成特别严重情节需要同时具备"复制发行"，本案中被告的5 497张光盘只是复制，并未发行，没有造成实质性社会危害性，不应构成情节特别严重。

2. 被告人的行为应认定为自首，应依法从轻、减轻处罚

2007年3月，被告人在其住所被广州市文化市场综合行政执法总队查处并被告知等待处理，到2007年11月30日广州市文化市场综合行政执法总队才电话告知其到该队接受处理，后被告人才被公安机关拘留。从案发到受拘留期间，被告人从未逃逸，而是积极配合处理，并主动投案，属于自首。

3. 被告人有以下从轻、减轻情节

(1) 被告人在公安、检察机关完全交代了自己的犯罪行为，认罪态度良好，且愿意接受司法机关的处罚，具有明显的悔罪意愿；

(2) 被告人平时表现良好，无犯罪前科，系初犯；

(3) 被告人家庭经济困难，其收入为家庭唯一收入来源，被告人户籍所在地的村民委员会拟将其家庭列入该村的低保户；

(4) 被告人已多次承诺，愿意就自己造成的损害承担相应的赔偿责任。

被告人林叶的辩护人提供了一下三份证据：

(1) 福建省古田县黄田镇凤亭村村民委员会出具的证明，证明被

告人林叶遵纪守法,无任何违法犯罪记录;

(2) 福建省古田县黄田镇凤亭村村民委员会出具的证明,证明被告人林叶家庭经济困难,靠被告人外出打工维持;

(3) 福建省古田县黄田镇凤亭村村民委员会及村民林珠友等人签名出具的证明函,证明被告人林叶2006年下半年初中毕业后在广州市务工至今,在家期间能遵纪守法,尊老爱幼,无参加任何违法违纪活动记录。

经审理查明,2006年初至2007年3月,被告人林叶租用本市天河区河东路德浦小区16号501房,未经北京中研时尚企业管理咨询有限公司、北京华夏智业文化发展有限公司、北京时代光华教育发展有限公司、北京东方燕园企业管理研究中心等著作权人许可,在网上下载和复制刻录中纺音像出版社、中国科学文化音像出版社、北京大学音像出版社等出版发行的《金牌加盟商提升店铺业绩》系列VCD、《中国式管理:总裁领导学》VCD、《东方名家》系列VCD等各类企业管理、培训光盘,并在互联网上注册"成功商贸网"(www.cgsm.com)进行宣传、销售牟利,合计销售上述各类侵权复制光盘三千六百余张。2007年3月27日,被告人林叶自上述地点被广州市文化市场综合行政执法总队查获,当场缴获侵权复制CD、VCD、DVD等光盘796种共5 497张、作案工具电脑主机3台、显示器2台、路由器1台、ADSL Modem 1台。经广州市文化局音像制品鉴定委员会鉴定,上述缴获的5 497张刻录音像制品均为非法音像制品。2007年11月30日,公安机关将被告人林业抓获。

上述事实,被告人林叶在开庭审理过程中供认不讳,并有下列证据予以证实:

1. 广州市文化市场综合行政执法总队《案件移送函》,证实该队接北京中研时尚企业管理咨询有限公司、北京大学音像出版社、中国科学文化音像出版社等单位投诉,"成功商贸网"销售其拥有版权的盗版光盘产品。2007年3月27日,该队在天河东德浦小区16号501房检查,现场缴获《中国式管理之组织行为学—曾仕强》(DVD)等涉嫌盗版刻录复制光盘796种共5 497张并登记保存。经调查,被告人林叶承认以营利为目的,擅自刻录复制该批光盘用于销售,经广州市文化局音像制品鉴定委员会鉴定为非法音像制品。当事人林叶涉嫌非法经营，移送广州市公安局查处。

2. 广州市文化市场综合行政执法总队《现场检查笔录》、询问笔录、“3·27”案光盘清单、证据登记保存清单、行政执法过程录像光盘、现场照片、作案工具电脑主机等照片及查获的光盘照片，证实执法人员到被告人林业租住房屋检查，现场查获《中国式管理之组织行为学》等 CD、VCD、DVD 光盘 796 种 5 497 张，扣押电脑主机 3 台、显示器 2 台、路由器 1 台、ADSL Modem 1 台。被告人林叶接受讯问时均承认上述光盘是其刻录并用于售卖。

3. 广州市文化局出具的《音像制品鉴定书》，证实上述查获的 5 497张（包括 581 张 CD、56 张 RM、4 822 张 VCD、38 张 DVD）刻录音像制品均属非法音像制品。

4. 广东省文化厅出具的《关于调查成功商贸网的复函》（粤文市〔2007〕76 号），证实被告人林叶用于销售光盘的网站“成功商贸网”未经申请为经营性互联网文化单位。

5. 中国电信缴费发票、电子证物检查工作记录、网页宣传资料、光盘生产目录、客户记录、与客户利用 QQ 聊天联系购买光盘的记录、发货清单、物流、邮政包裹寄件客户联、建设银行、工商银行账户进账记录，被告人林叶已认签，证实被告人林叶注册“成功商贸网”进行宣传，通过登录互联网 QQ 聊天等方式联系客户销售牟利，合计已销售上述各类侵权复制光盘三千六百余张。

6. 证人钟江华证言、北京中研时尚企业管理咨询有限公司企业法人营业执照、投诉函、证明、音像制品合作出版合同、上海中研时尚企业管理咨询有限公司通知、VCD 产品目录、产品明细表，证实上海中研时尚企业管理咨询有限公司北京分公司授权中纺音像出版社出版涉案 VCD 光盘；因上海中研时尚企业管理咨询有限公司北京分公司已注销，涉案祝文欣系列 VCD 出版物的著作权、发行权归北京中研时尚企业管理咨询有限公司所有，祝文欣享有署名权；北京中研时尚企业管理咨询有限公司并未许可“成功商贸网”复制、销售。

7. 证人董立证言，中国科学文化音像出版社企业法人营业执照、音像制品出版许可证、举报信、音像出版协议书、版权证明、授权书及新闻出版总署音像电子和网络出版管理司《关于分配版号额度的通知》，证实北京华夏智业文化发展有限公司授权中国文化音像出版社以VCD形式出版《中国式管理：组织行为学》等11类音像制品；涉案曾仕强系列产品的著作权归北京华夏智业文化发展有限公司所有；中国文化音像出版社并未许可"成功商贸网"复制、销售。

8. 证人李兵证言，北京大学音像出版社法人营业执照、音像制品出版许可证、投诉函、音像出版物出版合同及新闻出版总署音像电子和网络出版管理司《关于分配版号额度的通知》，证实北京时代光华教育发展有限公司、北京东方燕园企业管理研究中心授权北京大学音像出版社分别将其享有著作权的时代光华管理课程系列、《东方名家》孙子商法系列、《现代礼仪》系列授权北京大学音像出版社以VCD形式出版；北京大学音像出版社并未许可"成功商贸网"复制、销售。

9. 证人刘玉玉、程芬芳、周生证言，证实"成功商贸网"向其销售涉案光盘，被告人林叶通过快递发送涉案光盘，并由快递公司代收货款。

10. 证人湛银欢证言，证实天河区德浦小区16号501房是其2006年年初出租给被告人林叶，每月九百多元，出租时并没有提供固定电话。

11. 被告人林叶供述，承认2006年初至2007年3月，被告人林叶在本市天河区天河东路德浦小区16号501房，未经著作权人许可，在网上下载和复制刻录中纺音像出版社、中国科学文化音像出版社、北京大学音像出版社等出版发行的《金牌加盟商提升店铺业绩》系列VCD、《中国式管理：总裁领导学》VCD、《东方名家》系列VCD等各类企业管理、培训光盘，并在互联网上注册"成功商贸网"（www.cgsm.com）进行宣传、销售牟利，合计销售上述各类侵权复制光盘三千六百余张。其于2007年3月27日在上述地点被广州市文化市场综合行政执法总队查获，当场缴获侵权复制光盘5 497张；2007年11月30日，被告人接通知到广州市文化市场综合行政执法总队接受处理时，被公安机关予以刑事拘留。

12. 广州市公安局天河分局治安大队出具的《情况说明书》，证实广州市公安局于2007年7月30日将本案已交给天河分局，天河分局立案侦查后，于2007年11月30日将被告人林叶刑事拘留。

13. 被告人林叶的户籍材料，证实被告人林叶的身份情况。

关于被告人林叶的辩护人提交的福建省宁德市古田县黄田镇凤亭村村民委员会出具的三份证明材料，因与本案不具关联性，本院对此不予采信。

本院认为,被告人林叶以营利为目的,未经北京中研时尚企业管理咨询有限公司、北京华夏智业文化发展有限公司、北京时代光华教育发展有限公司、北京东方燕园企业管理研究中心等著作权人许可,在网上下载和复制刻录中纺音像出版社、中国科学文化音像出版社、北京大学音像出版社等出版发行的《金牌加盟商提升店铺业绩》系列VCD等各类企业管理、培训光盘,并在互联网上注册“成功商贸网”进行宣传、销售牟利,合计已销售上述各类侵权复制光盘三千六百余张,当场缴获侵权复制光盘5497张,根据《中华人民共和国刑法》第二百一十七条、最高人民法院、最高人民检察院《关于办理侵犯知识产权刑事案件具体应用法律若干问题的解释(二)》第一条、第二条第一款和第二款的规定,以营利为目的,未经著作权人许可,实施了复制发行著作权人录音录像制品的侵犯著作权行为,复制品数量合计在二千五百张以上的,属于有其他特别严重情节,构成侵犯著作权罪,缴获的违禁品和供犯罪所用的本人财物,应予以没收。关于辩护人认为构成侵犯著作权罪特别严重情节需要同时具备“复制发行”情节,被告人林叶所刻录的光盘大部分尚未销售而被缴获,因此未造成实质社会危害性,且违法所得金额较少、犯罪情节并非特别严重等辩护意见,根据最高人民法院、最高人民检察院《关于办理侵犯知识产权刑事案件具体应用法律若干问题的解释(二)》第一条、第二条第一款和第二款的规定,《中华人民共和国刑法》第二百一十七条侵犯著作权罪中的“复制发行”,包括复制、发行或者既复制又发行的行为,侵权产品的持有人通过广告方式推销侵权产品的,属于《中华人民共和国刑法》第二百一十七条规定的“发行”,故被告人林叶已销售的各类侵权复制光盘三千六百余张及当场缴获的尚未销售的侵权复制光盘5407张均应计入复制品数量,已构成其他特别严重情节,本院对辩护人该项辩护意见不予采纳。关于辩护人认为被告人林叶应认定为自首的辩护意见,经查,根据现有证据可认定,被告人林叶被公安机关采取强制措施之前,在接受广州市文化综合行政执法总队调查时能主动交代自己的主要犯罪事实,应视为投案自首,依法可以从轻或减轻处罚,对于辩护人的该项意见,本院予以采纳。被告人林叶系初犯,归案后认罪态度好并缴纳部分罚金,依法可以酌情从轻处罚,辩护人的相关辩护意见本院予以采纳。根据被告人林叶犯罪的事实、性质、情节和对于社会的危害程度，依照《中华人民共和国刑法》第二百一十七条、第五十二条、第五十三条、第六十四条、第六十一条第一款，最高人民法院《关于处理自首和立功具体应用法律若干问题的解释》第一条，最高人民法院、最高人民检察院《关于办理侵犯知识产权刑事案件具体应用法律若干问题的解释(二)》第一条、第二条第一款和第二款、第四条的规定，判决如下：

1. 被告人林叶犯侵犯著作权罪，判处有期徒刑一年二个月，并处罚金人民币10 000元(刑罚从判决执行之日起计算，判决执行以前先行羁押的，羁押一日折抵刑期一日，即自2007年11月30日起至2009年1月29日止；罚金应自判决发生法律效力第二日起十日内一次性缴纳)。

2. 缴获的各类侵权复制光盘5 497张、作案工具电脑主机3台、显示器2台、路由器1台、ADSL Modem 1台，予以没收。

如不服本判决，可在接到判决书的第二日起十日内，通过本院或者直接向广东省广州市中级人民法院提出上诉。书面上诉的，应当提交上诉状正本一份，副本两份。

“盗版国际化”呼唤国际司法合作

——王文华等人侵犯计算机软件著作权案、包人杰侵犯计算机软件著作权案

刘　科

一、基本案情

案例 1

被告人王文华自 2005 年起销售盗版计算机软件，销售范围包括美国微软公司享有著作权的 Windows 操作系统、Office 办公软件及授权许可证书（即 COA 标签）等，销售对象包括本案被告人车庭锋、证人黄进等，软件的平均销售价格约人民币 40 元，授权许可证的平均销售价格约人民币 10 元。在其雇佣和指使下，被告人殷的海、伍习桃分别在深圳市佳和电子市场 2 楼 103 柜台和赛格广场 3A46 柜台从事销售盗版软件的非法活动。

在销售盗版软件的同时，被告人王文华还组织生产盗版计算机软件。2007 年 3 月，其提供 3 张含有微软公司计算机软件内容的节目源光盘给被告人萧壮雄，委托萧壮雄为其各复制光盘 5 000 张，双方谈妥每张光盘交易价格为人民币 3.5 元。萧接受委托后，将 3 张节目源光盘交给时任紫麓公司母盘车间主任的被告人马继伟，要马为其制作母盘。后马违反公司规定，在未将节目源交公司相关部门进行合法性审核和报新闻出版机关审批的情况下，擅自为萧壮雄刻制了 3 张母盘，并交付给萧。其后，萧壮雄又找到被告人吴传军，委托吴以该 3 张母盘为工具，各复制 5 000 张盗版光盘，每张价格为人民币 2.5 元。后吴传军通过他人复制了 1.5 万张光盘并交付给萧壮雄，萧按约支付了价

款人民币37 500元，并将上述光盘转交给王文华，王暂未支付价款。

为制作出高仿真的盗版软件，被告人王文华自2006年4月起与被告人张大安合作，委托张大安为其提供的盗版光盘烫印激光防伪膜和印制盗版软件的授权许可证书（COA标签）、包装盒、说明书、标贴等印刷品。为此，王文华还指使殷的海根据微软公司正版软件光盘的表面图案，录入光盘封面字母图样，在电脑中安装并运行算号器，算出部分微软产品的序列号，将上述序列号连同王亲自搜罗来的部分软件序列号存入电脑，用于设计光盘封面图样和印制相关印刷品。烫印和印刷工作完成后，王文华则将成品光盘和印刷品存入福田区南光捷佳大厦1303室、福田区城市主场A栋904室等地，并由其和妻子伍习桃分批装盒、封膜，制成配套齐全的软件成品，用于出售。

被告人张大安长期为盗版软件的生产者提供烫印光盘防伪膜的服务。自2006年4月与王文华确立合作关系后，其大量购入伪造的激光防伪膜，并先后雇佣被告人许诺、许华静二人在深圳市宝安区龙华镇谭罗村一加工点内从事烫印活动，将激光防伪膜烫印在王文华提供的盗版Windows、Office软件光盘上。其后，张大安又购买了烫金机、转印机等设备，用于扩大生产规模和提高生产质量。2007年5月，被告人张大安指使许诺出面与房屋权利人签订租赁合同，承租了东莞市望牛墩镇望东村石一组新村22巷56号，并将上述加工点搬迁至该处，继续从事光盘烫印活动。同时，由张大安和王文华出资，许诺还承租了该镇聚龙江工业区龙泉路第三期五栋502房和203房，分别用于供被告人许诺、许华静居住和为王文华存放材料及烫印好的盗版光盘。自2006年4月以来，被告人许诺、许华静在上述两个加工点内共为王文华烫印了至少1.3万张含有微软公司Windows、Office软件内容的盗版光盘。

被告人张大安还为王文华等非法软件生产者提供盗版软件的各种配套印刷品。其以王文华提供的微软公司正版软件为蓝本，委托他人制作出软件授权许可证书（COA标签）刀模，又以上述刀模为工具，通过啤印、购买和粘贴防伪金属线等流程制作出软件授权许可证书。与此同时，张大安还通过有关印刷厂印制了大量的软件包装盒、说明书、标贴等印刷品，并提供给王文华。自合作以来，张大安共为王文华提供盗版软件配套印刷品约2万套。

被告人车庭锋自2005年起从事销售盗版计算机软件的非法活动，其实施犯罪的主要方式为：在互联网上发布软件产品目录招揽生意，通过电子邮件与境外潜在的购买者进行具体洽谈，取得订单收取订金后再根据客户的要求向王文华或其他供货方购入盗版软件和伪造的授权许可证书（COA标签），然后通过速递公司将软件和许可证书邮寄给客户，客户收货安装后再按谈妥的价钱汇付全额货款。截至2007年7月，车庭锋以每套12—65美元不等的价格先后向境外客户销售盗版微软公司的Windows、Office软件3 666套，收取货款折合人民币953 396元，以每张7—30美元的价格销售伪造的授权许可证书1 332个，收取货款折合人民币108 240元。上述侵权产品被销往美国、加拿大、德国、以色列等多个国家和地区，被告人车庭锋实收货款折合人民币共计1 061 636元。与此同时，被告人车庭锋还向境内客户黄进销售了一定数量的盗版软件，后由黄进以相同的方式销往境外。

被告人车庭华长期为车庭锋的犯罪活动提供帮助，在车庭锋的指使下，其多次代车庭锋从王文华处购入和领取盗版软件，支付货款，还多次代车庭锋办理邮寄事务，帮助车庭锋将软件寄送给境外客户。其参与邮寄的软件数量约2 000套，仅2006年1月至2007年6月期间，其24次帮助车庭锋向境外客户邮寄盗版软件和伪造的许可证书，上述产品被速递公司分成67份货单发运，经查，仅其中15份运单即涉及盗版软件420套，授权许可证书50份，销售额分别达人民币99 252元和2 960元，非法经营额合计人民币102 212元。

案例2

2005年年底至2006年年初，被告人包人杰先后五次向荷兰籍男子Jacob Johannes NETEL销售美国微软公司office、windows等系列盗版软件共计1 145张，货款总计13 800美元。其具体销售的情况如下：2005年11月3日，被告人包人杰向Jacob Johannes NETEL提供Office2000等样品共计4张；2005年11月16日，被告人包人杰向Jacob Johannes NETEL销售microsot office professional edition2003及windows XP professional version2002各50张，总价800美元；2006年5月30

日，被告人包人杰向 Jacob Johannes NETEL 销售 400 张 windows XP professional、200 张 microsoft office 2003 edition，总价 6 000 美元；2006 年 6 月 21 日，被告人包人杰向 Jacob Johannes NETEL 提供 windows xp x64-bit 样品 1 张；(5) 2006 年 9 月 20 日，被告人包人杰向 Jacob Johannes NETEL 销售 300 张 Microsoft office2003、300 张 windows XP professional、100 张 windowsXP x64bit edition，总价 7 000 美元。2007 年 7 月 16 日，被告人包人杰被抓获归案。经鉴定，涉案第五次交易 700 张盗版光盘的销售价格为人民币 55 510元，其余物品因未缴获实物无法鉴定。

二、判决结果

案例 1

一审法院认为，被告人王文华以营利为目的，未经著作权人许可，伙同他人复制微软公司计算机软件 15 000 张，发行计算机软件 54 837 张，非法经营额达人民币 1 908 960 元，构成侵犯著作权罪，且情节特别严重。其在共同犯罪中起主要作用，系主犯。被告人张大安参与软件生产，以提供光盘烫印服务和提供配套印刷品的方式积极为王文华等发行盗版软件创造条件，实际烫印软件光盘 24 216 张，制成软件成品 3 200套，向王文华提供配套印刷品 20 000 套，印制授权许可证书 21 000个，构成侵犯著作权罪，且情节特别严重。其在共同犯罪中起主要作用，系主犯。鉴于其归案后能够坦白交代主要犯罪事实，对其酌情从轻处罚。被告人车庭锋以营利为目的，未经著作权人许可，发行微软公司计算机软件 3 990 套、散装光盘 25 张、授权许可证 1 437 个，非法经营额合计人民币 1 181 626 元，构成侵犯著作权罪，且情节特别严重。其指使被告人车庭华参与部分犯罪，在共同犯罪中起主要作用，系主犯。鉴于其归案后能够坦白交代主要犯罪事实，并积极揭发他人实施侵犯著作权行为的违法事实，对其酌情从轻处罚。被告人吴传军、萧壮雄以营利为目的，未经著作权人许可，复制微软公司计算机软件 15 000 张，非法经营额分别为人民币 52 500 元和 37 500 元，均构成侵犯著作权罪，且情节特别严重。被告人萧壮雄归案后，能够基本如实供述所犯罪行，有立功情节，对其减轻处罚。被告人吴传军能够基本如实供述主要犯罪事实，对其酌情从轻处罚。被告人马继伟为萧壮雄制作母盘，帮助萧复制微软公司计算机软件15 000张，构成侵犯著作权罪，且情节特别严重。在共同犯罪中，马继伟起辅助作用，系从犯，依法对其减轻处罚。被告人殷的海、伍习桃在同案犯王文华的指使下帮助王销售软件，并分别参与软件的数据存储、封面设计和包装等活动，为王制成软件成品和对外发行提供帮助，构成侵犯著作权罪，且情节特别严重。在共同犯罪中，两被告人起次要和辅助作用，系从犯，依法对其减轻处罚。被告人许诺、许华静在同案犯张大安的指使下从事烫印盗版软件光盘的活动，为盗版软件的发行创造条件，累计烫印光盘18 216张，构成侵犯著作权罪，且情节特别严重。两被告人在共同犯罪中起辅助作用，系从犯，依法对其减轻处罚。被告人车庭华在同案犯车庭锋的指使下，以代为购入和领取盗版软件，代为寄送盗版软件的方式，帮助车庭锋发行软件，累计代为寄送软件2 000张，参与的非法经营额在102 212元以上，情节严重，构成侵犯著作权罪。其在共同犯罪中起辅助作用，依法对其减轻处罚。判决如下：被告人王文华犯侵犯著作权罪，判处有期徒刑6年6个月，并处罚金人民币150万元；被告人张大安犯侵犯著作权罪，判处有期徒刑5年，并处罚金人民币40万元；被告人车庭锋犯侵犯著作权罪，判处有期徒刑3年6个月，并处罚金人民币80万元；被告人吴传军犯侵犯著作权罪，判处有期徒刑3年6个月，并处罚金人民币3万元；被告人萧壮雄犯侵犯著作权罪，判处有期徒刑2年8个月，并处罚金人民币3万元；被告人马继伟犯侵犯著作权罪，判处有期徒刑1年6个月，并处罚金人民币3万元；被告人殷的海犯侵犯著作权罪，判处有期徒刑1年6个月，并处罚金人民币3万元；被告人伍习桃犯侵犯著作权罪，判处有期徒刑1年6个月，并处罚金人民币3万元；被告人许诺犯侵犯著作权罪，判处有期徒刑1年6个月，并处罚金人民币3万元；被告人许华静犯侵犯著作权罪，判处有期徒刑1年6个月，并处罚金人民币3万元；被告人车庭华犯侵犯著作权罪，判处有期徒刑1年6个月，并处罚金人民币3万元；没收被告人王文华、张大安、车庭锋被缴获的盗版软件、印刷品及作案所用的车辆、电脑、机器设备等犯罪工具。

案例 2

一审法院认为,被告人包人杰无视国家法律,以营利为目的,发行盗版软件,情节严重,其行为已构成侵犯著作权罪,应依法予以惩罚。判决如下:被告人包人杰犯侵犯著作权罪,判处有期徒刑 1 年 2 个月,并处罚金人民币 3 000 元;缴获的盗版光盘依法予以没收并销毁。

三、案例评析

由于刑法一向被认为是“地方性知识”①,与国家主权紧密相连,传统的侵犯著作权犯罪也主要发生于一国国内,因此,著作权的刑法保护主要是一国国内的问题,由各国司法机关依照本国刑事法律进行侦查、追诉乃至定罪处罚。也就是说,在著作权刑法保护中,主权国家的立法机关和司法机关都扮演着重要角色。

但是,随着互联网络的兴起和国际经济贸易交流的深入,20 世纪 90 年代以后,著作权犯罪开始跨过国界,发展为国际犯罪,与侵犯商标犯罪、侵犯专利犯罪等侵犯知识产权犯罪一起被联合国规定为 17 类跨国犯罪中最严重的犯罪之一。而且,可以预见的是,在经济全球化和犯罪国际化的总体趋势下,著作权领域跨国(境)犯罪现象还将呈现增加的趋势。要对付这些空间范围上具有广阔性、危害后果具有严重性的跨国犯罪与国际犯罪,不是一个或几个国家的事,也不只是各国国内的事,而是所有国家必须采取共同一致行动才能实现的。这就要求各国进行国际协商,签订、加入有关国际知识产权刑事保护的公约,并以此指导国内知识产权刑法的补充和修改,“建立能够与其他国家相互配合和密切合作的司法体系,形成和谐一致的世界性法律反应机制”。② 在这方面,世界贸易组织《TRIPS 协定》起到了关键性的作用。

《TRIPS 协定》是在以美国为首的发达国家的主导下,经过世界各国多年的斗争,于 1995 年随着世界贸易组织的成立而生效的。该《协

---

① 吉尔兹认为,法律如同民族志,都是具有地方性意义的技艺,只有依靠地方性知识,才能进行法律的运作。参见〔美〕克利福德·吉尔兹:《地方性知识:事实与法律的比较透视》,载梁治平主编:《法律的文化解释》,三联书店 1994 年版,第 73 页。

② 高铭暄、〔法〕米海依尔·戴尔玛斯·马蒂主编:《刑法国际指导原则研究》,中国人民公安大学出版社 1998 年版,第 105 页。

定》第61条明确规定了要对侵犯著作权行为予以刑事制裁。“缔约方应规定,至少在以商业规模蓄意地假冒商标或剽窃著作权的案件中适用刑事诉讼程序和刑事处罚。适用的法律补救措施应包括足以起到惩罚作用的监禁和/或罚款,其处罚程序应与具有相应严重性的罪行法律补救措施的处罚程度相一致。在适当的案件中,可采用的措施还包括充公、没收或者销毁侵权复制品以及任何其主要用途是用来进行上述犯罪行为的材料和设备。缔约方可以规定将刑事诉讼程序和刑事处罚应用于其他侵犯知识产权的案件,特别是当侵权行为是蓄意的和以商业规模来进行时。”①

《TRIPS 协定》是建立在现有重要知识产权条约基础之上的协定,是为 WTO 全体成员所必需遵守的知识产权保护规定的一系列最低保护标准。② 因此,各成员国的国内立法不得低于该协议的保护水平,至少应当对于著作权和商标侵权行为规定刑事制裁措施,从而使得著作权的刑法保护进一步国际化。同时,《TRIPS 协定》也为开展侵犯著作权犯罪国际刑事司法合作奠定了基本的法律框架。

从理论上说,侵犯著作权犯罪与其他国际犯罪一样,开展国际刑事司法合作无非是两种形式:间接执行制度与直接执行制度。由于涉及主权程度太深,自纽伦堡国际军事法庭和远东国际军事法庭以来,直接执行制度就没有再实施过。因此,本文着重论述间接执行制度。间接执行制度是通过国家法律制度执行国际刑法的一个术语。该制度有两个方面的基础:第一方面是假定各国在各自国内法中设置国际刑法的若干义务。该国际刑法国内化的过程就是部分地将国际条约义务转化为国内立法。因此,伴随着国内化进程,国际刑法就通过国家法律制度的要求得到适用。第二个方面源于第一个方面,即各国不仅凭借国内法律进程将条约义务国内化,而且通过国际合作来执行条约义务。

从形式上来看,间接执行制度包括以下八种具体的方式:引渡、法律协助、外国判决的执行、外国判决的认可、刑事审判的移送、冻结和

① 资料来源:http://www.ccopyright.com.cn/10protect/abut-nexus2trade-4.html.

② 参见 John H. Jackson, *The Trading System-Law and Policy of International Economic Relation*, 2nd Edit. 1997 p. 312。

查封犯罪所得、情报和法律执行信息的共享以及区域和次区域的“司法空间”。[①] 其中的法律协助包括取得证人证言,获得实物证据例,如商业和银行记录,进行调查等。上述法律协助形式可能由被请求国的审判、起诉或者执法人员进行。有时被请求国允许请求国的法官或者检察官在其领土上开展调查,但需要在被请求国司法机关的监督下进行。外国判决的执行的目的是通过将在外国被判决者返回其母国,使其接近于母国的家庭,以便于其再次社会化。刑事程序的转移指的是这样一种程序,如果被移送国同诉讼各方有着更为密切的联系,即具有更便于审理的法院,那么一国就将刑事程序转移至另一国。

根据我国《刑法》第 217 条的规定,构成侵犯著作权罪,要求具备以下要件:① 行为主体具有刑事责任能力,包括自然人与法人;② 行为人未经许可实施了侵犯他人著作权的行为;③ 行为人主观上出于“以营利为目的”;④ 行为人在侵权行为中“违法所得数额较大或者有其他严重情节”。其中任何一个构成要件如果包含了涉外因素,就都需要进行国际刑事司法合作。在第一个案例中,行为人复制、发行了大量的微软公司等外国公司的软件,其中相当一部分盗版软件又销往了境外。这其中就涉及既要调查微软公司软件的情况,以确定是否侵犯了其著作权,又要调查向境外销售盗版物品的情况,以确定其侵犯著作权的情节是否可以构成犯罪。在第二个案例中,只有对外国的购买盗版软件的人进行调查,才能确定行为人销往境外的盗版物品的数量及金额;也只有对其进行调查,才能搞清楚该外国人是否与国内犯罪分子存在共同犯罪的问题。这些调查由于具有涉外因素,往往需要所在国家有关机关的配合,由是国际刑事司法合作成为必要。

需要注意的是,在打击侵犯著作权犯罪的国际刑事司法合作中,由于涉及国家主权,各国保护著作权的动机与立场差异较大,各种合作的形式及其层次并不固定,往往需要各国采取“一事一议”的方式进行。也就是说,对于打击跨国的侵犯著作权犯罪,各国很难采取签订多边的刑事司法合作协议的形式进行;即使签订了多边或双边

① 参见〔美〕巴西奥尼:《国际刑法导论》,赵秉志等译,法律出版社 2006 年版,第 295 页。

合作协议,其内容也往往比较原则,可操作性不强。因此,在当今世界上,尚没有见到统一的关于著作权刑法保护的刑事司法合作协议。而且考虑到各国利益的巨大分歧,在近二十年内,也很难达成类似的协议。

当然,国际社会难以达成统一的刑事司法合作协议框架,并不意味着各国在面临具体合作问题时束手无策。一些发达国家积极致力于著作权的刑法保护工作,已积累了不少的经验与做法。考虑到美国是当今世界上推动著作权保护国际合作最积极的国家,美国的主张和实践中的具体做法最具有代表性,因此笔者主要对美国的国际刑事司法合作情况予以介述。

美国是世界上头号经济科技大国,其所拥有的各类知识产权数量也最多,因此,加大包括著作权在内的知识产权保护力度对其最为有利。长期以来,美国不但不断加大知识产权的国内保护力度,还不断通过条约或者其他形式,督促世界其他国家保护知识产权,开展国际合作,甚至不惜诉诸世界贸易组织争端解决机构和用贸易报复相威胁。在美国的"威胁利诱"下,世界上许多国家和地区与其签订合作协议,不断开展一些正式和非正式合作。例如,美国向驻在国使领馆派驻知识产权执法专员,以监督、协助所在国的知识产权执法活动;资助有些国家的研究机构开展知识产权研究,并游说所在国立法和司法机构,要求加大知识产权保护力度;开展具体的执法合作,如互通情报、共同签发逮捕令、搜查令等刑事强制措施;引渡侵犯知识产权的犯罪分子等。

尽管如此,美国对于现有的知识产权刑法保护的国际合作并不满意,自 2005 年以来,美国致力于推动以下工作,以加强全球范围内知识产权的司法合作:

首先,调配美国的检察官到香港和布达佩斯的使领馆,将其指定为知识产权执法协调员,以协调在这些地区进行的知识产权执法。这些检察官的主要任务包括:发展与该地区外国执法机构的关系,就知识产权司法提供技术协助,开展培训项目,以及调查该地区知识产权犯罪的动向。

其次,建议在调配检察官到香港和布达佩斯的同时,从联邦调查局调配知识产权法律专员协助其工作。鉴于知识产权犯罪调查非常复杂,而且涉及特殊的技术问题,需要专门受过训练的联邦探员追踪在国外的知识产权罪犯。知识产权法律专员将负责收集证据、询问证人,制定调查策略。

第三,增强非正式联系渠道的作用,以在国外的调查中迅速收集信息和证据。虽然美国已经和许多国家签订了司法协助条约,能够在国际司法调查中获得外国政府的协助并获取有关犯罪的证据,但是,在对知识产权犯罪的调查中,时效很关键,例如,证据可能存在于外国的计算机或互联网络之中,如果不立即采取行动,这些证据往往得不到保全。为此,美国试图建立“检察官对检察官”“检察官对警察”或“警察对警察”的非正式联系渠道,使驻外的知识产权法律专员能够得到外国检察官、警察和其他执法人员的协助,以迅速获得有关证据。

第四,加强对外国检察官和有关执法官员的培训。报告认为,知识产权犯罪是全球化犯罪,但是,有许多国家的执法机构和人员缺乏必要的法律以及执法技能。因此,政府应邀请那些知识产权问题比较突出而其政府又有意打击该类犯罪的国家和地区,参与培训项目、学习执法技巧等,甚至派遣联邦检察官和探员参与这些国家的执法活动,以建立与这些国家的联系。

第五,与那些在知识产权执法方面存在突出问题的政府优先谈判司法协助条约,优先谈判将侵犯知识产权犯罪列入引渡条约的议题;在与外国谈判时强调知识产权执法问题。美国政府认为,司法部应当确保与亚洲国家签订有效的司法协助条约,因为那里的假冒盗版商品正在成为突出的问题。司法协助条约将便于要求外国政府提供证据、询问证人以及在知识产权犯罪中提供其他证据。

虽然美国已经与一百多个国家签署了引渡条约,但其中一些老条约规定只有在被指控的犯罪属于条约列出的犯罪清单时,美国才能要求引渡,从而导致美国无法引渡一些侵犯知识产权的犯罪分子。而美国政府在外国羁押知识产权犯罪分子的能力对于进行知识产权执法是一个关键因素。因此,美国司法部致力于确保知识产权犯罪被包括在与外国签订的引渡条约内。如果某一国家的知识产权执法对美国至关重要,而其与美国之间又没有引渡条约,或者原有引渡条约中没有列入知识产权犯罪,则美国需要寻求谈判新条约。同时,在与亚洲和东欧国家谈判时,应不断提出和强调知识产权执法问题,并就新出现的知识产权问题展开对话。[①]

除了美国以外,作为新兴的准发达国家和地区,韩国与我国的台湾地区、香港特别行政区知识产权保护已经成为其进一步发展的内在需要,因此,这些国家和地区也在积极开展知识产权刑法保护的国际司法合作。例如,香港特别行政区的执法机关会定期与外国驻港领事机构中的知识产权执法人员会晤,就知识产权执法问题进行沟通;定期与中国大陆的执法机关开展合作,进行包括人员培训、共同研讨、互通情报等方面的合作。[②] 韩国在2007年与美国签订《自由贸易协定》以后,就担负起了在贸易领域保护知识产权的义务,需要在多个层面上与美国加强合作,以打击知识产权领域的跨国犯罪问题。[③]

我国自加入世界贸易组织以来,按照《TRIPS协定》的要求,我国不断加强了国际执法合作,拓展了知识产权刑事执法的渠道和空间。以公安机关为例,近些年来主要开展了下列国际刑事司法合作:

第一,积极参加双边和多边国际会议,拓宽视野,学习好的做法。2003年1月,公安部成为国际刑警组织打击侵犯知识产权犯罪执法行动组成员。2008年以来,公安部先后19次与到访的美、欧、日等国执法机构、行业协会以及企业代表进行会谈,8次协助、组织相关部门及地方公安机关组成工作组赴国(境)外开展培训与交流,取得了积极成效。

第二,合作举办培训班,开展交流考察活动,提高执法人员水平。2004年10月,公安部与英国政府举办了"中英知识产权刑事执法培训班"。2006年1月,公安部与欧盟开始了人员交流合作项目。3月,公安部与欧盟举办"中欧知识产权刑事执法培训班"。2008年11月,公安部会同国家版权局与美国司法部、美国专利商标局,在北京共同举办了"中美互联网知识产权刑事执法研讨会",共同探讨互联网上侵权盗版犯罪趋势特点、执法部门打击策略的制定、侦查措施的适用、电子证据的固定以及中美执法合作等问题,达到了增进双方理解与互信,

---

① 参见胡坚:《美国保护知识产权的新动向》,载《电子知识产权》2005年第5期。

② 参见香港海关原关长汤显明先生在2007年"内地与香港侵犯版权刑法论坛"上的发言。

③ 参见韩相敦:《韩国著作权的刑事保护》,载《中外法学》2007年第5期。

推动执法交流与合作的预期目的。

第三,开展实质性的执法合作。中国公安机关与美国国土安全部移民与执法局驻北京办公室合作,成功破获了以美国籍犯罪嫌疑人GUTHRIE(顾然地)为首的特大跨国销售侵权复制品案等国内外具有重大影响的案件。又以海关总署为例,2008 年,海关总署积极参与了世界海关组织协调发起的相关执法活动。中、日、韩三国海关成立了“中日韩三国海关知识产权工作组”并召开了第一次会议,签署并实施《中日韩三国海关知识产权行动计划》。中美双方海关也已根据《关于加强知识产权边境执法协作的备忘录》的要求确定了联络机制,并开展了数据交换、情报交流、案件协查等工作。

但是,从整体来看,我国与有关国家和地区实质性的国际执法合作开展得还不够。目前与国外执法机构开展的一些执法合作,主要是通过国际刑警组织或使领馆这两个渠道协查一些犯罪信息,双方或多方实质性的执法合作并不多见。2007 年发生的袁宏伟案件也在一定程度上暴露了我国与有关国家知识产权刑事执法合作不够畅通。在加强侵犯知识产权犯罪刑事司法合作方面,我国需要注意以下两个方面:

第一,要大力实行“走出去,请进来”战略,通过参加国际执法研讨会、双边或者多边国际会议等形式,向知识产权刑事执法水平比较高的西方发达国家学习,借鉴他们的经验,学习他们好的做法。

第二,积极探索与国外执法机构建立一种长期、全面、便捷、高效的切实可行的合作机制。针对当前侵犯知识产权犯罪呈现出的专业化、智能化、网络化、规模化、组织化、国际化特点,开展国际执法合作必须把握以下两点:一是坚持“理解、信任、平等”的合作原则。理解,就是合作各方要充分考虑对方的实际情况和处境;信任,就是要充分相信对方打击侵犯知识产权犯罪的态度和能力;平等,就是要尊重对方的法律、制度和主权,不将自己的意志强加于人,不无端指责对方。二是坚持“情报共享、联合行动、全程打击”的深度合作模式。情报共享,就是合作各方提供给对方的信息、情报要及时、准确、完整;联合行动,就是合作各方要按照共同商定的计划,有步骤地开展调查取证、缉捕人犯等工作。全程打击,就是要对生产、运输、销售、购买的各个环节及幕后主谋进行打击,彻底摧毁犯罪组织和网络。[①]

需要注意的是,著作权保护的范围、强度在国际上还存在一定的争议,刑法保护又往往涉及一国的主权问题,因此,国际范围内的著作权刑法保护的合作还存在很多困难,并不断引发一些国际争端。今后,著作权刑法保护的国际司法合作还有很长的道路要走。

四、分析结论

侵犯著作权犯罪并不局限于我国境内。当前跨国跨境的侵犯著作权犯罪已经屡见不鲜,不少犯罪分子与国外、境外的犯罪分子联合作案。他们分工协作、各司其职,具有极强的盗版技术能力和反侦查能力。对于这一类犯罪,执法机关必须加强国际合作,与国外、境外的执法单位通力合作,相互配合,收集证据、移送犯罪嫌疑人,提高国际刑事司法合作水平。

① 参见柯良栋、李国如:《内地公安机关知识产权刑事执法现状与未来》,载《中国知识产权的刑事法保护及对欧盟经验的借鉴》,法律出版社 2006 年版,第 48 页。

关于侵犯著作权罪中的未成年人保护问题

——张宗为等侵犯著作权案

段　凰

一、基本案情

2003年底,被告人张某在任广州市三口贸易有限公司IT部负责人期间,与该公司的法定代表人许自品(另案处理)及其股东被告人施某(与许自品为夫妻关系)商议后,未经“热血传奇”网络游戏软件的著作权人韩国We Made Entertainment CO.,Ltd和Actoz Soft CO.,Ltd两公司或其授权的网络游戏软件运营商上海盛大网络发展有限公司的授权,以许自品和被告人施某提供的人民币10 000元作为启动资金,利用向茂名市群英网络有限公司和北京华顺宝科贸有限公司等租赁的15台服务器和私设“热血传奇”游戏服务器所需的软件(即被告人张某所供述购买的“翎风M2”游戏内核主程序),建立“奇缘在线”网站(www.518cn.net),私自架设“热血传奇”网络游戏服务器供网民游戏,并以售卖游戏中的虚拟装备方式牟利。“奇缘在线”网站的日常工作由被告人张某全面负责,其他工作人员包括负责网站客户服务和财务管理的被告人高某(是被告人施某的外甥女)和负责客户服务的郭丽娜和何文珊,办公地点先后在本市天河区车陂路美景花苑A1003房、黄埔大道东4号1504房(即黄埔大道天成居西梯1504房)等地。许自品、被告人施某与被告人张某就私自架设服务器提供网络游戏所牟取的非法利润商定了分成比例,最初是被告人张某占20%,许自品与被告人施某等人占80%;在2004年5月后改为被告人张某占60%,

许自品与被告人施某占40%，具体的利润分成由被告人高某操作。至2005年12月，三被告人通过"奇缘在线"网站私设服务器的违法所得共为1 748 169.6元，对外收取网民款项的是高某名下的8个账户，分别是中国工商银行广州车陂支行账号3602012601031753172（卡号9558803602136906344）、中国工商银行广州骏景支行账号3602069201031700091（卡号9558823602004039679）、中国农业银行广州骏景花园支行账号44057601100298733（卡号9559980081499887115）、中国农业银行广州天朗明居办事处账号44059301100089228（卡号9559980085592748918）、中国建设银行广州骏景花园分理处账号3324869980120035237（卡号4367423324860029125）、中国建设银行广州东圃支行账号3324819980110853178（卡号4367423324810311011）、招商银行股份有限公司广州高新支行卡号6225882002210620、广州市邮政储汇局卡号6221885810000206209（账号605810385220485865）。被告人高某获取上述违法所得后根据被告人张某、施某的指示通过存入现金或者转账等方式按比例分给两被告人。其中被告人张某共分得639 139.82元，其收取违法所得的账号是中国工商银行广州东圃支行账号3602021401035837739（卡号9558803602146544192）和中国工商银行广州车陂支行账号3602012601031493335（卡号9558803602131727505）。被告人施某共分得约59万元，其收取违法所得的账号是中国农业银行广州市东圃支行账号44056100460023576（卡号9559980085153450011）和中国工商银行广州车陂支行账号3602012601030180922（卡号9558803602106598352）。2005年12月14日，公安机关对被告人张某、高某的工作地点天河区车陂路美景花苑A1003房、黄埔大道东4号1504房进行搜查，查获并扣押了作案工具及物品，包括爱国者电脑主机1台、组装电脑主机4台、TCLPABX集团电话1部、D-LINK集线器1个、恩科无线宽带路由器1个、MODEM1个等（详见扣押物品、文件清单）。同日，公安机关将被告人张某、施某、高某抓获归案。2005年12月16日，公安机关将上述被告人高某名下8个对外收款账号内共169 154.87元（在冻结期间另有利息）违法所得予以冻结；之后公安机关又将上述被告人张某两个收款账号内共469 991.29元（在冻结期间另有利息）违法所得予以冻结，将被告人施某两个收款账号内共207.46元（在冻结期间另有利息）违法所得予以冻结；另外公安机关将被告人张某在中国工商银行广州车陂支行账号 36020 12601031327387 内 9 951.21 元予以冻结。经鉴定,“奇缘在线”传奇私服软件的程序、数据库、配置脚本文件中出现了“热血传奇”游戏软件专有的特征,即“奇缘在线”传奇私服软件对“热血传奇”游戏软件程序中的相关数据库、配置脚本、程序片段等进行了复制,两者间有部分复制关系。

广州市天河区人民检察院指控被告人张某、施某、高某犯侵犯著作权罪。

二、判决结果

广州市天河区人民法院经审理认为,被告人张某、施某、高某以营利为目的,未经“热血传奇”游戏软件著作权人或其授权的网络游戏软件运营商的授权,通过建立“奇缘在线”网站私自架设“热血传奇”网络游戏服务器供网民游戏的方式进行传播,应当视为复制发行了“热血传奇”游戏软件,违法所得数额在 15 万元以上,属于违法所得数额巨大,因此三被告人的行为已构成侵犯著作权罪。张某在共同侵犯著作权的犯罪中起主要作用,是主犯,鉴于被告人张某是初犯,归案后能承认基本的犯罪事实,其个人所分的违法所得 639 139.82 元中的大部分共 469 991.29 元(在冻结期间另有利息)已被冻结,而且其认罪态度较好并积极缴纳罚金,因此可以酌情从轻处罚,根据被告人张某的犯罪事实和对社会的危害程度,适用缓刑确实不致再危害社会,可宣告缓刑。被告人施某不仅与被告人张某共同议定并实际出资 10 000 元建立网站,而且她也参与确定网站违法所得的分成比例和审核、指挥被告人高某进行具体分成操作,另外她实际所获的违法所得数额巨大,共约 59 万元,在共同侵犯著作权的犯罪中起主要作用,是主犯,应当按照其所参与的全部犯罪处罚。鉴于被告人施某是初犯,归案后能承认基本的犯罪事实,认罪态度较好,而且被告人施某在审理期间主动退出违法所得 45 万元,有积极的悔罪表现,可以酌情从轻处罚。根据被告人施某的犯罪事实和对社会的危害程度,适用缓刑确实不致再危害社会,可宣告缓刑。被告人高某在共同犯罪中起辅助作用,未获得网站违法所得的分成,是从犯,依法应当减轻处罚;而且其犯罪的时间段是从 2003 年年底至 2005 年 12 月(即从 16 周岁至 18 周岁),其中自2003年年底至2005年7月15日这段时期被告人高某尚未满18周岁,依法应当减轻处罚;此外被告人高某是初犯,认罪态度较好,可以酌情从轻处罚;综合上述几方面,被告人高某犯罪情节轻微不需要判处刑罚,可以免予刑事处罚。判决如下:

1. 被告人张某犯侵犯著作权罪,判处有期徒刑3年,缓刑5年,并处罚金人民币60000元(缓刑考验期从判决确定之日起计算)。

2. 被告人施某犯侵犯著作权罪,判处有期徒刑3年,缓刑4年,并处罚金人民币50000元(缓刑考验期从判决确定之日起计算;罚金应自判决发生法律效力第2日起10日内一次性缴纳)。

3. 被告人高某犯侵犯著作权罪,免予刑事处罚。

4. 缴获的爱国者电脑主机1台、组装电脑主机4台、TCLPABX集团电话1部、D-LINK集线器1个、恩科无线宽带路由器1个、MODEM1个等作案工具一批及供犯罪所用的本人财物(详见扣押物品、文件清单),予以没收。

5. 追缴本案被告人侵犯著作权的违法所得,上缴国库。

三、案例评析

(一)争论焦点

如何在打击侵犯著作权犯罪的同时加强对未成年人的保护。

(二)评析

1. 未成年人作为著作权人,应当受到法律的保护

我国《著作权法》第11条规定,“著作权属于作者”,“创作作品的公民是作者”。根据我国《民法通则》的规定,公民的权利始于出生,终于死亡。著作权是一项公民权利,不管是成年人还是未成年人,均可依法享有。《中华人民共和国未成年人保护法》(以下简称《未成年人保护法》)第46条也明确规定,国家依法保护未成年人的智力成果和荣誉权不受侵犯。故未成年人也同样享有文字作品、音乐、电影、电视、录像作品、计算机软件及其他作品的著作权,也受到法律同样的保护。在实践中,有的利用未成年人不懂得、不会保护自己的著作权而将未成年人的作品据为己有,不仅是一种不道德的行为,也是违法的。此种情况可以由未成年人的父母或其他监护人要求有关行政机关或

司法机关予以法律保护，要求侵权人承担法律责任，构成犯罪的，应当承担刑事责任。

2. 应当考虑到未成年人实施著作权犯罪与其年龄、生理特点有关，对其从宽处理

首先，我国刑法明确规定，不满16周岁的人不构成侵犯著作权罪。对于不满18周岁的人犯罪，应当从轻或者减轻处罚。我国《未成年人保护法》第54条也规定，对违法犯罪的未成年人，实行教育、感化、挽救的方针，坚持教育为主、惩罚为辅的原则。对违法犯罪的未成年人，应当依法从轻、减轻或者免除处罚。对于侵犯著作权犯罪的未成年人应当给予更多的宽容，理由如下：首先，侵犯知识产权犯罪作为一种没有明显违反伦理道德的现代型犯罪，属于法定犯的范畴。与传统的自然犯罪，如杀人、放火、抢劫等不同，其社会危害性并非显而易见的，社会对该种犯罪也普遍持不关心甚至是宽容的态度，故该类犯罪分子并不会受到社会伦理道德的强烈谴责，犯罪带来的羞耻感也不强烈。未成年人由于其年龄和社会阅历等的限制，很难意识到保护他人智力成果的重要性以及侵犯后果的严重性，因而容易在受到诱惑、蒙骗后实施犯罪。其次，目前社会保护著作权的整体意识差，未成年人难以界定罪与非罪的界限。在我国，购买盗版书籍、光盘、软件还是一种普遍存在的现象，短时间内难以消灭，社会对于盗版并无深恶痛绝的感情，相反处于一种可以接受甚至是愿意接受的状态。巨大的侵权商品消费市场，消费者知识产权意识的淡漠，是诱发侵犯知识产权违法犯罪的重要因素。在这种环境下，未成年人很难认识到侵犯著作权罪的社会危害性，分清侵犯著作权罪与非罪的界限。第三，未成年人热衷于上网，又熟知在网络上非法下载、复制、传播的技术，相对而言侵犯著作权犯罪容易实施，不容易被发现，同时由于未成年人生理、心理的特点，容易对新生事物产生好奇，故未成年人实施侵犯著作权犯罪的案例不断增多。韩国检察系统统计，非法下载侵犯著作权的案例剧增，是未成年人犯罪快速增加的主要原因。侵犯著作权的未成年人2007年达到二千三百余名，而2008年达到2.0272万名，猛增8.6倍。至于犯罪动机，未成年人的回答依次为：偶发情况（26.6%）、因为好奇（10.3%）、不小心（9.2%）、

为了玩乐(3.3%)和为了生计(2.6%)。[1] 需要说明的是,韩国侵犯著作权犯罪的外延大于我国的刑法意义上的犯罪,其还包括一些违反著作权法的民事违法、治安违法行为。虽然没有我国官方关于未成年人侵犯著作权犯罪的统计数据,但从近年司法实践中出现的案例来看,侵犯著作权犯罪存在犯罪低龄化的趋势,在网络侵权方面尤其明显。

正是由于上述原因,对于未成年人构成侵犯著作权犯罪的,实践中应当予以从宽处理。首先,未成年人年纪小、涉世未深,且大多仍然需要继续接受教育。未成年人处于生长、发育的重要阶段,如果将其投入看守所、少管所,容易交叉感染,不利于未成年人的正常、健康发展。故对侵犯著作权的未成年罪犯,应当尽量少地适用监禁刑。犯罪的情节不是特别恶劣,后果不是特别严重的,可以考虑免除刑事处罚;对于应当判处刑罚的侵犯著作权犯罪的未成年被告人,只要不违反法律、司法解释禁止适用缓刑的规定,应当尽可能地适用缓刑。其次,未成年人在犯罪后还面临着漫长的人生道路,会遇到入学、工作等各种竞争,逐步走向社会与人交往,犯罪记录将大大影响他们今后的发展轨迹,甚至会被贴上犯罪人的"标签",成为其身上一生都卸不掉的包袱。因而在少年司法改革中,前科消灭,尤其是轻罪记录的消灭一直引起学者的关注和讨论。当然,这不但需要学者、社会的支持,还需要法制的调整与保证。

实践中应当防患于未然,采取有效措施预防未成年人侵犯著作权犯罪。首先,应当加强对未成年人的宣传教育工作,教育未成年人正确认识侵权复制品的性质,明确侵犯他人著作权,一定程度上可以构成犯罪,应当承担刑事责任。其次,需要提高全社会知识产权保护意识,在全社会营造尊重他人知识产权、拒绝盗版的良好氛围。如黑龙江省哈尔滨市新闻出版局利用每年举办的"4·26"世界知识产权宣传周的有利契机,开展宣传进校园活动,充分发挥新闻媒体的宣传作用,以电视、报纸以及网络、宣传品、校园板报、班会等形式,大力宣传和普及知识产权方面的法律、法规,在未成年人中树立预防有害读物、保护

---

① 引自于韩联网社会版面 http://chinese.yonhapnews.co.kr/n_society/2009/10/18/8200000000ACK20091018001100881.HTML。

知识产权意识，相继组织、开展了"从我做起、远离盗版、拒绝有害出版物、保护知识产权"的签名活动，"远离不健康出版物活动""保护知识产权知识竞赛活动"。通过一系列的宣传活动，努力提高未成年人自觉抵制盗版的感性认识和理性认识，取得了较好的社会效果。[①]

3. 未成年人容易成为侵犯著作权犯罪的间接受害者

国家为了保护未成年人健康成长，努力营造有利于未成年人健康成长的文化氛围，对以未成年人为主要对象的文字作品、音乐、电影、电视、录像作品、计算机软件及其他作品内容进行严格的审查，坚决防止和杜绝出现淫秽、色情、凶杀、恐怖等不利于未成年身心健康的作品。通过正规渠道发行、出版的作品在投放市场前经过了国家相关行业的审查，但是一些非法复制、发行的作品则避开了国家的审查，有的为了追求销量和利润，没有隐去甚至刻意夸大、添加相关不健康的内容。这些侵权复制品在侵犯作者著作权的同时，也同时侵害了未成年人的身心健康。对于这种侵犯著作权罪，尤其是主要面对未成年人销售的情形，其社会危害性大于一般的侵犯著作权犯罪，情节突出的，可以属于《刑法》第 217 条及《关于办理侵犯知识产权刑事案件具体应用法律若干问题的解释》中"其他特别严重情节"的情形，在定罪量刑上降低门槛，从严惩处。

4. 本案相关处理

本案中，被告人高某受聘于张某，为其侵犯著作权的游戏软件提供服务，在共同犯罪中是从犯。高某实施犯罪约 2 年时间，犯罪年龄为 16 周岁到刚满 18 周岁，属于未成年人犯罪。法院考虑其未成年人的主体身份，且是初犯，认罪态度好，判处免予刑事处罚适当。

四、分析结论

在打击侵犯著作权犯罪中应当注重对未成年人权益的保护，包括保护未成年人的著作权，对未成年人侵犯著作权犯罪应当从宽处理，对于复制、发行主要面对未成年人且对未成年人有不利影响的作品的行为，应当从严惩处。

---

① http://www.hrbipo.gov.cn/NewsPublish/ArticleYearBook.aspx?id=1760&ItemId=173&Year=2008.

附录1　相关法律法规

最高人民法院《关于审理非法出版物刑事案件具体应用法律若干问题的解释》

（1998年12月11日最高人民法院审判委员会第1032次会议通过，1998年12月17日公布，自1998年12月23日起施行，法释〔1998〕30号）

为依法惩治非法出版物犯罪活动，根据刑法的有关规定，现对审理非法出版物刑事案件具体应用法律的若干问题解释如下：

……

第二条　以营利为目的，实施刑法第二百一十七条所列侵犯著作权行为之一，个人违法所得数额在五万元以上，单位违法所得数额在二十万元以上的，属于“违法所得数额较大”；具有下列情形之一的，属于“有其他严重情节”：

（一）因侵犯著作权曾经两次以上被追究行政责任或者民事责任，两年内又实施刑法第二百一十七条所列侵犯著作权行为之一的；

（二）个人非法经营数额在二十万元以上，单位非法经营数额在一百万元以上的；

（三）造成其他严重后果的。

以营利为目的，实施刑法第二百一十七条所列侵犯著作权行为之一，个人违法所得数额在二十万元以上，单位违法所得数额在一百万元以上的，属于“违法所得数额巨大”；具有下列情形之一的，属于“有其他特别严重情节”：

（一）个人非法经营数额在一百万元以上，单位非法经营数额在五百万元以上的；

（二）造成其他特别严重后果的。

第三条 刑法第二百一十七条第（一）项中规定的“复制发行”，是指行为人以营利为目的，未经著作权人许可而实施的复制、发行或者既复制又发行其文字作品、音乐、电影、电视、录像作品、计算机软件及其他作品的行为。

第四条 以营利为目的，实施刑法第二百一十八条规定的行为，个人违法所得数额在十万元以上，单位违法所得数额在五十万元以上的，依照刑法第二百一十八条的规定，以销售侵权复制品罪定罪处罚。

第五条 实施刑法第二百一十七条规定的侵犯著作权行为，又销售该侵权复制品，违法所得数额巨大的，只定侵犯著作权罪，不实行数罪并罚。

实施刑法第二百一十七条规定的侵犯著作权的犯罪行为，又明知是他人的侵权复制品而予以销售，构成犯罪的，应当实行数罪并罚。

……

第十六条 出版单位与他人事前通谋，向其出售、出租或者以其他形式转让该出版单位的名称、书号、刊号、版号，他人实施本解释第二条、第四条、第八条、第九条、第十条、第十一条规定的行为，构成犯罪的，对该出版单位应当以共犯论处。

第十七条 本解释所称“经营数额”，是指以非法出版物的定价数额乘以行为人经营的非法出版物数量所得的数额。

本解释所称“违法所得数额”，是指获利数额。

非法出版物没有定价或者以境外货币定价的，其单价数额应当按照行为人实际出售的价格认定。

最高人民法院、最高人民检察院《关于办理侵犯知识产权刑事案件具体应用法律若干问题的解释》

（2004年11月2日最高人民法院审判委员会第1331次会议、2004年11月11日最高人民检察院第十届检察委员会第28次议通过，自2004年12月22日起施行，法释〔2004〕19号）

为依法惩治侵犯知识产权犯罪活动，维护社会主义市场经济秩序，根据刑法有关规定，现就办理侵犯知识产权刑事案件具体应用法律的若干问题解释如下：

……

第五条 以营利为目的，实施刑法第二百一十七条所列侵犯著作权行为之一，违法所得数额在三万元以上的，属于"违法所得数额较大"；具有下列情形之一的，属于"有其他严重情节"，应当以侵犯著作权罪判处三年以下有期徒刑或者拘役，并处或者单处罚金：

（一）非法经营数额在五万元以上的；

（二）未经著作权人许可，复制发行其文字作品、音乐、电影、电视、录像作品、计算机软件及其他作品，复制品数量合计在一千张（份）以上的；

（三）其他严重情节的情形。

以营利为目的，实施刑法第二百一十七条所列侵犯著作权行为之一，违法所得数额在十五万元以上的，属于"违法所得数额巨大"；具有下列情形之一的，属于"有其他特别严重情节"，应当以侵犯著作权罪判处三年以上七年以下有期徒刑，并处罚金：

（一）非法经营数额在二十五万元以上的；

（二）未经著作权人许可，复制发行其文字作品、音乐、电影、电视、录像作品、计算机软件及其他作品，复制品数量合计在五千张（份）以上的；

（三）其他特别严重情节的情形。

……

第十一条 以刊登收费广告等方式直接或者间接收取费用的情形，属于刑法第二百一十七条规定的"以营利为目的"。

刑法第二百一十七条规定的"未经著作权人许可"，是指没有得到著作权人授权或者伪造、涂改著作权人授权许可文件或者超出授权许可范围的情形。

通过信息网络向公众传播他人文字作品、音乐、电影、电视、录像作品、计算机软件及其他作品的行为，应当视为刑法第二百一十七条规定的"复制发行"。

第十二条 本解释所称"非法经营数额"，是指行为人在实施侵犯知识产权行为过程中，制造、储存、运输、销售侵权产品的价值。已销售的侵权产品的价值,按照实际销售的价格计算。制造、储存、运输和未销售的侵权产品的价值,按照标价或者已经查清的侵权产品的实际销售平均价格计算。侵权产品没有标价或者无法查清其实际销售价格的,按照被侵权产品的市场中间价格计算。

多次实施侵犯知识产权行为,未经行政处理或者刑事处罚的,非法经营数额、违法所得数额或者销售金额累计计算。

本解释第三条所规定的"件",是指标有完整商标图样的一份标识。

……

第十四条 实施刑法第二百一十七条规定的侵犯著作权犯罪,又销售该侵权复制品,构成犯罪的,应当依照刑法第二百一十七条的规定,以侵犯著作权罪定罪处罚。

实施刑法第二百一十七条规定的侵犯著作权犯罪,又销售明知是他人的侵权复制品,构成犯罪的,应当实行数罪并罚。

第十五条 单位实施刑法第二百一十三条至第二百一十九条规定的行为,按照本解释规定的相应个人犯罪的定罪量刑标准的三倍定罪量刑。

第十六条 明知他人实施侵犯知识产权犯罪,而为其提供贷款、资金、账号、发票、证明、许可证件,或者提供生产、经营场所或者运输、储存、代理进出口等便利条件、帮助的,以侵犯知识产权犯罪的共犯论处。

最高人民法院、最高人民检察院《关于办理侵犯著作权刑事案件中涉及录音录像制品有关问题的批复》

(2005年9月26日最高人民法院审判委员会第1365次会议、2005年9月23日最高人民检察院第十届检察委员会第39次会议通过,自2005年10月18日起施行,法释〔2005〕12号)

各省、自治区、直辖市高级人民法院、人民检察院,解放军军事法院、军事检察院,新疆维吾尔自治区高级人民法院生产建设兵团分院、新疆生产建设兵团人民检察院:

《最高人民法院、最高人民检察院关于办理侵犯知识产权刑事案件具体应用法律若干问题的解释》发布以后，部分高级人民法院、省级人民检察院就关于办理侵犯著作权刑事案件中涉及录音录像制品的有关问题提出请示。经研究，批复如下：

以营利为目的，未经录音录像制作者许可，复制发行其制作的录音录像制品的行为，复制品的数量标准分别适用《最高人民法院、最高人民检察院关于办理侵犯知识产权刑事案件具体应用法律若干问题的解释》第五条第一款第（二）项、第二款第（二）项的规定。

未经录音录像制作者许可，通过信息网络传播其制作的录音录像制品的行为，应当视为刑法第二百一十七条第（三）项规定的“复制发行”。

此复。

最高人民法院、最高人民检察院《关于办理侵犯知识产权刑事案件具体应用法律若干问题的解释（二）》

（2007 年 4 月 4 日最高人民法院审判委员会第 1422 次会议、最高人民检察院第十届检察委员会第 75 次会议通过，自 2007 年 4 月 5 日起施行，法释〔2007〕6 号）

为维护社会主义市场经济秩序，依法惩治侵犯知识产权犯罪活动，根据刑法、刑事诉讼法有关规定，现就办理侵犯知识产权刑事案件具体应用法律的若干问题解释如下：

第一条　以营利为目的，未经著作权人许可，复制发行其文字作品、音乐、电影、电视、录像作品、计算机软件及其他作品，复制品数量合计在五百张（份）以上的，属于刑法第二百一十七条规定的“有其他严重情节”；复制品数量在二千五百张（份）以上的，属于刑法第二百一十七条规定的“有其他特别严重情节”。

第二条　刑法第二百一十七条侵犯著作权罪中的“复制发行”，包括复制、发行或者既复制又发行的行为。

侵权产品的持有人通过广告、征订等方式推销侵权产品的，属于刑法第二百一十七条规定的“发行”。

非法出版、复制、发行他人作品，侵犯著作权构成犯罪的，按照侵犯著作权罪定罪处罚。

第三条 侵犯知识产权犯罪,符合刑法规定的缓刑条件的,依法适用缓刑。有下列情形之一的,一般不适用缓刑:

(一)因侵犯知识产权被刑事处罚或者行政处罚后,再次侵犯知识产权构成犯罪的;

(二)不具有悔罪表现的;

(三)拒不交出违法所得的;

(四)其他不宜适用缓刑的情形。

第四条 对于侵犯知识产权犯罪的,人民法院应当综合考虑犯罪的违法所得、非法经营数额、给权利人造成的损失、社会危害性等情节,依法判处罚金。罚金数额一般在违法所得的一倍以上五倍以下,或者按照非法经营数额的50%以上一倍以下确定。

第五条 被害人有证据证明的侵犯知识产权刑事案件,直接向人民法院起诉的,人民法院应当依法受理;严重危害社会秩序和国家利益的侵犯知识产权刑事案件,由人民检察院依法提起公诉。

第六条 单位实施刑法第二百一十三条至第二百一十九条规定的行为,按照《最高人民法院、最高人民检察院关于办理侵犯知识产权刑事案件具体应用法律若干问题的解释》和本解释规定的相应个人犯罪的定罪量刑标准定罪处罚。

第七条 以前发布的司法解释与本解释不一致的,以本解释为准。

最高人民检察院、公安部《关于公安机关管辖的刑事案件立案追诉标准的规定(一)》

(2008年6月25日 公通字〔2008〕36号)

……

第二十六条 [侵犯著作权案(刑法第二百七十一条)]以营利为目的,未经著作权人许可,复制发行其文字作品、音乐、电影、电视、录像作品、计算机软件及其他作品,或者出版他人享有专有出版权的图书,或者未经录音录像制作者许可,复制发行其制作的录音录像,或者制作、出售假冒他人署名的美术作品,涉嫌下列情形之一的,应予立案追诉:

(一)违法所得数额三万元以上的;

（二）非法经营数额五万元以上的；

（三）未经著作权人许可，复制发行其文字作品、音乐、电影、电视、录像作品、计算机软件及其他作品，复制品数量合计五百张（份）以上的；

（四）未经录音录像制作者许可，复制发行其制作的录音录像制品，复制品数量合计五百张（份）以上的；

（五）其他情节严重的情形。

以刊登收费广告等方式直接或者间接收取费用的情形，属于本条规定的"以营利为目的"。

本条规定的"未经著作权人许可"，是指没有得到著作权人授权或者伪造、涂改著作权人授权许可文件或者超出授权许可范围的情形。

本条规定的"复制发行"，包括复制、发行或者既复制又发行的行为。

通过信息网络向公众传播他人文字作品、音乐、电影、电视、录像作品、计算机软件及其他作品，或者通过信息网络传播他人制作的录音录像制品的行为，应当视为本条规定的"复制发行"。

侵权产品的持有人通过广告、征订等方式推销侵权产品的，属于本条规定的"发行"。

本条规定的"非法经营数额"，是指行为人在实施侵犯知识产权行为过程中，制造、储存、运输、销售侵权产品的价值。已销售的侵权产品的价值，按照实际销售的价格计算。制造、储存、运输和未销售的侵权产品的价值，按照标价或者已经查清的侵权产品的实际销售平均价格计算。侵权产品没有标价或者无法查清其实际销售价格的，按照被侵权产品的市场中间价格计算。

最高人民法院、最高人民检察院、公安部《关于办理侵犯知识产权刑事案件适用法律若干问题的意见》

（2011年1月10日　法发〔2011〕3号）

……

十、关于侵犯著作权犯罪案件"以营利为目的"的认定问题

除销售外，具有下列情形之一的，可以认定为"以营利为目的"：

（一）以在他人作品中刊登收费广告、捆绑第三方作品等方式直接或者间接收取费用的；

（二）通过信息网络传播他人作品，或者利用他人上传的侵权作品，在网站或者网页上提供刊登收费广告服务，直接或者间接收取费用的；

（三）以会员制方式通过信息网络传播他人作品，收取会员注册费或者其他费用的；

（四）其他利用他人作品牟利的情形。

十一、关于侵犯著作权犯罪案件"未经著作权人许可"的认定问题

"未经著作权人许可"一般应当依据著作权人或者其授权的代理人、著作权集体管理组织、国家著作权行政管理部门指定的著作权认证机构出具的涉案作品版权认证文书，或者证明出版者、复制发行者伪造、涂改授权许可文件或者超出授权许可范围的证据，结合其他证据综合予以认定。

在涉案作品种类众多且权利人分散的案件中，上述证据确实难以一一取得，但有证据证明涉案复制品系非法出版、复制发行的，且出版者、复制发行者不能提供获得著作权人许可的相关证明材料的，可以认定为"未经著作权人许可"。但是，有证据证明权利人放弃权利、涉案作品的著作权不受我国著作权法保护，或者著作权保护期限已经届满的除外。

十二、关于刑法第二百一十七条规定的"发行"的认定及相关问题

"发行"，包括总发行、批发、零售、通过信息网络传播以及出租、展销等活动。

非法出版、复制、发行他人作品，侵犯著作权构成犯罪的，按照侵犯著作权罪定罪处罚，不认定为非法经营罪等其他犯罪。

十三、关于通过信息网络传播侵权作品行为的定罪处罚标准问题

以营利为目的，未经著作权人许可，通过信息网络向公众传播他人文字作品、音乐、电影、电视、美术、摄影、录像作品、录音录像制品、计算机软件及其他作品，具有下列情形之一的，属于刑法第二百一十七条规定的“其他严重情节”：

（一）非法经营数额在五万元以上的；

（二）传播他人作品的数量合计在五百件（部）以上的；

（三）传播他人作品的实际被点击数达到五万次以上的；

（四）以会员制方式传播他人作品，注册会员达到一千人以上的；

（五）数额或者数量虽未达到第（一）项至第（四）项规定标准，但分别达到其中两项以上标准一半以上的；

（六）其他严重情节的情形。

实施前款规定的行为，数额或者数量达到前款第（一）项至第（五）项规定标准五倍以上的，属于刑法第二百一十七条规定的“其他特别严重情节”。

十四、关于多次实施侵犯知识产权行为累计计算数额问题

依照《最高人民法院、最高人民检察院关于办理侵犯知识产权刑事案件具体应用法律若干问题的解释》第十二条第二款的规定，多次实施侵犯知识产权行为，未经行政处理或者刑事处罚的，非法经营数额、违法所得数额或者销售金额累计计算。

二年内多次实施侵犯知识产权违法行为，未经行政处理，累计数额构成犯罪的，应当依法定罪处罚。实施侵犯知识产权犯罪行为的追诉期限，适用刑法的有关规定，不受前述二年的限制。

十五、关于为他人实施侵犯知识产权犯罪提供原材料、机械设备等行为的定性问题

明知他人实施侵犯知识产权犯罪，而为其提供生产、制造侵权产品的主要原材料、辅助材料、半成品、包装材料、机械设备、标签标识、生产技术、配方等帮助，或者提供互联网接入、服务器托管、网络存储空间、通讯传输通道、代收费、费用结算等服务的，以侵犯知识产权犯罪的共犯论处。

十六、关于侵犯知识产权犯罪竞合的处理问题

行为人实施侵犯知识产权犯罪，同时构成生产、销售伪劣商品犯罪的，依照侵犯知识产权犯罪与生产、销售伪劣商品犯罪中处罚较重的规定定罪处罚。

附录2 术语索引

附录3 参考文献

1. 高铭暄、马克昌主编:《刑法学》(上编),中国法制出版社 1999 年版。

2. 王作富主编:《刑法分则实务研究》(上),中国方正出版社 2001 年版。

3. 马克昌主编:《刑法的修改与完善》,人民法院出版社 1995 年版。

4. 赵秉志主编:《刑法总论》,中国人民大学出版社 2007 年版。

5. 赵秉志主编:《刑法新教程》(第三版),中国人民大学出版社 2009 年版。

6. 赵秉志主编:《侵犯著作权犯罪研究》,中国人民大学出版社 2008 年版。

7. 赵秉志:《侵犯财产罪》,中国人民大学出版社 2003 年版。

8. 赵秉志、张智辉、王勇:《中国刑法的运用与完善》,法律出版社 1989 年版。

9. 赵秉志主编:《刑法修改研究综述》,中国人民公安大学出版社 1990 年版。

10. 张明楷:《刑法学》,法律出版社 2003 年版。

11. 何家弘主编:《证据的审查认定规则——示例与释义》,人民法院出版社 2009 年版。

12. 姜伟主编:《知识产权刑事保护研究》,法律出版社 2004 年版。

13. 刘品新主编:《电子取证的法律规制》,中国法制出版社 2010 年版。

14. 梁根林:《刑事制裁:方式与选择》,法律出版社 2006 年版。

15. 梁根林:《刑罚结构论》,北京大学出版社 1998 年版。

16. 邓文莉:《刑罚配置论纲》,中国人民公安大学出版社 2009 年版。

17. 罗秉森、莫关耀:《. 经济犯罪案件侦查教程》,警官教育出版社 2005 年版。

18. 聂洪勇:《知识产权的刑法保护》,中国方正出版社 2000 年版。

19. 宋英辉主编:《刑事诉讼法学》,中国人民大学出版社 2007 年版。

20. 寿步、陈跃华主编:《网络游戏法律政策研究》,上海交通大学出版社 2005 年版。

21. 汤宗舜:《著作权法原理》,知识产权出版社 2005 年版。

22. 薛虹:《知识产权与电子商务》,法律出版社 2003 年版。

23. 杨林村:《开发源码软件及许可证法律问题和对策研究》,知识产权出版社 2004.

24. 张甘妹:《刑事政策》,台北三民书局 1997 年版。

25. 张军、姜伟、郎胜、陈兴良:《刑法纵横谈》,法律出版社 2003 年版。

26. 郑成思:《知识产权法》,法律出版社 2003 年版。

27. 赵国玲主编:《知识产权犯罪调查与研究》,中国检察出版社 2002 年版。

28. 高铭暄、〔法〕米海依尔 · 戴尔玛斯 · 马蒂主编:《刑法国际指导原则研究》,中国人民公安大学出版社 1998 年版。

29. 〔巴西〕奥尼:《国际刑法导论》,赵秉志等译,法律出版社 2006 年版。

30. 张远煌:《犯罪学原理》(第 2 版)》,法律出版社 2008 年版。

31. John. H. Jackson. *The Trading System-Law and Policy of International Economic Relation*, 2nd, Edit. 1997.

图书在版编目(CIP)数据

侵犯著作权犯罪典型案例评析/张远煌主编. —北京:北京大学出版社,2014.5
ISBN 978-7-301-24117-2

Ⅰ. ①侵…　Ⅱ. ①张…　Ⅲ. ①著作权法-案例-中国
Ⅳ. ①D923.415

中国版本图书馆 CIP 数据核字(2014)第 071013 号

书　　名: 侵犯著作权犯罪典型案例评析
著作责任者: 张远煌　主　编　左坚卫　王志祥　副主编
责 任 编 辑: 陈蕙婧
标 准 书 号: ISBN 978-7-301-24117-2/D·3556
出 版 发 行: 北京大学出版社
地　　址: 北京市海淀区成府路 205 号　100871
网　　址: http://www.yandayuanzhao.com
新 浪 微 博: @北京大学出版社　@北大出版社燕大元照法律图书
电 子 信 箱: yandayuanzhao@163.com
电　　话: 邮购部 62752015　发行部 62750672　编辑部 62117788
出版部 62754962
印　刷　者: 三河市博文印刷有限公司
经　销　者: 新华书店
965 毫米×1300 毫米　16 开本　22 印张　327 千字
2014 年 5 月第 1 版　2014 年 5 月第 1 次印刷
定　　价: 49.00 元
